ESSAIS
DE MONTAIGNE

I

PARIS. — IMP. SIMON RAÇON ET COMP., RUE D'ERFURTH. 1.

ESSAIS

DE

MONTAIGNE

SUIVIS DE SA CORRESPONDANCE

ET DE LA SERVITUDE VOLONTAIRE D'ESTIENNE DE LA BOËTIE

ÉDITION VARIORUM

ACCOMPAGNÉE D'UNE NOTICE BIOGRAPHIQUE

DE NOTES HISTORIQUES, PHILOLOGIQUES, ETC.

ET D'UN INDEX ANALYTIQUE

PAR CHARLES LOUANDRE

TOME PREMIER

PARIS

CHARPENTIER, LIBRAIRE-ÉDITEUR

28, QUAI DE L'ÉCOLE, 28

1862

AVIS SUR CETTE ÉDITION.

Le nombre des éditions de Montaigne qui ont été faites depuis la fin du seizième siècle s'élève à plus de quatre-vingts, non compris les *extraits*, et ce chiffre montre suffisamment combien l'auteur des *Essais* a toujours été populaire. Sa gloire, comme celle de Molière, a grandi avec les années, et par cela même sa vie et ses œuvres ont été l'objet d'une foule de recherches, d'études et de critiques qui sont dispersées dans les brochures, les livres et même les journaux. Nous avons pensé qu'en présentant dans une édition nouvelle la synthèse de ces divers travaux, on pourrait intéresser les nombreux lecteurs de Montaigne, et c'est dans cette espérance que nous leur offrons cette édition de leur vieil ami, en leur expliquant tout d'abord ce que nous avons fait.

1° Nous avons profité de tous les renseignements biographiques que nous avons pu recueillir et de ceux qui ont été mis en lumière dans ces dernières années, pour donner en tête des *Essais* une notice exacte et précise sur l'auteur de ce livre immortel. Dans cette notice, comme dans toutes celles que nous avons publiées jusqu'ici, nous sommes avant tout resté fidèle à la méthode historique, en nous attachant aux dates et aux faits ; nous y avons intercalé une analyse et quelques fragments du *Voyage* de Montaigne en Italie et en Allemagne, ainsi que quelques pièces du seizième siècle relatives à l'auteur et qui n'avaient point encore été utilisées jusqu'à ce jour dans les biographies. Nous avons donné ensuite le résumé des principaux jugements critiques dont les *Essais* ont été l'objet depuis le seizième siècle jusqu'à nos jours, soit dans le blâme, soit dans l'éloge; nous avons ajouté à ce résumé des notes indicatives des principaux ouvrages où il est parlé de l'auteur, de sa personne ou de ses doctrines, et de la sorte nous nous sommes appliqué à le faire exactement connaître dans sa vie et dans sa destinée posthume.

2° Nous avons apporté à la question du texte une grande attention, et en touchant à ce point important de notre travail, nous devons rappeler d'abord que les *Essais*, publiés quatre fois du vivant de l'auteur, en 1580, 1582, 1587 et 1588, ne comprenaient d'abord que les deux premiers livres; que l'édition de 1588 fut augmentée d'un troisième et de six cents additions aux deux premiers, mais qu'elle n'était point encore considérée par l'auteur comme définitive, car pendant les quatre dernières années de sa vie il y ajouta un grand nombre d'observations et des citations; de plus chacune des éditions que nous venons de citer, à partir de la seconde, présente des augmentations et des corrections. Enfin, la bibliothèque de Bordeaux possède un exemplaire de de 1588, corrigé de la main de Montaigne; cet exemplaire présente, avec toutes les leçons connues, des différences sensibles, et il a servi à Naigeon pour son édition de 1802. Ainsi, quand on veut donner un bon texte de Montaigne, on n'a ni la ressource d'une édition *princeps* ni celle d'une édition complète arrêtée et revue par l'auteur lui-même ; il faut choisir cependant, et voici les motifs qui nous ont guidé dans notre choix.

Après avoir comparé les éditions les plus estimées, après avoir étudié l'opinion des érudits et des critiques les plus compétents, nous nous sommes rangé à l'avis que le savant M. Leclerc a exprimé en 1826, en tête de la belle édition in-8, publiée par M. Lefèvre; or d'après cet avis, on doit considérer comme le véritable texte des *Essais* celui qui a été donné en 1595 (Paris, Abel Langelier, in-fol.) par mademoiselle de Gournay, la *fille d'alliance* de Montaigne, d'après un manuscrit revu par cet homme illustre, et qui lui fut remis par sa veuve. M. le docteur Payen, qui s'est attaché à la mémoire de Montaigne avec une tendresse presque filiale, et qui s'est livré aux recherches les plus approfondies, tant sur l'auteur des *Essais* que sur les éditions qui ont été faites de ses œuvres, pense comme M. Leclerc, et déclare que l'édition de mademoiselle de Gournay reste encore aujourd'hui la principale pour l'authenticité des textes. M. Léon Feugère, dans sa curieuse étude sur la vie et les ouvrages de cette femme aimable et savante, émet la même opinion que MM. Payen et Leclerc. Or, nous le demandons à toutes les personnes qui ont pratiqué notre vieille langue, serait-il raisonnable de prétendre aujourd'hui rajuster au milieu d'un texte du seizième siècle des fragments recueillis çà et là, lors même que ces fragments appartiennent au même écrivain? Quel guide aurait un éditeur pour choisir entre tant de leçons différentes, sinon les appréciations de son propre goût, et qui empêcherait un autre éditeur de choisir encore une autre version? que deviendrait le livre au milieu de ces changements continuels? Il faut donc, en un semblable sujet, se fixer irrévocablement à une seule leçon, et n'accepter qu'à titre de variante, et pour satisfaire la curiosité des érudits et des scholiastes, tout ce qui n'est point cette leçon elle-même. Nous le répétons donc, après mûr examen, et sans hésitation aucune, nous nous en sommes tenu au texte de mademoiselle de Gournay, à celui de 1595, bien entendu, car en 1635 elle s'est elle-même écartée de son premier travail, et par son propre exemple elle a prouvé que le mieux est quelquefois l'ennemi du bien. Hommes du dix-neuvième siècle, nous ne devons point avoir la ridicule prétention d'en savoir plus sur la langue et l'esprit du seizième que les enfants de cette grande époque, déjà si loin de nous, ou de connaître la pensée définitive de Montaigne mieux que sa *fille d'alliance*.

3° Le texte une fois fixé, nous y avons joint les variantes, et nous avons refait en grand nombre les traductions de citations; car les citations sont toujours très-importantes dans Montaigne, et par une interprétation fidèle nous avons voulu mettre le lecteur à même de saisir le sens le plus intime des phrases latines.

4° Aux notes choisies des commentateurs des deux derniers siècles, nous en avons ajouté de fort précieuses qui ont été extraites des historiens littéraires et des écrivains critiques contemporains, et qui, jusqu'à ce jour, n'ont figuré dans aucune édition complète. De plus nous avons reproduit de Pascal, de La Bruyère, de Vauvenargues, etc., des pensées qui forment, avec celles de notre auteur, des points utiles de comparaison, et qui donnent sur un même sujet l'opinion de nos grands moralistes.

5° Nous avons ajouté aux lettres précédemment publiées celles qui ont été récemment découvertes, et qui, comme les notes dont nous avons parlé plus haut, n'ont point encore été réunies. De plus nous avons reproduit, comme la plupart des autres éditeurs, le traité de *La Servitude volontaire* de La Boëtie.

6° Enfin nous avons rédigé une table analytique, qui comprend un nombre de renvois plus que double de tous ceux qui se trouvent dans les tables précédemment publiées, cinq mille cinq cents environ. Nous avons, dans ce travail, apporté une attention particulière à tout ce qui concerne le seizième siècle, hommes et choses, car il y a là pour notre histoire une foule de renseignements qui n'ont point encore été indiqués. Comme Montaigne a parlé de tout, nous avons voulu que personne ne lui fasse une demande sans recevoir une réponse immédiate, et en conservant autant que possible ses propres expressions, nous avons fait en sorte que chacun des articles de notre *index* présentât tout à la fois le reflet de son style, l'essence de sa pensée et l'esprit même de sa doctrine.

Ainsi, pour résumer ce que nous venons de dire, l'édition que nous publions aujourd'hui offre au public les *Essais* dans la pureté du texte du seizième siècle; par la notice, elle résume toutes les recherches dont la personne de Montaigne a été l'objet, et les jugements des plus notables, dans le blâme comme dans l'éloge, auxquels ses écrits ont donné lieu; par les notes, elle donne l'essence même des travaux de tous les commentateurs; et par la table, l'analyse complète de toutes les opinions de Montaigne, opinions qui dans leur ensemble forment le manuel pratique de la science de l'homme et de la vie.

MICHEL DE MONTAIGNE.

I

L'auteur des *Essais* naquit, ainsi qu'il nous l'apprend lui-même, entre onze heures et midi, le dernier jour de février de l'année 1533, au château de Saint-Michel de Montaigne[1]. Son père, Pierre Eyquem, écuyer, fut successivement premier jurat de la ville de Bordeaux en 1530, sous-maire en 1536, jurat une seconde fois en 1540, procureur de la ville en 1546, et enfin maire depuis 1553 jusqu'en 1556. C'était un homme d'une probité austère, qui avait « singulier soing de l'honnesteté et decence de sa personne et de ses habits...... monstrueuse foy en ses paroles et une conscience et une religion penchant plustost vers la superstition que vers l'aultre bout[2]. » Pierre Eyquem donna un grand soin à l'éducation de ses enfants[3], en s'appliquant surtout au côté pratique. Pour « rallier » son fils Michel « avec le peuple, et l'attacher à ceux qui ont besoing d'ayde, » il le

[1] Arrondissement de Bergerac, canton de Vélines, Dordogne.

[2] *Essais*, liv. II, chap. 2.

[3] Il en eut neuf. En voici la liste exacte, dressée par M. Payen, qui a, sur ce point comme sur plusieurs autres, heureusement rectifié les biographies :

Six enfants mâles : Beauregard; de Saint-Martin; Michel, auteur des *Essais*, né le troisième; Thomas, sieur d'Arsac; Pierre, sieur de *La Brousse;* Bertrand, sieur de *Montecoulon*.

Trois filles : Éléonore, qui épousa Camein, conseiller au parlement de Bordeaux; Marie, qui épousa Cazelis, sieur du Freysse; Jeanne, qui épousa Richard de Lestonnac.

donna à tenir sur les fonts « à des personnes de la plus abjecte fortune, » puis il l'envoya, dès le berceau, « nourrir à un pauvre villageois des siens, et le dressa plus tard à la plus commune façon de vivre, » tout en prenant soin néanmoins d' « eslever son ame en toute doulceur et liberté sans rigueur et contraincte. » Michel, qui nous donne sur ses premières années des détails très-précis, raconte avec un charme singulier comment on avait l'habitude de l'éveiller au bruit d'une musique agréable, et comment il apprit le latin « sans fouet et sans larmes, » avant même que d'apprendre le français, grâce au professeur allemand que son père avait placé près de lui, et qui ne lui parlait que dans la langue de Virgile et de Cicéron. L'étude du grec marcha de front, « par forme d'esbat et d'exercice. » A six ans, le jeune Montaigne fut placé à Bordeaux au collége de Guienne, où il eut pour maitres les savants les plus distingués du seizième siècle, Nicolas Grouchy, Guérente, Muret et Buchanan. A treize ans, il avait achevé ses classes, et comme sa famille le destinait à la robe, il étudia le droit en sortant du collége. Il avait alors environ quatorze ans; mais ces premières années de sa jeunesse se dérobent entièrement à la curiosité de l'histoire. Tout ce que l'on sait pendant un assez long espace de temps, c'est qu'en 1554 il fut pourvu d'une charge de conseiller au parlement de Bordeaux; qu'il se trouvait en 1559 à Bar-le-Duc, avec la cour de François II, et qu'en l'année suivante, il assista à Rouen à la déclaration de majorité de Charles IX. Quels furent son rôle et sa mission dans ces diverses circonstances? c'est ce qu'il est impossible de dire, faute de documents précis.

Entre les années 1556 et 1563 se place un épisode important dans l'histoire des sentiments et des affections de Montaigne, nous voulons parler de sa liaison avec Étienne de La Boëtie, qu'il avait, ainsi qu'il le dit lui-même, « rencontré par hazard en une grande feste et compaignie de ville[1]. » Dès la première entrevue, l'auteur des *Essais* et l'auteur de *La Servitude volontaire* se trouvèrent « si prins, si cogneus, si obligez, » que rien dès lors ne leur fut « si proche que l'un à l'aultre ; » et pendant six ans environ, cette amitié remplit le cœur de Montaigne, comme elle remplit son souvenir après avoir été brisée par la mort[2].

Quoiqu'il blâme sévèrement dans son livre ceux qui, contrairement à l'opinion d'Aristote, se marient avant trente-cinq ans, Montaigne n'attendit point le délai fixé par le philosophe de Stagyre, et, en 1566, c'est-à-dire dans sa trente-troisième année, il épousa Françoise de La Chassaigne, fille d'un conseiller au parlement de Bordeaux[3]. Tout ce qui se rattache à sa vie, dans les premiers temps de son mariage, est inconnu comme les occupations de sa jeunesse. Ses biographes ne sont point d'accord entre eux ; et autant il prend soin lui-même

[1] *Essais*, liv. I, c. 27. — Ayant relevé dans l'*index* tous les détails relatifs à Montaigne, nous y renvoyons le lecteur, comme à l'appendice indispensable de cette biographie.

[2] La Boëtie mourut le 18 août 1563, à l'âge de trente-deux ans neuf mois et dix-sept jours.

[3] On sait peu de chose de cette union, qui paraît du reste avoir été paisible et douce. Montaigne, en racontant au chapitre 36 du liv. II une querelle de ménage, dit que cette querelle a été pour lui l'occasion d'un chapitre sur l'entêtement et la criaillerie; mais il ajoute que c'est la seule fois que sa femme lui a servi de thème en un sujet de telle sorte ; que c'est la meilleure âme du monde, et qu'il lui est très-attaché. Cet attachement paraît avoir été sincère, car il nous apprend encore qu'il a gardé la fidélité conjugale beaucoup plus sévèrement qu'il n'aurait pensé lui-même pouvoir le faire.

Les enfants qui naquirent de ce mariage moururent tous en bas âge, à l'exception d'une fille, Éléonore, qui survécut à son père, et qui devint, en secondes noces, vicomtesse de Gamaches.

de nous éclairer sur les secrets de sa pensée, sur les mystères de son âme, autant il est discret pour tout ce qui touche à ses fonctions, à sa conduite politique, à ses relations sociales. Le titre de *gentilhomme ordinaire du roi*, qu'il se donne dans une préface, et qu'Henri III, à son tour, lui donne dans une lettre qu'on trouvera plus loin, ce qu'il dit sur l'agitation des cours, où il a passé une partie de sa vie, les *Instructions* qu'il écrivit, sous la dictée de Catherine de Médicis, pour le roi Charles IX, sa noble correspondance avec Henri IV, ne laissent du reste aucun doute sur la part qu'il prit aux affaires de son temps, et l'on trouve une preuve irrécusable de la faveur avec laquelle il fut accueilli par les plus grands personnages dans la lettre suivante, qui lui fut adressée par Charles IX, lors de sa promotion dans l'ordre de Saint-Michel, qui était, ainsi qu'il le dit lui-même, « l'extresme marque d'honneur de la noblesse françoise. »

Monsieur de Montaigne, pour vos vertus et mérites, je vous ai choisi et élu au nombre des chevaliers de mon ordre, afin d'être associé avec eux ; pour laquelle élection vous notifier et vous bailler le collier dudit ordre, j'ai écrit présentement à mon cousin le marquis de Trans, auprès duquel vous vous rendrez, afin de recevoir de lui le collier dudit ordre, qu'il vous baillera de ma part, et ce, pour augmenter de plus en plus l'affection et bonne volonté que je vous porte, et vous donner occasion de persévérer en la dévotion que vous avez de me faire service [1].

Priant Dieu, monsieur de Montaigne, etc.

Écrit à Blois, le 18 octobre 1571.

Suivant Lacroix du Maine, Montaigne, à la mort de son frère aîné, aurait résigné sa charge de conseiller au parlement de Bordeaux, pour prendre le parti des armes;

[1] Payen, *Nouveaux documents inédits*, 1850, p. 47-48.

tandis que si l'on s'en rapporte au président Bouhier, il n'aurait jamais rempli d'emploi militaire; cependant plusieurs passages des *Essais* semblent indiquer que non-seulement il prit du service, mais même qu'il fit plusieurs campagnes dans les armées catholiques [1]. Ajoutons que sur sa tombe il est représenté vêtu d'une cote de mailles, avec son casque et ses brassards à la droite, et un lion sous les pieds, ce qui signifie, dans les emblèmes funèbres, que le défunt a pris part à quelque notable action de guerre.

Quoi qu'il en soit de ces conjectures, notre auteur, arrivé à l'âge de trente-huit ans, résolut de consacrer à l'étude et à la retraite les années qu'il avait encore à passer en ce monde, et le jour anniversaire de sa naissance, le dernier jour de février 1571, il fit placer dans son château, où elle se voit encore, cette philosophique inscription [2] :

Anno Christi... Æ. XXXVIII, pridie calend. mart. die suo natali Mich... Mont... servitii aulici et munerum publicorum jamdudum pertæsus se intæg... in doctarum virginum sinu recessit, ubi quietus et omnium securus quantillum id tandem superabit decursi multa jam plus parte spatii, si modo jam fata ducant, exiguas istas sedes et dulces latebras avitasque libertati suæ tranquillitatique et otio consecravit [3].

[1] Depuis quelque temps, dit-il entre autres, aux corvees de la guerre, après cinq ou six heures, l'estomac me commence à troubler... Soldat gascon, dit-il encore en parlant de lui-même... Et ailleurs : Entre les difficultés de la guerre, je compte ces épaisses poussières dans lesquelles on nous tient enterrés au chaud tout le long d'une journée.

[2] PAYEN, *Nouveaux documents*, 1850, p. 31.

[3] L'an du Christ,... dans la trente-huitième année de son âge, la veille des calendes de mars, jour anniversaire de sa naissance, Michel de Montaigne, fatigué depuis longtemps déjà de l'esclavage des cours et des fonctions publiques, s'est réfugié tout entier dans les bras des doctes sœurs; il veut, paisible et insouciant, y finir la course plus qu'à moitié faite de ses jours, et il a consacré au repos et à la liberté cette aimable et paisible demeure, héritage de ses ancêtres. — Montaigne était devenu propriétaire de cette *paisible demeure*, par la mort de son père, en 1569.

II

A l'époque à laquelle nous sommes parvenus, Montaigne n'était encore connu dans les lettres que comme traducteur et comme éditeur. En 1569 il avait publié, après l'avoir entreprise uniquement pour plaire à son père, la traduction de la *Théologie naturelle* de Raymond de Sebonde. En 1571 il avait fait imprimer à Paris quelques opuscules d'Etienne de La Boëtie; et ces deux publications, inspirées toutes deux par l'amour filial et l'amitié, prouvent que les sentiments affectueux dominaient, dans son âme, les préoccupations de l'amour-propre littéraire. On peut penser que ce fut dès la première année de sa retraite qu'il entreprit la composition des *Essais*. « Comme de son aveu, dit le président Bouhier, il n'aimait ni la chasse, ni les bâtiments, ni le jardinage, ni le ménage de la campagne, et qu'il était uniquement occupé de la lecture et de ses propres réflexions, il se livra au plaisir de mettre par écrit ses pensées sans ordre, et suivant qu'elles se présentaient à son esprit. » Ces pensées devinrent un livre, et la première partie de ce livre, qui devait assurer l'immortalité à son auteur, parut à Bordeaux, en 1580. Montaigne alors avait quarante-sept ans; il souffrait, depuis plusieurs années déjà, de coliques néphrétiques, de maux de reins et de gravelle, et ce fut le besoin de se distraire de ses douleurs, et l'espoir de les soulager en prenant les eaux, qui lui fit entreprendre un grand voyage dans le cours de cette même année. La relation de ce voyage, contenant sur sa vie intime des particularités intéressantes, nous croyons devoir en donner quelques extraits et une rapide analyse.

« Le voyage dont nous allons suivre ou simplement indiquer le cours, dit l'éditeur de l'itinéraire de Montaigne[1], n'a, depuis Beaumont-sur-Oise jusqu'à Plombières, en Lorraine, rien d'assez curieux pour nous arrêter en chemin.... Il faut même aller jusqu'à Bâle, dont la description fait connaître son état physique et politique d'alors, aussi bien que ses bains. Le passage de Montaigne par la Suisse n'est pas d'un détail indifférent; on voit comment ce voyageur philosophe s'accommode partout des mœurs et des usages du pays. Les hôtelleries, les poêles, la cuisine suisse, tout lui convient; il paraît même fort souvent préférer aux mœurs, aux façons françaises, celles des lieux qu'il parcourt, et dont la simplicité, la franchise était plus conforme à la sienne. Dans les villes où s'arrêtait Montaigne, il avait soin de voir les théologiens protestants, pour s'instruire du fond de leurs dogmes. Il disputait même quelquefois avec eux. Sorti de la Suisse, on le voit à Isne, ville impériale, puis à Augsbourg et à Munich. » — Il se rendit ensuite dans le Tyrol, et s'y trouva d'autant mieux qu'on l'avait prévenu sur les incommodités qu'il essuierait dans cette route; ce qui lui donna occasion de dire : « qu'il s'estoit « toute la vie meffié du jugement d'aultrui sur les dis- « cours des commodités des païs estrangiers, chascun

[1] On savait, par divers passages des *Essais*, que Montaigne avait fait d'assez longs voyages, et qu'il était allé à Rome, mais on ignorait les détails de ces pérégrinations. En 1770, l'abbé Prunis, voulant écrire une histoire du Périgord, parcourut cette province et s'arrêta au château de Montaigne, que possédait alors le comte de Ségur de La Roquette, descendant, à la sixième génération, de la fille de l'auteur des *Essais*. En furetant dans un coffre rempli de vieux papiers, il trouva un petit volume in-folio de 178 pages, qui n'était autre que le journal manuscrit du voyage de Montaigne, écrit, pour un tiers environ, par un domestique qui remplissait les fonctions de secrétaire, et rédigé en italien, pour toute la partie qui concerne l'Italie. Ce manuscrit, soumis à la révision du savant Capperonnier, fut publié en 1774, par M. de Querlon.

« ne sçachant gouster que selon l'ordonnance de la « coustume et de l'usage de son village, et avoir faict « fort peu d'estat des advertissements que les voiageurs « lui donnoient. »

Arrivé à *Bolzan*, Montaigne écrit à François Hottmann « qu'il avoit prins si grand plesir à sa visitation « d'Allemaigne, qu'il l'abandonnoit à grand regret, quoy « que ce fust en Italie qu'il aloit. » Il visite ensuite *Brunsol*, Trente, où il loge à l'hôtel de *la Rose*, puis Rovère, et là il se plaint que les écrevisses commencent à lui manquer, mais il se dédommage en mangeant des truffes à l'huile et au vinaigre, des oranges, des citrons et des olives, toutes choses qui étaient fort à son goût [1].

« Après avoir passé une nuict inquiette, dit le secré- « taire qui écrivait sous sa dictée, ou plutôt dit-il lui- « même, en parlant à la troisième personne, quand au « matin il venoit à se souvenir qu'il avoit à voir ou une « ville ou une nouvelle contree, il se levoit avec desir « et allegresse. Je ne le vis iamais moins las ny moins « se pleingnant de ses doleurs, ayant l'esperit, et par « chemin et en logis, si tandu à ce qu'il rencontroit, et « recherchant toutes occasions d'entretenir les estran- « giers, que je crois que cela amusoit son mal. Quand « on se pleingnoit à luy de ce que il conduisoit souvent « la troupe par chemins divers et contrees, revenant « souvent bien prez d'où il étoit party (ce qu'il faisoit, « ou recevant l'advertissemant de quelque chose digne « de voir, ou chaniant d'avis selon les occasions), il « respondoit, qu'il n'aloit, quant à luy, en nul lieu que « là où il se trouvoit, et qu'il ne pouvoit faillir ny tordre « sa voïe, n'aïant nul proiect que de se promener par

[1] *Voyages*, I, p. 182.

« des lieus inconnus; et, pourveu qu'on ne le vit pas « retumber sur mesme voïe, et revoir deus fois mesme « lieu, qu'il ne faisoit nulle faute à son dessein. Et « quant à Rome, où les autres visoint, il la desiroit « d'autant moins voir, que les autres lieus, qu'elle estoit « connue d'un chacun, et qu'il n'avoit laquais qui ne « leur peut dire nouvelles de Florence et de Ferrare. Il « disoit aussi qu'il lui sambloit estre à-mesmes ceus qui « lisent quelque fort plesant conte, d'où il leur prent « creinte qu'il vieigne bientot à finir, ou un beau livre : « luy de mesme prenoit si grand plesir à voïager, qu'il « haïssoit le voisinage du lieu où il se deust reposer. »

On le voit, par ces citations; Montaigne voyageait comme il écrivait, en toute liberté et à son aise, sans projet arrêté et en suivant toujours des sentiers *ondoyants et divers*. Les bonnes auberges, les lits moelleux, les beaux paysages attirent partout son attention; et, dans ses remarques sur les hommes et les choses, il s'attache avant tout au côté pratique. Le soin de sa santé l'occupe constamment, et c'est ainsi qu'à Venise, qu'il trouve « aultre qu'il ne l'avoit imaginée, et un peu moins admirable, » il a soin d'apprendre au lecteur qu'il a eu la colique, et qu'il a rendu deux grosses pierres après souper. Au sortir de Venise, il parcourt successivement Ferrare, Rovigo, Padoue, Bologne, « où il jouit d'un bénéfice de ventre, » Florence, etc., et dans toutes les stations où il s'arrête il a toujours soin d'envoyer, avant de descendre de cheval, quelques-uns de ses domestiques « visiter tous les logis, et vivres et vins, et sentir les conditions pour accepter la meilleure. » Il trouve les femmes de Florence les plus belles du monde, mais il est beaucoup moins satisfait des viandes, « qui n'y sont ny en si grande abondance à moitié qu'en

« Allemaigne, ny si bien apprestées. On y sert sans lar- « der, et en l'un et en l'autre lieu, mais en Allemaigne « elles sont beaucoup mieux assesonnées, et diversité de « saulces et de potages. » Il remarque en outre que les verres sont extraordinairement petits, et que les vins ont « une doulceur lasche. » Après avoir dîné chez le grand-duc, Montaigne se remit en route, et toujours flânant à travers un pays « mal plaisant, bossé, plein de profondes « fendasses, incapable d'y recevoir nulle conduicte de « gens de guerre en ordonnance, » il arriva le dernier jour de novembre, à Rome, par la porte *del Popolo*. Il se logea d'abord à l'auberge de *l'Ours*; mais ensuite il prit, moyennant vingt écus par mois, trois belles chambres garnies, chez un Espagnol, qui, pour cette somme, mit à sa disposition le feu de sa cuisine. Ce qui le contrariait le plus dans la ville éternelle, c'était de rencontrer à chaque pas des Français qui le saluaient dans sa langue; mais à part cet inconvénient, il s'y plaisait beaucoup, et dans ce premier séjour il y resta près de cinq mois. Un esprit comme le sien, tout imprégné des grands souvenirs classiques, ne pouvait manquer de ressentir une impression profonde en présence des ruines romaines, et cette impression se traduisit dans ce passage magnifique improvisé sur le *Journal de Voyage*:

« Il disoit qu'on ne voyoit rien de Rome que le ciel « sous lequel elle avoit esté assise, et le plant de son « gîte; que cette science qu'il en avoit estoit une science « abstraite et contemplation, de laquelle il n'y avoit rien « qui tombast sous les sens; que ceus qui disoient qu'on « y voyoit au moins les ruynes de Rome, en disoient « trop : car les ruines d'une si espouventable machine « rapporteroint plus d'honneur et de reverence à sa mo-

« moire; ce n'estoit rien que son sepulcre. Le monde, « ennemi de sa longue domination, avoit premierement « brisé et fracassé toutes les pièces de ce corps admi- « rable, et parce qu'encore tout mort, ranversé, et des- « figuré, il lui faisoit horreur, il en avoit enseveli la « ruine mesme. Que ces petites montres de sa ruine qui « paressent encores au dessus de la biere, c'estoit la for- « tune qui les avoit conservees pour le tesmoignage de « cette grandeur infinie que tant de siecles, tant de fus, « la conjuration du monde reiteree à tant de fois à sa « ruyne, n'avoint peu universelemant esteindre. Mais « estoit vraisamblable que ces mambres desvisagez qui « en restoint, c'estoint les moins dignes, et que la furie « des ennemis de cette gloire immortelle les avoit por- « tez, premierement, à ruiner ce qu'il y avoit de plus « beau et de plus digne; que les bastimans de cette « Rome bastarde qu'on aloit asteure atachant à ces ma- « sures, quoi qu'ils eussent de quoi ravir en admiration « nos siècles presants, lui faisoint resouvenir propre- « mant des nids que les moineaus et les corneilles vont « suspandant en France aus voutes et parois des églises « que les Huguenots viennent d'y desmolir. Encore crai- « gnoit-il, à voir l'espace qu'occupe ce tombeau, qu'on « ne le reconnust pas tout, et que la sépulture ne fust « elle mesme pour la pluspart ensevelie. Que cela, de « voir une si chétifve descharge, comme de morceaus « de tuiles et pots cassez, estre anciennemant arrivé à « un monceau de grandur si excessive, qu'il éguale en « hauteur et largeur plusieurs naturelles montaignes [1] « (car il le comparoit en hauteur à la *mote de Gurson* [2],

[1] Il forme ce qu'on nomme aujourd'hui le mont Testacé, *monte Testaceo.*

[2] En Périgord.

« et l'estimoit double en largeur), c'estoit une expresse « ordonnance des destinees, pour faire sentir au monde « leur conspiration à la gloire et preeminance de cette « ville, par un si nouveau et extraordinere tesmoignage « de sa grandur. Il disoit ne pouvoir aiseement faire « convenir, veu le peu d'espace et le lieu que tiennent « aucuns de ces sept mons, et notammant les plus fa-« meus, comme le Capitolin et le Palatin, qu'il y raniat « un si grand nombre d'edifices. A voir sulemant ce qui « reste du temple de la Paix, le long du *Forum Roma-« num,* duquel on voit encore, la chute toute vifve, comme « d'une grande montaigne, dissipee en plusieurs horri-« bles rochiers : il ne samble que deus tels batimans « peussent en toute l'espace du mont du Capitole, où « il y avoit bien vingt cinq ou trante tamples, outre plu-« sieurs maisons privees. Mais, à la vérité, plusieurs « coniectures qu'on prent de la peinture de cette ville « antienne, n'ont guiere de verisimilitude, son plant « mesme estant infinimant changé de forme; aucuns de « ces vallons estans comblez, voire dans les lieus les « plus bas qui y fussent : comme, pour exemple, au lieu « du *Velabrum,* qui pour sa bassesse recevoit l'esgout « de la ville, et avoit un lac, s'est tant eslevé des mons « de la hauteur des autres mons naturels qui sont au-« tour de là, ce qui se faisoit par le tas et monceaus des « ruines de ces grans bastimans; et le *monte Savello* « n'est autre chose que la ruine d'une partie du teatre « de Marcellus. Il croioit qu'un antien romain ne sau-« roit reconnoistre l'assiete de sa ville, quand il la ver-« roit. Il est souvent avenu qu'aprez avoir fouillé bien « avant en terre, on ne venoit qu'à rencontrer la teste « d'une fort haute coulonne, qui estoit encor en pieds « au dessous. On n'y cherche point d'autres fondemens

« aus maisons, que des vieilles masures ou voutes, « comme il s'en voit au dessous de toutes les caves, ny « encore l'appuy du fondement antien ny d'un mur qui « soit en son asiete. Mais sur les brisures mesmes des « vieus bastimans, comme la fortune les a logez, en se « dissipant, ils ont planté le pied de leurs palais nou« veaus, comme sur des gros loppins de rochiers, fermes « et assurez. Il est aysé à voir que plusieurs rues sont à « plus de trante pieds profond au dessous de celles d'à« cette-heure. »

Quelque sceptique qu'il se montre parfois dans ses livres, Montaigne, pendant le séjour qu'il fit à Rome, marqua toujours un grand respect pour la religion : il sollicita l'honneur d'être admis à baiser les pieds du saint-père, Grégoire XIII, et le pontife l'exhorta « de continuer à la dévotion qu'il avoit toujours portée à l'Eglise et service du roi très-chrétien. »

Après cela « on voit, dit l'éditeur du *Voyage*, Montaigne employer à Rome tout son temps en promenades à pied et à cheval, en visites, en observations de tout genre[1]. Les églises, les stations, les processions même, les sermons; puis les palais, les vignes, les jardins, les amusements publics, ceux du carnaval, etc., rien n'était négligé. Il vit circoncire un enfant juif, et il décrit toute l'opération dans le plus grand détail. Il rencontre aux stations de Saint-Sixte un ambassadeur moscovite, le second qui fût venu à Rome depuis le pontificat de Paul III; ce ministre avait des dépêches de sa cour pour Venise adressées au *grand gouverneur de la seigneurie*. La cour de Moscovie avait alors si peu de relations avec les autres puissances de l'Europe, et l'on y était si mal

[1] *Voyages*, Discours préliminaire, p. 84 et suiv.

instruit, qu'on croyait que Venise était du domaine du pape. »

De tous les détails de son séjour à Rome, celui qui concerne la censure des *Essais* n'est pas le moins singulier.

Le maître du sacré palais lui remit ses Essais *châtiés selon l'opinion des docteurs moines*. « Il n'en avoit « pu juger, lui dit-il, que par le rapport d'aucun moine « françois, n'entendant nullement notre langue — nous « laissons parler Montaigne — et il se contentoit tant des « excuses que je faisois sur chaque article d'animadver- « sion que lui avoit laissee ce François, qu'il remit à « ma conscience de r'habiller ce que je verrois estre de « mauvais goust. Je le suppliai au-rebours qu'il suivit « l'opinion de celui qui l'avoit jugé, avouant en aucunes « choses, comme d'avoir usé du mot de *fortune*, d'avoir « nommé des poëtes heretiques, d'avoir excusé Julian, « et l'animadversion sur ce que celui qui prioit devoit « être exempt de vicieuse inclination pour ce temps; « *Item*, d'estimer cruauté ce qui est au delà de mort « simple; *Item*, qu'il falloit nourrir un enfant à tout « faire, et autres telles choses; que c'estoit mon opi- « nion, et que c'estoient choses que j'avois mises, n'es- « timant que ce fussent erreurs. A d'autres, niant que « le correcteur eust entendu ma conception. Ledit *maes- « tro* qui est un habile homme m'excusoit fort et me « vouloit faire sentir qu'il n'estoit pas fort de l'avis de « cette reformation, *et plaidoit fort ingenieusement « pour moi en ma presence*, contre un autre qui me « combattoit, Italien aussi. »

« Voilà ce qui se passa dans l'explication que Montaigne eut chez le maître du sacré palais au sujet de la censure de son Livre; mais lorsqu'avant son départ de Rome, il prit congé de ce prélat et de son compagnon, on lui tint un autre langage. « Ils me prierent, « dit-il, *de n'avoir aucun egard à la censure de mon* « *Livre*, en laquelle d'autres François les avoient « avertis qu'il y avoit plusieurs sottises; *ajoutant*, « qu'ils honoroient mon intention et affection envers « l'Eglise, et ma suffisance; et estimoient tant de ma « franchise et conscience, qu'ils remettoient à moi- « même de retrancher en mon livre, quand je le vou- « drois reimprimer, ce que j'y trouverois de trop licen- « tieux, et entre autres choses, les mots de *fortune*. « [Il me sembla les laisser fort contents de moi] : et « pour s'excuser de ce qu'ils avoient ainsi curieuse- « ment vu mon livre, et condamné en quelque chose, « m'allegeurent plusieurs livres de nostre temps de « cardinaux et religieux de tres-bonne reputation, « censurés pour quelques telles imperfections qui ne « touchoient nullement la reputation de l'auteur, ni « de l'œuvre en gros; me prierent *d'aider à l'Eglise* « *par mon eloquence* (ce sont leurs mots de courtoisie), « et de faire demeure en cette ville paisible et hors de « trouble avec eux. »

Avant de quitter Rome, Montaigne reçut des lettres de citoyen romain, ce qui le flatta beaucoup, et après avoir visité Tivoli, il se mit en route pour Lorette, et s'arrêtant successivement à Ancône, Fano, Urbino, il arriva au commencement de mai 1581 à *Bagno della villa*, où il s'établit pour prendre les eaux. « C'est là, dit l'éditeur du *Voyage*, que, de sa seule ordonnance, il s'impose la résidence et l'usage de ces eaux de la façon la plus stricte. Il ne parle plus que de son régime, des effets successifs que les eaux font sur lui, de la manière dont il les prenait chaque jour; en un mot, il n'omet aucune des plus petites circonstances concernant son habitude physique, et l'opération journalière de ses boissons, de ses douches, *etc.* Ce n'est plus le journal d'un voyageur qu'on va lire; c'est le mémoire d'un malade attentif à tous les procédés du remède dont il use à discrétion, aux plus petits incidents de son action sur son être et de son état actuel : enfin c'est un compte bien circonstancié qu'il semble rendre à son médecin, pour l'instruire, et pour avoir ses avis sur les suites de ses infirmités. Il est vrai que Montaigne, en se livrant à tous ces fastidieux détails, prévient que : « Comme il s'est autrefois repenti de n'avoir pas écrit plus particulièrement sur les autres bains, ce qui aurait pu lui servir de règle et d'exemple pour tous ceux qu'il aurait vus dans la suite, il veut cette fois s'étendre et se mettre au large sur cette matière; » mais la meilleure raison pour nous, c'est qu'il n'écrivait que pour lui. On trouve pourtant ici bien des traits qui de temps en temps peignent les mœurs du pays. La plus grande partie de ce morceau qui est long, c'est-à-dire, toute sa résidence à ces eaux, et le reste de son journal jusqu'à la première ville où retournant en France il trouve qu'on parle français, sont en italien, parce qu'il voulait s'exercer dans cette langue.

« Cette attention si minutieuse et si constante de Montaigne sur sa santé, sur lui-même, pourrait le faire soupçonner de cette excessive crainte de la mort qui dégénère en pusillanimité. Nous croyons plutôt que c'était la crainte de la taille, opération très-redoutée et justement formidable alors; ou peut-être, pensait-il, comme le poëte grec, dont Cicéron rapporte ce mot : « Je ne « veux pas mourir, mais il me serait fort indifférent « d'être mort. » Au reste, il faut l'entendre lui-même s'expliquer fort nettement sur cela[1]. « Il y auroit trop « de foiblesse et de lâcheté de ma part si certain de me « retrouver toujours dans le cas de périr de cette ma- « nière[2], et la mort s'approchant à tous instans, je ne « faisois pas mes efforts, avant d'en être là, pour pou- « voir la supporter sans peine, quand le moment sera « venu. Car la raison nous prescrit de recevoir joyeuse- « ment le bien qu'il plaît à Dieu de nous envoyer. Or, « le seul remède, la seule règle et l'unique science pour « éviter les maux qui assiégent l'homme de toutes parts « et à toute heure, quels qu'ils soient, c'est de se résou- « dre à les souffrir humainement ou à les terminer cou- « rageusement, promptement. »

« Il était encore aux eaux *della Villa*, le 7 septembre 1581, lorsqu'il apprit par une lettre de Bordeaux, qu'on l'avait élu maire de cette ville le 1er août précédent. Cette nouvelle lui fit hâter son départ, et de Lucques il prit la route de Rome. Il fit encore quelque séjour dans cette ville, et il y reçut les lettres des jurats de Bordeaux qui lui notifiaient son élection à la mairie de cette ville, et l'invitaient à s'y rendre au plus tôt. Il en partit accompagné du jeune d'Estissac, et de plusieurs autres gentilshommes qui le reconduisirent assez loin, mais dont aucun ne le suivit, pas même son compagnon de voyage. »

Montaigne, en revenant en France, passa par Padoue, Milan, le mont Cénis et Chambéry; de là il se rendit à Lyon, et ne tarda point à rentrer dans son château, après dix-sept mois et huit jours d'absence[3].

[1] Le passage qu'on va lire est en italien dans le *Journal des Voyages;* nous reproduisons la traduction de l'édition de 1774.

[2] De la pierre ou de la gravelle.

[3] Ce château existe encore. Voici la description qu'on en trouve dans l'édition de M. Leclerc : « Cette modeste habitation, en y comprenant la cour,

III

Nous venons de voir que, pendant son séjour en Italie, l'auteur des *Essais* avait été nommé maire de Bordeaux. « Messieurs de Bourdeaux, dit-il, m'esleurent maire de leur ville, estant esloingné de France et encore plus d'un tel pensement, je m'en excusay; mais on m'apprint

les bâtiments et le parterre, forme un carré long, orienté à l'est et à l'ouest. Vous avez, en entrant, les écuries à droite, à gauche le principal corps de logis, composé de deux tours irrégulières et de deux pavillons. Derrière l'édifice et le long de la façade à l'ouest règne un petit parterre, bordé d'une terrasse à balustrade : comme ce lieu est élevé, d'où lui est venu son nom, la vue embrasse de là, dans le lointain, les coteaux du Bordelais et du Périgord. De l'autre coté de la cour, aux angles du mur d'enceinte, s'élevaient deux tours, destinées à communiquer par une galerie. L'une de ces tours, connue sous le nom de *Trachère*, placée à l'angle nord, et actuellement en ruines, était habitée par la femme de Montaigne; l'autre, située auprès de la porte d'entrée, et qu'il habitait lui-même presque toujours, s'appelle *tour de Montaigne*. Il l'a décrite dans les *Essais*, III, 3, et on la reconnaît encore aujourd'hui : « Je suis sur l'entrée, et vois sous moi mon jardin, ma basse-cour, ma cour, et dans la plupart des membres de ma maison, etc. » Au rez-de-chaussée était la chapelle, dont on fit ensuite les archives. Au premier étage, il avait sa chambre, où il couchait souvent, *pour être seul*. On y monte par quatre degrés en pierre, et l'on remarque la cheminée, ainsi que les deux fenêtres, avec leur profonde embrasure. De là on passe dans une autre chambre contiguë, et qui se trouve dans une tour carrée, adaptée à la première : il s'y tenait dans les jours de froid. Au second étage, celui dont il parle avec le plus de complaisance, était sa *librairie* ou bibliothèque. On y voit quelques tablettes où étaient ses livres, et la table où il a écrit les *Essais*. Les chevrons du plancher sont couverts de traits de la Bible, de sentences grecques et latines, écrites en noir. On y lit en grec : *Ce ne sont pas tant les choses qui tourmentent l'homme, que l'opinion qu'il a des choses. — Il n'est point de raisonnement qui n'ait son contraire. — Le souffle enfle les outres, l'opinion enfle les hommes.* En latin : *Bourbe et cendre, qu'as-tu à te glorifier. — Notre entendement erre en aveugle dans les ténèbres, et ne peut saisir la vérité.* En plus gros caractères, sur la poutre du milieu, se trouve cette devise du sage : *Je ne comprends pas, je m'arrête, j'examine.*

« A la bibliothèque tient un petit cabinet ou boudoir, où l'on avait peint à fresque, sur la muraille, le portrait d'Éléonore, fille de Montaigne, et quelques scènes un peu libres, entre autres, Vénus surprise avec Mars par Vulcain : une main scrupuleuse les a dégradées. C'est au-dessus de la biblioque j'avois tort, le commandement du Roy s'y interposant aussi. » Voici la lettre que Henri III lui écrivit à cette occasion :

Monsieur de Montaigne, pour ce que j'ay en estime grande vostre fidellité et zelée dévotion à mon service, ce m'a esté plaisir d'entendre que vous ayez esté esleu maior de ma ville de Bourdeaulx, ayant eu très agréable et confirmé ladicte eslection et d'autant plus vollontiez qu'elle a esté faite sans brigue et en vostre lointaine absence; à l'occasion de quoy mon intention est, et vous ordonne et enjoincts bien expressement que sans delay ni excuse reveniez au plus tost que la présente vous sera rendue, faire le deu et le service de la charge où vous avez esté si légitimement appelé. Et vous ferez chose qui me sera très agréable, et le contraire me déplairoit grandement, priant Dieu, monsieur de Montaigne, qu'il vous ayt en sa saincte garde.

Escript de Paris le XXVe jour de novembre mil cinq cent quatre vingt ung. HENRY.

Au-dessous :

A monsieur de Montaigne, chevalier de mon ordre, gentilhomme ordinaire de ma chambre, estant de présent à Rome[1].

thèque, dans un petit grenier, que se trouvait la grosse cloche dont parlent les *Essais*.

« Si je ne craignois, dit Montaigne, III, 3, non plus le soin que la dépense, le soin qui me chasse de toute besogne, j'y pourrois facilement coudre à chaque côté une galerie de cent pas de long et douze de large, à plain pied, ayant trouvé tous les murs montés, pour autre usage, à la hauteur qu'il me faut. » Il est probable qu'il n'en fit rien, et que les ruines qui passent dans le pays pour celles d'une galerie, sont les restes de ces murs commencés.

« On prétend que Henri IV vint visiter le seigneur de Montaigne, et qu'il logea dans la chambre dont on voit la fenêtre près de la tour crénelée. Montaigne dit lui-même qu'*il reçut plus d'une fois la cour;* et sans doute Henri IV qui, lorsqu'il était roi de Navarre, fit longtemps la guerre dans ces contrées, a pu loger chez lui.

« Voyez, sur le château de Montaigne, les antiquaires bordelais, MM. Jouannet, Bernadeau; et, pour la vue même des lieux, le *Nouveau voyage pittoresque de la France*, chez Ostervald, 1817, quarantième livraison; le *Choix de vues pittoresques du département de la Gironde et des départements voisins*, par Thiénon, etc. V. LECLERC. »

On peut voir, pour plus amples détails, PAYEN, *Nouveaux documents inédits*, 1850, p. 36 et suiv.

[1] Cette lettre, découverte, par M. Buchon, dans les archives de Bordeaux,

Montaigne, dans sa nouvelle fonction, *la plus importante de la province,* se montra fidèle à cette maxime : « qu'on ne doit pas refuser aux charges qu'on prend l'attention, les pas, les paroles, et la sueur et le sang au besoin. » Placé entre deux partis extrêmes, toujours prêts à se déchirer, il se montra dans la pratique ce qu'il est dans son livre, « amy des natures temperees et moyennes. » Tolérant par caractère et par système, il appartenait, comme tous les grands esprits du seizième siècle, à ce parti des *politiques,* qui voulait améliorer et non détruire; et l'on peut dire de lui ce que lui-même a dit de La Boëtie : « Qu'il avoit une maxime souverainement empreinte en son ame, d'obeyr et de se soubmettre tresreligieusement aux loix sous lesquelles il estoit nay. ... Affectionné au repos de son pays, ennemy des remuements et des nouvelletez de son temps, il eust bien plustost employé sa suffisance à les esteindre qu'à leur fournir de quoy les esmouvoir davantage. » Ce fut là le programme de son administration[1]; il s'appliqua surtout à maintenir la paix entre les divers partis religieux qui partageaient alors la ville de Bordeaux, et après deux années d'exercice ses compatriotes reconnaissants lui conférent de nouveau la mairie en 1583, pour deux autres années. A l'expiration de sa charge, il put dire

a été publiée pour la première fois en 1838. — Voy. PAYEN, *Documents inédits*, etc., 1847, p. 27-28.

[1] On connaît, de l'administration de Montaigne, une pièce faite à Bordeaux, *en jurade,* le 10 décembre 1583, pour demander au roi de Navarre la liberté du commerce. Cette pièce se trouve dans les *Documents inédits* de M. le docteur Payen (1847), p. 25. — Elle est peu importante, et l'on s'est trompé en croyant que Montaigne y demandait le *libre échange.* Les pièces de ce genre sont très-nombreuses au seizième siècle. La plupart des villes ont demandé la même chose, c'est-à-dire le droit, pour les marchands qui les fréquentaient, de pouvoir traverser sans danger les partis ennemis. Cela équivalait, pour l'industrie, à ce qu'on appelait pour les campagnes la *trève des laboureurs.*

justement qu'il « ne laissoit après lui ni offense ni haine[1]. »

Au milieu des soins de son administration, Montaigne allait toujours « escorniflant les livres, » et ses *Essais*, dont la première partie avait paru en 1580, s'allongeaient sans cesse de nouveaux chapitres. Deux éditions nouvelles parurent en 1582 et en 1587, et pendant ce temps l'auteur, tout en améliorant son premier travail, avait composé une partie du troisième livre. Il se rendit à Paris, pour donner au public son ouvrage ainsi complété, et une nouvelle édition parut en 1588. Il fit alors un assez long séjour dans la capitale, et ce fut à cette date qu'il rencontra mademoiselle de Gournay. Esprit actif et curieux, mais surtout, chose rare chez une femme de lettres, esprit ferme et sain, mademoiselle de Gournay avait été emportée tout enfant par ce grand courant du seizième siècle, qui entraînait tout vers la controverse, l'érudition et la science. Elle apprit le latin sans maître, et lorsqu'à l'âge de dix-huit ans, les *Essais* « lui furent mis fortuitement entre les mains, elle fut transie d'admiration. » En apprenant que l'auteur était à Paris, elle quitta le château de Gournay, pour le venir voir. Nous ne pouvons mieux faire, à propos de ce sympathique voyage, que de répéter ici les

[1] On s'égorgeait pour des opinions dogmatiques nées de l'école, et qui n'eussent jamais dû en franchir l'enceinte, lorsque Montaigne osa proposer à ses contemporains un refuge où il avait trouvé la paix, le doute philosophique. Sans attaquer de front des controverses, causes de longs désastres, il cherchait à leur ôter une âpreté meurtrière, en livrant une guerre systématique et enjouée à toutes nos prétendues certitudes. Plus Montaigne entendait répéter : *Crois, ou meurs*, plus il trouvait de sagesse dans le doute. La frénésie de ses compatriotes fit seule l'excès de son scepticisme... Quand partout on levait des armées, il cherchait à faire quelques sages. Il remplit les fonctions de maire de Bordeaux pendant quatre années orageuses, et ses soins la firent jouir du plus précieux bien qu'on pût connaître alors, celui de la neutralité.... LACRETELLE.

propres paroles de Pasquier : « Cette demoiselle, laquelle appartient à plusieurs grandes et nobles familles de Paris, ne s'est proposé d'avoir jamais autre mary que son honneur, enrichi par la lecture de bons livres, et, sur tous les autres, des *Essais* du seigneur de Montaigne; lequel faisant en l'an 1588 un long séjour en la ville de Paris, elle le vint exprès visiter pour le cognoistre de face : mesmes que la damoiselle de Gournay, sa mère, et elle le menerent en leur maison de Gournay, où il séjourna trois mois en deux ou trois voyages, avec tous les honnestes accueils que l'on pourroit souhaiter. »

C'est à dater de ce moment que mademoiselle de Gournay prit le nom de fille d'alliance de Montaigne, nom simple et touchant qui, bien mieux que ses livres et ses vers, la fera vivre à travers les âges dans la mémoire des hommes.

Montaigne, en quittant Paris, s'arrêta quelques jours à Blois, pendant la tenue des *états*. Quel fut son rôle dans cette assemblée célèbre? Nous l'ignorons; nous savons seulement qu'il avait été chargé par le roi de Navarre de négocier avec le duc de Guise. Tout ce qui se rattache à sa vie politique est à peu près inconnu, et l'on peut seulement conclure d'un passage des Mémoires de de Thou, qu'il était dans la confidence des plus grands personnages de son temps. De Thou, qui l'appelle « un homme franc, ennemi de toute contrainte, » rapporte qu'en se promenant avec lui et Pasquier dans la cour du château de Blois, il l'entendit plusieurs fois porter sur les événements contemporains des jugements très-remarquables, et il ajoute qu'il avait prévu dès le commencement des *états* que les troubles de la France ne pouvaient finir que par la mort du duc de Guise ou par celle du roi de Navarre. Il avait si bien démêlé les dispositions de ces princes qu'il disait à de Thou que le roi de Navarre était prêt à embrasser le catholicisme, s'il n'eût craint d'être abandonné de son parti, et que de son côté le duc de Guise n'avait pas trop d'éloignement pour la confession d'Augsbourg, dont le cardinal de Lorraine, son oncle, lui avait inspiré le goût, sans le danger qu'il y avait pour lui à quitter l'Église romaine. Il eût été facile à Montaigne de jouer, comme on dit aujourd'hui, un rôle important dans les affaires du pays et de se créer une grande position politique, mais il resta fidèle à sa devise : *Otio et libertati*, et il revint paisiblement dans sa *maison* écrire un chapitre sur *l'incommodité de la grandeur*.

L'auteur des *Essais* avait alors cinquante-cinq ans; la maladie qui le tourmentait depuis plusieurs années ne faisait que s'aggraver, et cependant il lisait, méditait, et écrivait toujours. Il employa les années 1589, 1590 et 1591, à faire de nouvelles additions à son livre, et dans ces *advenues de la vieillesse*, il pouvait encore espérer des jours heureux, lorsqu'il fut attaqué d'une esquinancie sur la langue. Pasquier, qui nous a transmis quelques détails sur ses derniers instants, raconte « qu'il demeura trois jours entiers, plein d'entendement, sans pouvoir parler ; au moyen de quoi il étoit contraint d'avoir recours à la plume pour faire entendre ses volontés. Et comme il sentit sa fin approcher, il pria, par un petit bulletin, sa femme de semondre quelques gentilshommes siens voisins, afin de prendre congé d'eux. Arrivés qu'ils furent, il fit dire la messe en sa chambre; et comme le prêtre étoit sur l'élévation du *Corpus Domini,* ce pauvre gentilhomme s'élança au moins mal qu'il peut, comme à corps perdu, sur son lit, les mains jointes ; et en ce dernier acte rendit son esprit à Dieu, qui fut un beau miroir de l'intérieur de son ame[1]. »

Quelques mois après la mort de Montaigne, sa dépouille fut transportée dans l'église d'une commanderie de Saint-Antoine, à Bordeaux, où sa veuve lui fit ériger un monument. L'église de la commanderie est aujourd'hui celle du collége, et dans la chapelle à gauche, on voit encore son monument funèbre, avec sa statue en habit militaire. Ce monument a été restauré en 1803, par les soins de l'un de ses descendants, M. de Montaigne[2].

A la nouvelle de la mort de l'auteur des *Essais*, mademoiselle de Gournay s'empressa de se rendre en Guyenne avec sa mère, pour porter des consolations à la veuve et à la fille de son *père d'alliance*. Madame de Montaigne lui remit dans ce voyage un exemplaire augmenté et corrigé des *Essais*, et c'est sur cet exemplaire que Marie de

[1] 13 septembre 1592. — Voir sur la mort de Montaigne, *OEuvres choisies d'Étienne Pasquier*, par L. Feugère, Paris, 1849, in-18, t. II, p. 396 et suiv. « J'aime, respecte et honore sa mémoire, dit Étienne Pasquier dans une de ses lettres, autant et plus que nul autre ; et quant à ses *Essais* (que j'appelle chefs-d'œuvre), je n'ai livre entre les mains que j'aie tant caressé que celui-là. J'y trouve toujours quelque chose à me contenter. C'est un autre Sénèque en notre langue. »

Les biographes de Montaigne ne sont point d'accord sur la date de sa mort; les uns la fixent au 13 septembre, les autres au 15. Suivant la juste remarque de M. Payen, il faut s'en rapporter à la date inscrite sur le tombeau, où on lit : *Obiit anno salutis* CIↃ. IↃ. VIIIC. *idib. sept.* Le mois de septembre était, dans le calendrier romain, un de ceux où les nones tombaient le 5, et par conséquent les ides le 13 : c'est donc bien incontestablement le 13 septembre 1582 que Montaigne est mort, et en tenant compte des dix jours retranchés en 1582 par le pape Grégoire XIII, on trouve qu'il a vécu 59 ans, 6 mois et 3 jours.

Voir M. Payen, *Documents inédits*, 1847, pages 29 et 30, note.

[2] Au moment même où nous écrivons ces lignes (10 mars 1854), nous voyons passer, se rendant à l'église de la Madeleine, le convoi de M. Thibaudeau, sénateur, et ancien préfet de l'empire, et par une coïncidence assez bizarre, la dernière note à laquelle s'arrête notre travail est celle-ci :

« Considérant que l'église des ci-devant Feuillants, où a été inhumé le

Gournay donna, en 1595, la première édition complète du livre immortel que nous reproduisons aujourd'hui.

IV

Après avoir rapporté, aussi exactement que nous l'avons pu faire, les divers événements de la vie de l'auteur des *Essais*, nous aurions pu, comme on l'a fait tant de fois déjà, essayer une esquisse de son caractère, et donner une appréciation de son génie. Mais nous avons pensé que notre jugement personnel intéresserait peu le public; et que puisque Montaigne avait pris soin de se peindre lui-même, nous serions indiscret en nous interposant entre le lecteur et les confidences de son génie. Nous nous renfermerons donc, comme toujours, dans notre rôle de rapporteur, parce que nous cherchons avant tout à donner des faits et non des phrases, et nous nous bornerons à retracer rapidement, comme dans nos autres éditions, pour la critique aussi bien que pour l'é-

corps de Michel Montaigne, a reçu une destination qui ne permet pas d'y laisser plus longtemps les cendres de ce philosophe; qu'il appartient à la République de les recueillir et d'honorer la mémoire de l'immortel auteur des *Essais*, le préfet arrête : 1° que le corps et le tombeau de Montaigne, auteur des *Essais*, et ancien maire de Bordeaux, seront transférés de la ci-devant église des Feuillants dans la salle des Monuments à la ci-devant Académie, le 1er vendémiaire; 2° qu'un professeur de l'École centrale prononcera dans le temple décadaire de l'arrondissement du Centre, l'éloge de Michel Montaigne; 3° que le corps sera transféré sur un char attelé de quatre chevaux : il y aura sur les côtés du char des inscriptions extraites des *Essais*; 4° que le cortége sera composé des autorités civiles et militaires, des professeurs de l'École centrale et instituteurs primaires, de leurs élèves et des sociétés savantes. »

Le préfet de la Gironde, THIBAUDEAU.

Moniteur du 7 vendémiaire an IX.

La cérémonie eut lieu, et jusqu'en 1803 le mausolée resta au Musée; mais on sut depuis que le cercueil transféré n'était pas celui de Montaigne, mais bien le cercueil d'un de ses parents, et le tombeau fut replacé où on le voit aujourd'hui. Voyez M. Payen, *Documents inédits*, 1847, p. 30 note.

loge, les divers jugements qui depuis le seizième siècle jusqu'à nos jours ont été portés sur l'auteur des *Essais*. Ces jugements sont tellement nombreux, qu'il faudrait plusieurs volumes pour les transcrire tous ; nous serons donc forcé de marcher vite, mais la bibliographie qui suit cette notice mettra suffisamment le lecteur sur la voie des études analytiques et critiques.

Il paraît que les premières éditions des *Essais* furent accueillies assez froidement, car si grande qu'eût été la hardiesse de l'esprit au seizième siècle, il y avait dans ce livre tant de choses téméraires, et pour ainsi dire inouïes, une originalité si profonde et un *remuement* d'idées tel que le public s'en trouva comme étourdi; Montaigne, d'ailleurs, n'appartenait point aux partis extrêmes, et c'est là, dans tous les temps, un grand obstacle aux succès rapides; de plus, il parlait au nom du bon sens, au nom de la tolérance et de la modération, et, comme tous ceux qui ont tenu le même langage, il eut d'abord quelque peine à se faire accepter; car, pour être écouté de la foule, il faut avant tout flatter ses préjugés et ses passions. Quelques esprits d'élite comprirent seuls dès l'abord tout ce qu'il y avait de profond dans cette œuvre jusqu'alors sans modèle; et Juste-Lipse plaça du premier coup l'auteur au-dessus des sept sages de la Grèce. Ce célèbre polygraphe était alors l'arbitre souverain de la critique européenne, et l'arrêt qu'il venait de rendre décida le succès. Les *Essais* se popularisèrent rapidement, ils firent école; le cardinal du Perron les ayant appelés le *bréviaire des honnêtes gens*, chacun se crut obligé de les lire [1], et il est hors de doute

[1] « Montaigne resta l'homme dépareillé et le livre non classé, « le bréviaire des honnêtes paresseux et des ignorants studieux, nous dit Huet, qui veulent s'enfariner de quelques connaissances du monde et de quelque tein-

qu'ils ont exercé sur les opinions politiques et religieuses de la fin du seizième siècle une utile influence, et contribué à ramener les esprits vers les idées pratiques, les améliorations sociales et la modération. « Trop ami du repos pour se plaire à des nouveautés turbulentes, a dit M. Droz, trop humain pour ne pas détester la violence et l'injustice, Montaigne s'éloignait des réformateurs par ses goûts, de leurs persécuteurs par ses principes. » Ce jugement est plein de raison; et l'on peut dire que le chapitre sur la *Liberté de conscience* est la véritable préface de l'édit de Nantes.

Au dix-septième siècle, Montaigne eut pour admirateurs, on pourrait dire pour amis, tous les hommes qui, à cette grande époque, représentent la véritable tradition de l'esprit français dans ce qu'il a de plus net et de plus pratique : La Bruyère, Molière, La Fontaine, madame de Sévigné. « Oh! l'aimable homme, disait avec raison la châtelaine des Rochers, qu'il est de bonne compagnie; c'est mon ancien ami, mais à force de m'être ancien, il m'est toujours nouveau... Mon Dieu! que ce livre est plein de sens! » Balzac dit à son tour « qu'il a porté la raison humaine aussi loin qu'elle peut s'élever, soit dans la politique, soit dans la morale [1]. »

ture des lettres. A peine trouverez-vous un gentilhomme de campagne qui veuille se distinguer des preneurs de lièvres, sans un Montaigne sur sa cheminée. » Il fut bien plus; il fut le livre favori et comme un arsenal particulier pour chaque grand écrivain sérieux et nouveau : La Bruyère, Montesquieu, Jean-Jacques (style et pensée), réintroduisirent, chacun à leur manière, dans le grand courant de la langue, beaucoup de Montaigne. »

SAINTE-BEUVE.

[1] Balzac a reproché à Montaigne quelques mouvements de vanité, il s'est moqué de son *page*, du soin que prend ce philosophe de nous faire savoir qu'il était gentilhomme, de sa *mairie* de Bordeaux, de son silence sur sa charge de conseiller au parlement de cette ville; mais il l'apprécie fort bien comme écrivain, et personne, je crois, n'a mieux jugé son style.

HOFFMAN.

Le dix-septième siècle cependant fut loin d'être unanime dans son admiration : Mallebranche et les écrivains de Port-Royal se montrèrent, à l'égard de l'auteur des *Essais*, d'une rigueur excessive[1]. « Le plaisir qu'on éprouve à « le lire, dit Mallebranche, naît principalement de la con-« cupiscence... Il s'est plutôt fait un pédant à la cava-« lière, et d'une espèce toute singulière, qu'il ne s'est « rendu raisonnable, judicieux et honnête homme... Il « n'y a que les démons, et ceux qui participent à l'or-« gueil des démons, qui se plaisent d'être adorés; et « c'est vouloir être adoré, non pas d'une adoration exté-« rieure et apparente, mais d'une adoration intérieure « et véritable, que de vouloir que les autres hommes « s'occupent de nous; c'est vouloir être adoré comme « Dieu veut être adoré, c'est-à-dire en esprit et en vé-« rité. »

Arnaud est plus dur encore; suivant lui, « Montaigne « est plein d'un si grand nombre d'infamies honteuses « et de maximes épicuriennes et impies, qu'il est étrange « qu'on l'ait souffert si longtemps dans les mains de tout « le monde. » Nicole, quoique moins emporté, le regarde au fond comme un véritable matérialiste .

« Montaigne, dit-il, me représente un homme qui, après avoir promené son esprit sur toutes les choses du monde pour juger ce qu'il y a en elles de bien et de mal, a eu assez de lumières pour en reconnaître la sottise et la vanité.

« Il a très-souvent découvert le néant de la grandeur et l'inutilité des sciences; mais comme il ne connais-

[1] Par une destinée assez singulière, il se trouve que le caractère et le tour de la pensée perdent du premier coup Montaigne auprès des hommes de Port-Royal... il leur paraît représenter tout ce que sera un jour la philosophie du XVIIIe siècle; il en est pour eux un abrégé parlant, une prophétie redoutable et anticipée. SAINTE-BEUVE.

sait guère d'autre vie que celle-ci, il a conclu qu'il n'y avait donc rien à faire qu'à tâcher de passer agréablement le petit espace qui nous est donné. »

Pascal, qui s'est inspiré constamment de Montaigne, dans ses *Pensées*, toutes les fois qu'il s'est agi d'humilier l'homme, de montrer les contradictions étranges de sa nature, l'infini de son néant, Pascal, tout en reconnaissant que l'auteur des *Essais* a combattu les hérétiques *avec une fermeté invincible*, et foudroyé l'impiété, ne lui épargne cependant pas les reproches :

« Étant né dans un État chrétien, il fait profession de « la religion catholique, et en cela il n'a rien de particulier. Mais comme il a voulu chercher une morale « fondée sur la raison, sans les lumières de la foi, il a « pris ses principes dans cette supposition, et ainsi en « considérant l'homme destitué de toute révélation, il « discourt en cette sorte. Il met toutes choses dans un « doute universel et si général que ce doute s'emporte « soi-même et que l'homme doutant même s'il doute, « son incertitude roule sur elle-même dans un cercle « perpétuel et sans repos, s'opposant également à ceux « qui disent que tout est incertain et à ceux qui disent « que tout ne l'est pas, parce qu'il ne veut rien assurer. C'est dans ce doute qui doute de soi et dans cette « ignorance qui s'ignore, qu'est l'essence de son opinion « qu'il n'a pu exprimer par aucun terme positif. Car s'il « dit qu'il doute, il se trahit en assurant au moins qu'il « doute; ce qui étant formellement contre son intention, « il n'a pu s'expliquer que par interrogation; de sorte « que ne voulant pas dire *Je ne sais*, il dit *Que sais-je?* « De quoi il fait sa devise en la mettant sous les bassins « d'une balance, lesquels pesant les contradictoires se

« trouvent dans un parfait équilibre : c'est-à-dire qu'il « est pur pyrrhonien. Sur ce principe roulent tous ses « discours, et tous ses *Essais* roulent sur ce principe; et « c'est la chose qu'il prétend bien établie, quoiqu'il ne « fasse pas toujours remarquer son intention. Il y dé- « truit insensiblement tout ce qui passe pour le plus « certain parmi les hommes, non pas pour établir le « contraire avec une certitude de laquelle seule il est « ennemi, mais pour faire voir seulement que les appa- « rences étant égales de part et d'autre, on ne sait où « asseoir sa créance.

« Il examine profondément toutes les sciences : la géo- « métrie, dont il tâche de montrer l'incertitude dans ses « axiomes et dans les termes qu'elle ne définit point, « comme d'*étendue, de mouvement*, etc.; la physique et « la médecine, qu'il déprime en une infinité de façons; « l'histoire, la politique, la morale, la jurisprudence et « le reste. De sorte que, sans la révélation, nous pour- « rions croire, selon lui, que la vie est un songe dont « nous ne nous éveillons qu'à la mort, et pendant lequel « nous avons aussi peu les principes du vrai que durant « le sommeil naturel. C'est ainsi qu'il gourmande si for- « tement et si cruellement la raison dénuée de la foi, « que lui faisant douter si elle est raisonnable, et si les « animaux le sont ou non ou plus ou moins que l'homme, « il la fait descendre de l'excellence qu'elle s'est attri- « buée, et la met par grâce en parallèle avec les bêtes, « sans lui permettre de sortir de cet ordre jusqu'à ce « qu'elle soit instruite par son Créateur même de son « rang qu'elle ignore; la menaçant, si elle gronde, « de la mettre au-dessous de toutes, ce qui lui paraît « aussi facile que le contraire; et ne lui donnant pou- « voir d'agir cependant que pour reconnaître sa faiblesse

« avec une humilité sincère, au lieu de s'élever par une « sotte vanité....

« Je vous avoue que je ne puis voir sans joie dans cet « auteur la superbe raison si invinciblement froissée par « ses propres armes, et cette révolte si sanglante de « l'homme contre l'homme, laquelle, de la société avec « Dieu, où il s'élevait par les maximes de sa faible rai- « son, le précipite dans la condition des bêtes; et j'au- « rais aimé de tout mon cœur le ministre d'une si grande « vengeance, si, étant humble disciple de l'Église par la « foi, il eût suivi les règles de la morale, en portant ces « hommes qu'il avait si utilement humiliés à ne pas irri- « ter par de nouveaux crimes celui qui peut seul les tirer « de ceux qu'il les a convaincus de ne pouvoir pas seu- « lement connaître.

« Mais il agit au contraire en païen. De ce principe, « dit-il, que hors de la foi tout est dans l'incertitude, et « considérant combien il y a que l'on cherche le vrai et « le bien sans aucun progrès vers la tranquillité, il con- « clut qu'on doit en laisser le soin aux autres; demeurer « cependant en repos, coulant légèrement sur ces sujets « de peur d'y enfoncer en appuyant; prendre le vrai et « le beau sur la première apparence, sans les presser, « parce qu'ils sont si peu solides, que quelque peu que « l'on serre la main ils s'échappent entre les doigts et la « laissent vide. C'est pourquoi il suit le rapport des sens « et les notions communes, parce qu'il faudrait qu'il se « fît violence pour les démentir, et qu'il ne sait s'il y « gagnerait, ignorant où est le vrai. Ainsi il fuit la dou- « leur et la mort, parce que son instinct l'y pousse et « qu'il n'y veut pas résister par la même raison, mais « sans en conclure que ce soit de véritables maux, ne se « fiant pas trop à ces mouvements naturels de crainte. »

Pascal termine cette critique en déclarant que Montaigne est absolument pernicieux à ceux qui ont quelque pente à l'impiété et aux vices.

Les reproches que le jansénisme et la philosophie chrétienne avaient adressés à l'auteur des *Essais*, furent pour lui une recommandation nouvelle auprès du dix-huitième siècle. Rousseau lui fit de nombreux emprunts. Diderot, Montesquieu, Vauvenargues déclarèrent, comme le cardinal du Perron, que son livre était *le bréviaire des honnêtes gens*, et Voltaire le combla d'éloges, témoin ce passage d'une lettre adressée, le 21 août 1746, au comte de Tressan :

« Quelle injustice criante de dire que Montaigne n'a « fait que commenter les anciens! il les cite à propos, « et c'est ce que les commentateurs ne font pas. Il « pense et ces messieurs ne pensent point. Il appuie « ses pensées de celles des grands hommes de l'anti- « quité; il les juge, il les combat, il converse avec eux, « avec son lecteur, avec lui-même; toujours original « dans la manière dont il présente les objets, toujours « plein d'imagination, toujours peintre; et, ce que « j'aime, toujours sachant douter. Je voudrais bien sa- « voir, d'ailleurs, s'il a pris chez les anciens tout ce « qu'il dit sur nos modes, sur nos usages, sur le nou- « veau monde, découvert presque de son temps, sur les « guerres civiles dont il était le témoin, sur le fana- « tisme des deux sectes qui désolaient la France. »

Dans l'*Épître au président Hénault*, Voltaire revient encore sur l'éloge :

Montaigne, cet auteur charmant,
Tour à tour profond et frivole,
Dans son château paisiblement
Loin de tout frondeur malévole,
Doutait de tout impunément,

Et se moquait très-librement
Des docteurs fourrés de l'école.

Les publications relatives à l'auteur des *Essais* furent extrêmement nombreuses dans le dix-huitième siècle; son éloge fut mis au concours par les académies, et on vit se produire à son égard les opinions les plus contradictoires. Un savant bénédictin, dom Devienne, publia, en 1773, une *Dissertation sur la religion de Montaigne,* dans laquelle il s'efforce de prouver que les *Essais* respirent un profond respect pour la religion. « Si l'impiété de Montaigne était prouvée, elle serait, dit dom Devienne, la chose du monde la plus surprenante; ce philosophe avait un sens droit, une pénétration admirable, et il parlait comme il pensait. Or l'incrédulité jointe à l'esprit, au bon sens et à la bonne foi, est un phénomène qui n'a point encore eu d'existence. » Quoi qu'en ait dit le pieux bénédictin, bien des gens s'obstinèrent à regarder Montaigne comme un incrédule. Il fut placé, par Sylvain Maréchal et par Lalande, dans le *Dictionnaire des athées,* et dans la préface de l'édition de 1802, Naigeon essaya de le présenter comme le précurseur de d'Holbach et d'Helvétius. Quelques années plus tard, un savant ecclésiastique, M. l'abbé de Labouderie, reprenant en sous-œuvre la thèse de dom Devienne, dans un livre intitulé : *Le christianisme de Montaigne,* publia la traduction de Raymond de Sébonde, et divers extraits des *Essais,* pour prouver que, bien loin de regarder Montaigne comme un impie, on devait, au contraire, le placer au premier rang des apologistes de la religion [1].

[1] Les opinions extrêmes qui ont fait de Montaigne l'une un athée, l'autre un apologiste chrétien, se sont fondues de nos jours en une opinion moyenne,

On le voit par ce que nous venons de dire, la critique, en ce qui touche Montaigne, a suivi depuis trois siècles des courants bien opposés, et ses jugements, comme ceux de cet homme illustre lui-même, ont été ondoyants et divers. Placé, par Juste-Lipse, au-dessus des sages de l'antiquité, félicité par un pape, condamné violemment par Mallebranche, imité et tour à tour applaudi et décrié par Pascal[1], presque insulté par Port-Royal, pré-

qui nous paraît fort exactement résumée dans les deux jugements qu'on va lire :

« La philosophie de Montaigne était douce, facile, indulgente ; accommodée à notre faiblesse. Elle enseigne merveilleusement ce qu'il faut prendre du monde et de la vie, et donne du bonheur humain de très-profitables leçons ; mais hors de là ne lui demandez plus rien. C'est une sagesse toute de la terre, qui enseigne à vivre et même à mourir ; mais qui s'arrête à la tombe, et y reste muette. Vous y retrouvez une forte empreinte des plus généreuses doctrines de l'antiquité. Celle du catholicisme y est à peine. Vous vous croiriez à l'Académie ou au Portique, vous entendez Socrate et Platon, Sénèque et Plutarque. Vous attendez le chrétien. On dirait qu'il ne soit rien survenu dans le monde, ni que la science de Dieu ait fait le moindre progrès. »

Comte DE PEYRONNET.

« Avec un esprit richement cultivé par l'étude de l'antiquité classique et de l'histoire, par une longue expérience et la connaissance des hommes, il envisagea le tableau de la vie humaine tel qu'il est et sous le point de vue de sa diversité, sans y apercevoir une unité que ne pouvait donner la philosophie, si peu d'accord avec elle-même. De là une manière de voir fort analogue au scepticisme, suivant laquelle il donne pour dernier résultat de toute observation et de toute pensée, la faiblesse de la raison et l'incertitude de la connaissance humaine, même par rapport à l'ordre pratique dont, au reste, il ne conteste pas la vérité, se reposant de toutes choses dans la foi à la révélation. Montaigne exprime ses idées sur le ton d'une candeur exempte de prétention et d'une honorable franchise dans ses *Essais*, livre où domine tout le charme d'un style plein de finesse et d'originalité, qui en a fait la lecture des gens de goût. Ce livre a exercé dans le monde beaucoup d'influence, et a subi les jugements les plus opposés. Quelque éloigné de l'immoralité et de l'irréligion que fût le caractère personnel de cet écrivain, son ouvrage a pu favoriser plus d'une fois des dispositions contraires dans l'esprit de ses lecteurs et même les y faire naitre. » COUSIN.

[1] Montaigne se peut étudier au sein de Pascal. Il fut pour lui, à certaines heures, le renard de l'enfant lacédémonien, le renard caché sous la robe. Pascal en était souvent repris et mordu et dévoré. En vain il l'écrase, il le rejette : le rusé revient toujours. Il s'en inquiète, il le cite, il le transcrit

senté par un cardinal comme le guide des honnêtes gens, adopté par le dix-huitième siècle comme le précurseur de toutes les grandes réformes, célébré dans les académies, rangé par Sylvain Maréchal et Lalande parmi les athées, et par dom Devienne et l'abbé de Labouderie parmi les apologistes de la religion, il semble se dérober sans cesse à ce jugement définitif que la postérité porte toujours, tôt ou tard, sur les hommes qui ont laissé une trace éclatante de leur passage dans ce monde. Nous n'avons point la prétention de prononcer ici, après tant d'autres, un arrêt contre lequel on ne manquerait point d'interjeter appel, dans quelque sens qu'il soit rendu. Ami lecteur, Montaigne est là qui vous tend son livre : lisez; et, sceptique ou croyant, si vous n'êtes pas toujours de l'avis des *Essais*, vous serez du moins, nous n'en doutons pas, de l'avis de madame de Sévigné, et vous direz comme elle : « Mon Dieu! que ce livre est plein de sens! » C'est qu'en effet, suivant le mot heureux de mademoiselle de Gournay, ce livre « désenseigne la sottise; » et que l'auteur, comme Molière, s'est montré le censeur impitoyable de tous les vices du cœur et de tous les travers de l'esprit. Placé au seuil même des temps nouveaux, il a protesté de toute son âme et de toute son éloquence contre la barbarie des mœurs de son temps. Il a flétri la torture et les cruautés qui, dans les supplices, allaient au delà de la mort simple. Il a demandé aux hommes la pitié pour les animaux, aux gens de guerre la pitié pour leurs semblables. Il a pensé, comme Pascal, que l'humanité est une suite d'hommes qui apprend toujours, et tout en se

quelquefois dans le titre de ses propres pensées, et on s'y est mépris dans l'édition donnée par ses amis; il y a des phrases de Montaigne qu'on y a laissées comme étant de Pascal. SAINTE-BEUVE.

montrant défiant à l'égard de la science, il a cru à ses progrès, dans les limites de la faiblesse humaine. Il a prêché la tolérance politique et religieuse aux partis toujours prêts à s'égorger; il a formulé le premier un système d'éducation morale et rationnelle; enfin, il a pressenti, deviné ou appelé de ses vœux toutes les conquêtes de la civilisation moderne, et l'on peut dire avec raison que le sentiment qui aujourd'hui ramène sans cesse les lecteurs vers son œuvre, est non-seulement celui de l'admiration, mais encore celui de la reconnaissance. Jamais, en effet, la raison humaine, dans ses rapports avec la vie sociale et pratique, ne s'est élevée plus haut, et jamais la pensée ne s'et produite sous une forme plus originale et plus pénétrante.

CH. LOUANDRE.

OUVRAGES A CONSULTER SUR MONTAIGNE.

MADEMOISELLE DE GOURNAY. Préface des *Essais*. Paris, 1595; reproduite dans les éditions de 1617, 1625, 1635. — Le *Proumenoir* de M. de Montaigne. *Paris*, 1599, in-12.

ÉTIENNE PASQUIER. Œuvres choisies, publiées par Léon Feugère. *Paris*, 1849, in 8, t II, p 389; *ibid.*, 396 et suiv.

JONATHAN DE SAINT-SERNIN. Essais et observations sur les *Essais* du seigneur de Montaigne. *Londres*, 1626, in-12.

BÉRANGER. Réponse aux injures écrites contre Michel, seigneur de Montaigne. *Paris*, 1667 et 1668, in-12.

Préface de l'esprit des *Essais* de Montaigne. *Paris*, 1677, in-12.

PASCAL. Entretien sur Épictète et Montaigne.

NICOLE. Essais de morale, — *Pensées sur divers sujets de morale*, art. 29.

Logique de Port-Royal. Part. III, ch. 17, nº 6.

MALLEBRANCHE. De la Recherche de la Vérité. Liv. II, part. III, chap. 5.

LE PRÉSIDENT BOUHIER La vie de Michel de Montaigne (en tête de l'édition des *Essais* de 1739; plusieurs fois réimprimée depuis).

PESSELIER. Préface de l'esprit de Montaigne et éloge historique de cet auteur. 1753 et 1767, in-12.

COSTE. Préface de l'édition des *Essais* de 1724.

ROUSSEAU. Émile. Liv. V.

VAUVENARGUES. Dialogue entre Montaigne et Charron. T. III, p. 35 et suiv. — Réflexions sur Montaigne. *Ibid.*, p. 107.

DOM DEVIENNE. Dissertation sur la religion de Montaigne. 1773, in-8.

Le *Spectateur*, ou le Socrate moderne, traduit de l'anglais. XXXIXe discours.

DE QUERLON. Discours préliminaire du *Journal du Voyage de Montaigne*. 1774 in-12.

TALBERT. Éloge de Michel de Montaigne. 1774 (reproduit dans les éditions de 1779, 1780, 1789).

DE LA DIXMERIE. Eloge analytique et historique de Michel de Montaigne. 1781, in-8.

VERNIER. Notices et Observations pour préparer et faciliter la lecture des *Essais* de Montaigne. *Paris*, 1810, in-8.

BERNADAU. Antiquités bordelaises. 1798, in-8.

MADAME DE BOURDIC-VIOT. Éloge de Montaigne. *Paris*, an VIII, in-12

VILLEMAIN. Éloge de Montaigne. *Paris*, 1812, in-4, et in-8.

JAY Éloge de Montaigne. *Paris*, 1812, in-8.

DROZ. Éloge de Montaigne. *Paris*. 1812, in-8.

LE MARQUIS DU ROURE. Éloge de Montaigne. *Paris*, 1812, in-8.

J. DUTENS Éloge de Montaigne. *Paris*, 1818, in-8.

BIOT. Montaigne. *Paris*, 1812, in-8.

J.-V. LECLERC. Éloge de Montaigne. *Paris*, 1812, in-8 (reproduit dans l'édition des *Essais*, de 1826).

VICTORIN FABRE. Éloge de Michel de Montaigne. *Paris*, 1812, in-8.

VINCENS. Éloge de Michel de Montaigne. *Paris*, 1812, in-8.

F. GUIZOT. Appréciation des doctrines de Montaigne et de ses théories sur l'éducation, dans les *Annales de l'Éducation*. *Paris*, 1812, t. III.

MAZURE. Éloge de Montaigne. 1814, in-8.

L'ABBÉ DE LABOUDERIE. Le Christianisme de Montaigne. *Paris*, 1819, in-8.

AMAURY DUVAL. Vie de Montaigne (en tête de l'édition de 1820).

CHARLES NODIER. Questions de littérature légale. 1828, in-8.

COMTE DE PEYRONNET. Notice sur Montaigne (dans le *Plutarque français*).

F.-B. HOFFMAN. Œuvres complètes, t. V, 670.

HALLAM. Histoire de la littérature de l'Europe au moyen âge, t. II, de la traduction française, pages 124 et suiv.

COUSIN. Rapport à l'Académie française sur la nécessité d'une nouvelle édition des *Pensées* de Pascal, *Journal des Savants*, septembre 1842, p. 538 et suiv. (Reproduit en vol. in-8.)

Les *Essais de Michel de Montaigne*. Leçons inédites recueillies par un membre de l'Académie de Bordeaux, sur les manuscrits autographes conservés à la bibliothèque de cette ville. *Paris*, 1844, in-8. (Voir, sur cette publication, *Moniteur* de 1844, p. 2908.)

PAYEN. Notice biographique sur Montaigne (édition du Panthéon littéraire. 1837, in-8). — Documents inédits sur Montaigne. 1847, in-8. — Nouveaux documents inédits, 1850, in-8.

LÉON FEUGÈRE. Étude sur la vie et les ouvrages de mademoiselle de Gournay. *Paris*, 1853, in-8.— Etude sur la vie et les ouvrages de La Boëtie. *Paris*, 1845.

NISARD. Histoire de la Littérature française. T. I.

SAINTE-BEUVE. Port-Royal. T. III. — Causeries du Lundi. T. IV. — *Moniteur* du 14 novembre 1853.

Dernières années de Montaigne. 1854, in-8. — Extrait du *Journal général de l'instruction publique*. Article signé A. Grün.

Outre les ouvrages et les morceaux critiques particulièrement relatifs à Montaigne, que nous venons d'indiquer ici, il existe encore un grand nombre d'appréciations dispersées dans les dictionnaires biographiques, les mémoires et histoires littéraires. M. le docteur Payen en a fait le relevé, et c'est pour cela que nous nous dispenserons d'entrer ici dans de plus longs détails.

ESSAIS

DE MICHEL

DE MONTAIGNE

L'AUCTEUR

AU LECTEUR.

C'est icy un livre de bonne foy, lecteur. Il t'advertit dez l'entree, que ie ne m'y suis proposé aulcune fin, que domestique et privee : ie n'y ay eu nulle consideration de ton service, ny de ma gloire ; mes forces ne sont pas capables d'un tel dessein. Ie l'ay voué à la commodité particuliere de mes parents et amis : à ce que m'ayants perdu (ce qu'ils ont à faire bientost), ils y puissent retrouver quelques traicts de mes conditions et humeurs, et que par ce moyen ils nourrissent plus entiere et plus vifve la cognoissance qu'ils ont euë de moy. Si c'eust esté pour rechercher la faveur du monde, ie me feusse paré de beautez empruntees[1] : ie veulx qu'on m'y veoye en ma façon simple, naturelle et ordinaire, sans estude[2] et artifice ; car c'est moy que ie peinds. Mes deffauts s'y liront au vif, mes imperfections et ma forme naïfve, autant que la reverence publique me l'a permis. Que si i'eusse esté parmy ces nations qu'on dict vivre encores soubs la doulce liberté des premieres loix de nature, ie t'asseure que ie

[1] VAR. Après ces mots, on lit dans l'édition de 1588 : « Ou me feusse tendu et bandé en ma meilleure desmarche. » — Et dans celle de 1802 : « Ie me feusse mieulx paré, et me presenteroy en une marche estudiee. »

[2] VAR. « Sans contention. » Édit. de 1802.

m'y feusse tresvolontiers peinct tout entier et tout nud. Ainsi, lecteur, ie suis moy mesme la matiere de mon livre : ce n'est pas raison que tu employes ton loisir en un subiect si frivole et si vain ; adieu donc. De Montaigne, ce 12 de iuin 1580[1].

[1] Date de l'édition de 1595. — Celle de 1588 porte : «Ce 12 juin 1588.» — Celle de 1802 : «Ce premier de mars mil cinq cents quatre-vingt.»

ESSAIS

DE MICHEL

DE MONTAIGNE

LIVRE PREMIER

CHAPITRE PREMIER

PAR DIVERS MOYENS ON ARRIVE A PAREILLE FIN.

La plus commune façon d'amollir les cœurs de ceulx qu'on a offensez, lors qu'ayants la vengeance en main, ils nous tiennent à leur mercy, c'est de les esmouvoir, par soubmission, à commiseration et à pitié : toutesfois la braverie, la constance et la resolution, moyens tout contraires, ont quelquesfois servy à ce mesme effect.

Edouard [1], prince de Galles, celuy qui regenta si longtemps nostre Guienne, personnage duquel les conditions et la fortune ont beaucoup de notables parties de grandeur, ayant esté bien fort offensé par les Limosins, et prenant leur ville par force, ne peut estre arresté par les cris du peuple et des femmes et enfants abandonnez à la boucherie, luy criants mercy, et se iectants à ses pieds ; iusqu'à ce que, passant tousiours oultre dans la ville, il apperceut

[1] *Le prince Noir*, fils du roi d'Angleterre Édouard III.

trois gentilshommes françois qui, d'une hardiesse incroyable, soustenoient seuls l'effort de son armee victorieuse. La consideration et le respect d'une si notable vertu reboucha premierement la poincte de sa cholere; et commencea par ces trois à faire misericorde à touts les aultres habitants de la ville.

Scanderberch, prince de l'Epire, suyvant un soldat des siens pour le tuer, ce soldat, ayant essayé par toute espece d'humilités et de supplications de l'appaiser, se resolut à toute extremité de l'attendre l'espee au poing : cette sienne resolution arresta sus bout la furie de son maistre, qui, pour luy avoir veu prendre un si honnorable party, le receut en grace. Cet exemple pourra souffrir aultre interpretation de ceulx qui n'auront leu la prodigieuse force et vaillance de ce prince là.

L'empereur Conrad troisiesme, ayant assiegé Guelphe, duc de Bavières [1], ne voulut condescendre à plus doulces conditions, quelques viles et lasches satisfactions qu'on luy offrist, que de permettre seulement aux gentilsfemmes [2] qui estoient assiegees avecques le duc, de sortir, leur honneur sauve, à pied, avecques ce qu'elles pourroient emporter sur elles. Et elles, d'un cœur magnanime, s'adviserent de charger sur leurs espaules leurs maris, leurs enfants, et le duc mesme. L'empereur print si grand plaisir à veoir la gentillesse de leur courage, qu'il en pleura d'ayse, et amortit toute cette aigreur d'inimitié mortelle et capitale qu'il avoit portee à ce duc;

[1] En 1140, dans Weinsberg, ville de la haute Bavière.

[2] *Aux femmes nobles.*

et dez lors en avant traicta humainement luy et les siens.

L'un et l'aultre de ces deux moyens m'emporteroit ayseement ; car i'ay une merveilleuse lascheté vers la misericorde et mansuetude. Tant y a, qu'à mon advis ie serois pour me rendre plus naturellement à la compassion qu'à l'estimation : si est la pitié passion vicieuse aux Stoïcques ; ils veulent qu'on secoure les affligez, mais non pas qu'on flechisse et compatisse avecques eulx. Or ces exemples me semblent plus à propos, d'autant qu'on veoit ces ames, assaillies et essayees par ces deux moyens, en soustenir l'un sans s'esbranler, et courber soubs l'aultre. Il se peult dire que, de rompre son cœur à la commiseration, c'est l'effect de la facilité, debonnaireté et mollesse, d'où il advient que les natures plus foibles, comme celles des femmes, des enfants et du vulgaire, y sont plus subiectes ; mais, ayant eu à desdaing les larmes et les pleurs, de se rendre à la seule reverence de la saincte image de la vertu, que c'est l'effect d'une ame forte et imployable, ayant en affection et en honneur une vigueur masle et obstinee. Toutesfois, ez ames moins genereuses, l'estonnement et l'admiration peuvent faire naistre un pareil effect : tesmoing le peuple thebain, lequel, ayant mis en iustice d'accusation capitale ses capitaines, pour avoir continué leur charge oultre le temps qui leur avoit esté prescript et preordonné, absolut à toute peine[1] Pelopidas qui plioit soubs le faix de telles obiections, et n'employoit à se garantir

[1] *A grand'peine.*

que requestes et supplications ; et au contraire Epaminondas, qui veint à raconter magnifiquement les choses par luy faictes, et à les reprocher au peuple d'une façon fiere et arrogante, il n'eut pas le cœur de prendre seulement les balotes[1] en main ; et se departit l'assemblee, louant grandement la haultesse du courage de ce personnage[2].

Dionysius le vieil, aprez des longueurs et difficultez extremes, ayant prins la ville de Regge, et en icelle le capitaine Phyton, grand homme de bien, qui l'avoit si obstineement deffendue, voulut en tirer un tragique exemple de vengeance. Il luy dict premierement comme le iour avant il avoit faict noyer son fils, et touts ceulx de sa parenté : à quoy Phyton respondit seulement « Qu'ils en estoient d'un iour plus heureux que luy. » Aprez il le feit despouiller et saisir à des bourreaux, et le traisner par la ville, en le fouettant tres ignominieusement et cruellement, et en oultre le chargeant de felonnes paroles et contumelieuses : mais il eut le courage tousiours constant, sans se perdre ; et, d'un visage ferme, alloit au contraire ramentevant à haulte voix l'honnorable et glorieuse cause de sa mort, pour n'avoir voulu rendre son païs entre les mains d'un tyran, le menaceant d'une prochaine punition des dieux. Dionysius, lisant dans les yeulx de la commune de son armee, que, au lieu de s'animer des bravades de cet ennemy vaincu, au mespris de leur

[1] Boules de scrutin ; de là *ballotter, ballottage*, qui sont restés dans la langue.

[2] PLUTARQUE, *Comment on peut se louer soi-même*, chap. 5.

chef et de son triumphe, elle alloit s'amollissant par l'estonnement d'une si rare vertu, et marchandoit de se mutiner et mesme d'arracher Phyton d'entre les mains de ses sergeants, feit cesser ce martyre, et à cachettes l'envoya noyer en la mer [1].

Certes c'est un subiect merveilleusement vain, divers et ondoyant, que l'homme [2] : il est malaysé d'y fonder iugement constant et uniforme. Voylà Pompeius qui pardonna à toute la ville des Mamertins, contre laquelle il estoit fort animé, en consideration de la vertu et magnanimité du citoyen Zenon [3], qui se chargeoit seul de la faulte publicque, et ne requeroit aultre grace que d'en porter seul la peine : et l'hoste de Sylla, ayant usé, en la ville de Peruse [4], de semblable vertu, n'y gaigna rien ny pour soy ny pour les aultres.

Et, directement contre mes premiers exemples, le plus hardy des hommes et si gracieux aux vaincus, Alexandre, forceant, aprez beaucoup de grandes difficultez, la ville de Gaza, rencontra Betis qui y commandoit, de la valeur duquel il avoit pendant ce siege senti des preuves merveilleuses, lors seul, abandonné des siens, ses armes despecees, tout couvert de sang et de playes, combattant encores au milieu

[1] Diodore de Sicile, XIV, 29.

[2] Cette expression renferme en trois mots ce qu'Horace avait dit en trois vers :

> Quod petiit, spernit; repetit, quod nuper omisit;
> Diruit, ædificat, etc. (*Epist.* I, I, 99.)

[3] *Sthénon*, d'après Plutarque, qui le nomme aussi *Sthennius* et *Sthénis*. Coste.

[4] Plutarque dit *Préneste*, ville du Latium. Coste.

de plusieurs Macedoniens qui le chamailloient de toutes parts; et luy dict, tout picqué d'une si chere victoire (car, entre aultres dommages, il avoit receu deux fresches blessures sur sa personne) : « Tu ne mourras pas comme tu as voulu, Betis; fais estat qu'il te fault souffrir toutes sortes de torments qui se pourront inventer contre un captif. » L'aultre, d'une mine non seulement asseuree, mais rogue et altiere, se teint sans mot dire à ces menaces. Lors Alexandre, voyant son fier et obstiné silence : « A il flechy un genouil? luy est il eschappé quelque voix suppliante? Vrayement, ie vaincqueray ce silence; et si ie n'en puis arracher parole, i'en arracheray au moins du gemissement : » et, tournant sa cholere en rage, commanda qu'on luy perceast les talons; et le feit ainsi traisner tout vif, deschirer et desmembrer au cul d'une charrette [1]. Seroit ce que la force de courage luy feust si naturelle et commune, que, pour ne l'admirer point, il la respectast moins? ou qu'il l'estimast si proprement sienne, qu'en cette haulteur il ne peust souffrir de la veoir en un aultre, sans le despit d'une passion envieuse? ou que l'impetuosité naturelle de sa cholere feust incapable d'opposition? De vray, si elle eust receu bride, il est à croire que, en la prinse et desolation de la ville de Thebes, elle l'eust receue, à veoir cruellement mettre au fil de l'espee tant de vaillants hommes perdus et n'ayants plus moyen de deffense publicque; car il en feut tué bien six mille, desquels nul ne feut veu

[1] QUINTE-CURCE, IV, 6. — Cet acte de cruauté a été mis en doute, malgré le récit de Quinte-Curce.

ny fuyant, ny demandant mercy; au rebours, cherchants, qui çà, qui là, par les rues, à affronter les ennemis victorieux; les provoquants à les faire mourir d'une mort honnorable. Nul ne feut veu si abbattu de bleceures, qui n'essayast en son dernier souspir de se venger encores, et à tout [1] les armes du desespoir consoler sa mort en la mort de quelque ennemy. Si ne trouva l'affliction de leur vertu aulcune pitié, et ne suffit [2] la longueur d'un iour à assouvir sa vengeance : ce carnage dura jusques à la derniere goutte de sang espandable, et ne s'arresta qu'aux personnes desarmees, vieillards, femmes et enfants, pour en tirer trente mille esclaves.

CHAPITRE II.

DE LA TRISTESSE [3].

Ie suis des plus exempts de cette passion, et ne l'ayme ny l'estime [4], quoyque le monde ayt entreprins, comme à prix faict, de l'honnorer de faveur particuliere : ils en habillent la sagesse, la vertu, la

[1] *Avec.*

[2] VAR. « Et ne suffisit pas. » Édit. de 1635.

[3] L'objet principal de ce chapitre (s'il en a un bien déterminé) est de prouver, par quelques faits, que les douleurs muettes sont plus vives que celles qui se répandent en larmes. Vérité fort triviale, mais que Montaigne rajeunit par quelques-uns de ces traits qui attachent à ses tableaux, quel qu'en soit le sujet. SERVAN.

[4] Servan remarque avec raison qu'il est très-naturel de ne pas aimer la tristesse, mais qu'elle peut souvent avoir des causes très-respectables.

conscience : sot et vilain ornement! Les Italiens ont plus sortablement baptisé de son nom la malignité [1]: car c'est une qualité tousiours nuisible, tousiours folle; et, comme tousiours couarde et basse[2], les Stoïciens en deffendent le sentiment à leur sage.

Mais le conte dict[3] que Psammenitus, roy d'Aegypte, ayant esté desfaict et prins par Cambyses, roy de Perse, veoyant passer devant luy sa fille prisonniere habillee en servante, qu'on envoyoit puiser de l'eau, touts ses amis pleurants et lamentants autour de luy, se teint coy, sans mot dire, les yeulx fichez en terre, et, veoyant encores tantost qu'on menoit son fils à la mort, se mainteint en cette mesme contenance; mais qu'ayant apperceu un de ses domestiques[4] conduict entre les captifs, il se meit à battre sa teste, et mener un dueil extreme.

Cecy se pourroit apparier à ce qu'on veit dernierement d'un prince des nostres, qui ayant ouy à Trente, où il estoit, nouvelles de la mort de son frere aisné,

[1] *Tristezza* signifie souvent *malignité, méchanceté.*

[2] Tristesse est une langueur d'esprit et un descouragement engendré par l'opinion que nous sommes affligez de grands maux; c'est une dangereuse ennemie de nostre repos, qui flestrit incontinent nostre ame, si nous n'y prenons garde, et nous oste l'usage du discours et le moyen de pourveoir à nos affaires, et, avec le temps, enrouille et moisit l'ame, abastardit l'homme, endort et assoupit sa vertu lorsqu'il se faudrait esveiller pour s'opposer au mal qui le meine et le presse. Mais il faudrait descouvrir la laideur et folie, et les pernicieux effects, voir l'injustice de cette passion couarde, basse et lasche, afin d'apprendre à la hayr et fuir de toute sa puissance, comme très-indigne des sages. CHARRON.

La tristesse est un témoignage de notre misère. VAUVENARGUES.

[3] HÉRODOTE, III, 14.

[4] *Domestique*, dans le sens d'*ami*

mais un frere en qui consistoit l'appuy et l'honneur de toute sa maison, et bientost aprez d'un puisné sa seconde esperance, et ayant soustenu ces deux charges d'une constance exemplaire; comme, quelques iours aprez, un de ses gents veint à mourir, il se laissa emporter à ce dernier accident, et, quittant sa resolution, s'abandonna au dueil et aux regrets, en maniere qu'aulcuns en prinrent argument qu'il n'avoit esté touché au vif que de cette derniere secousse; mais, à la verité, ce feut que, estant d'ailleurs plein et comblé de tristesse, la moindre surcharge brisa les barrieres de la patience. Il s'en pourroit, dis ie, autant iuger de nostre histoire, n'estoit qu'elle adiouste que, Cambyses s'enquerant à Psammenitus pourquoy, ne s'estant esmeu au malheur de son fils et de sa fille, il portoit si impatiemment celuy d'un de ses amis: « C'est, respondit il, que ce seul dernier desplaisir se peult signifier par larmes, les deux premiers surpassants de bien loing tout moyen de se pouvoir exprimer.

A l'adventure reviendroit à ce propos l'invention de cet ancien peintre[1], lequel, ayant à representer, au sacrifice de Iphigenia, le dueil des assistants selon les degrez de l'interest que chascun apportoit à la mort de cette belle fille innocente, ayant espuisé les derniers efforts de son art, quand ce veint au pere de la vierge, il le peignit le visage couvert, comme si nulle contenance ne pouvoit rapporter ce degré de dueil. Voylà pourquoy les poëtes feignent cette miserable mere Niobé, ayant perdu premierement sept

[1] Cicéron, *Orator*, c. 22; Pline, XXXV, 10, etc.

fils, et puis de suite autant de filles, surchargee de pertes, avoir esté enfin transmuee en rochier,

> Diriguisse malis[1],

pour exprimer cette morne, muette et sourde stupidité qui nous transit, lorsque les accidents nous accablent surpassants nostre portee. De vray, l'effort d'un desplaisir, pour estre extreme, doibt estonner toute l'ame et luy empescher la liberté de ses actions : comme il nous advient, à la chaulde alarme d'une bien mauvaise nouvelle, de nous sentir saisis, transis, et comme perclus de touts mouvements ; de façon que l'ame, se relaschant aprez aux larmes et aux plainctes, semble se desprendre, se desmesler, et se mettre plus au large et à son ayse :

> Et via vix tandem voci laxata dolore est[2].

En la guerre que le roy Ferdinand mena contre la veufve du roy Iean de Hongrie[3], autour de Bude, un gendarme feut particulierement remarqué de chascun, pour avoir excessifvement bien faict de sa personne

[1] Pétrifiée par la douleur. Ovide, *Métam.*, VI, 304.

[2] La douleur ouvre enfin à grand'peine un passage à sa voix. Virg., *Æneid.*, XI, 151.

[3] Dans l'édition de 1802, après ces mots, *autour de Bude*, on lit : « Raïsciac, capitaine allemand, veoyant rapporter le corps d'un homme de cheval à qui chascun avoit veu excessifvement bien faire en la meslee, le plaignoit d'une plaincte commune : mais, curieux avecques les aultres de cognoistre qui il estoit, aprez qu'on l'eut desarmé, trouva que c'estoit son fils ; et, parmi les larmes publicques, luy seul se teint, sans espandre ny voix ny pleurs, debout sur ses pieds, les yeux immobiles ; le regardant fixement, iusques à ce que l'effort de la tristesse, venant à glacer ses esprits vitaux, le porta en cet estat roide mort par terre. »

en certaine meslee, et, incogneu, haultement loué et plainct, y estant demouré, mais de nul tant que de Raïsciac, seigneur allemand, esprins d'une si rare vertu. Le corps estant rapporté, cettuy cy, d'une commune curiosité, s'approcha pour veoir qui c'estoit; et, les armes ostees au trespassé, il recogneut son fils. Cela augmenta la compassion aux assistants : luy seul, sans rien dire, sans ciller les yeulx, se tient debout, contemplant fixement le corps de son fils; iusques à ce que la vehemence de la tristesse, ayant accablé ses esprits vitaux, le porta roide mort par terre.

Chi può dir com' egli arde, è in picciol fuoco [1],

disent les amoureux qui veulent representer une passion insupportable :

Misero quod omnes
Eripit sensus mihi : nam, simul te,
Lesbia, adspexi, nihil est super mî
Quod loquar amens:
Lingua sed torpet; tenuis sub artus
Flamma dimanat; sonitu suopte
Tinniunt aures; gemina teguntur
Lumina nocte [2].

Aussi n'est ce pas en la vifve et plus cuysante chaleur de l'accez, que nous sommes propres à desployer nos plainctes et nos persuasions; l'ame est lors aggravee

[1] C'est aimer peu que de pouvoir dire combien l'on aime. PÉTRARQUE, sonnet 137.

[2] L'amour me prive de tous mes sens; car aussitôt que je te vois, Lesbie, je ne puis pas même me plaindre, ma langue se glace; un feu subtil court dans mes membres; mes oreilles tintent; mes yeux se voilent. CATULLE, LI, 5.

profondes pensees, et le corps abbatu et languissant d'amour : et de là s'engendre par fois la defaillance fortuite qui surprend les amoureux si hors de saison, et cette glace qui les saisit, par la force d'une ardeur extreme, au giron mesme de la iouissance[1]. Toutes passions qui se laissent gouster et digerer ne sont que mediocres :

> Curæ leves loquuntur, ingentes stupent[2].

La surprise d'un plaisir inesperé nous estonne de mesme :

> Ut me conspexit venientem, et Troïa circum
> Arma amens vidit : magnis exterrita monstris,
> Diriguit visu in medio ; calor ossa reliquit ;
> Labitur, et longo vix tandem tempore fatur[3].

Oultre la femme romaine qui mourut surprinse d'ayse de veoir son fils revenu de la route de Cannes, Sophocles et Denys le tyran qui trespasserent d'ayse, et Talva[4] qui mourut en Corsegue[5], lisant les nouvelles des honneurs que le senat de Rome luy avoit decernez ; nous tenons, en notre siecle, que le pape Leon dixiesme, ayant esté adverty de la prinse de Milan qu'il avoit extremement souhaitee, entra en tel excez

[1] VAR. On lit dans l'édition de 1588 : « Accident qui ne m'est pas incogneu. »

[2] Les petits chagrins parlent, les grands se taisent. SÉNÈQUE, *Hipp.*, act. II, sc. 3, v. 607.

[3] Dès qu'elle m'aperçut et qu'elle vit autour d'elle les armes troyennes, hors d'elle-même, et comme effrayée par un prodige, elle reste stupéfiée ; la chaleur abandonne ses membres, elle tombe, et ce n'est que longtemps après qu'elle retrouve enfin la voix. VIRG., *Én.*, III, 306.

[4] Ou mieux Thalna. VALÈRE MAXIME, IX, 12.

[5] L'île de *Corse*.

de ioye, que la fiebre l'en print, et en mourut. Et, pour un plus notable tesmoignage de l'imbecillité humaine, il a esté remarqué par les anciens[1] que Diodorus le dialecticien mourut sur le champ, esprins d'une extreme passion de honte pour, en son eschole et en public, ne se pouvoir desvelopper d'un argument qu'on luy avoit faict. Ie suis peu en prinse de ces violentes passions : i'ai l'apprehension naturellement dure; et l'encrouste et espessis touts les iours par discours[2].

CHAPITRE III.

NOS AFFECTIONS S'EMPORTENT AU DELA DE NOUS.

Ceulx qui accusent les hommes d'aller tousiours beants aprez les choses futures, et nous apprennent à nous saisir des biens presents et nous rasseoir en ceulx là, comme n'ayants aulcune prinse sur ce qui est à venir, voire assez moins que nous n'avons sur ce qui est passé, touchent la plus commune des humaines erreurs, s'ils osent appeler erreur chose à quoy nature mesme nous achemine pour le service de la continuation de son ouvrage; nous imprimant, comme assez d'aultres, cette imagination faulse, plus ialouse de nostre action que de nostre science.

Nous ne sommes iamais chez nous; nous sommes tousiours au delà : la crainte, le desir, l'esperance,

[1] PLINE, VII, 53.

[2] C'est-à-dire, *plus je raisonne et plus mon intelligence devient épaisse et obtuse.*

nous eslancent vers l'advenir, et nous desrobbent le sentiment et la consideration de ce qui est, pour nous amuser à ce qui sera; voire quand nous ne serons plus[1]. *Calamitosus est animus futuri anxius*[2].

Ce grand precepte est souvent allegué en Platon : « Fay ton faict, et te cognoy[3]. » Chascun de ces deux membres enveloppe generalement tout nostre debvoir, et semblablement enveloppe son compaignon. Qui auroit à faire son faict, verroit que sa premiere leçon, c'est cognoistre ce qu'il est, et ce qui luy est propre : et qui cognoist, ne prend plus le faict estrangier pour le sien; s'ayme et se cultive avant toute aultre chose; refuse les occupations superflues et les pensees et propositions inutiles. Comme la folie, quand on luy octroyera ce qu'elle desire, ne sera pas contente; aussi est la sagesse contente de ce qui est present, ne se desplaist iamais de soy[4]. Epicurus dispense son sage de la prevoyance et soucy de l'advenir.

Entre les loix qui regardent les trespassez, celle icy me semble autant solide, qui oblige les actions des princes à estre examinees aprez leur mort[5]. Ils

[1] Cette pensée de Montaigne a été justement blâmée. Que devient l'homme en effet s'il ne songe ni à l'avenir ni à la vie future? — Rousseau a dit, d'après notre auteur : « La prévoyance! La prévoyance qui nous porte sans cesse au delà de nous, et souvent nous place où nous n'arriverons point, voilà la véritable source de toutes nos misères. » *Émile*, liv. II.

[2] Tout esprit inquiet de l'avenir est malheureux. SÉNÈQUE, *Epist.* 98.

[3] Τὸ πράττειν καὶ γνῶναι τά τε αὑτοῦ καὶ ἑαυτον.

[4] CIC., *Tusc. quæst.*, V, 18.

[5] DIODORE DE SICILE, I, 6

sont compaignons, sinon maistres, des loix : ce que la iustice n'a peu sur leurs testes, c'est raison qu'elle le puisse sur leur reputation, et biens de leurs successeurs; choses que souvent nous preferons à la vie. C'est une usance qui apporte des commoditez singulieres aux nations où elle est observee, et desirable à touts bons princes qui ont à se plaindre de ce qu'on traicte la memoire des meschants comme la leur. Nous debvons la subiection et obeïssance egalement à touts roys, car elle regarde leur office; mais l'estimation, non plus que l'affection, nous ne la debvons qu'à leur vertu. Donnons à l'ordre politique de les souffrir patiemment, indignes; de celer leurs vices; d'aider de nostre recommendation leurs actions indifferentes, pendant que leur auctorité a besoing de nostre appuy : mais nostre commerce finy, ce n'est pas raison de refuser à la iustice et à nostre liberté l'expression de nos vrays ressentiments; et nommeement de refuser aux bons subiects la gloire d'avoir reveremment et fidellemment servy un maistre, les imperfections duquel leur estoient si bien cogneues; frustrant la posterité d'un si utile exemple. Et ceulx qui, par respect de quelque obligation privee, espousent iniquement la memoire d'un prince meslouable, font iustice particuliere aux despens de la iustice publicque. Titus Livius dict vray « que le langage des hommes nourris soubs la royauté, est tousiours plein de vaines ostentations et fauls tesmoignages[1] : chascun eslevant indifferemment son roy à l'extreme ligne de valeur et grandeur souveraine.

[1] Tite Live, XXXV, 48.

On peult reprouver la magnanimité de ces deux soldats qui respondirent à Neron, à sa barbe, l'un enquis de luy pourquoy il luy vouloit mal : « Ie t'aimoy quand tu le valois ; mais depuis que tu es devenu parricide, boutefeu, basteleur, cochier, ie te hay comme tu merites ; » l'aultre, pourquoy il le vouloit tuer : « Parceque ie ne treuve aultre remede à tes continuels malefices [1] ; » mais les publics et universels tesmoignages qui, aprez sa mort, ont esté rendus, et le seront à tout iamais à luy et à touts meschants comme luy, de ses tyranniques et vilains deportements, qui de sain entendement les peult reprouver?

Il me desplaist qu'en une si saincte police que la lacedemonienne, se feust meslee une si feincte cerimonie : A la mort des roys, touts les confederez et voisins, et touts les Ilotes, hommes, femmes, peslemesle, se descoupoient le front pour tesmoignage de deuil, et disoient en leurs cris et lamentations, que celuy là, quel qu'il eust esté, estoit le meilleur roy de touts les leurs [2] ; attribuant au rang le loz qui appartenoit au merite, et qui appartient au premier merite, au postreme et dernier reng.

Aristote, qui remue toutes choses, s'enquiert, sur le mot de Solon, que « Nul avant mourir ne peult estre dict heureux », si celuy là mesme qui a vescu, et qui est mort à souhait, peult estre dict heureux si sa renommee va mal, si sa posterité est miserable. Pendant que nous nous remuons, nous nous portons

[1] TACITE, *Annal.*, XV, 67, 68.
[2] HÉRODOTE, VI, 68.

par preoccupation où il nous plaist; mais estant hors de l'estre, nous n'avons aucune communication avecques ce qui est : et seroit meilleur de dire à Solon que iamais homme n'est donc heureux, puisqu'il ne l'est qu'aprez qu'il n'est plus.

> Quisquam
> Vix radicitus e vita se tollit, et eicit :
> Sed facit esse sui quiddam super inscius ipse...
> Nec removet satis a proiecto corpore sese, et
> Vindicat[1].

Bertrand du Glesquin mourut au siege du chasteau de Randon prez du Puy en Auvergne[2] : les assiegez, s'estants rendus aprez, feurent obligez de porter les clefs de la place sur le corps du trespassé. Barthelemy d'Alviane, general de l'armee des Venitiens, estant mort au service de leurs guerres en la Bresse, et son corps ayant esté rapporté à Venise par le Veronois, terre ennemie, la pluspart de ceulx de l'armee estoient d'advis qu'on demandast saufconduict pour le passage à ceulx de Verone : mais Theodore Trivulce y contredict; et choisit plustost de le passer par vifve force, au hazard du combat : « N'estant convenable, disoit-il, que celuy qui en sa vie n'avoit iamais eu peur de ses ennemis, estant mort feist demonstration de les craindre. » De vray, en chose voysine, par les loix grecques, celui qui demandoit à l'ennemy un corps pour l'inhumer, renonceoit à la victoire, et ne

[1] C'est à peine si l'on trouve un homme qui s'élève au-dessus de la vie et s'en détache. Chacun s'imagine, dans son ignorance, qu'il a en lui quelque chose qui survit, et il ne se sépare jamais assez lui-même de son corps périssable. LUCRÈCE, III, 890-895.

[2] Le 13 juillet 1380.

luy estoit plus loisible d'en dresser trophee : à celuy qui en estoit requis, c'estoit tiltre de gaing. Ainsi perdit Nicias l'advantage qu'il avoit nettement gaigné sur les Corinthiens; et, au rebours, Agesilaus asseura celuy qui luy estoit bien doubteusement acquis sur les Bœotiens [1].

Ces traicts se pourroient trouver estranges, s'il n'estoit receu de tout temps non seulement d'estendre le soing de nous au delà cette vie, mais encores de croire que bien souvent les faveurs celestes nous accompaignent au tumbeau et continuent à nos reliques. Dequoy il y a tant d'exemples anciens, laissant à part les nostres, qu'il n'est besoing que ie m'y estende. Edouard premier, roy d'Angleterre, ayant essayé aux longues guerres d'entre luy et Robert roy d'Escosse, combien sa presence donnait d'advantage à ses affaires, rapportant tousiours la victoire de ce qu'il entreprenoit en personne; mourant [2], obligea son fils, par solennel serment, à ce qu'estant trespassé il feist bouillir son corps pour desprendre sa chair d'avecques les os, laquelle il feist enterrer; et quant aux os, qu'il les reservast pour les porter avecques luy et en son armee, toutes les fois qu'il luy adviendroit d'avoir guerre contre les Escossois : comme si la destinee avoit fatalement attaché la victoire à ses membres. Iean Zischa [3], qui troubla la Boëme pour la deffense des erreurs de Wiclef, voulut qu'on l'escorchast aprez sa mort, et de sa peau qu'on

[1] PLUTARQUE, *Vie de Nicias*, c. 2; *Vie d'Agésilas*, c. 6.

[2] Le 7 juillet 1307.

[3] Ou Ziska, mort en 1424.

feist un tabourin à porter à la guerre contre ses ennemis; estimant que cela ayderoit à continuer les advantages qu'il avoit eus aux guerres par luy conduictes contre eulx. Certains Indiens portoient ainsin au combat contre les Espaignols les ossements d'un de leurs capitaines, en consideration de l'heur qu'il avoit eu en vivant : et d'aultres peuples, en ce mesme monde, traisnent à la guerre les corps des vaillants hommes qui sont morts en leurs battailles, pour leur servir de bonne fortune et d'encouragement. Les premiers exemples ne reservent au tumbeau que la reputation acquise par leurs actions passees; mais ceulx cy y veulent encores mesler la puissance d'agir.

Le faict du capitaine Bayard est de meilleure composition : lequel, se sentant blecé à mort d'une harquebusade dans le corps, conseillé de se retirer de la meslee, respondit qu'il ne commenceroit point sur sa fin à tourner le dos à l'ennemy; et ayant combattu autant qu'il eut de force, se sentant defaillir et eschapper du cheval, commanda à son maistre d'hostel de le coucher au pied d'un arbre, mais que ce feust en façon qu'il mourust le visage tourné vers l'ennemy : comme il feit.

Il me fault adiouster cet aultre exemple aussi remarquable, pour cette consideration, que nul des precedents. L'empereur Maximilian, bisayeul du roy Philippes qui est à present [1], estoit prince doué de tout plein de grandes qualitez, et entre aultres d'une beauté de corps singuliere : mais parmy ces humeurs il avoit cette cy, bien contraire à celle des princes

[1] Philippe II, roi d'Espagne.

qui, pour despescher les plus importants affaires, font leur throsne de leur chaire percee; c'est qu'il n'eut iamais valet de chambre si privé, à qui il permeist de le veoir en sa garderobbe : il se desroboit pour tumber de l'eau, aussi religieux qu'une pucelle à ne descouvrir ny à medecin, ny à qui que ce feust, les parties qu'on a accoustumé de tenir cachees. Moy qui ay la bouche si effrontee, suis pourtant par complexion touché de cette honte : si ce n'est à une grande suasion de la necessité ou de la volupté, ie ne communique gueres aux yeulx de personne les membres et actions que nostre coustume ordonne estre couvertes; i'y souffre plus de contrainctes que ie n'estime bienseant à un homme, et surtout à un homme de ma profession. Mais luy en veint à telle superstition, qu'il ordonna, par paroles expresses de son testament, qu'on luy attachast des calessons quand il seroit mort. Il debvoit adiouster, par codicille, que celuy qui les luy monteroit eust les yeulx bandez. L'ordonnance que Cyrus faict à ses enfants que ny eulx, ny aultre, ne veoye et touche son corps aprez que l'ame en sera separee [1], ie l'attribue à quelque sienne devotion; car et son historien et luy, entre leurs grandes qualitez, ont semé par tout le cours de leur vie un singulier soing et reverence à la religion.

Ce conte me despleut, qu'un grand me feit d'un mien allié, homme assez cogneu et en paix et en guerre : c'est que, mourant bien vieil en sa court, tormenté de douleurs extremes de la pierre, il amusa

[1] XÉNOPHON, *Cyropédie*, VIII, 7.

toutes ses heures derniers, avec un soing vehement, à disposer l'honneur et la cerimonie de son enterrement; et somma toute la noblesse qui le visitoit de luy donner parole d'assister à son convoy : à ce prince mesme, qui le veit sur ses derniers traicts, il feit une instante supplication que sa maison feust commandee de s'y trouver, employant plusieurs exemples et raisons à prouver que c'estoit chose qui appartenoit à un homme de sa sorte; et sembla expirer content, ayant retiré cette promesse, et ordonné à son gré la distribution et ordre de sa montre. Ie n'ay gueres veu de vanité si perseverante.

Cette aultre curiosité contraire, en laquelle ie n'ay point aussi faulte d'exemple domestique, me semble germaine à cette cy; d'aller se soignant et passionnant à ce dernier point, à regler son convoy à quelque particuliere et inusitee parcimonie, à un serviteur et une lanterne. Ie veoy louer cette humeur, et l'ordonnance de Marcus Aemilius Lepidius, qui deffendit à ses heritiers d'employer pour luy les cerimonies qu'on avoit accoustumé en telles choses [1]. Est-ce encores temperance et frugalité d'èviter la despense et la volupté, desquelles l'usage et la cognoissance nous est imperceptible? voilà une aysee reformation, et de peu de coust. S'il estoit besoing d'en ordonner, ie serois d'advis qu'en celle là, comme en toutes actions de la vie, chascun en rapportast la regle au degré de sa fortune. Et le philosophe Lycon prescrit sagement à ses amis de mettre son corps où

[1] TITE LIVE, *Epitom.* du liv. XLVIII.

ils adviseront pour le mieulx; et quant aux funerailles, de les faire ny superflues ny mechaniques [1]. Ie lairray purement la coustume ordonner de cette cerimonie, et m'en remettray à la discretion des premiers à qui ie tumberay en charge. *Totus hic locus est contemnendus in nobis, non negligendus in nostris* [2]. Et est sainctement dict à un sainct : *Curatio funeris, conditio sepulturæ, pompa exsequiarum, magis sunt vivorum solatia, quam subsidia mortuorum* [3]. Pour tant Socrates à Criston, qui sur l'heure de sa fin luy demande comment il veut estre enterré : « Comme vous voudrez [4], » respond-il. Si i'avois à m'en empescher plus avant, ie trouveroy plus galant d'imiter ceulx qui entreprennent, vivants et respirants, iouyr de l'ordre et honneur de leur sepulture, et qui se plaisent de veoir en marbre leur morte contenance. Heureux qui sachent resiouyr et gratifier leur sens par l'insensibilité, et vivre de leur mort!

A peu [5] que ie n'entre en haine irreconciliable contre toute domination populaire, quoyqu'elle me semble la plus naturelle et equitable, quand il me souvient de cette inhumaine iniustice du peuple athenien, de faire mourir sans remission, et sans le vou-

[1] DIOGÈNE LAERCE, V, 74.

[2] C'est un soin qu'il faut mépriser pour soi-même, et ne pas négliger pour les siens. CICÉRON, *Tuscul. quæst.*, I, 45.

[3] Le soin des funérailles, le choix de la sépulture, la pompe des obsèques, servent plutôt à consoler les vivants, qu'à soulager les morts. SAINT AUGUSTIN, *Cité de Dieu*, I-12.

[4] Ὅπως ἄν, ἔφη, βούλησθε. PLATON, vers la fin du *Phédon*. COSTE.

[5] *Peu s'en faut.*

loir seulement ouyr en leurs deffenses, ces braves capitaines venants de gaigner contre les Lacedemoniens la battaille navale prez les isles Argineuses, la plus contestee, la plus forte battaille que les Grecs ayent oncques donnee en mer de leurs forces; parce qu'aprez la victoire ils avoient suyvi les occasions que la loy de la guerre leur presentoit, plustost que de s'arrester à recueillir et inhumer leurs morts. Et rend cette execution plus odieuse le faict de Diomedon : cettuy cy est l'un des condemnez, homme de notable vertu et militaire et politique, lequel, se tirant avant pour parler, aprez avoir ouï l'arrest de leur condemnation, et trouvant seulement lors temps de paisible audience, au lieu de s'en servir au bien de sa cause, et à descouvrir l'evidente iniustice d'une si cruelle conclusion, ne representa qu'un soing de la conservation de ses iuges; priant les dieux de tourner ce iugement à leur bien; et, à fin que, par faulte de rendre les vœux que luy et ses compaignons avoient vouez en recognoissance d'une illustre fortune, ils n'attirassent l'ire des dieux sur eulx, les advertissant quels vœux c'estoient; et, sans dire aultre chose, et sans marchander, s'achemina de ce pas courageusement au supplice[1].

La fortune, quelques annees aprez, les punit de mesme pain soupe : car Chabrias, capitaine general de leur armee de mer, ayant eu le dessus du combat contre Pollis, admiral de Sparte, en l'isle de Naxe, perdit le fruict tout net et comptant de sa victoire, tres important à leurs affaires, pour n'encourir le

[1] DIODORE DE SICILE, XIII, 31, 32.

malheur de cet exemple ; et, pour ne perdre peu de corps morts de ses amis qui flottoient en mer, laissa voguer en sauveté un monde d'ennemis vivants qui, depuis, leur feirent bien acheter cette importune superstition [1].

> Quæris, quo iaceas, post obitum, loco?
> Quo non nata iacent[2].

Cet aultre redonne le sentiment du repos à un corps sans ame :

> Neque sepulcrum, quo recipiatur, habeat, portum corporis,
> Ubi, remissa humana vita, corpus requiescat a malis [3];

tout ainsi que nature nous faict veoir que plusieurs choses mortes ont encores des relations occultes à la vie : le vin s'altere aux caves, selon aulcunes mutations des saisons de sa vigne ; et la chaire de venaison change d'estat aux saloirs, et de goust, selon les loix de la chair vifve, à ce qu'on dict [4].

[1] DIODORE DE SICILE, XV, 9.

[2] Veux-tu savoir où tu seras après la mort ? Là où sont les choses qui ne sont pas encore nées. SÉNÈQUE, *Troad.*, Chor. act. 2, v. 30.

[3] Qu'il ne soit jamais reçu dans cet asile du sépulcre, où le corps, privé de la vie, se repose de ses maux. ENNIUS, *apud Cic.*, *Tuscul.*, I, 44.

[4] Ce chapitre est l'un des plus remarquables qu'ait écrit Montaigne ; il offre beaucoup de vérités, mais aussi quelques erreurs... L'objet de l'auteur paraît être de montrer la folie de ceux qui ne s'occupent que de l'avenir, ce qui est très-juste ; mais il semble conclure qu'on ne doit s'occuper que du présent, ce qui est aussi faux que dangereux. SERVAN.

CHAPITRE IV.

COMME L'AME DESCHARGE SES PASSIONS SUR DES OBIECTS FAULS, QUAND LES VRAIS LUY DEFAILLENT.

Un gentilhomme des nostres, merveilleusement subiect à la goutte, estant pressé par les medecins de laisser du tout l'usage des viandes salees, avoit accoustumé de respondre plaisamment, que « Sur les efforts et torments du mal, il vouloit avoir à qui s'en prendre; et que s'escriant, et mauldissant tantost le cervelat, tantost la langue de bœuf et le iambon, il s'en sentoit d'autant allegé. » Mais, en bon escient, comme le bras estant haulsé pour frapper, il nous deult[1] si le coup ne rencontre et qu'il aille au vent; aussi que pour rendre une veue plaisante, il ne fault pas qu'elle soit perdue et ecartee dans le vague de l'air, ainsi qu'elle ayt butte pour la soustenir à raisonnable distance:

> Ventus ut amittit vires, nisi robore densæ
> Occurrant silvæ, spatio diffusus inani[2].

de mesme il semble que l'ame esbranlee et esmue se perde en soy mesme si on ne luy donne prinse; et fault tousiours luy fournir d'obiect où elle s'abbutte et agisse. Plutarque[3] dict, à propos de ceulx qui s'affectionnent aux guenons et petits chiens, que la partie amoureuse qui est en nous, à faulte de prinse legitime, plustost que de demourer en vain, s'en forge

[1] *Il nous fait mal. Deult*, du latin *dolet*.

[2] De même que le vent perd sa force et se dissipe dans le vide, quand d'épaisses forêts ne lui font pas obstacle. LUCAIN, III, 362.

[3] Dans la *Vie de Périclès*, au commencement. COSTE.

ainsin une faulse et frivole. Et nous veoyons que l'ame en ses passions se pipe plustost elle mesme, se dressant un fauls subiect et fantastique, voire contre sa propre creance, que de n'agir contre quelque chose. Ainsin emporte les bestes leur rage à s'attaquer à la pierre et au fer qui les a blecees, et à se venger à belles dents sur soy mesme du mal qu'elles sentent :

> Pannonis haud aliter post ictum sævior ursa,
> Cui iaculum parva Libys amentavit habena,
> Se rotat in vulnus, telumque irata receptum
> Impetit, et secum fugientem circuit hastam[1].

Quelles causes n'inventons nous des malheurs qui nous adviennent? à quoy ne nous prenons nous, à tort ou à droict, pour avoir où nous escrimer? Ce ne sont pas ces tresses blondes que tu deschires, ny la blancheur de cette poictrine que despitee tu bats si cruellement, qui ont perdu d'un malheureux plomb ce frere bien aymé : prens t'en ailleurs. Livius parlant de l'armee romaine en Espaigne, aprez la perte des deux freres, ses grands capitaines[2], *flere omnes repente, et offensare capita*[3] : c'est un usage commun. Et le philosophe Bion, de ce roy qui de dueil s'arrachoit les poils, feut il pas plaisant? « Cestuy cy pense il que la pelade soulage le dueil[4]? » Qui n'a veu

[1] Ainsi l'ourse, plus terrible après sa blessure, se replie sur sa plaie; furieuse, elle veut mordre le trait qui la déchire, et poursuit le fer qui tourne avec elle. LUCAIN, VI, 220.

[2] Publius et Cnéus Scipion.

[3] « Chacun se mit aussitôt à pleurer et à se frapper la tête. » TITE LIVE, XXV, 37.

[4] CICÉRON, *Tuscul.*, III, 26.

mascher et engloutir les chartes, se gorger d'une balle de dez, pour avoir où se venger de la perte de son argent? Xerxes fouetta la mer, et escrivit un cartel de desfi au mont Athos; et Cyrus amusa toute une armee plusieurs iours à se venger de la riviere de Gyndus, pour la peur qu'il avoit eue en la passant; et Caligula ruina une tresbelle maison, pour le plaisir que [1] sa mere y avoit eu.

Le peuple disoit en ma ieunesse, qu'un roy de nos voysins [2], ayant receu de Dieu une bastonade, iura de s'en venger, ordonnant que de dix ans on ne le priast ny parlast de luy, ny, autant qu'il estoit en son auctorité, qu'on ne creust en luy. Par où on vouloit peindre non tant la sottise que la gloire naturelle à la nation, dequoy estoit le conte; ce sont vices tousiours conioincts : mais telles actions tiennent, à la verité, un peu plus encores d'oultrecuidance que de bestise. Augustus Cesar, ayant esté battu de la tempeste sur mer, se print à desfier le dieu Neptunus, et en la pompe des ieux circenses feit oster son image du reng où elle estoit parmy les aultres dieux, pour se venger de luy : en quoy il est encores moins excusable que les precedents, et moins qu'il ne feut depuis, lors qu'ayant perdu une battaille soubs Quintilius Varus, en Allemaigne, il alloit de cholere et de desespoir chocquant sa teste contre la muraille, en s'escriant : « Varus, rends moy mes soldats : » car ceulx là surpassent toute

[1] Ou peut-être le *déplaisir*, car elle y avait été renfermée. SÉNÈQUE, *de Ira*, III, 22. COSTE.

[2] Probablement Alphonse XI, roi de Castille, mort en 1350.

folie, d'autant que l'impieté y est ioincte, qui s'en adressent à Dieu mesme ou à la fortune, comme si elle avoit des aureilles subiectes à nostre batterie; à l'exemple des Thraces, qui, quand il tonne ou esclaire, se mettent à tirer contre le ciel d'une vengeance titanienne, pour renger Dieu à raison, à coups de fleches. Or, comme dict cet ancien poëte chez Plutarque :

Point ne se fault courroucer aux affaires;
Il ne leur chault de toutes nos choleres.

Mais nous ne dirons iamais assez d'iniures au desreglement de notre esprit.

CHAPITRE V.

SI LE CHEF D'UNE PLACE ASSIEGEE DOIBT SORTIR POUR PARLEMENTER.

Lucius Marcius [1], legat des Romains en la guerre contre Perseus, roy de Macedoine, voulant gaigner le temps qu'il luy falloit encores à mettre en poinct son armee, sema des entreiects [2] d'accord, desquels le roy endormy accorda trefve pour quelques iours, fournissant par ce moyen son ennemy d'opportunité et loisir pour s'armer; d'où le roy encourut sa derniere ruyne. Si est ce que les vieux du senat, memoratifs des mœurs de leurs peres, accuserent cette

[1] TITE LIVE nomme ce lieutenant des Romains *Quintus Marcius*, XLII, 37. V. LECLERC.

[2] VAR. *interjets*.

practique, comme ennemie de leur style ancien, qui feut, disoient ils, combattre de vertu, non de finesse, ny par surprinses et rencontres de nuict, ny par fuittes appostees et recharges inopinees; n'entreprenants guerre qu'aprez l'avoir denoncee, et souvent aprez avoir assigné l'heure et le lieu de la battaille. De cette conscience ils renvoyerent à Pyrrhus son traistre medecin, et aux Phalisques leur desloyal maistre d'eschole. C'estoient les formes vrayement romaines, non de la grecque subtilité et astuce punique, où le vaincre par force est moins glorieux que par fraude. Le tromper peult servir pour le coup : mais celuy seul se tient pour surmonté, qui sçait l'avoir esté ny par ruse ny de sort, mais par vaillance, de troupe à troupe, en une franche et iuste guerre. Il appert bien par ce langage de ces bonnes gents, qu'ils n'avoient encores receu cette belle sentence,

Dolus, an virtus, quis in hoste requirat [1]?

Les Achaïens, dict Polybe [2], detestoient toute voye de tromperie en leurs guerres, n'estimants victoire, sinon où les courages des ennemis sont abattus. *Eam vir sanctus et sapiens sciet veram esse victoriam, quæ, salva fide et integra dignitate, parabitur* [3], dict un aultre.

[1] Qu'importe qu'on emploie contre l'ennemi la ruse ou le courage? VIRG., *En.*, II, 390.

[2] L. XIII, c. I.

[3] L'homme sage et vertueux doit savoir que la seule victoire véritable est celle qu'on remporte en laissant intactes la bonne foi et la dignité. FLORUS, I, 12.

Vosne velit, an me, regnare hera, quidve ferat, fors,
Virtute experiamur[1].

Au royaume de Ternate, parmy ces nations que si à pleine bouche nous appellons barbares, la coustume porte qu'ils n'entreprennent guerre sans l'avoir premierement denoncee; y adioustants ample declaration des moyens qu'ils ont à y employer, quels, combien d'hommes, quelles munitions, quelles armes, offensifves et defensifves : mais aussi, cela faict, si leurs ennemis ne cedent et viennent à accord, ils se donnent loy de se servir à leur guerre, sans reproche, de tout ce qui aide à vaincre.

Les anciens Florentins estoient si esloingnez de vouloir gaigner advantage sur leurs ennemis par surprinse, qu'ils les advertissoient, un mois avant que de mettre leur exercite aux champs, par le continuel son de la cloche qu'ils nommoient *Martinella*[2].

Quant à nous, moins superstitieux, qui tenons celuy avoir l'honneur de la guerre, qui en a le proufit, et qui, aprez Lysander, disons que, « où la peau du lyon ne peult suffire, il y fault coudre un loppin de celle du regnard[3], » les plus ordinaires occasions de surprinse se tirent de cette practique; et n'est

[1] Éprouvons par le courage, si c'est à vous ou à moi que la fortune, toute puissante, destine l'empire. ENNIUS, *apud* CIC., *de Officiis*, I, 12.

[2] Du nom de *saint Martin*.

[3] PLUTARQUE, *Vie de Lysandre*, c. 4. — Ce dicton est resté populaire dans le moyen âge. Le souvenir s'en est même conservé dans quelques armoiries, où l'on voit des lions avec des queues de renard.

heure, disons nous, où un chef doibve avoir plus l'œil au guet, que celle des parlements et traictez d'accord : et, pour cette cause, c'est une regle, en la bouche de touts les hommes de guerre de nostre temps, « qu'il ne fault iamais que le gouverneur en une place assiegee sorte luy mesme pour parlementer. » Du temps de nos peres cela feut reproché aux seigneurs de Montmord et de l'Assigni, deffendants Mouson contre le comte de Nansau [1]. Mais aussi, à ce compte, celuy là seroit excusable qui sortiroit en telle façon, que la seureté et l'advantage demourast de son costé; comme feit en la ville de Regge le comte Guy de Rangon (s'il en fault croire du Bellay, car Guicciardin dict que ce feut luy mesme), lors que le seigneur de l'Escut s'en approcha pour parlementer; car il abandonna de si peu son fort, qu'un trouble s'estant esmeu pendant ce parlement, non seulement monsieur de l'Escut, et sa trouppe qui estoit approchee avecques luy, se trouva le plus foible, de façon qu'Alexandre Trivulce y feut tué, mais luy mesme feut contrainct, pour le plus seur, de suyvre le comte, et se iecter, sur sa foy, à l'abri des coups dans la ville.

Eumenes, en la ville de Nora, pressé par Antigonus, qui l'assiegeoit, de sortir pour luy parler, alleguant que c'estoit raison qu'il veinst devers luy, attendu qu'il estoit le plus grand et le plus fort, aprez avoir faict cette noble response, « Ie n'estimeray iamais homme plus grand que moy, tant que

[1] Pont-à-Mousson contre le comte de Nassau. E. Johanneau.

i'auray mon espee en ma puissance, » n'y consentit. qu'Antigonus ne luy eust donné Ptolemeus son propre nepveu en ostage, comme il demandoit [1].

Si est ce qu'encores en y a il qui se sont tres-bien trouvez de sortir sur la parole de l'assaillant : tesmoing Henry de Vaux, chevalier champenois, lequel estant assiegé dans le chasteau de Commercy par les Anglois, Barthelemy de Bonnes [2], qui commandoit au siege, ayant par dehors faict sapper la pluspart du chasteau, si qu'il ne restoit que le feu pour accabler les assiegez soubs les ruynes, somma ledit Henry de sortir à parlementer pour son proufit, comme il feit luy quatriesme ; et son evidente ruyne luy ayant esté montree à l'œil, il s'en sentit singulierement obligé à l'ennemy ; à la discretion duquel aprez qu'il se feut rendu et sa trouppe, le feu estant mis à la mine, les estensons de bois venus à faillir, le chasteau feut emporté de fond en comble.

Ie me fie ayseement à la foy d'aultruy ; mais malayseement le feroy ie, lors que ie donnerois à iuger l'avoir plustost faict par desespoir et faulte de cœur, que par franchise et fiance de sa loyauté.

[1] PLUTARQUE, *Vie d'Eumènes*, c. 5.

[2] Barthélemy de Brunes, d'après Froissart.

CHAPITRE VI.

L'HEURE DES PARLEMENTS, DANGEREUSE.

Toutesfois ie veis dernierement en mon voisinage de Mussidan [1], que ceulx qui en feurent deslogez à force par nostre armee, et aultres de leur party, crioyent, comme de trahison, de ce que pendant les entremises d'accord, et le traicté se continuant encores, on les avoit surprins et mis en pieces : chose qui eust eu à l'adventure apparence en aultre siecle. Mais, comme ie viens de dire, nos façons sont entierement esloignees de ces regles; et ne se doibt attendre fiance des uns aux aultres, que le dernier sceau d'obligation n'y soit passé, encores y a il lors assez à faire : et a tousiours esté conseil hazardeux, de fier à la licence d'une armee victorieuse l'observation de la foy qu'on a donnee à une ville, qui vient de se rendre par doulce et favorable composition, et d'en laisser, sur la chaulde, l'entree libre aux soldats.

L. Aemilius Regillus, preteur romain, ayant perdu son temps à essayer de prendre la ville de Phocees à force, pour la singuliere prouesse des habitants à se bien deffendre, feit pache avec eulx de les recevoir pour amis du peuple romain, et d'y entrer comme en ville confederee, leur ostant toute crainte d'action hostile : mais y ayant quand et luy introduict son armee pour s'y faire veoir en plus de pompe, il

[1] Ou Mucidan, petite ville de Périgord.

ne feut en sa puissance, quelque effort qu'il y employast, de tenir la bride à ses gents; et veit devant ses yeulx fourrager bonne partie de la ville, les droicts de l'avarice et de la vengeance suppeditant[1] ceulx de son auctorité et de la discipline militaire.

Cleomenes disoit que quelque mal qu'on peust faire aux ennemis en guerre, cela estoit par dessus la iustice, et non subiect à icelle, tant envers les dieux qu'envers les hommes; et ayant faict trefve avec les Argiens pour sept iours, la troisiesme nuict aprez il les alla charger tout endormis, et les desfeit, alleguant qu'en sa trefve il n'avoit pas esté parlé des nuicts; mais les dieux vengerent cette perfide subtilité.

Pendant le parlement, et qu'ils musoient sur leurs seuretez, la ville de Casilinum feut saisie par surprinse; et cela pourtant au siecle et des plus iustes capitaines et de la plus parfaicte milice romaine: car il n'est pas dict qu'en temps et lieu il ne soit permis de nous prevaloir de la sottise de nos ennemis, comme nous faisons de leur lascheté. Et certes la guerre a naturellement beaucoup de privileges raisonnables, au preiudice de la raison; et icy fault la regle, *neminem id agere, ut ex alterius prædetur inscitia*[2]: mais ie m'estonne de l'estendue que Xenophon leur donne, et par les propos, et par divers exploicts de son parfaict empereur; aucteur de merveilleux poids en telles choses, comme grand

[1] *S'élevant au-dessus, étant plus forts.*

[2] Que personne ne doit chercher à faire son profit de la sottise d'autrui. Cic., *de Offic.*, III, 17.

capitaine, et philosophe des premiers disciples de Socrates; et ne consens pas à la mesure de sa dispense en tout et par tout.

Monsieur d'Aubigny assiegeant Capoue, et aprez y avoir faict une furieuse batterie, le seigneur Fabrice Colonne, capitaine de la ville, ayant commencé à parlementer de dessus un bastion, et ses gents faisants plus molle garde, les nostres s'en emparerent et meirent tout en pieces. Et de plus fresche memoire, à Yvoy [1], le seigneur Iulian Rommero, ayant faict ce pas de clerc de sortir pour parlementer avecques monsieur le connestable, trouva au retour sa place saisie. Mais à fin que nous ne nous en allions pas sans revenche, le marquis de Pesquaire assiegeant Genes, où le duc Octavian Fregose commandoit soubs nostre protection, et l'accord entre eulx ayant esté poulsé si avant qu'on le tenoit pour faict; sur le point de la conclusion, les Espaignols, s'estants coulés dedans, en userent comme en une victoire planiere. Et depuis, à Ligny en Barrois, où le comte de Brienne commandoit, l'empereur l'ayant assiegé en personne, et Bertheville, lieutenant du dict comte, estant sorty pour parlementer, pendant le parlement la ville se trouva saisie.

Fù il vincer sempremai laudabil cosa,
Vincasi o per fortuna, o per ingegno,

disent ils : mais le philosophe Chrysippus n'eust pas

[1] Yvoy ou Carignan, petite ville sur la rivière de Chiers, à quatre lieues de Sedan. V. Leclerc.

[2] Que la victoire soit due au hasard ou à l'habileté, elle est toujours glorieuse. Arioste, cant. XV, v. 1.

esté de cet advis ; et moy aussi peu : car il disoit que ceulx qui courent à l'envy doibvent bien employer toutes leurs forces à la vistesse, mais il ne leur est pourtant aulcunement loisible de mettre la main sur leur adversaire pour l'arrester, ny de lui tendre la iambe pour le faire cheoir [1]. Et plus genereusement encores ce grand Alexandre à Polypercon, qui luy suadoit de se servir de l'advantage que l'obscurité de la nuict luy donnoit pour assaillir Darius : « Point, dict il, ce n'est pas à moy de chercher des victoires desrobees : *malo me fortunæ pœniteat, quam victoriæ pudeat* [2]. »

> Atque idem fugientem haud est dignatus Oroden
> Sternere, nec iacta cæcum dare cuspide vulnus :
> Obvius, adversoque occurrit, seque viro vir
> Contulit, haud furto melior, sed fortibus armis [3].

CHAPITRE VII.

QUE L'INTENTION IUGE NOS ACTIONS.

La mort, dict on, nous acquitte de toutes nos obligations. I'en sçay qui l'ont prins en diverse façon. Henry septiesme, roy d'Angleterre, feit composition avec dom Philippe, fils de l'empereur Maximilian,

[1] CICÉRON, *de Offic.*, III, 10.

[2] J'aime mieux me plaindre de la fortune, que de rougir de ma victoire. QUINTE-CURCE, IV, 13.

[3] Mézence ne daigne pas frapper Orode dans sa fuite, ni le blesser d'un dard invisible. Il le poursuit, l'atteint, l'attaque de front; ennemi de la ruse, il veut vaincre par la seule valeur. VIRGILE, *Enéide*, X, 732.

ou, pour le confronter plus honnorablement, pere de l'empereur Charles cinquiesme, que le dict Philippe remettroit entre ses mains le duc de Suffolc de la Rose blanche, son ennemy, lequel s'en estoit fuy et retiré au Païs Bas, moyennant qu'il promettoit de n'attenter rien sur la vie dudict duc : toutesfois, venant à mourir, il commanda par son testament à son fils de le faire mourir soubdain aprez qu'il serait decedé. Dernierement, en cette tragedie que le duc d'Albe nous feit voir à Bruxelles ez comtes de Horne et d'Aiguemond [1], il y eut tout plein de choses remarquables; et, entre aultres, que le comte d'Aiguemond, soubs la foy et asseurance duquel le comte de Horne s'estoit venu rendre au duc d'Albe, requit avec grande instance qu'on le feist mourir le premier, à fin que sa mort l'affranchist de l'obligation qu'il avoit audict comte de Horne. Il semble que la mort n'ayt point deschargé le premier de sa foy donnee, et que le second en estoit quitte, mesme sans mourir. Nous ne pouvons estre tenus au delà de nos forces et de nos moyens; à cette cause, parce que les effects et executions ne sont aulcunement en nostre puissance, et qu'il n'y a rien à bon escient en nostre puissance que la volonté; en celle là se fondent par necessité, et s'establissent toutes les regles du debvoir de l'homme : par ainsi le comte d'Aiguemond tenant son ame et volonté endebtee à sa promesse, bien que la puissance de l'effectuer ne feust pas en ses mains, estoit sans doubte absouls de son debvoir, quand il eust survescu le comte de Horne.

[1] De Horn et d'Egmond, décapités le 4 juin 1568.

Mais le roy d'Angleterre, faillant à sa parole par son intention, ne se peult excuser pour avoir retardé iusques aprez sa mort l'execution de sa desloyauté; non plus que le masson de Herodote [1], lequel ayant loyalement conservé durant sa vie le secret des thresors du roy d'Aegypte son maistre, mourant, le descouvrit à ses enfants.

I'ay veu plusieurs de mon temps, convaincus par leur conscience retenir de l'aultruy, se disposer à y satisfaire par leur testament et aprez leur decez. Ils ne font rien qui vaille, ny de prendre terme à chose si pressante, ny de vouloir restablir une iniure avecques si peu de leur ressentiment et interest. Ils doibvent du plus leur; et d'autant qu'ils payent plus poisamment et incommodeement, d'autant en est leur satisfaction plus iuste et meritoire : la penitence demande à charger. Ceulx là font encore pis, qui reservent la declaration de quelque haineuse volonté envers le proche, à leur derniere volonté, l'ayant cachee pendant la vie; et montrent avoir peu de soing du propre honneur, irritants l'offensé à l'encontre de leur memoire, et moins de leur conscience, n'ayants, pour le respect de la mort mesme, sceu faire mourir leur maltalent, et en estendant la vie oultre la leur. Iniques iuges, qui remettent à iuger alors qu'ils n'ont plus cognoissance de cause. Ie me garderay, si ie puis, que ma mort die chose que ma vie n'ayt premierement dict, et apertement.

[1] L'architecte du trésor de Rhampsinite. HÉRODOTE, II, 121. V. LECLERC.

CHAPITRE VIII.

DE L'OYSIFVETÉ.

Comme nous veoyons des terres oysifves, si elles sont grasses et fertiles, foisonner en cent mille sortes d'herbes sauvages et inutiles, et que, pour les tenir en office, il les fault assubiectir et employer à certaines semences pour nostre service; et comme nous veoyons que les femmes produisent bien toutes seules des amas et pieces de chair informes, mais que pour faire une generation bonne et naturelle, il les fault embesongner d'une autre semence : ainsin est il des esprits; si on ne les occupe à certain subiect qui les bride et contraigne, ils se iectent desreglez, par cy par là, dans le vague champ des imaginations,

Sicut aquæ tremulum labris ubi lumen ahenis,
Sole repercussum, aut radiantis imagine lunæ,
Omnia pervolitat late loca; iamquè sub auras
Erigitur, summique ferit laquearia tecti [1];

et n'est folie ny resverie qu'ils ne produisent en cette agitation,

Velut ægri somnia, vanæ
Finguntur species [2].

[1] Ainsi, lorsque la tremblante lumière du soleil ou de la lune radieuse est réfléchie par l'onde vacillante dans un vase d'airain, elle voltige dans tous les lieux d'alentour, s'élève dans les airs, et frappe le sommet des toits et des voûtes élevées. VIRGILE, *Énéide*, VIII, 22. *Trad.* de M. de Pongerville.

[2] Se forgeant des chimères, qui ressemblent aux songes d'un malade. HORACE, *Art poétique*, v. 7.

L'ame qui n'a point de but estably, elle se perd [1]; car, comme on dict, c'est n'estre en aulcun lieu, que d'estre par tout :

Quisquis ubique habitat, Maxime, nusquam habitat [2];

Dernierement que ie me retiray chez moy, deliberé, autant que ie pourroy, ne me mesler d'aultre chose que de passer en repos et à part ce peu qui me reste de vie; il me sembloit ne pouvoir faire plus grande faveur à mon esprit, que de le laisser en pleine oysifveté s'entretenir soy mesme, et s'arrester et rasseoir en soy, ce que i'esperoy qu'il peust meshuy [3] faire plus ayseement, devenu avecques le temps plus poisant et plus meur : mais ie treuve, comme

Variam semper dant otia mentem [4],

qu'au rebours, faisant le cheval eschappé, il se donne cent fois plus de carriere à soy mesme qu'il n'en prenoit pour aultruy; et m'enfante tant de chimeres et monstres fantasques les uns sur les aultres, sans ordre et sans propos, que, pour en contempler à mon ayse l'ineptie et l'estrangeté, i'ay commencé de les mettre en roolle, esperant avecques le temps luy en faire honte à luy mesme [5].

1 S'occuper, c'est savoir jouir :
L'oisiveté pèse et tourmente.
L'âme est un feu qu'il faut nourrir,
Et qui s'éteint, s'il ne s'augmente.

VOLTAIRE.

2 MARTIAL, liv. VII, épig. 73.

3 *Désormais.*

4 L'oisiveté fait toujours naître mille pensées diverses. LUCAIN, IV, 704.

5 Il est bien singulier qu'en voulant tenir un *roolle* de ses pré-

CHAPITRE IX.

DES MENTEURS.

Il n'est homme à qui il siese si mal de se mesler de parler de memoire : car ie n'en recognois quasy trace en moy ; et ne pense qu'il y en ayt au monde une aultre si merveilleuse en defaillance. I'ay toutes mes aultres parties viles et communes ; mais, en cette là, ie pense estre singulier et tresrare, et digne de gaigner nom et reputation. Oultre l'inconvenient naturel que i'en souffre (car certes, veu sa necessité, Platon a raison de la nommer une grande et puissante deesse), si en mon païs on veult dire qu'un homme n'a point de sens, ils disent qu'il n'a point de memoire ; et quand ie me plains du default de la mienne [1], ils me reprennent et mescroyent, comme si ie m'accusois d'estre insensé : ils ne veoyent pas de chois entre memoire et entendement. C'est bien empirer mon marché ! Mais ils me font tort ; car il se veoid par experience, plustost au rebours, que les memoires excellentes se ioignent volontiers aux iu-

tendues folies, Montaigne ait fait un livre très-sage, et qu'en projetant d'en faire honte à son esprit, il lui ait fait recueillir un honneur immortel. C'est qu'en effet la meilleure partie de la sagesse humaine ne consiste guère que dans l'aveu de nos folies ; et comme le savant est celui qui convient de son ignorance, le sage est celui qui reconnaît sa folie : aussi le registre exact de nos folies, en pensées et en actions, serait pour chacun le meilleur livre de raison. SERVAN.

[1] Il s'en plaint encore au chapitre 17 du second livre, et au chapitre 13 du livre troisième. *A faute de memoire naturelle, dit-il, i'en forge de papier.* V. LECLERC.

gements debiles. Ils me font tort aussi en cecy, qui ne sçay rien si bien faire qu'estre amy, que les mesmes paroles qui accusent ma maladie representent l'ingratitude; on se prend de mon affection à ma memoire; et d'un default naturel, on en faict un default de conscience : « Il a oublié, dict on, cette priere ou cette promesse : Il ne se souvient point de ses amis : Il ne s'est point souvenu de dire, ou faire, ou taire cela, pour l'amour de moy. » Certes, ie puis ayseement oublier : mais de mettre à nonchaloir la charge que mon amy m'a donnee, ie ne le fois pas. Qu'on se contente de ma misere, sans en faire une espece de malice, et de la malice autant ennemie de mon humeur !

Il me console aulcunement : Premierement, sur ce, Que c'est un mal duquel principalement i'ay tiré la raison de corriger un mal pire, qui se feust facilement produict en moy, sçavoir est l'ambition; car cette defaillance est insupportable à qui s'empestre des negociations du monde : Que, comme disent plusieurs pareils exemples du progrez de nature, elle a volontiers fortifié d'aultres facultez en moy à mesure que cette cy s'est affoiblie; et irois facilement couchant et alanguissant mon esprit et mon iugement sur les traces d'aultruy, sans exercer leurs propres forces, si les inventions et opinions estrangieres m'estoient presentes par le benefice de la memoire : Que mon parler en est plus court; car le magasin de la memoire est volontiers plus fourny de matiere que n'est celuy de l'invention. Si elle m'eust tenu bon, i'eusse assourdi touts mes amis de babil, les subiects esveillants cette telle quelle faculté que i'ay de les manier et employer, eschauffants et attirants mes discours. C'est pitié : ie l'essaye par la preuve d'aulcuns de mes privez amis: à mesure que la memoire leur fournit la chose entiere et presente, ils reculent si arriere leur narration, et la chargent de tant de vaines circonstances, que, si le conte est bon, ils en estouffent la bonté; s'il ne l'est pas, vous estes à mauldire ou l'heur de leur memoire, ou le malheur de leur iugement. Et c'est chose difficile de fermer un propos et de le coupper depuis qu'on est arrouté[1]; et n'est rien où la force d'un cheval se cognoisse plus, qu'à faire un arrest rond et net. Entre les pertinents mesmes, i'en veoy qui veulent et ne se peuvent desfaire de leur course : ce pendant qu'ils cherchent le poinct de clorre le pas, ils s'en vont balivernant et traisnant comme des hommes qui defaillent de foiblesse. Surtout les vieillards sont dangereux, à qui la souvenance des choses passees demeure, et ont perdu la souvenance de leurs redictes : i'ay veu des recits bien plaisants devenir tres ennuyeux en la bouche d'un seigneur, chacun de l'assistance en ayant esté abbruvé cent fois.

Secondement, qu'il me souvient moins des offenses receues, ainsi que disoit cet ancien[2] : il me fauldroit un protocolle; comme Darius, pour n'oublier l'offense qu'il avoit receue des Atheniens, faisoit qu'un page, à touts les coups qu'il se mettoit à table, luy

[1] *Mis en route, en train.*

[2] CICÉRON, *pro Ligar.*, c. 12 : « Oblivisci nihil soles, nisi injurias. » V. LECLERC.

veinst rechanter par trois fois à l'aureille : « Sire, souvienne vous des Atheniens[1] ; » d'autre part, les lieux et les livres que je reveoy, me rient tousiours d'une fresche nouvelleté.

Ce n'est pas sans raison qu'on dict, que qui ne se sent point assez ferme de memoire, ne se doibt pas mesler d'estre menteur. Ie sçay bien que les grammairiens[2] font difference entre dire mensonge, et mentir; et disent que dire mensonge, c'est dire chose faulse, mais qu'on a prins pour vraye; et que la definition du mot de mentir en latin, d'où nostre françois est party, porte autant comme aller contre sa conscience; et que, par consequent, cela ne touche que ceulx qui disent contre ce qu'ils sçavent, desquels ie parle. Or ceulx icy, ou ils inventent marc et tout, ou ils deguisent et alterent un fond veritable[3]. Lors qu'ils deguisent et changent, à les remettre souvent en ce mesme conte, il est malaysé qu'ils ne se desferrent; parce que la chose, comme elle est, s'estant logee la premiere dans la memoire, et s'y estant empreinte par la voye de la cognoissance et de la science, il est malaysé qu'elle ne se represente à l'imagination, deslogeant la faulseté qui n'y peult avoir le pied si ferme ny si rassis, et que les circonstances du premier apprentissage, se coulants à touts coups dans l'esprit, ne facent perdre le souvenir des pieces

[1] Δέσποτα, μέμνεο τῶν Ἀθηναίων. HÉRODOTE, V, 105. V. LECLERC.

[2] *Nigidius*, dans AULU-GELLE, XI, 11, et dans NONIUS, V, 80. Montaigne ne fait ici que traduire ce grammairien. *Id.*

[3] Nous nous persuadons quelquefois nos propres mensonges, pour n'en avoir pas le démenti, et nous nous trompons nous-mêmes pour tromper les autres. VAUVENARGUES.

rapportees faulses ou abastardies. En ce qu'ils inventent tout à faict, d'autant qu'il n'y a nulle impression contraire qui chocque leur faulseté, ils semblent avoir d'autant moins à craindre de se mescompter. Toutesfois encores cecy, parce que c'est un corps vain et sans prinse, eschappe volontiers à la memoire, si elle n'est bien asseuree. De quoy i'ay souvent veu l'experience, et plaisamment, aux despens de ceulx qui font profession de ne former aultrement leur parole que selon qu'il sert aux affaires qu'ils negocient, et qu'il plaist aux grands à qui ils parlent; car ces circonstances à quoy ils veulent asservir leur foy et leur conscience, estant subiectes à plusieurs changements, il fault que leur parole se diversifie quand et quand : d'où il advient que de mesme chose ils disent tantost gris, tantost iaune, à tel homme d'une sorte, à tel d'une aultre; et si par fortune ces hommes rapportent en butin leurs instructions si contraires, que devient cette belle art? oultre ce qu'imprudemment ils se desferrent eulx mesmes si souvent; car quelle memoire leur pourroit suffire à se souvenir de tant de diverses formes qu'ils ont forgees en un mesme subiect? I'ay veu plusieurs de mon temps envier la reputation de cette belle sorte de prudence; qui ne veoyent pas que si la reputation y est, l'effect n'y peult estre.

En verité le mentir est un mauldict vice : nous ne sommes hommes, et ne nous tenons les uns aux aultres, que par la parole. Si nous en cognoissions l'horreur et le poids, nous le poursuivrions à feu, plus iustement que d'aultres crimes. Ie treuve qu'on s'amuse ordinairement à chastier aux enfants des erreurs innocentes, tresmal à propos, et qu'on les tormente pour des actions temeraires qui n'ont ny impression ny suitte. La menterie seule, et, un peu au dessoubs, l'opiniastreté, me semblent estre celles desquelles on debvroit à toute instance combattre la naissance et le progrez : elles croissent quand et eulx; et depuis qu'on a donné ce fauls train à la langue, c'est merveille combien il est impossible de l'en retirer : par où il advient que nous veoyons des honnestes hommes d'ailleurs y estre subiects et asservis. I'ay un bon garçon de tailleur à qui ie n'ouy iamais dire une verité, non pas quand elle s'offre pour luy servir utilement. Si, comme la verité, le mensonge n'avoit qu'un visage, nous serions en meilleurs termes; car nous prendrions pour certain l'opposé de ce que diroit le menteur : mais le revers de la verité a cent mille figures et un champ indefiny. Les Pythagoriens font le bien certain et finy, le mal infiny et incertain. Mille routes desvoyent du blanc[1] : une y va. Certes ie ne m'asseure pas que ie peusse venir à bout de moy, à guarantir un danger evident et extreme par une effrontee et solenne mensonge. Un ancien Pere dict, que nous sommes mieulx en la compaignie d'un chien cogneu, qu'en celle d'un homme duquel le langage nous est incogneu. *Ut externus alieno non sit hominis vice*[2]. Et de combien est le langage fauls moins sociable que le silence!

1 *Détournent du but.*

2 De sorte que deux hommes de différentes nations ne sont point hommes l'un à l'égard de l'autre. PLINE, *Nat. Hist.*, VII, 1.

Le roy François premier se vantoit d'avoir mis au rouet, par ce moyen, Francisqué Taverna, ambassadeur de François Sforce, duc de Milan, homme tresfameux en science de parlerie. Cettuy cy avoit esté despesché pour excuser son maistre vers sa maiesté, d'un faict de grande consequence, qui estoit tel : Le roy, pour maintenir tousiours quelques intelligences en Italie, d'où il avoit esté dernierement chassé, mesme au duché de Milan, avoit advisé d'y tenir prez du duc un gentilhomme de sa part, ambassadeur par effect, mais par apparence homme privé, qui feist la mine d'y estre pour ses affaires particulieres : d'autant que le duc, qui dependoit beaucoup plus de l'empereur (lors principalement qu'il estoit en traicté de mariage avec sa niepce, fille du roy de Danemarc, qui est à present douairiere de Lorraine), ne pouvoit descouvrir avoir aulcune practique et conference avecques nous, sans son grand interest. A cette commission se trouva propre un gentilhomme milannois, escuyer d'escurie chez le roy, nommé Merveille. Cettuy cy, despesché avecques lettres secrettes de creance et instructions d'ambassadeur, et avecques d'aultres lettres de recommendation envers le duc en faveur de ses affaires particulieres, pour le masque et la montre, feut si long temps auprez du duc, qu'il en veint quelque ressentiment à l'empereur ; qui donna cause à ce qui s'ensuivit aprez, comme nous pensons : ce feut que, soubs couleur de quelque meurtre, voylà le duc qui luy faict trencher la teste de belle nuict, et son procez faict en deux iours. Messire Francisque estant venu, prest d'une longue deduction contrefaicte de cette histoire (car le roy s'en estoit adressé, pour demander raison, à touts les princes de chrestienté et au duc mesme), feut ouy aux affaires du matin : et ayant estably pour le fondement de sa cause, et dressé à cette fin plusieurs belles apparences du faict : que son maistre n'avoit iamais prins nostre homme que pour gentilhomme privé et sien subiect, qui estoit venu faire ses affaires à Milan, et qui n'avoit jamais vescu là soubs aultre visage; desadvouant mesme avoir sceu qu'il feust en estat de la maison du roy, ny cogneu de luy, tant s'en fault qu'il le prinst pour ambassadeur : le roy, à son tour, le pressant de diverses obiections et demandes, et le chargeant de toutes parts, l'accula enfin sur le poinct de l'execution faicte de nuict et comme à la desrobee; à quoy le pauvre homme embarrassé respondit, pour faire l'honneste, que, pour le respect de sa maiesté, le duc eust esté bien marry que telle execution se feust faicte de iour. Chascun peult penser comme il feut relevé, s'estant si lourdement couppé, à l'endroict d'un tel nez que celuy du roy François.

Le pape Iule second ayant envoyé un ambassadeur vers le roy d'Angleterre, pour l'animer contre le roy François, l'ambassadeur ayant esté ouy sur sa charge, et le roy d'Angleterre s'estant arresté en sa response aux difficultez qu'il trouvoit à dresser les preparatifs qu'il fauldroit pour combattre un roy si puissant, et en alleguant quelque raison; l'ambassadeur repliqua mal à propos qu'il les avoit aussi considerees de sa part, et les avoit bien dictes au pape. De cette parole, si esloingnee de sa proposition, qui estoit de le poulser incontinent à la guerre, le roy d'Angleterre print le premier argument de ce qu'il trouva depuis par effect, que cet ambassadeur, de son intention particuliere, pendoit du costé de France; et, en ayant adverty son maistre, ses biens feurent confisquez, et ne teint à gueres qu'il n'en perdist la vie [1].

CHAPITRE X.

DU PARLER PROMPT, OU TARDIF.

Onc ne furent à touts toutes graces donnees [2]:

aussi veoyons nous qu'au don d'eloquence, les uns ont la facilité et la promptitude, et, ce qu'on dict, le boutehors si aisé, qu'à chasque bout de champ ils sont prests; les aultres, plus tardifs, ne parlent iamais rien qu'elaboré et premedité.

Comme on donne des regles aux dames de prendre les ieux et les exercices du corps, selon l'advantage de ce qu'elles ont le plus beau; si i'avois à conseiller de mesme en ces deux divers advantages de l'eloquence, de laquelle il semble en nostre siecle que les prescheurs et les advocats facent principale profession, le tardif seroit mieulx prescheur, ce me semble, et l'aultre, mieulx advocat: parce que la charge de cettuy là luy donne autant qu'il luy plaist de loisir pour se preparer; et puis sa carriere se passe d'un fil

[1] ERASMI *Opp.*, tom. IV, col. 684, édition de Leyde, 1703, in-fol.

[2] Ce vers est emprunté à un sonnet de La Boëtie.

et d'une suitte sans interruption, là où les commoditez de l'advocat le pressent à toute heure de se mettre en lice; et les responses improuveues de sa partie adverse le reiectent de son bransle, où il luy fault sur le champ prendre nouveau party. Si est ce qu'à l'entrevue du pape Clement et du roy François à Marseille, il adveint, tout au rebours, que monsieur Poyet, homme toute sa vie nourry au barreau, en grande reputation, ayant charge de faire la harangue au pape, et l'ayant de longue main pourpensee, voire, à ce qu'on dit, apportee de Paris toute preste; le iour mesme qu'elle debvoit estre prononcee, le pape, se craignant qu'on luy teinst propos qui peust offenser les ambassadeurs des aultres princes qui estoient autour de luy, manda au roy l'argument qui luy sembloit estre le plus propre au temps et au lieu, mais, de fortune, tout aultre que celuy sur lequel monsieur Poyet s'estoit travaillé; de façon que sa harangue demeuroit inutile, et luy en falloit promptement refaire une aultre: mais s'en sentant incapable, il fallut que monsieur le cardinal du Bellay en prinst la charge. La part de l'advocat est plus difficile que celle du prescheur; et nous trouvons pourtant, ce m'est advis, plus de passables advocats que prescheurs, au moins en France. Il semble que ce soit plus le propre de l'esprit d'avoir son operation prompte et soubdaine; et plus le propre du iugement, de l'avoir lente et posee. Mais qui demeure du tout muet, s'il n'a loisir de se preparer, et celuy aussi à qui le loisir ne donne advantage de mieulx dire, sont en pareil degré d'estrangeté.

On recite de Severus Cassius, qu'il disoit mieulx sans y avoir pensé; qu'il debvoit plus à la fortune qu'à sa diligence; qu'il luy venoit à proufit d'estre troublé en parlant; et que ses adversaires craignoyent de le picquer, de peur que la cholere ne luy feist redoubler son eloquence. Je cognoy par experience cette condition de nature, qui ne peult soustenir une vehemente premeditation et laborieuse : si elle ne va gayement et librement, elle ne va rien qui vaille. Nous disons d'aulcuns ouvrages, qu'ils puent à l'huyle et à la lampe, pour certaine aspreté et rudesse que le travail imprime en ceulx où il a grande part. Mais oultre cela, la solicitude de bien faire, et cette contention de l'ame trop bandee et trop tendue à son entreprinse, la rompt et l'empesche ; ainsi qu'il advient à l'eau qui, par force de se presser, de sa violence et abondance ne peult trouver issue en un goulet ouvert. En cette condition de nature dequoy ie parle, il y a quand et quand aussi cela, qu'elle demande à estre non pas esbranlee et picquee par ces passions fortes, comme la cholere de Cassius (car ce mouvement seroit trop aspre), elle veult estre non pas secouee, mais solicitee; elle veult estre eschauffee et resveillee par les occasions estrangeres, presentes, et fortuites : si elle va toute seule, elle ne faict que traisner et languir; l'agitation est sa vie et sa grace. Ie ne me tiens pas bien en ma possession et disposition : le hazard y a plus de droict que moy; l'occasion, la compaignie, le bransle mesme de ma voix, tire plus de mon esprit, que ie n'y treuve lorsque ie le sonde et employe à part moy. Ainsi les paroles en valent mieulx que les escripts, s'il y peult avoir chois où il n'y a point de prix. Cecy m'advient aussi, que ie ne me treuve pas où je me cherche; et me treuve plus par rencontre, que par inquisition de mon iugement. I'auray eslancé quelque subtilité en escrivant (i'entens bien, mornee[1] pour un aultre, affilee pour moy: laissons toutes ces honnestetez; cela se dict par chascun selon sa force): ie l'ay si bien perdue, que ie ne sçay ce que i'ay voulu dire; et l'a l'estranger descouverte par fois avant moy. Si ie portoy le rasoir par tout où cela m'advient, ie me desferoy tout. Le rencontre m'en offrira le iour quelque aultre fois, plus apparent que celuy du midy, et me fera estonner de ma hesitation.

CHAPITRE XI.

DES PROGNOSTICATIONS.

Quant aux oracles, il est certain que bonne piece[2] avant la venue de Iesus-Christ, ils avoyent commencé à perdre leur credit; car nous veoyons que Cicero se met en peine de trouver la cause de leur defaillance; et ces mots sont à luy : *Cur isto modo iam oracula Delphis non eduntur, non modo nostra ætate, sed iamdiu; ut nihil possit esse contemptius*[3] ? Mais quant

[1] *Emoussée.*

[2] *Longtemps.*

[3] Pourquoi de pareils oracles ne sont-ils plus rendus à Delphes, non-seulement de nos jours, mais déjà depuis longtemps? Rien n'est plus méprisé que les oracles. Cic., *de Divinat.*, II, 57.

aux aultres prognosticques qui se tiroyent de l'anatomie des bestes aux sacrifices, ausquels Platon attribue en partie la constitution naturelle des membres internes d'icelles, du trepignement des poulets, du vol des oyseaux (*Aves quasdam... rerum augurandarum causa natas esse putamus*[1]), des fouldres, du tournoyement des rivieres (*Multa cernunt aruspices, multa augures provident, multa oraculis declarantur, multa vaticinationibus, multa somniis, multa portentis*[2]), et aultres sur lesquels l'antiquité appuyoit la pluspart des entreprinses tant publicques que privees, nostre religion les a abolies. Et encores qu'il reste entre nous quelques moyens de divination ez astres, ez esprits, ez figures du corps, ez songes, et ailleurs; notable exemple de la forcenee curiosité de nostre nature, s'amusant à preoccuper les choses futures, comme si elle n'avoit pas assez à faire à digerer les presentes,

> Cur hanc tibi, rector Olympi,
> Sollicitus visum mortalibus addere curam,
> Noscant venturas ut dira per omina clades?
>
> . . . .
>
> Sit subitum, quodcumque paras; sit cæca futuri
> Mens hominum fati; liceat sperare timenti[3] :

Ne utile quidem est scire, quid futurum sit; mise-

[1] Nous croyons qu'il est des oiseaux qui naissent exprès pour servir à l'art des augures. Cic., *de Nat. deor.*, II, 64.

[2] Une foule de choses sont vues par les aruspices, prévues par les augures, annoncées par les oracles, les songes, les prodiges. Id., *ibid.*, c. 65.

[3] Pourquoi, maître de l'Olympe, avez-vous ajouté à la triste condition des hommes cette connaissance de l'avenir, qui se révèle par de tristes présages? Faites que tout ce que vous leur réservez soit

rum est enim, nihil proficientem angi [1] : si est ce qu'elle est de beaucoup moindre auctorité. Voilà pourquoy l'exemple de François, marquis de Sallusses, m'a semblé remarquable : car lieutenant du roy François en son armee delà les monts, infiniment favorisé de nostre court, et obligé au roy du marquisat mesme qui avoit esté confisqué de son frere; au reste ne se presentant occasion de le faire [2], son affection mesme y contredisant, se laissa si fort espouvanter, comme il a été adveré, aux belles prognostications qu'on faisoit lors courir de touts costez à l'advantage de l'empereur Charles cinquiesme, et à nostre desadvantage (mesme en Italie, où ces folles propheties avoyent trouvé tant de place, qu'à Rome il feut baillé grande somme d'argent au change, pour cette opinion de nostre ruyne), qu'aprez s'estre souvent condolu à ses privez des maulx qu'il veoyoit inevitablement preparez à la couronne de France et aux amis qu'il y avoit, se revolta et changea de party; à son grand dommage pourtant, quelque constellation qu'il y eust. Mais il s'y conduisit en homme combattu de diverses passions : car ayant et villes et forces en sa main, l'armee ennemie soubs Antoine de Leve à trois pas de luy, et nous sans souspeçons de son faict, il estoit en luy de

imprévu; que leur esprit ne voie rien des choses futures, et qu'il soit permis à ceux qui tremblent d'espérer. LUCAIN, II, 4, 14.

[1] On ne gagne rien à savoir ce qui doit arriver; car c'est un malheur de se tourmenter sans profit. CIC., *de Nat. deor.*, III, 6.

[2] C'est-à-dire, *de changer de parti*, comme Montaigne le dit plus bas. COSTE.

faire pis qu'il ne feit; car pour sa trahison nous ne perdismes ny homme ny ville que Fossan [1], encores aprez l'avoir longtemps contestee.

Prudens futuri temporis exitum
Caliginosa nocte premit Deus;
Ridetque, si mortalis ultra
Fas trepidat.
. . . . . Ille potens sui,
Lætusque deget, cui licet in diem
Dixisse, VIXI; cras vel atra
Nube polum pater occupato,
Vel sole puro [2].

Lætus in præsens animus, quod ultra est
Oderit curare [3].

Et ceulx qui croyent ce mot, au contraire, le croyent à tort : *Ista sic reciprocantur, ut et, si divinatio sit, dii sint; et, si dii sint, sit divinatio* [4]. Beaucoup plus sagement Pacuvius,

Nam istis, qui linguam avium intelligunt,
Plusque ex alieno iecore sapiunt, quam ex suo,
Magis audiendum, quam auscultandum censeo [5].

[1] *Fossano*, en Piémont, près Coni. Cet événement est arrivé en 1536.

[2] Un dieu prudent couvre d'une nuit épaisse la marche future des temps, et se rit de l'homme qui s'alarme au delà de ce qui lui est permis... Il vit heureux et maître de lui-même, celui qui peut dire chaque jour : J'ai vécu ; qu'importe que demain Jupiter couvre le ciel de nuages noirs, ou nous donne un jour serein. HORACE, *Odes*, III, 29, 29 et suiv.

[3] Un esprit satisfait du présent se gardera bien de s'inquiéter de l'avenir. ID., *ibid.*, II, 16, 25.

[4] Voici leur argument : S'il y a une divination, il y a des dieux ; et s'il y a des dieux, il y une divination. CIC., *de Divin.*, I, 6. Trad. de M. V. LECLERC.

[5] Quant à ceux qui entendent le langage des oiseaux, et qui

Ce tant celebre art de deviner des Toscans nasquit ainsin : Un laboureur, perceant de son coultre profondement la terre, en veit sourdre Tages, demi dieu, d'un visage enfantin, mais de senile prudence; chascun y accourut, et feurent ses paroles et sa science recueillie et conservee à plusieurs siecles, contenant les principes et moyens de cet art[1] : naissance conforme à son progrez. I'aimeroy bien mieulx reigler mes affaires par le sort des dez que par ces songes. Et de vray; en toutes republiques on a tousiours laissé bonne part d'auctorité au sort. Platon, en la police qu'il forge à discretion, lui attribue la decision de plusieurs effects d'importance, et veult, entre aultres choses, que les mariages se facent par sort entre les bons : et donne si grand poids à cette election fortuite, que les enfants qui en naissent, il ordonne qu'ils soyent nourris au païs; ceulx qui naissent des mauvais, en soyent mis hors : toutesfois si quelqu'un de ces bannis venoit, par cas d'adventure, à montrer en croissant quelque bonne esperance de soy, qu'on le puisse rappeller; et exiler aussi celuy d'entre les retenus qui montrera peu d'esperance de son adolescence.

I'en veoy qui estudient et glosent leurs almanacs, et nous en alléguent l'auctorité aux choses qui se passent. A tant dire, il fault qu'ils dient et la verité et le mensonge : *quis est enim, qui totum diem iacu-*

consultent le foie d'un animal plutôt que leur propre raison, je pense qu'il vaut mieux les écouter que les croire. PACUVIUS *apud* CIC., *de Divin.*, I, 57. Trad. de M. V. LECLERC.

[1] CIC., *ibid.*, II, 23.

lans non aliquando collineet[1]? Ie ne les estime de rien mieulx, pour les veoir tumber en quelque rencontre. Ce seroit plus de certitude, s'il y avoit regle et verité à mentir tousiours : ioinct que personne ne tient registre de leurs mescomptes, d'autant qu'ils sont ordinaires et infinis ; et faict on valoir leurs divinations de ce qu'elles sont rares, incroiables, et prodigieuses. Ainsi respondit Diagoras, qui feut surnommé l'athee, estant en la Samothrace, à celuy qui, en luy montrant au temple force vœux et tableaux de ceulx qui avoyent eschappé le nauffrage, lui dict : « Eh bien! vous qui pensez que les dieux mettent à nonchaloir les choses humaines, que dictes vous de tant d'hommes sauvez par leur grace? » — « Il se faict ainsi, respondit il ; ceulx là ne sont pas peincts qui sont demourez noyez, en bien plus grand nombre[2]. »

Cicero dict que le seul Xenophanes colophonien, entre touts les philosophes qui ont advoué les dieux, a essayé de desraciner toute sorte de divination[3]. D'autant est il moins de merveille si nous avons veu, par fois à leur dommage, aulcunes de nos ames principesques s'arrester à ces vanitez. Ie vouldrois bien avoir recogneu de mes yeulx ces deux merveilles, du livre de Ioachim, abbé calabrois, qui predisoit touts les papes futurs, leurs noms et formes ; et celuy de Leon l'empereur, qui predisoit les empe-

[1] Quel est l'homme, en effet, qui passant tout un jour à lancer des flèches ne touche quelquefois le but? CIC., *de Divin.*, II, 59.

[2] CICÉRON, *de Nat. deor.*, I, 37.

[3] ID., *de Divinat.*, I, 3.

reurs et patriarches de Grece. Cecy ay ie recogneu de mes yeulx, qu'ez confusions publicques, les hommes, estonnez de leur fortune, se vont reiectants, comme à toute superstition, à rechercher au ciel les causes et menaces anciennes de leur malheur; et y sont si estrangement heureux de mon temps, qu'ils m'ont persuadé qu'ainsi que c'est un amusement d'esprits aigus et oysifs, ceulx qui sont duicts à cette subtilité de les replier et desnouer, seroyent en touts escripts capables de trouver tout ce qu'ils y demandent : mais sur tout leur preste beau ieu le parler obscur, ambigu et fantastique du iargon prophetique, auquel leurs auteurs ne donnent aulcun sens clair, à fin que la posterité y en puisse appliquer de tels qu'il luy plaira.

Le daimon de Socrates estoit à l'adventure certaine impulsion de volonté, qui se presentoit à luy sans le conseil de son discours : en une ame bien espuree, comme la sienne, et preparee par continu exercice de sagesse et de vertu, il est vraysemblable que ces inclinations, quoyque temeraires et indigestes, estoient tousiours importantes et dignes d'estre suyvies. Chascun sent en soy quelque image de telles agitations d'une opinion prompte, vehemente, et fortuite : c'est à moy de leur donner quelque auctorité, qui en donne si peu à nostre prudence; et en ay eu de pareillement foibles en raison, et violentes en persuasion, ou en dissuasion, qui estoient plus ordinaires à Socrates[1], auxquelles ie me suis laissé emporter si utilement et heureusement,

[1] Προτρέπει δὲ οὐδέποτε. PLATON, *Théagès*. V. LECLERC.

qu'elles pourroient estre iugees tenir quelque chose d'inspiration divine.

CHAPITRE XII.

DE LA CONSTANCE.

La loy de la resolution et de la constance ne porte pas que nous ne nous debvions couvrir, autant qu'il est en nostre puissance, des maulx et inconvenients qui nous menacent, ny par consequent d'avoir peur qu'ils nous surprennent : au rebours, touts moyens honnestes de se guarantir des maulx, sont non seulement permis, mais louables ; et le ieu de la constance se ioue principalement à porter de pied ferme[1] les inconvenients où il n'y a point de remede. De maniere qu'il n'y a souplesse de corps ny mouvement aux armes de main, que nous trouvions mauvais, s'il sert à nous guarantir du coup qu'on nous rue.

Plusieurs nations tresbelliqueuses se servoyent, en leurs faicts d'armes, de la fuyte pour advantage principal, et montroyent le dos à l'ennemy plus dangereusement que leur visage : les Turcs en retiennent quelque chose ; et Socrates, en Platon, se mocque de Laches qui avoit definy la fortitude, « Se tenir ferme en son reng contre les ennemis. » Quoy, feit il, seroit ce doncques lascheté de les battre en leur faisant place? et luy allegue Homere,

[1] VAR. « Patiemment et de pied ferme. » Édit. de 1588.

qui loue en Aeneas la science de fuir. Et, parce que Laches, se r'advisant, advoue cet usage aux Scythes et enfin generalement à touts gens de cheval, il luy allegue encores l'exemple des gents de pied lacedemoniens, nation sur toutes duicte à combattre de pied ferme, qui, en la iournee de Platees, ne pouvant ouvrir la phalange persienne, s'adviserent de s'escarter et sier [1] arriere; pour, par l'opinion de leur fuyte, faire rompre et dissouldre cette masse, en les poursuivant; par où ils se donnerent la victoire.

Touchant les Scythes, on dict d'eux, quand Darius alla pour les subiuguer, qu'il manda à leur roy force reproches, pour le veoir tousiours reculant devant luy, et gauchissant la meslee. A quoy Indathyrses [2], car ainsi se nommoit il, feit response, « Que ce n'estoit pour avoir peur de luy ny d'homme vivant; mais que c'estoit la façon de marcher de sa nation, n'ayant ny terre cultivee, ny ville, ny maison à deffendre, et à craindre que l'ennemy en peust faire proufit : mais s'il avoit si grand'faim d'y mordre, qu'il approchast pour veoir le lieu de leurs anciennes sepultures, et que là il trouveroit à qui parler tout son saoul. »

Toutesfois aux canonades, depuis qu'on leur est planté en butte, comme les occasions de la guerre portent souvent, il est messeant de s'esbranler pour la menace du coup; d'autant que, par sa violence et vistesse, nous le tenons inevitable; et en y a maint un qui pour avoir ou haulsé la main, ou baissé la teste,

[1] *Se placer.*

[2] Ou *Idanthyrse.* HÉRODOTE, IV, 127. V. LECLERC.

en a, pour le moins, apresté à rire à ses compaignons. Si est ce qu'au voyage que l'empereur Charles cinquiesme feit contre nous en Provence, le marquis de Guast estant allé recognoistre la ville d'Arles, et s'estant iecté hors du couvert d'un moulin à vent, à la faveur duquel il s'estoit approché, feut apperçu par les seigneurs de Bonneval et seneschal d'Agenois, qui se pourmenoyent sus le theatre aux arenes : lesquels l'ayant montré au sieur de Villiers, commissaire de l'artillerie, il braqua si à propos une couleuvrine, que sans ce que ledict marquis, veoyant mettre le feu, se lancea à quartier, il feut tenu qu'il en avoit dans le corps. Et de mesme quelques annees auparavant, Laurent de Medicis, duc d'Urbin, pere de la royne mere du roy[1], assiegeant Mondolphe, place d'Italie, aux terres qu'on nomme du Vicariat, veoyant mettre le feu à une piece qui le regardoit, bien luy servit de faire la cane; car aultrement le coup, qui ne lui raza que le dessus de la teste, lui donnoit sans doubte dans l'estomach. Pour en dire le vray, ie ne croy pas que ces mouvements se feissent avecques discours; car quel iugement pouvez vous faire de la mire haulte ou basse en chose si soubdaine? et est bien plus aisé à croire que la fortune favorisa leur frayeur; et que ce seroit moyen une aultre fois aussi bien pour se iecter dans le coup, que pour l'eviter. Ie ne me puis deffendre, si le bruit esclatant d'une harquebusade vient à me frapper les aureilles à l'improuveu, en lieu où ie ne le deusse pas attendre, que

[1] Catherine de Médicis, mère de Henri III.

ie n'en tressaille : ce que i'ay veu encores advenir à d'aultres qui valent mieulx que moy.

N'y n'entendent les Stoïciens que l'ame de leur sage puisse resister aux premieres visions et fantasies qui luy surviennent; ains, comme à une subiection naturelle, consentent qu'il cede au grand bruit du ciel ou d'une ruyne, pour exemple, iusques à la pasleur et contraction, ainsin aux aultres passions, pourveu que son opinion demeure saulve et entiere, et que l'assiette de son discours n'en souffre atteinte ni alteration quelconque, et qu'il ne preste nul consentement à son effroy et souffrance. De celui qui n'est pas sage, il en va de mesme en la premiere partie; mais tout aultrement en la seconde : car l'impression des passions ne demeure pas en luy superficielle, ains va penetrant iusques au siege de sa raison, l'infectant et la corrompant; il iuge selon icelles, et s'y conforme[1]. Veoyez bien disertement et plainement l'estat du sage stoïque :

> Mens immota manet; lacrymæ volvuntur inanes[2].

Le sage peripateticien ne s'exempte pas des perturbations, mais il les modere.

[1] Toutes ces pensées sont presque traduites d'AULU-GELLE (XIX, 1), qui les avait traduites lui-même du cinquième livre, aujourd'hui perdu, des *Mémoires* d'Arrien *sur Épictète*. V. LECLERC.

[2] Son cœur reste inébranlable, et c'est en vain qu'il pleure. VIRG., *Énéid.*, IV, 449.

CHAPITRE XIII.

CERIMONIE DE L'ENTREVEUE DES ROYS.

Il n'est subiect si vain qui ne merite un reng en cette rapsodie. A nos regles communes, ce seroit une notable discourtoisie, et à l'endroict d'un pareil, et plus à l'endroict d'un grand, de faillir à vous trouver chez vous quand il vous auroit adverty d'y debvoir venir : voire, adioustoit la royne de Navarre Marguerite[1] à ce propos, que c'estoit incivilité à un gentilhomme de partir de sa maison, comme il se faict le plus souvent, pour aller au devant de celuy qui le vient trouver, pour grand qu'il soit; et qu'il est plus respectueux et civil de l'attendre pour le recevoir, ne feust que de peur de faillir sa route; et qu'il suffit de l'accompaigner à son partement. Pour moy i'oublie souvent l'un et l'aultre de ces vains offices; comme ie retranche en ma maison autant que ie puis de la cerimonie. Quelqu'un s'en offense, qu'y feroy ie? Il vault mieulx que ie l'offense pour une fois, que moy touts les iours; ce seroit une subiection continuelle. A quoy faire fuit on la servitude des courts, si

[1] Marguerite de Valois, fille de Charles d'Orléans, duc d'Angoulême, et de Louise de Savoie, et sœur de François Ier, née à Angoulême le 11 avril 1492, morte au château d'Odos, dans le pays de Tarbes, le 21 avril 1549. Elle avait épousé, en 1527, Henri d'Albret, roi de Navarre. Ses poésies, quoique médiocres, lui firent donner le surnom, souvent prodigué, de dixième Muse. Le meilleur de ses ouvrages a été publié sous le titre des *Amants fortunés;* c'est *l'Heptaméron*, ou les *Nouvelles de la reine de Navarre,* conçu à l'imitation du *Décaméron,* de Boccace. Les *Lettres de la reine de Navarre* ont été publiées en 1841, par M. Génin.

on l'entraisne iusques en sa taniere? C'est aussi une regle commune en toutes assemblees, qu'il touche aux moindres de se trouver les premiers à l'assignation, d'autant qu'il est mieulx deu aux plus apparents de se faire attendre.

Toutesfois, à l'entreveue qui se dressa du pape Clement[1] et du roy François à Marseille, le roy, y ayant ordonné les apprests necessaires, s'esloingna de la ville, et donna loisir au pape de deux ou trois jours pour son entree et refreschissement, avant qu'il le veinst trouver. Et de mesme, à l'entree aussi du pape[2] et de l'empereur à Bouloigne, l'empereur donna moyen au pape d'y estre le premier, et y surveint aprez luy. C'est, disent ils, une cerimonie ordinaire aux abouchements de tels princes, que le plus grand soit avant les aultres au lieu assigné, voire avant celuy chez qui se faict l'assemblee; et le prennent de ce biais, que c'est à fin que cette apparence tesmoigne que c'est le plus grand que les moindres vont trouver, et le recherchent, non pas luy eulx.

Non seulement chasque païs, mais chasque cité, et chasque vacation[3], a sa civilité particuliere. I'y ay esté assez soigneusement dressé en mon enfance, et ay vescu en assez bonne compaignie, pour n'ignorer pas les loix de la nostre françoise, et en tiendrois eschole. I'ayme à les ensuivre, mais non pas si couardement que ma vie en demeure contraincte : elles ont quelques formes penibles, lesquelles pourveu

[1] Clément VII. Cette entrevue eut lieu en 1533.

[2] Clément VII et Charles-Quint, en 1532.

[3] *Chaque profession.*

qu'on oublie par discretion, non par erreur, on n'en a pas moins de grace. I'ay veu souvent des hommes incivils par trop de civilité, et importuns de courtoisie.

C'est au demourant une tresutile science que la science de l'entregent. Elle est, comme la grace et la beaulté, conciliatrice des premiers abords de la societé et familiarité; et par consequent nous ouvre la porte à nous instruire par les exemples d'aultruy, et à exploicter et produire nostre exemple, s'il a quelque chose d'instruisant et communicable.

CHAPITRE XIV[1].

ON EST PUNY POUR S'OPINIASTRER A UNE PLACE SANS RAISON.

La vaillance a ses limites, comme les aultres vertus; lesquels franchis, on se treuve dans le train du vice : en maniere que par chez elle on se peult rendre à la temerité, obstination et folie, qui n'en sçait bien les bornes, malaysees en verité à choisir sur leurs confins. De cette consideration est nee la coustume que nous avons aux guerres, de punir, voire de mort, ceulx qui s'opiniastrent à deffendre une place qui par les regles militaires ne peult estre soustenue. Aultrement, soubs l'esperance de l'impunité, il n'y auroit poullier[2] qui n'arrestast une armee.

[1] Dans l'édition de 1588, on trouve ici le chapitre intitulé : *Que le goust des biens et des maulx despend, en bonne partie, de l'opinion que nous en avons.* Montaigne en a fait depuis le quarantième du premier livre. V. Leclerc.

[2] *Poulailler, bicoque.*

Monsieur le connestable de Montmorency, au siege de Pavie, ayant esté commis pour passer le Tesin, et se loger aux fauxbourgs sainct Antoine, estant empesché d'une tour au bout du pont, qui s'opiniastra iusques à se faire battre, feit pendre tout ce qui estoit dedans ; et encores depuis, accompaignant monsieur le Dauphin au voyage delà les monts, ayant prins par force le chasteau de Villane, et tout ce qui estoit dedans ayant esté mis en pieces par la furie des soldats, horsmis le capitaine et l'enseigne, il les feit pendre et estrangler pour cette mesme raison : comme feit aussi le capitaine Martin du Bellay, lors gouverneur de Turin en cette mesme contree, le capitaine de Sainct Bony, le reste de ses gents ayant esté massacré à la prinse de la place.

Mais d'autant que le iugement de la valeur et foiblesse du lieu se prend par l'estimation et contrepoids des forces qui l'assaillent (car tel s'opiniastreroit iustement contre deux couleuvrines, qui feroit l'enragé d'attendre trente canons), où se met encores en compte la grandeur du prince conquerant, sa reputation, le respect qu'on luy doibt ; il y a danger qu'on presse un peu la balance de ce costé là : et en advient par ces mêmes termes, que tels ont si grande opinion d'eulx et de leurs moyens, que ne leur semblant raisonnable qu'il y ait rien digne de leur faire teste, ils passent le coulteau partout où ils treuvent resistance, autant que fortune leur dure ; comme il se veoid par les formes de sommation et desfi que les princes d'orient, et leurs successeurs qui sont encores, ont en usage, fiere, haultaine et pleine d'un commandement barbaresque. Et au quartier par où les Portugalois escornerent les Indes, ils trouverent des estats avecques cette loy universelle et inviolable, que tout ennemy vaincu par le roy en presence, ou par son lieutenant, est hors de composition de rançon et de mercy.

Ainsi sur tout il se fault garder, qui peult, de tumber entre les mains d'un iuge ennemy, victorieux et armé.

CHAPITRE XV.

DE LA PUNITION DE LA COUARDISE.

I'ouy aultrefois tenir à un prince et tresgrand capitaine, que pour lascheté de cœur un soldat ne pouvoit estre condemné à mort; luy estant à table faict recit du procez du seigneur de Vervins, qui feut condemné à mort pour avoir rendu Bouloigne [1]. A la verité c'est raison qu'on face grande difference entre les faultes qui viennent de nostre foiblesse, et celles qui viennent de nostre malice : car en celles icy nous nous sommes bandez à nostre escient contre les regles de la raison que nature a empreintes en nous; et en celles là, il semble que nous puissions appeller à garant cette mesme nature, pour nous avoir laissez en telle imperfection et defaillance. De maniere que prou de gents ont pensé qu'on ne se pouvoit prendre à nous que de ce que nous faisons

[1] Au roi d'Angleterre, Henri VIII, en 1544.

contre nostre conscience : et sur cette regle est en partie fondee l'opinion de ceulx qui condemnent les punitions capitales aux heretiques et mescreants, et celle qui establit qu'un advocat et un iuge ne puissent estre tenus de ce que par ignorance ils ont failly en leur charge.

Mais quant à la couardise, il est certain que la plus commune façon est de la chastier par honte et ignominie : et tient on que cette regle a esté premierement mise en usage par le legislateur Charondas; et qu'avant luy les loix de Grece punissoient de mort ceulx qui s'en estoient fuys d'une battaille : au lieu qu'il ordonna seulement qu'ils fussent par trois iours assis emmy la place publicque, vestus de robe de femme; esperant encores s'en pouvoir servir, leur ayant faict revenir le courage par cette honte. *Suffundere malis hominis sanguinem, quam effundere* [1]. Il semble aussi que les loix romaines punissoyent anciennement de mort ceulx qui avoient fuy : car Ammianus Marcellinus dit que l'empereur Iulien condemna dix de ses soldats, qui avoient tourné le dos en une charge contre les Parthes, à estre degradez, et, aprez, à souffrir mort, suyvant, dict il, les loix anciennes [2]. Toutesfois ailleurs, pour une pareille faulte, il en condemne d'aultres seulement à se tenir parmy les prisonniers soubs l'enseigne du bagage. L'aspre chastiement du peuple romain contre les soldats eschapez de Cannes, et, en cette mesme

[1] Songez plutôt à faire rougir le coupable qu'à répandre son sang. TERTULLIEN, *Apologétique*, p. 583, éd. de Paris, 1566.

[2] AMMIEN MARCELLIN, XXIV, 4; XXV, 1.

guerre, contre ceulx qui accompaignerent Cn. Fulvius en sa desfaicte, ne veint pas à la mort. Si est il à craindre que la honte les desespere, et les rende non froids amis seulement, mais ennemis.

Du temps de nos peres [1], le seigneur de Franget, iadis lieutenant de la compaignie de monsieur le mareschal de Chastillon, ayant, par monsieur le mareschal de Chabannes, esté mis gouverneur de Fontarabie au lieu de monsieur du Lude, et l'ayant rendue aux Espaignols, fut condemné à estre degradé de noblesse, et tant luy que sa posterité declaré roturier, taillable, et incapable de porter armes : et feut cette rude sentence executee à Lyon. Depuis, souffrirent pareille punition touts les gentilshommes qui se trouverent dans Guyse [2], lors que le comte de Nansau [3] y entra; et aultres encores, depuis. Toutesfois quand il y auroit une si grossiere et apparente ou ignorance ou couardise, qu'elle surpassast toutes les ordinaires, ce seroit raison de la prendre pour suffisante preuve de meschanceté et de malice, et de la chastier pour telle.

CHAPITRE XVI.

UN TRAICT DE QUELQUES AMBASSADEURS.

I'observe en mes voyages cette practique, pour apprendre tousiours quelque chose par la communi-

[1] En 1523. Le seigneur de *Franget* est nomme *Frauget* dans les *Mémoires* de Martin du Bellay. COSTE.

[2] En 1536.

[3] Le comte de Nassau.

cation d'aultruy (qui est une des plus belles escholes qui puisse estre), de ramener tousiours ceulx avecques qui ie confere, aux propos des choses qu'ils sçavent le mieulx;

> Basti al nocchiero ragionar de' venti,
> Al bifolco dei tori; e le sue piaghe
> Conti 'l guerrier, conti 'l pastor gli armenti [1];

car il advient le plus souvent, au contraire, que chascun choisit plustost à discourir du mestier d'un aultre que du sien, estimant que c'est autant de nouvelle reputation acquise : tesmoing le reproche qu'Archidamus feit à Periander, qu'il quittoit la gloire de bon medecin, pour acquerir celle de mauvais poëte [2]. Veoyez combien Cesar se desploye largement à nous faire entendre ses inventions à bastir ponts et engins [3]; et combien, au prix, il va se serrant où il parle des offices de sa profession, de sa vaillance, et conduicte de sa milice : ses exploicts le verifient assez capitaine excellent; il se veult faire cognoistre excellent enginieur : qualité aulcunement estrangiere. Le vieil Dionysius estoit tresgrand chef de guerre, comme il convenoit à sa fortune : mais il se travailloit à donner principale recommendation de soy par la poësie; et si n'y sçavoit guere [4]. Un homme de vacation iuridique, mené ces iours passez

[1] Que le pilote se contente de parler des vents, le laboureur de ses taureaux, le guerrier de ses blessures, et le berger de ses troupeaux. *Traduction italienne de Properce*, II, 1, 43. V. LECLERC.

[2] PLUTARQUE, *Apophthegmes des Lacédémoniens*, à l'article *Archidamus, fils d'Agésilas.*

[3] *De Bell. Gall.*, IV, 17.

[4] DIODORE DE SICILE, XV, 6.

veoir un'estude fournie de toute sorte de livres de son mestier et de tout aultre mestier, n'y trouva nulle occasion de s'entretenir; mais il s'arresta à gloser rudement et magistralement une barricade logee sur la vis[1] de l'estude, que cent capitaines et soldats recognoissent tous les iours sans remarque et sans offense.

Optat ephippia bos piger, optat arare caballus[2].

Par ce train vous ne faictes iamais rien qui vaille. Ainsin il fault travailler de reiecter tousiours l'architecte, le peintre, le cordonnier, et ainsi du reste, chascun à son gibbier.

Et, à ce propos, à la lecture des histoires, qui est le subiect de toutes gents, i'ay accoustumé de considerer qui en sont les escrivains : si ce sont personnes qui ne facent aultre profession que de lettres, i'en apprends principalement le style et le langage; si ce sont medecins, ie les crois plus volontiers en ce qu'ils nous disent de la temperature de l'air, de la santé et complexion des princes, des bleceures et maladies; si iurisconsultes, il en fault prendre les controverses des droits, les loix, l'establissement des polices, et choses pareilles; si theologiens, les affaires de l'Eglise, censures ecclesiastiques, dispenses et mariages; si courtisans, les mœurs et les cerimonies; si gents de guerre, ce qui est de leur charge, et principalement les deductions des exploicts où ils se sont trouvez en personne; si ambassadeurs, les me-

[1] *L'escalier tournant.*

[2] Le bœuf paresseux veut porter la selle, le cheval veut labourer. HORACE, *Epist.*, I, 14, 43.

nees, intelligences et practiques, et maniere de les conduire.

A cette cause, ce que i'eusse passé à un aultre sans m'y arrester, ie l'ay poisé et remarqué en l'histoire du seigneur de Langey [1], tresentendu en telles choses : c'est qu'aprez avoir conté ces belles remontrances de l'empereur Charles cinquiesme, faictes au consistoire à Rome, presents l'evesque de Mascon et le seigneur du Velly, nos ambassadeurs, où il avoit meslé plusieurs paroles oultrageuses contre nous, et, entre aultres, que si ses capitaines et soldats n'estoient d'aultre fidelité et suffisance en l'art militaire que ceulx du roy, tout sur l'heure il s'attacheroit la chorde au col pour luy aller demander misericorde (et de cecy il semble qu'il en creust quelque chose, car deux ou trois fois en sa vie, depuis, il luy adveint de redire ces mesmes mots); aussi qu'il desfia le roy de le combattre en chemise, avecques l'espee et le poignard, dans un batteau : le dict seigneur de Langey, suyvant son histoire, adiouste que lesdicts ambassadeurs faisants une despeche au roy de ces choses, luy en dissimulerent la plus grande partie, mesme luy celerent les deux articles precedents. Or, i'ay trouvé bien estrange qu'il feust en la puissance d'un ambassadeur de dispenser sur les advertissements qu'il doibt faire à son maistre, mesme de telle consequence, venants de telle personne, et dicts en si grand'assemblee : et m'eust semblé l'office du serviteur estre de fidelement representer les choses en leur entier,

[1] Martin du Bellay, seigneur de Langey, *Mémoires*, liv. V, *fol.* 227 et suiv. Coste.

comme elles sont advenues, à fin que la liberté d'ordonner, iuger et choisir, demeurast au maistre; car, de luy alterer ou cacher la verité, de peur qu'il ne la preigne aultrement qu'il ne doibt et que cela ne le poulse à quelque mauvais party, et cependant le laisser ignorant de ses affaires, cela m'eust semblé appartenir à celuy qui donne la loy, non à celuy qui la receoit; au curateur et maistre d'eschole, non à celuy qui se doibt penser inferieur, non en auctorité seulement, mais aussi en prudence et bon conseil. Quoy qu'il en soit, ie ne vouldrois pas estre servy de cette façon en mon petit faict.

Nous nous soustrayons si volontiers du commandement, soubs quelque pretexte, et usurpons sur la maistrise; chascun aspire si naturellement à la liberté et auctorité, qu'au superieur nulle utilité ne doibt estre si chere, venant de ceulx qui le servent, comme luy doibt estre chere leur simple et naïfve obeïssance. On corrompt l'office du commander, quand on y obeït par discretion, non par subiection[1]. Et P. Crassus, celuy que les Romains estimerent cinq fois heureux, lorsqu'il estoit en Asie consul, ayant mandé à un enginieur grec de luy faire mener le plus grand des deux masts de navire qu'il avoit veus à Athenes, pour quelque engin de batterie qu'il en vouloit faire: cettuy cy, soubs tiltre de sa science, se donna loy de choisir aultrement, et mena le plus petit, et, selon la raison de son art, le plus commode. Crassus, ayant patiemment ouï ses raisons, luy feit tresbien donner

[1] Cette pensée est traduite d'AULU-GELLE, I, 13. COSTE.

le fouet, estimant l'interest de la discipline plus que l'interest de l'ouvrage.

D'aultre part pourtant, on pourroit aussi considerer que cette obeïssance si contraincte n'appartient qu'aux commandements precis et prefix. Les ambassadeurs ont une charge plus libre, qui en plusieurs parties despend souverainement de leur disposition; ils n'executent pas simplement, mais forment aussi et dressent par leur conseil la volonté du maistre. I'ay veu, en mon temps, des personnes de commandement reprins d'avoir plustost obeï aux paroles des lettres du roy, qu'à l'occasion des affaires qui estoient prez d'eulx. Les hommes d'entendement accusent encores auiourd'huy l'usage des roys de Perse de tailler les morceaux si courts à leurs agents et lieutenants, qu'aux moindres choses ils eussent à recourir à leur ordonnance; ce delay, en une si longue estendue de domination, ayant souvent apporté des notables dommages à leurs affaires. Et Crassus, escrivant à un homme du mestier, et luy donnant advis de l'usage auquel il destinoit ce mast, sembloit il pas entrer en conference de sa deliberation, et le convier à interposer son decret?

CHAPITRE XVII.

DE LA PEUR.

Obstupui, steteruntque comæ, et vox faucibus hæsit[1].

Ie ne ne suis pas bon naturaliste (qu'ils disent), et ne sçais gueres par quels ressorts la peur agit en nous; mais tant y a que c'est une estrange passion : et disent les medecins qu'il n'en est aulcune qui emporte plustost nostre iugement hors de sa deue assiette. De vray, i'ay veu beaucoup de gents devenus insensez de peur; et, au plus rassis, il est certain, pendant que son accez dure, qu'elle engendre de terribles esblouïssements. Ie laisse à part le vulgaire, à qui elle represente tantost les bisayeuls sortis du tumbeau enveloppez en leur suaire, tantost des loups-garous, des lutins et des chimeres; mais parmy les soldats mesmes, où elle debvroit trouver moins de place, combien de fois a elle changé un troupeau de brebis en esquadron de corselets[2]? des roseaux et des cannes, en gentsdarmes et lanciers? nos amis, en nos ennemis? et la croix blanche, à la rouge? Lors que monsieur de Bourbon print Rome[3], un port' enseigne, qui estoit à la garde du bourg sainct Pierre, feut saisi de tel effroy à la premiere alarme, que par le trou d'une ruyne il se iecta, l'enseigne au poing, hors la ville, droict aux

[1] Je restai stupéfié; mes cheveux se dressèrent; ma voix s'arrêta dans mon gosier. VIRGILE, *Æn.*, II, 774.

[2] Soldats qui portaient les cuirasses dites *corselets*.

[3] En 1527.

ennemis, pensant tirer vers le dedans de la ville; et à peine enfin, veoyant la troupe de monsieur de Bourbon se renger pour le soustenir, estimant que ce feust une sortie que ceulx de la ville feissent, il se recogneut, et, tournant teste, rentra par ce mesme trou, par lequel il estoit sorty plus de trois cents pas en avant en la campaigne. Il n'en adveint pas du tout si heureusement à l'enseigne du capitaine Iulle, lors que sainct Paul feut prins sur nous par le comte de Bures et monsieur de Reu; car, estant si fort esperdu de frayeur, que de iecter à tout son enseigne hors de la ville par une canoniere, il feut mis en pieces par les assaillants : et, au mesme siege, feut memorable la peur qui serra, saisit et glacea si fort le cœur d'un gentilhomme, qu'il en tumba roide mort par terre, à la bresche, sans aulcune bleceure. Pareille rage poulse par fois toute une multitude : en l'une des rencontres de Germanicus contre les Allemans, deux grosses troupes prinrent, d'effroy, deux routes opposites; l'une fuyoit d'où l'aultre partoit [1]. Tantost elle nous donne des ailes aux talons, comme aux deux premiers; tantost elle nous cloue les pieds et les entrave, comme on lit de l'empereur Theophile, lequel, en une battaille qu'il perdit contre les Agarenes, deveint si estonné et si transi qu'il ne pouvoit prendre party de s'enfuyr, *adeo pavor etiam auxilia formidat* [2], iusques à ce que Manuel, l'un des principaulx chefs de son

[1] TACITE, *Annales*, I, 63.

[2] Tant la peur s'effraye du secours lui-même. QUINTE-CURCE, III, 11.

armee, l'ayant tirassé et secoué, comme pour l'esveiller d'un profond somme, luy dict : « Si vous ne me suyvez, ie vous tueray; car il vault mieulx que vous perdiez la vie, que si, estant prisonnier, vous veniez à perdre l'empire [1]. » Lors exprime elle sa derniere force, quand, pour son service, elle nous reiecte à la vaillance, qu'elle a soustraicte à nostre debvoir et à nostre honneur : en la premiere iuste battaille que les Romains perdirent contre Hannibal, soubs le consul Sempronius, une troupe de bien dix mille hommes de pied qui print l'espouvante, ne veoyant ailleurs par où faire passage à sa lascheté, s'alla iecter au travers le gros des ennemis, lequel elle percea d'un merveilleux effort, avec grand meurtre de Carthaginois; achetant une honteuse fuyte au mesme prix qu'elle eust eu une glorieuse victoire [2].

C'est de quoy i'ay le plus de peur que la peur : aussi surmonte elle en aigreur touts aultres accidents. Quelle affection peult estre plus aspre et plus iuste, que celle des amis de Pompeius, qui estoient en son navire, spectateurs de cet horrible massacre? Si est ce que la peur des voiles aegyptiennes, qui commenceoient à les approcher, l'estouffa de maniere qu'on a remarqué qu'ils ne s'amuserent qu'à haster les mariniers de diligenter et de se sauver à coups d'aviron; iusques à ce que, arrivez à Tyr, libres de crainte, ils eurent loy de tourner leur pensee à la perte qu'ils venoient de faire, et lascher la bride

1 ZONARAS, liv. III, pag. 120, éd. de Bâle, 1557.
2 TITE LIVE, XXI, 56.

aux lamentations et aux larmes que cette aultre plus forte passion avoit suspendues [1].

Tum pavor sapientiam omnem mihi ex animo expectorat [2].

Ceulx qui auront esté bien frottez en quelque estour [3] de guerre, touts blecez encores et ensanglantez, on les rameine bien landemein à la charge : mais ceulx qui ont conceu quelque bonne peur des ennemis, vous ne les leur feriez pas seulement regarder en face. Ceulx qui sont en pressante crainte de perdre leur bien, d'estre exilez, d'estre subiuguez, vivent en continuelle angoisse, en perdant le boire, le manger, et le repos : là où les pauvres, les bannis, les serfs, vivent souvent aussi ioyeusement que les aultres. Et tant de gents qui, de l'impatience des poinctures de la peur, se sont pendus, noyez et precipitez, nous ont bien apprins qu'elle est encores plus importune et plus insupportable que la mort.

Les Grecs en recognoissent une aultre espece, qui est oultre l'erreur de nostre discours [4], venant, disent ils, sans cause apparente et d'une impulsion celeste : des peuples entiers s'en veoyent souvent frappez, et des armees entieres. Telle feut celle qui apporta à Carthage une merveilleuse desolation : on n'y oyoit que cris et voix effrayees; on veoyoit les

[1] CICÉRON, *Tuscul.*, III, 26.

[2] La peur chasse toute ma vertu de mon cœur. ENNIUS *ap. Cic. Tuscul.*, IV, 8.

[3] *En quelque combat.*

[4] C'est-à-dire *qui n'est pas causée par une erreur de notre jugement.* COSTE.

habitants sortir de leurs maisons comme à l'alarme, et se charger, blecer et entretuer les uns les aultres, comme si ce feussent ennemis qui veinssent à occuper leur ville; tout y estoit en desordre et en fureur, iusques à ce que, par oraisons et sacrifices, ils eussent appaisé l'ire des dieux [1]. Ils nomment cela *terreurs paniques* [2].

CHAPITRE XVIII.

QU'IL NE FAULT IUGER DE NOSTRE HEUR QU'APREZ LA MORT [3].

Scilicet ultima semper
Exspectanda dies homini est; dicique beatus
Ante obitum nemo supremaque funera debet [4].

Les enfants sçavent le conte du roy Crœsus à ce propos : lequel ayant esté prins par Cyrus et condemné à la mort, sur le poinct de l'execution il s'escria : « O Solon! Solon! » Cela rapporté à Cyrus, et s'estant enquis que c'estoit à dire, il luy feit entendre qu'il verifioit lors à ses despens l'advertissement qu'aultrefois luy avoit donné Solon : « Que les hommes, quelque beau visage que fortune leur face, ne se peuvent appeller heureux iusques à ce qu'on leur ayt veu passer le dernier iour de leur vie, » pour l'in-

[1] DIODORE DE SICILE, XV, 7.

[2] ID., *ibid.* PLUTARQUE, *Traité d'Iris et Osiris*, c. 8.

[3] Voir, sur le même sujet, le chapitre III de ce livre.

[4] On doit sans cesse attendre son dernier jour; et il n'est pas un seul homme dont on puisse dire qu'il est heureux avant qu'il ne soit mort et qu'il n'ait reçu les honneurs suprêmes des funérailles. OVIDE, *Métam.*, III, 135.

certitude et varieté des choses humaines, qui, d'un bien legier mouvement, se changent d'un estat en aultre tout divers. Et pourtant Agesilaus, à quelqu'un qui disoit heureux le roy de Perse, de ce qu'il estoit venu fort ieune à un si puissant estat : « Ouy ; mais, dict il, Priam en tel aage ne feut pas malheureux [1]. » Tanstost, des roys de Macedoine, successeurs de ce grand Alexandre, il s'en faict des menuisiers et greffiers à Rome ; des tyrans de Sicile, des pedantes à Corinthe ; d'un conquerant de la moitié du monde et empereur de tant d'armees, il s'en faict un miserable suppliant des belitres officiers d'un roy d'Aegypte : tant cousta à ce grand Pompeius la prolongation de cinq ou six mois de vie ! Et du temps de nos peres, ce Ludovic Sforce, dixiesme duc de Milan, soubs qui avoit si longtemps branslé toute l'Italie, on l'a veu mourir prisonnier à Loches, mais aprez y avoir vescu dix ans, qui est le pis de son marché [2]. La plus belle royne [3], veufve du plus grand roy de la chrestienté, vient elle pas de mourir par la main d'un bourreau ? indigne et barbare cruauté ! Et mille tels exemples ; car il semble que, comme les orages et tempestes se picquent contre l'orgueil et haultaineté de nos bastiments, il y ayt aussi là hault des esprits envieux des grandeurs de çà bas ;

[1] PLUTARQUE, *Apophthegmes des Lacédémoniens.*

[2] Parce qu'il avait été enfermé par Louis XI dans une cage de fer. Voir, sur ce mode de séquestration souvent employé par ce roi, André Salmon, *Notice sur Simon de Quingey,* et sa captivité dans une cage de fer. Paris, 1853, broch. in-8.

[3] Marie Stuart. — Ce passage ne se trouve pas encore dans l'édition de 1588, *fol.* 27. V. LECLERC.

Usque adeo res humanas vis abdita quædam
Obterit, et pulchros fasces, sævasque secures
Prōculcare, ac ludibrio sibi habere videtur[1]!

et semble que la fortune quelquesfois guette à poinct nommé le dernier iour de nostre vie, pour montrer sa puissance de renverser en un moment ce qu'elle avoit basty en longues annees; et nous faict crier, aprez Laberius,

Nimirum hac die
Una plus vixi mihi, quam vivendum fuit[2]!

Ainsi se peult prendre avecques raison ce bon advis de Solon : mais d'autant que c'est un philosophe (à l'endroict desquels les faveurs et disgraces de la fortune ne tiennent reng ny d'heur ny de malheur, et sont les grandeurs et puissances accidents de qualité à peu prez indifferente), ie treuve vraysemblable qu'il ayt regardé plus avant, et voulu dire que ce mesme bonheur de nostre vie, qui depend de la tranquillité et contentement d'un esprit bien nay, et de la resolution et asseurance d'une ame reglee, ne se doibve iamais attribuer à l'homme, qu'on ne luy ayt veu iouer le dernier acte de sa comedie, et sans doubte le plus difficile. En tout le reste il y peult avoir du masque : ou ces beaux discours de la philosophie ne sont en nous que par contenance, ou les accidents ne nous essayant pas iusques au vif, nous donnent loisir

[1] Tant il est vrai qu'une certaine force occulte renverse les choses humaines, brise les faisceaux brillants, les haches cruelles, et semble s'en faire un jouet. LUCRÈCE, V, 1231.

[2] J'ai vécu dans ce jour beaucoup plus que je n'aurais dû vivre. MACROBE, *Saturnales*, II, 7.

de maintenir touiours notre visage rassis; mais à ce dernier roolle de la mort et de nous, il n'y a plus que feindre, il fault parler françois, il fault montrer ce qu'il y a de bon et de net dans le fond du pot.

> Nam veræ voces tum demum pectore ab imo
> Eiiciuntur; et eripitur persona, manet res[1].

Voylà pourquoy se doibvent à ce dernier traict toucher et esprouver toutes les aultres actions de nostre vie : c'est le maistre iour; c'est le jour iuge de touts les aultres; c'est le iour, dict un ancien[2], qui doibt iuger de toutes mes annees passees. Ie remets à la mort l'essay du fruict de mes estudes : nous verrons là si mes discours me partent de la bouche ou du cœur. J'ay veu plusieurs donner par leur mort reputation en bien ou en mal à toute leur vie. Scipion, beau pere de Pompeius, rabilla en bien mourant la mauvaise opinion qu'on avoit eu de luy iusques alors[3]. Epaminondas, interrogé lequel des trois il estimoit le plus, ou Chabrias, ou Iphicrates, ou soy mesme : « Il nous fault veoir mourir, dict il, avant que d'en pouvoir resouldre[4]. » De vray, on desroberoit beaucoup à celuy là, qui le poiseroit sans l'honneur et grandeur de sa fin.

Dieu l'a voulu comme il luy a pleu; mais en mon temps trois les plus exsecrables personnes que ie

[1] Alors des paroles sincères sont enfin arrachées du fond de notre poitrine; le masque tombe, l'homme reste. LUCRÈCE, III, 57.

[2] SÉNÈQUE, *Epist.* 102.

[3] ID., *Epist.* 24. V.

[4] PLUTARQUE, *Apophthegmes.*

cogneusse en toute autre abomination de vie, et les plus infames, ont eu des morts reglees, et, en toute circonstance, composees iusques à la perfection. Il est des morts braves et fortunees : ie luy ay veu [1] trencher le fil d'un progrez de merveilleux advancement, et dans la fleur de son croist, à quelqu'un, d'une fin si pompeuse, qu'à mon advis ses ambitieux et courageux desseings n'avoient rien de si hault que feût leur interruption : il arriva, sans y aller, où il pretendoit, plus grandement et glorieusement que ne portoit son desir et esperance ; et devança par sa cheute le pouvoir et le nom où il aspiroit par sa course [2]. Au iugement de la vie d'aultruy ie regarde tousiours comment s'en est porté le bout ; et des principaulx estudes de la mienne, c'est qu'il se porte bien, c'est à dire quietement et sourdement.

CHAPITRE XIX.

QUE PHILOSOPHER C'EST APPRENDRE A MOURIR.

Cicero dict que philosopher ce n'est aultre chose que s'apprester à la mort [3]. C'est d'autant que l'es-

[1] Mademoiselle de Gournay, dans son édition de 1635, p. 41, a refait ainsi cette phrase : « I'en ay veu quelqu'une trencher le fil d'un progrez de merveilleux advancement, et dans la fleur de son croist, d'une fin si pompeuse, qu'à mon advis les ambitieux et courageux desseings du mourant n'avoient rien de si hault que feut leur interruption. » V. LECLERC.

[2] Montaigne veut sans doute parler ici de son ami Etienne de La Boëtie, à la mort duquel il assista en 1563. ID.

[3] *Tota philosophorum vita commentatio mortis est.* Tusc. quæst., I, 31.

tude et la contemplation retirent aulcunement nostre ame hors de nous, et l'embesongnent à part du corps, qui est quelque apprentissage et ressemblance de la mort; ou bien, c'est que toute la sagesse et discours du monde se resoult enfin à ce poinct, de nous apprendre à ne craindre point à mourir. De vray, ou la raison se moque, ou elle ne doibt viser qu'à nostre contentement, et tout son travail tendre en somme à nous faire bien vivre, et à nostre aise, comme dict la saincte escriture[1]. Toutes les opinions du monde en sont là, que le plaisir est nostre but; quoyqu'elles en prennent divers moyens: aultrement on les chasseroit d'arrivee; car qui escouteroit celuy qui, pour sa fin, establiroit nostre peine et mesaise? Les dissentions des sectes philosophiques en ce cas sont verbales; *transcurramus solertissimas nugas*[2]; il y a plus d'opiniastreté et de picoterie qu'il n'appartient à une si saincte profession: mais quelque personnage que l'homme entrepreigne, il ioue tousiours le sien parmy.

Quoy qu'ils dient, en la vertu mesme, le dernier but de nostre visee, c'est la volupté. Il me plaist de battre leurs aureilles de ce mot, qui leur est si fort à contrecœur: et s'il signifie quelque supreme plaisir et excessif contentement, il est mieulx deu à l'assistance de la vertu qu'à nulle aultre assistance. Cette volupté, pour estre plus gaillarde, nerveuse, robuste, virile, n'en est que plus serieusement voluptueuse: et luy debvions donner le nom du plaisir, plus favo-

[1] *Eccles.*, c. III, v. 12.

[2] Passons vite sur ces bagatelles. Sénèque, *Epist.* 117.

rable, plus doulx et naturel, non celuy de la vigueur, duquel nous l'avons denommee. Cette aultre volupté plus basse, si elle meritoit ce beau nom, ce debvoit estre en concurrence, non par privilege : ie la treuve moins pure d'incommoditez et de traverses, que n'est la vertu; oultre que son goust est plus momentanee, fluide et caducque, elle a ses veilles, ses ieusnes et ses travaulx, et la sueur et le sang, et en oultre particulierement ses passions trenchantes de tant de sortes, et à son costé une satieté si lourde, qu'elle equipolle à penitence. Nous avons grand tort d'estimer que ces incommoditez luy servent d'aiguillon, et de condiment à sa doulceur (comme en nature le contraire se vivifie par son contraire); et de dire, quand nous venons à la vertu, que pareilles suittes et difficultez l'accablent, la rendent austere et inaccessible; là où, beaucoup plus proprement qu'à la volupté, elles anoblissent, aiguisent et rehaulsent le plaisir divin et parfaict qu'elle nous moyenne. Celuy là est certes bien indigne de son accointance, qui contrepoise son coust à son fruict; et n'en cognoist ny les graces ny l'usage. Ceulx qui nous vont instruisant que sa queste est scabreuse et laborieuse, sa iouïssance agreable; que nous disent ils par là, sinon qu'elle est tousiours desagreable? car quel moyen humain arrivera iamais à sa iouïssance? les plus parfaicts se sont bien contentez d'y aspirer et de l'approcher, sans la posseder. Mais ils se trompent; veu que de touts les plaisirs que nous cognoissons, la poursuitte mesme en est plaisante : l'entreprinse se sent de la qualité de la chose qu'elle regarde; car c'est une bonne portion de l'effect, et consubstantielle. L'heur et la beatitude qui reluit en la vertu remplit toutes ses appartenances et advenues, iusques à la première entree, et extreme barriere.

Or des principaulx bienfaicts de la vertu est le mespris de la mort : moyen qui fournit nostre vie d'une molle tranquillité, et nous en donne le goust pur et amiable; sans qui toute aultre volupté est esteincte. Voylà pourquoy toutes les regles[1] se rencontrent et conviennent à cet article. Et combien qu'elles nous conduisent aussi toutes d'un commun accord à mespriser la douleur, la pauvreté, et aultres accidents à quoy la vie humaine est subiecte, ce n'est pas d'un pareil soing : tant parce que ces accidents ne sont pas de telle necessité (la pluspart des hommes passent leur vie sans gouster de la pauvreté, et tels encores sans sentiment de douleur et de maladie, comme Xenophilus le musicien qui vescut cent et six ans d'une entiere santé[2]); qu'aussi d'autant qu'au pis aller la mort peult mettre fin, quand il nous plaira, et coupper broche à touts aultres inconvenients. Mais quant à la mort, elle est inevitable :

> Omnes eodem cogimur; omnium
> Versatur urna serius ocius
> Sors exitura, et nos in æternum
> Exsilium impositura cymbæ[3].

[1] Var. *Toutes les sectes de philosophes.* Édit. in-4 de 1588.

[2] Valère Maxime, VIII, 13, *ext.* 3.

[3] Nous sommes tous poussés vers un même but; notre destinée à tous s'agite dans l'urne, pour en sortir un peu plus tard, un peu plus tôt, et nous placer sur la barque pour un exil éternel. Horace, *Od.*, II, 3, 25.

et par consequent, si elle nous faict peur, c'est un subiect continuel de torment, et qui ne se peult aulcunement soulager. Il n'est lieu d'où il ne nous vienne; nous pouvons tourner sans cesse la teste çà et là, comme en païs suspect : *quæ quasi saxum Tantalo, semper impendet* [1]. Nos parlements renvoyent souvent executer les criminels au lieu où le crime est commis : durant le chemin, promenez les par de belles maisons, faictes leur tant de bonne chere qu'il vous plaira,

> Non Siculæ dapes
> Dulcem elaborabunt saporem :
> Non avium citharæque cantus
> Somnum reducent [2] :

pensez vous qu'ils s'en puissent reiouïr; et que la finale intention de leur voyage leur estant ordinairement devant les yeulx, ne leur ayt alteré et affadi le goust à toutes ces commoditez?

> Audit iter, numeratque dies, spatioque viarum
> Metitur vitam; torquetur peste futura [3].

Le but de nostre carriere c'est la mort [4]; c'est l'ob-

[1] Elle est toujours menaçante comme le rocher de Tantale. Cic., *de Finibus*, I, 18.

[2] Les mets les plus exquis ne réveilleront pas leur goût; le chant des oiseaux, les accords de la lyre, ne leur rendront pas le sommeil. Hor., *Od.*, III, 1, 18.

[3] Il s'inquiète du chemin, il compte les jours, et mesure sa vie sur la longueur de la route, tourmenté sans cesse par l'idée du supplice qui l'attend. Claudien, *in Ruf.*, II, 137. — Le beau livre de M. Hugo, *le Dernier jour d'un Condamné*, est le développement dramatique de cette pensée.

[4] La mort est le dernier événement, le dernier acte de notre carrière, mais elle n'en est pas le but. Notre but véritable, c'est de

iect necessaire de nostre visee : si elle nous effroye, comme est il possible d'aller un pas avant sans fiebvre? Le remede du vulgaire, c'est de n'y penser pas[1], mais de quelle brutale stupidité luy peult venir un si grossier aveuglement? Il luy fault faire brider l'asne par la queue :

Qui capite ipse suo instituit vestigia retro[2].

Ce n'est pas de merveille s'il est si souvent prins au piege. On faict peur à nos gents seulement de nommer la mort; et la pluspart s'en seignent, comme du nom du diable. Et parce qu'il s'en faict mention aux testaments, ne vous attendez pas qu'ils y mettent la main, que le medecin ne leur ayt donné l'extreme sentence : et Dieu sçait lors, entre la douleur et la frayeur, de quel bon iugement ils vous le pastissent.

Parce que cette syllabe frappoit trop rudement leurs aureilles, et que cette voix leur sembloit malencontreuse, les Romains avoient apprins de l'amollir ou l'estendre en periphrases : au lieu de dire, il est mort : « Il a cessé de vivre, disent ils, il a

bien vivre, et de nous rendre heureux. Voilà l'instinct de la nature, et même une partie de cet instinct consiste à nous empêcher de penser à la mort. A chaque instant la nature nous fournit des distractions par les plaisirs ou par les peines, et souvent la pensée trop fréquente de la mort n'est qu'un abus de la raison, tandis que son oubli est un bienfait de la nature. SERVAN.

[1] Les hommes n'ayant pu guérir la mort, la misère, l'ignorance, se sont avisés, pour se rendre heureux, de ne point y penser : c'est tout ce qu'ils ont pu inventer pour se consoler de tant de maux. PASCAL.

[2] Puisque dans sa sottise il veut avancer à reculons. LUCRÈCE, IV, 474.

vescu[1] : » pourveu que ce soit vie, soit elle passee, ils se consolent. Nous en avons emprunté nostre, *feu maistre Iehan.* A l'adventure est ce que, comme on dict, le terme vault l'argent. Ie nasquis entre unze heures et midi, le dernier iour de febvrier, mille cinq cents trente trois, comme nous comptons à cette heure, commenceant l'an en ianvier[2]. Il n'y a iustement que quinze iours que i'ay franchi trente neuf ans : il m'en fault, pour le moins, encores autant[3]. Cependant s'empescher du pensement de chose si esloingnée, ce seroit folie. Mais quoy? les ieunes et les vieux laissent la vie de mesme condition : nul n'en sort aultrement que comme si tout presentement il y entroit; ioinct qu'il n'est homme si decrepite, tant qu'il veoid Mathusalem devant, qui ne pense avoir encores vingt ans dans le corps. Davantage, pauvre fol que tu es, qui t'a estably les termes de ta vie? Tu te fondes sur les contes des medecins : regarde plustost l'effet et l'experience. Par le commun train des choses, tu vis pieça[4] par faveur extraordinaire : tu as passé les termes accoutumez de vivre. Et qu'il soit ainsi, compte de tes cognoissants

[1] PLUTARQUE, *Vie de Cicéron*, c. 22.

[2] Par une ordonnance de Charles IX, rendue en 1563, le commencement de l'année fut fixé au 1er janvier ; auparavant elle commençait à Pâques. En conséquence, le 1er janvier 1563 devint le premier jour de l'an 1564. AMAURY DUVAL.

[3] Montaigne n'obtint pas *ce qu'il lui fallait,* puisqu'il mourut en 1592, dans la soixantième année de son âge. ID.

[4] *Depuis longtemps.* COSTE. — Tout ce que Montaigne dit dans ce passage est surtout remarquable en ce sens que, le premier entre tous les écrivains de son époque, il se livre à des considérations sur la durée moyenne de la vie de l'homme.

combien il en est mort avant ton aage plus qu'il n'en y a qui l'ayent atteint : et de ceulx mesmes qui ont anobli leur vie par renommee, fais en registre ; et i'entreray en gageure d'en trouver plus qui sont morts avant, qu'aprez trente cinq ans. Il est plein de raison et de pieté de prendre exemple de l'humanité mesme de Iesus Christ : or il finit sa vie à trente et trois ans. Le plus grand homme, simplement homme, Alexandre, mourut aussi à ce terme. Combien a la mort de façons de surprinse!

> Quid quisque vitet, nunquam homini satis
> Cautum est in horas[1]:

ie laisse à part les fiebvres et les pleuresies : qui eust iamais pensé qu'un duc de Bretaigne[2] deust estre estouffé de la presse, comme feut celuy là à l'entree du pape Clement, mon voysin[3], à Lyon? N'as tu pas veu tuer un de nos roys en se iouant[4]? et un de ses ancestres mourut il pas chocqué par un pourceau[5]? Aeschylus, menacé de la cheute d'une maison, a beau se tenir à l'airte[6]; le voylà assommé d'un toict de tortue, qui eschappa des pattes d'un aigle en l'air[7] : l'aultre mourut d'un grain de raisin[8]; un

[1] L'homme ne peut jamais assez prévoir quel danger le menace à chaque instant. Hor., *Od.*, II, 13, 13.

[2] Jean II, mort en 1305.

[3] *Mon voysin*, parce que le pape dont il s'agit, Clément V, n'était autre que Bertrand de Got, archevêque de Bordeaux.

[4] Henri II, blessé à mort, le 10 juillet 1559, dans un tournoi.

[5] Philippe, fils aîné de Louis le Gros.

[6] *Se tenir en garde, au guet.*

[7] Valère Maxime, IX, 12, *ext.* 2.

[8] Id., *ibid.*, *ext.* 8.

empereur, de l'esgratigneure d'un peigne en se testonnant; Aemilius Lepidus, pour avoir heurté du pied contre le seuil de son huis [1]; et Aufidius, pour avoir chocqué, en entrant, contre la porte de la chambre du conseil; et entre les cuisses des femmes, Cornelius Gallus preteur, Tigillinus capitaine du guet à Rome, Ludovic fils de Guy de Gonsague, marquis de Mantoue; et d'un encores pire exemple, Speusippus philosophe platonicien, et l'un de nos papes. Le pauvre Bebius, iuge, ce pendant qu'il donne delay de huictaine à une partie, le voylà saisi, le sien de vivre estant expiré; et Caius Iulius, medecin, gressant les yeulx d'un patient, voylà la mort qui clost les siens : et s'il m'y fault mesler, un mien frere, le capitaine S. Martin, aagé de vingt et trois ans, qui avoit desià faict assez bonne preuve de sa valeur, iouant à la paulme, receut un coup d'esteuf qui l'assena un peu au dessus de l'aureille droicte, sans aulcune apparence de contusion ny de bleceure; il ne s'en assit ny reposa, mais cinq ou six heures aprez il mourut d'une apoplexie que ce coup luy causa.

Ces exemples si frequents et si ordinaires nous passants devant les yeulx, comme est il possible qu'on se puisse desfaire du pensement de la mort, et qu'à chasque instant il ne nous semble qu'elle nous tienne au collet? Qu'importe il, me direz vous, comment que ce soit, pourveu qu'on ne s'en donne point de peine? Ie suis de cet advis : et, en quelque maniere qu'on se puisse mettre à l'abri des coups,

[1] PLINE, *Nat. Hist.*, VII, 33.

feust ce soubs la peau d'un veau, ie ne suis pas homme qui y reculast; car il me suffit de passer à mon ayse, et le meilleur ieu que ie me puisse donner, ie le prends, si peu glorieux au reste et exemplaire que vous vouldrez.

> Prætulerim... delirus inersque videri,
> Dum mea delectent mala me, vel denique fallant,
> Quam sapere, et ringi[1].

Mais c'est folie d'y penser arriver par là. Ils vont, ils viennent, ils trottent, ils dansent; de mort, nulles nouvelles : tout cela est beau; mais aussi, quand elle arrive ou à eulx, ou à leurs femmes, enfants et amis, les surprenant en dessoude[2] et à descouvert, quels torments, quels cris, quelle rage et quel desespoir les accable? vistes vous iamais rien si rabbaissé, si changé, si confus? Il y fault prouveoir de meilleure heure : et cette nonchalance bestiale, quand elle pourrait loger en la teste d'un homme d'entendement, ce que ie treuve entierement impossible, nous vend trop cher ses denrees. Si c'estoit ennemy qui se peust eviter, ie conseillerois d'emprunter les armes de la couardise : mais puisqu'il ne se peult, puisqu'il vous attrappe fuyant et poltron aussi bien qu'honneste homme,

> Nempe et fugacem persequitur virum,
> Nec parcit imbellis iuventæ
> Poplitibus timidoque tergo[3],

[1] J'aimerais mieux paraître fou, hébêté, pourvu que mes erreurs me rendent heureux, ou que je n'en aie point la conscience, plutôt qu'être sage et enrager. HORACE, *Épît.*, II, 2, 126.

[2] *A l'improviste.*

[3] Il poursuit le fuyard, il frappe sans pitié le lâche qui tourne le dos. HOR., *Od.*, III, 2, 14.

et que nulle trempe de cuirasse ne vous couvre,

> Ille licet ferro cautus se condat et ære,
> Mors tamen inclusum protrahet inde caput[1],

apprenons à le soustenir de pied ferme et à le combattre : et pour commencer à luy oster son plus grand advantage contre nous, prenons voye toute contraire à la commune; ostons luy l'estrangeté, practiquons le, accoustumons le, n'ayons rien si souvent en la teste que la mort, à touts instants representons la à nostre imagination et en touts visages; au broncher d'un cheval, à la cheute d'une tuile, à la moindre picqueure d'espingle, remaschons soubdain : « Eh bien ! quand ce seroit la mort mesme! » et là-dessus, roidissons nous, et nous efforceons [2]. Parmy les festes et la ioye, ayons tousiours ce refrain de la souvenance de nostre condition; et ne nous laissons pas si fort emporter au plaisir, que par fois il ne nous repasse en la memoire en combien de sortes cette nostre alaigresse est en butte à la mort, et de combien de prinses elle la menace. Ainsi faisoient les Aegyptiens, qui, au mi-

[1] Quoique l'homme prudent se couvre de fer et d'airain, la mort cependant atteint sa tête sous l'armure qui l'enferme. PROPERCE, III, 18, 27.

[2] C'est chose excellente que d'apprendre à mourir ; c'est l'estude de la sagesse qui se résout toute à ce but. Il n'a pas mal employé sa vie, qui a apprins à bien mourir ; il l'a perdue, qui ne la sçait bien achever... Il ne peut bien vivre, qui ne regarde à la mort ; bref, la science de mourir, c'est la science de liberté, de ne craindre rien, de bien, de doucement et paisiblement vivre : sans elle, il n'y a aucun plaisir à vivre, non plus qu'à jouyr d'une chose que l'on craint toujours de perdre. CHARRON.

lieu de leurs festins, et parmy leur meilleure chere, faisoient apporter l'anatomie seche d'un homme, pour servir d'advertissement aux conviez.

> Omnem crede diem tibi diluxisse supremum :
> Grata superveniet, quæ non sperabitur, hora [1].

Il est incertain où la mort nous attende : attendons la partout. La premeditation de la mort est premeditation de la liberté : qui a apprins à mourir, il a desapprins à servir : il n'y a rien de mal en la vie pour celuy qui a bien comprins que la privation de la vie n'est pas mal : le sçavoir mourir nous affranchit de toute subiection et contraincte. Paulus Aemilius respondit à celuy que ce miserable roy de Macedoine, son prisonnier, luy envoyoit pour le prier de ne le mener pas en son triomphe : « Qu'il en face la requeste à soy mesme [2]. »

A la verité, en toutes choses, si nature ne preste un peu, il est malaysé que l'art et l'industrie aillent gueres avant [3]. Ie suis de moy mesme non melancholique, mais songe-creux : il n'est rien de quoy ie me soye, dez tousiours, plus entretenu que des imaginations de la mort; voire en la saison la plus licentieuse de mon aage,

[1] Imagine-toi que chaque jour est le dernier qui luit pour toi; tu seras heureux de compter des heures que tu n'espérais plus. Hor., *Epist.*, I, 4, 13.

[2] Plutarque, *Vie de Paul Émile*, c. 17; Cicéron, *Tuscul.*, V, 40.

[3] La nature fait bien plus que la philosophie pour nous soustraire aux craintes de la mort; elle nous y soustrait par la douleur qui nous occupe, ou par l'espérance qui nous distrait. Servan.

Iucundum quum ætas florida ver ageret[1].

Parmy les dames et les ieux, tel me pensoit empesché à digerer, à part moy, quelque ialousie, ou l'incertitude de quelque esperance, ce pendant que ie m'entretenois de ie ne sçais qui, surprins les iours precedents d'une fiebvre chaulde et de sa fin, au partir d'une feste pareille, la teste pleine d'oysiveté, d'amour et de bon temps, comme moy, et qu'autant m'en pendoit à l'aureille :

Iam fuerit, nec post unquam revocare licebit[2];

ie ne ridois non plus le front de ce pensement là, que d'un aultre. Il est impossible que, d'arrivee, nous ne sentions des picqueures de telles imaginations ; mais en les maniant et repassant, au long aller, on les apprivoise sans doubte : aultrement, de ma part, ie feusse en continuelle frayeur et frenesie ; car iamais homme ne se desfia tant de sa vie ; iamais homme ne feit moins d'estat de sa duree. Ny la santé, que i'ay iouï iusques à present tresvigoreuse et peu souvent interrompue, ne m'en alonge l'esperance ; ny les maladies ne me l'accourcissent : à chasque minute il me semble que ie m'eschappe, et me rechante sans cesse : « Tout ce qui peult estre faict un aultre iour, le peult estre auiourd'huy. » De vray, les hazards et dangiers nous approchent peu ou rien de nostre fin : et si nous pensons combien il en

1 Quand mon âge fleuri roulait son gai printemps.

CATULLE, LXVIII, trad. par Mlle de Gournay.

2 Bientôt le temps présent ne sera plus, et nous ne pourrons le rappeler. LUCRÈCE, III, 928.

reste, sans cet accident qui semble nous menacer le plus, de millions d'aultres sur nos testes, nous trouverons que, gaillards et fiebvreux, en la mer et en nos maisons, en la battaille et en repos, elle nous est egualement prez : *Nemo altero fragilior est ; nemo in crastinum sui certior* [1]. Ce que i'ay à faire avant mourir, pour l'achever tout loisir me semble court, feust ce d'un' heure [2].

Quelqu'un, feuilletant l'aultre jour mes tablettes, trouva un memoire de quelque chose que ie voulois estre faicte aprez ma mort : ie luy dis, comme il estoit vray, que n'estant qu'à une lieue de ma maison, et sain et gaillard, ie m'estois hasté de l'escrire là, pour ne m'asseurer point d'arriver iusques chez moy. Comme celuy qui continuellement me couve de mes pensees et les couche en moy, ie suis à toute heure preparé environ ce que ie le puis estre, et ne m'advertira de rien de nouveau la survenance de la mort. Il fault estre tousiours botté et prest à partir, entant qu'en nous est, et sur tout se garder qu'on n'aye lors affaire qu'à soy;

Quid brevi fortes iaculamur ævo
Multa [3]?

car nous y aurons assez de besongne, sans aultre surcroist. L'un se plainct, plus que de la mort, de quoy elle luy rompt le train d'une belle victoire; l'aultre,

[1] Aucun homme n'est plus fragile que les autres, aucun homme n'est plus assuré que les autres du lendemain. SÉNÈQUE, *Epist.* 91.

[2] VAR. « Feust ce œuvre d'une heure. » Édit. de 1635.

[3] Faut-il, pour si peu d'années, former tant de projets? HOR., *Od.*, II, 16, 17.

qu'il luy fault desloger avant qu'avoir marié sa fille, ou contrerooIlé l'institution de ses enfants : l'un plainct la compaignie de sa femme, l'aultre de son fils, comme commoditez principales de son estre. Ie suis pour cette heure en tel estat, Dieu mercy, que ie puis desloger quand il luy plaira, sans regret de chose quelconque[1]. Ie me desnoue partout; mes adieux sont tantost prins de chascun, sauf de moy. Iamais homme ne se prepara à quitter le monde plus purement et pleinement, et ne s'en desprint plus universellement, que ie m'attends de faire. Les plus mortes morts sont les plus saines.

> . . . . Miser! o miser! (aiunt) omnia ademit
> Una dies infesta mihi tot præmia vitæ[2] :

et le bastisseur,

> Manent (dict il) opera interrupta, minæque
> Murorum ingentes[3].

Il ne fault rien desseigner de si longue haleine, ou au moins avecques telle intention de se passionner pour en veoir la fin. Nous sommes nayz pour agir :

> Quum moriar, medium solvar et inter opus[4];

ie veux qu'on agisse et qu'on alonge les offices de la

[1] Cette pensée a été blâmée comme entachée d'égoïsme. Servan dit « que la bonne philosophie ordonne quelquefois de pleurer. »

[2] O malheureux, malheureux que je suis! disent-ils ; un seul jour m'enlève tous les biens de la vie! LUCRÈCE, III, 911.

[3] Les travaux sont interrompus, ainsi que les murs élevés et menaçants. *Énéide*, IV, 88. — Il y a dans VIRGILE, *pendent*.

[4] Je veux que la mort me surprenne au milieu du travail. OVIDE, *Amor.*, II, 10, 36.

vie, tant qu'on peult; et que la mort me treuve plantant mes choulx, mais nonchalant d'elle, et encores plus de mon iardin imparfaict. I'en veis mourir un qui, estant à l'extremité, se plaignoit incessamment de quoy sa destinee coupoit le fil de l'histoire qu'il avoit en main, sur le quinziesme ou seiziesme de nos roys.

> Illud in his rebus non addunt, nec tibi earum
> Iam desiderium rerum super insidet una[1].

Il fault se descharger de ces humeurs vulgaires et nuisibles. Tout ainsi qu'on a planté nos cimetieres ioignant les eglises et aux lieux les plus frequentez de la ville, pour accoustumer, disoit Lycurgus[2], le bas populaire, les femmes et les enfants à ne s'effaroucher point de veoir un homme mort, et à fin que ce continuel spectacle d'ossements, de tumbeaux et de convois nous advertisse de nostre condition;

> Quin etiam exhilarare viris convivia cæde
> Mos olim, et miscere epulis spectacula dira
> Certantum ferro, sæpe et super ipsa cadentum
> Pocula, respersis non parco sanguine mensis[3];

et comme les Aegyptiens, aprez leurs festins, faisoient presenter aux assistants une grande image de la mort par un qui leur crioit: « Boy, et t'esiouy; car, mort,

[1] Ils n'ajoutent pas que la mort, qui nous enlève nos biens, nous épargne en même temps le regret de les perdre. LUCRÈCE, III, 913.

[2] PLUTARQUE, *Vie de Lycurgue*, c. 20.

[3] C'était jadis la coutume d'égayer les festins par des meurtres, et de mêler au repas le spectacle des combattants qui s'égorgeaient le fer à la main; souvent ils tombaient sur les coupes, et inondaient les tables des flots de leur sang. SILIUS ITALICUS, XI, 51.

tu seras tel : » aussi ay ie prins en coustume d'avoir. non seulement en l'imagination, mais continuellement la mort en la bouche. Et n'est rien dequoy ie m'informe si volontiers que de la mort des hommes, « quelle parole, quel visage, quelle contenance ils y ont eu ; » ny endroict des histoires que je remarque si attentifvement : il y paroist à la farcissure de mes exemples, et que i'ay en particuliere affection cette matiere. Si i'estoy faiseur de livres, ie feroy un registre commenté des morts diverses. Qui apprendroit les hommes à mourir, leur apprendroit à vivre. Dicearchus en feit un de pareil titre, mais d'aultre et moins utile fin [1].

On me dira que l'effect surmonte de si loing la pensee, qu'il n'y a si belle escrime qui ne se perde quand on en vient là. Laissez les dire : le premediter donne sans doubte grand advantage ; et puis, n'est ce rien d'aller au moins iusques là sans alteration et sans fiebvre? Il y a plus ; nature mesme nous preste la main, et nous donne courage [2]; si c'est une mort courte et violente, nous n'avons pas loisir de la craindre ; si elle est aultre, ie m'apperceoy qu'à mesure que je m'engage dans la maladie, i'entre naturellement en quelque desdaing de la vie. Ie treuve que i'ay bien plus à faire à digerer cette resolution de mourir, quand ie suis en santé, que quand ie suis en fiebvre : d'autant que ie ne tiens plus si fort aux commoditez de la

[1] CICÉRON, *de Offic.*, II, 5.

[2] Une longue maladie semble être placée entre la vie et la mort, afin que la mort même devienne un soulagement et à ceux qui meurent, et à ceux qui restent. LA BRUYÈRE.

vie, à raison que ie commence à en perdre l'usage et le plaisir, i'en veoy la mort d'une veue beaucoup moins effroyee. Cela me faict esperer que plus ie m'esloingneray de celle là et approcheray de cette cy, plus ayseement i'entreray en composition de leur eschange. Tout ainsi que i'ay essayé, en plusieurs aultres occurrences, ce que dict Cesar[1], que les choses nous paroissent souvent plus grandes de loing que de prez, i'ay treuvé que sain i'avois eu les maladies beaucoup plus en horreur que lors que ie les ay senties. L'alaigresse où ie suis, le plaisir et la force, me font paroistre l'autre estant si disproportionné à celuy là, que par imagination ie grossis ces incommoditez de la moitié, et les conceoy plus poisantes que ie ne les treuve quand ie les ay sur les espaules. I'espere qu'il m'en adviendra ainsi de la mort.

Veoyons, à ces mutations et declinaisons ordinaires que nous souffrons, comme nature nous desrobe la veue de nostre perte et empirement. Que reste il à un vieillard de la vigueur de sa ieunesse et de sa vie passee?

Heu! senibus vitæ portio quanta manet[2]!

Cesar, à un soldat de sa garde, recreu et cassé, qui veint en la rue luy demander congé de se faire mourir, regardant son maintien decrepite, respondit plaisamment : « Tu penses doncques estre en vie?[3] » Qui y tumberoit tout à un coup, ie ne crois pas que

[1] *De Bello Gall.*, VII, 84.

[2] Ah! qu'il reste aux vieillards une faible part de leur vie. MAXIMIAN., *vel Pseudo-Gallus*, I, 16.

[3] SÉNÈQUE, *Epist.* 77.

nous feussions capables de porter un tel changement: mais conduicts par sa main, d'une doulce pente et comme insensible, peu à peu, de degré en degré, elle nous roule dans ce miserable estat, et nous y apprivoise, si que nous ne sentons aulcune secousse quand la ieunesse meurt en nous, qui est, en essence et en verité, une mort plus dure que n'est la mort entiere d'une vie languissante, et que n'est la mort de la vieillesse; d'autant que le sault n'est pas si lourd du mal estre au non estre, comme il est d'un estre doulx et fleurissant à un estre penible et douloureux. Le corps courbe et plié a moins de force à soustenir un fais : aussi a nostre ame; il la fault dresser et eslever contre l'effort de cet adversaire. Car, comme il est impossible qu'elle se mette en repos pendant qu'elle le craint; si elle s'en asseure aussi, elle se peult vanter (qui est chose comme surpassant l'humaine condition) qu'il est impossible que l'inquietude, le torment et la peur, non le moindre desplaisir, loge en elle :

Non vultus instantis tyranni
Mente quatit solida, neque Auster,
Dux inquieti turbidus Adriæ,
Nec fulminantis magna Iovis manus[1];

elle est rendue maistresse de ses passions et concupiscences; maistresse de l'indigence, de la honte, de la pauvreté, et de toutes aultres iniures de fortune. Gaignons cet advantage, qui pourra. C'est icy la vraye et souveraine liberté, qui nous donne de quoy faire la

[1] Rien ne peut ébranler son âme, ni le regard menaçant d'un tyran, ni l'Auster, maître désordonné des flots turbulents de l'Adriatique, ni la main puissante de Jupiter tonnant. HORACE, *Od.*, III, 3, 3.

figue à la force et à l'iniustice, et nous mocquer des prisons et des fers.

> In manicis et
> Compedibus, sævo te sub custode tenebo.
> —Ipse deus, simul atque volam, me solvet.—Opinor,
> Hoc sentit : Moriar. Mors ultima linea rerum est[1].

Nostre religion n'a point eu de plus asseuré fondement humain, que le mespris de la vie. Non seulement le discours de la raison nous y appelle; car pourquoy craindrions nous de perdre une chose, laquelle perdue ne peult estre regrettee? mais aussi, puisque nous sommes menacez de tant de façons de mort, n'y a il pas plus de mal à les craindre toutes qu'à en soustenir une? Que chault il quand ce soit, puisqu'elle est inevitable? A celuy qui disoit à Socrates : Les trente tyrans t'ont condemné à la mort : « Et nature, eulx, » respondit il[2]. Quelle sottise de nous peiner, sur le poinct du passage à l'exemption de toute peine! Comme nostre naissance nous apporta la naissance de toutes choses; aussi fera la mort de toutes choses, nostre mort. Parquoy c'est pareille folie de pleurer de ce que d'icy à cent ans nous ne vivrons pas, que de pleurer de ce que nous ne vivions pas il y a cent ans. La mort est origine d'une aultre vie; ainsi pleurasmes nous, ainsi nous

[1] Je te tiendrai, les fers aux pieds et aux mains, sous la garde d'un geôlier cruel. — Un dieu me délivrera dès que je le voudrai. — Ce dieu, je pense, est la mort : la mort est le terme de toutes choses. HOR., *Epist.*, I, 16, 76.

[2] Socrate ne fut pas condamné à la mort par les trente tyrans, mais par les Athéniens. Πρὸς τὸν εἰπόντα, Θανατόν σου κατέγνωσαν Ἀθηναῖοι, Κἀκείνων, φησὶν, ἡ φύσις. DIOGÈNE LAERCE, II, 35. COSTE.

cousta il d'entrer en cette cy, ainsi nous despouillasmes nous de nostre ancien voile en y entrant. Rien ne peult estre grief, qui n'est qu'une fois. Est ce raison, de craindre si long temps chose de si brief temps? Le long temps vivre, et le peu de temps vivre, est rendu tout un par la mort : car le long et le court n'est point aux choses qui ne sont plus. Aristote dict qu'il y a des petites bestes sur la riviere Hypanis, qui ne vivent qu'un iour : celle qui meurt à huict heures du matin, elle meurt en ieunesse; celle qui meurt à cinq heures du soir, meurt en sa decrepitude[1]. Qui de nous ne se mocque de veoir mettre en consideration d'heur ou de malheur ce moment de duree? Le plus et le moins en la nostre, si nous la comparons à l'eternité, ou encores à la duree des montaignes, des rivieres, des estoiles, des arbres, et mesme d'aulcuns animaux, n'est pas moins ridicule[2].

Mais nature nous y force. « Sortez, dict elle[3], de « ce monde, comme vous y estes entrez. Le mesme « passage que vous feistes de la mort à la vie, sans « passion et sans frayeur, refaictes le de la vie à la « mort. Vostre mort est une des pieces de l'ordre de « l'univers; c'est une piece de la vie du monde.

[1] Cicéron, *Tuscul.*, I, 39.

[2] Sénèque, *Consol. ad Marciam,* c. 20. L.

[3] Montaigne me paraît s'élever au-dessus de lui-même, lorsqu'il nous exhorte à fortifier notre âme contre la crainte de la mort. Son style devient noble, grave, austère : à l'imitation de Lucrèce, il fait paraître la nature adressant la parole à l'homme ; mais le langage qu'il met dans sa bouche n'appartient qu'à lui... Cette élévation se soutient dans tout le discours de la nature ; il s'y mêle quelques-unes de ces pensées profondes qui forcent l'âme à se replier sur elle-même. Villemain.

Inter se mortales mutua vivunt,
. . . .
Et, quasi cursores, vitaï lampada tradunt[1].

« Changeray ie pas pour vous cette belle contexture « des choses? C'est la condition de vostre creation; « c'est une partie de vous, que la mort; vous vous « fuyez vous mesmes. Cettuy vostre estre, que vous « iouyssez, est egalement party à la mort et à la vie. « Le premier iour de vostre naissance vous achemine « à mourir comme à vivre.

Prima, quæ vitam dedit, hora, carpsit[2].
Nascentes morimur; finisque ab origine pendet[3]

« Tout ce que vous vivez, vous le desrobez à la vie; « c'est à ses dépens. Le continuel ouvrage de vostre « vie, c'est bastir la mort. Vous estes en la mort pen- « dant que vous estes en vie; car vous estes aprez « la mort quand vous n'estes plus en vie; ou, si vous « l'aimez mieulx ainsi, vous estes mort aprez la vie; « mais pendant la vie, vous estes mourant; et la mort « touche bien plus rudement le mourant que le mort, « et plus vifvement et essentiellement. Si vous avez « faict vostre proufit de la vie, vous en estes repeu : « allez-vous en satisfaict.

[1] Les mortels se transmettent entre eux l'existence, et comme des coureurs se passent de main en main le flambeau de la vie. LUCRÈCE, II, 75, 78.

[2] L'heure qui nous a vu naître a diminué notre vie. SÉNÈQUE, *Hercul. fur.*, act. 3, chor., v. 874.

[3] Naître, c'est commencer de mourir; le dernier moment de notre vie est la conséquence du premier. MANILIUS, *Astronomic.*, IV, 16.

Cur non ut plenus vitæ conviva recedis[1]?

« Si vous n'en avez sceu user, si elle vous estoit inu-
« tile, que vous chault il de l'avoir perdue? à quoi
« faire la voulez vous encores?

Cur amplius addere quæris,
Rursum quod pereat male, et ingratum occidat omne[2]?

« La vie n'est de soy ny bien ny mal; c'est la place
« du bien et du mal, selon que vous la leur faictes.
« Et si vous avez vescu un iour, vous avez tout veu :
« un iour est egal à touts iours. Il n'y a point d'aul-
« tre lumiere ny d'aultre nuict[3] : ce soleil, cette
« lune, ces estoiles, cette disposition, c'est celle
« mesme que vos ayeuls ont iouye, et qui entretien-
« dra vos arriere-nepveux.

Non alium videre patres, aliumve nepotes
Adspicient[4].

« Et au pis aller, la distribution et varieté de touts
« les actes de ma comedie se parfournit en un an. Si

[1] Pourquoi ne quittez-vous pas la vie comme un convive rassasié? LUCRÈCE, III, 951.

[2] Pourquoi veux-tu vivre plus longtemps, pour laisser de nouveau les jours se perdre sans profit, et n'en retirer que des chagrins? LUCRÈCE, III, 914.

[3] Les paoureux... se faschent de mourir jeunes... ils ont regret de laisser tout le monde, et pourquoy? Tu y as tout veu, un jour est égal à touts; il n'y a point d'autre lumière, ny d'autre nuict, d'autre soleil ny d'autre train au monde : au pis aller, tout se void en un an : l'on y void la jeunesse, l'adolescence, la virilité, la vieillesse du monde : il n'y a autre finesse que de recommencer. CHARRON.

[4] C'est là ce qu'ont vu vos pères; c'est là ce que verront vos neveux. MANILIUS, I, 529.

« vous avez prins garde au bransle de mes quatre sai-
« sons, elles embrassent l'enfance, l'adolescence, la
« virilité, et la vieillesse du monde : il a ioué son
« ieu; il ne sçait aultre finesse que de recommencer;
« ce sera tousiours cela mesme.

Versamur ibidem, atque insumus usque[1].
Atque in se sua per vestigia volvitur annus[2].

« Ie ne suis pas deliberee de vous forger aultres nou-
« veaux passetemps :

Nam tibi præterea quod machiner, inveniamque,
Quod placeat, nihil est: eadem sunt omnia semper[3].

« Faictes place aux aultres, comme d'aultres vous
« l'ont faicte. L'equalité est la premiere piece de l'e-
« quité. Qui se peult plaindre d'estre comprins où
« touts sont comprins? Aussi avez vous beau vivre,
« vous n'en rabbattrez rien du temps que vous avez
« à estre mort : c'est pour neant; aussi lontemps se-
« rez vous en cet estat là que vous craignez, comme
« si vous estiez mort en nourrice :

Licet quot vis vivendo vincere secla,
Mors æterna tamen nihilominus illa manebit[4].

« Et si vous mettray en tel poinct, auquel vous n'au-
« rez aulcun mescontentement;

[1] Nous tournons toujours dans le même cercle, et nous y restons toujours enfermés. LUCRÈCE, III, 1093.

[2] L'année recommence sans cesse la route qu'elle a parcourue. VIRG., *Georgic.*, II, 402.

[3] Je ne puis rien trouver, rien produire de plus pour te plaire. Toutes choses seront toujours les mêmes. LUCRÈCE, III, 957.

[4] Triomphez des siècles en vivant aussi longtemps que vous voudrez, la mort n'en sera pas moins éternelle. ID. *ibid.* 1103.

In vera nescis nullum fore morte alium te,
Qui possit vivus tibi te lugere peremptum,
Stansque iacentem[1]?

« ny ne desirerez la vie que vous plaignez tant;

Nec sibi enim quisquam tum se vitamque requirit.
. . . .
Nec desiderium nostri nos afficit ullum[2].

« La mort est moins à craindre que rien, s'il y avoit « quelque chose de moins que rien :

Multo.... mortem minus ad nos esse putandum,
Si minus esse potest, quam quod nihil esse videmus[3];

« elle ne vous concerne ny mort ni vif : vif, parce « que vous estes; mort, parce que vous n'estes plus. « Davantage, nul ne meurt avant son heure : ce que « vous laissez de temps n'estoit non plus vostre, que « celuy qui s'est passé avant vostre naissance, et ne « vous touche non plus.

Respice enim, quam nil ad nos anteacta vetustas
Temporis æterni fuerit[4].

« Où que vostre vie finisse, elle y est toute. L'utilité « du vivre n'est pas en l'espace; elle est en l'usage :

[1] Ne savez-vous pas que la mort ne laissera pas subsister un autre vous-même, qui puisse, vivant, vous pleurer debout sur votre cadavre? LUCRÈCE, III, 898.

[2] Alors personne ne s'inquiète ni de la vie ni de soi-même.....; alors il ne nous reste aucun regret de nous-mêmes. ID., *ibid.*, III, 932, 935.

[3] La mort doit être bien moins encore à nos yeux, si toutefois on peut établir un diminutif dans le néant. ID., *ibid.*, 939.

[4] Voyez, en effet, les siècles passés ne sont-ils pas pour nous comme s'ils n'avaient jamais été? ID., *ibid.*, 985.

« tel a vescu longtemps, qui a peu vescu. Attendez « vous y pendant que vous y estes : il gist en vostre « volonté, non au nombre des ans, que vous ayez as- « sez vescu. Pensiez vous iamais n'arriver là où vous « alliez sans cesse? encores n'y a il chemin qui n'ayt « son issue. Et si la compaignie vous peult soulager, « le monde ne va il pas mesme train que vous allez?

.... Omnia te, vita perfuncta, sequentur[1].

« Tout ne bransle il pas vostre bransle? y a il chose « qui ne vieillisse quant et vous? mille hommes, « mille animaux et mille aultres creatures meurent « en ce mesme instant que vous mourez.

Nam nox nulla diem, neque noctem aurora sequuta est,
Quæ non audierit mixtos vagitibus ægris
Ploratus, mortis comites et funeris atri[2].

« A quoy faire y reculez vous, si vous ne pouvez tirer « arriere? Vous en avez assez veu qui se sont bien « trouvez de mourir, eschevant[3] par là des grandes « miseres[4] : mais quelqu'un qui s'en soit mal trouvé, « en avez vous veu? si est ce grand' simplesse de con- « demner chose que vous n'avez esprouvee, ny par « vous, ny par aultre. Pourquoy te plains tu de moy « et de la destinee? Te faisons nous tort? Est ce à toy

[1] Les races futures vont vous suivre. LUCRÈCE, III, 981.

[2] Aucune nuit n'a suivi le jour, aucune aurore n'a suivi la nuit, sans entendre des sanglots mêlés à des vagissements douloureux, compagnons de la mort et des funérailles. ID., V, 579.

[3] *Évitant.*

[4] Si la vie est misérable, elle est pénible à supporter; si elle est heureuse, il est horrible de la perdre : l'un revient à l'autre. LA BRUYÈRE.

« de nous gouverner, ou à nous toy? Encores que « ton aage ne soit pas achevé, ta vie l'est : un petit « homme est homme entier comme un grand; ny les « hommes ny leurs vies ne se mesurent à l'aulne. « Chiron refusa l'immortalité, informé des conditions « d'icelle par le dieu mesme du temps et de la duree, « Saturne son pere. Imaginez, de vray, combien se- « roit une vie perdurable moins supportable à l'hom- « me, et plus penible, que n'est la vie que ie luy ay « donnee [1]. Si vous n'aviez la mort, vous me mauldi- « riez sans cesse de vous en avoir privé : i'y ay à es- « cient meslé quelque peu d'amertume, pour vous « empescher, veoyant la commodité de son usage, « de l'embrasser trop avidement et indiscrettement. « Pour vous loger en cette moderation, ny de fuir la « vie, ny de refuir à la mort, que ie demande de « vous, i'ay temperé l'une et l'aultre entre la doul- « ceur et l'aigreur. I'apprins à Thales, le premier de « vos sages, que le vivre et le mourir estoit indiffe- « rent : par où, à celuy qui luy demanda pourquoy « doncques il ne mouroit, il respondit tressagement : « *Pource qu'il est indifferent* [2]. L'eau, la terre, l'air « et le feu, et aultres membres de ce mien bastiment, « ne sont non plus instruments de ta vie qu'instru- « ments de ta mort. Pourquoy crains tu ton dernier « iour? il ne confere non plus à ta mort que chascun « des aultres : le dernier pas ne faict pas la lassitude; « il la declare. Touts les iours vont à la mort : le der-

[1] Si nous étions immortels, nous serions des êtres très-misérables..... J.-J. ROUSSEAU.

[2] DIOGÈNE LAERCE, I, 35.

« nier y arrive [1]. » Voylà les bons advertissements de nostre mere nature.

Or i'ay pensé souvent d'où venoit cela, qu'aux guerres le visage de la mort, soit que nous la veoyions en nous ou en aultruy, nous semble sans comparaison moins effroyable qu'en nos maisons (aultrement ce seroit une armee de medecins et de pleurars); et, elle estant tousiours une, qu'il y ait toutesfois beaucoup plus d'asseurance parmy les gents de village et de basse condition, qu'ez aultres. Ie crois, à la verité, que ce sont ces mines et appareils effroyables, dequoy nous l'entournons, qui nous font plus de peur qu'elle : une toute nouvelle forme de vivre; les cris des meres, des femmes et des enfants; la visitation de personnes estonnees et transies, l'assistance d'un nombre de valets pasles et esplorez; une chambre sans iour; des cierges allumez; nostre chevet assiegé de medecins et de prescheurs; somme, tout horreur et tout effroy autour de nous : nous voylà desia ensepvelis et enterrez. Les enfants ont peur de leurs amis mesmes, quand ils les veoyent masquez : aussi avons nous. Il fault oster le masque aussi bien des choses que des personnes : osté qu'il sera, nous ne trouverons au dessoubs que cette mesme mort, qu'un valet ou simple chambriere passerent dernierement sans peur. Heureuse la mort qui oste le loisir aux apprests de tel equipage!

[1] Tout ce discours de la nature est imité de LUCRÈCE, III, 945 et suiv. — Ces dernières paroles sont traduites de SÉNÈQUE, *Epist.* 120. V. LECLERC.

CHAPITRE XX.

DE LA FORCE DE L'IMAGINATION.

Fortis imaginatio generat casum[1], disent les clercs.

Ie suis de ceulx qui sentent tresgrand effort de l'imagination : chacun en est heurté, mais aulcuns en sont renversez. Son impression me perce; et mon art est de luy eschapper, par faulte de force à luy resister[2]. Ie vivroy de la seule assistance de personnes saines et gayes : la veue des angoisses d'aultruy m'angoisse materiellement, et a mon sentiment souvent usurpé le sentiment d'un tiers; un tousseur continuel[3] irrite mon poulmon et mon gosier; ie visite plus mal volontiers les malades auxquels le debvoir m'interesse, que ceulx auxquels ie m'attends moins et que ie considere moins : ie saisis le mal que i'estudie[4], et le couche en moy. Ie ne treuve pas estrange qu'elle donne et les fiebvres et la mort à ceulx qui la laissent faire et qui luy applaudissent. Simon Thomas estoit un grand medecin de son temps : il me souvient que me rencontrant un iour à Toulouse, chez un riche vieillard pulmonique, et traictant avec luy des moyens de sa guerison, il luy dict que c'en estoit l'un, de me donner occasion de

[1] « Une imagination forte produit l'événement même. »

[2] VAR. Et non pas de la combattre. *Exemplaire de Bordeaux.*

[3] VAR. Un tousseur continuel me pince le gosier. *Ibid.*

[4] VAR. Je saisis le mal en l'estudiant, et le couche sur moy *Ibid.*

me plaire en sa compaignie ; et que, fichant ses yeux sur la frescheur de mon visage, et sa pensée sur cette alaigresse et vigueur qui regorgeoit de mon adolescence, et remplissant touts ses sens de cet estat florissant en quoy i'estoy, son habitude s'en pourroit amender : mais il oublioit à dire que la mienne s'en pourroit empirer aussi. Gallus Vibius banda si bien son ame à comprendre l'essence et les mouvements de la folie, qu'il emporta son iugement hors de son siege, si qu'oncques puis il ne l'y peut remettre, et se pouvoit vanter d'estre devenu fol par sagesse. Il y en a qui de frayeur anticipent la main du bourreau; et celuy qu'on desbandoit pour luy lire sa grace, se trouva roide mort sur l'eschaffaud, du seul coup de son imagination. Nous tressuons, nous tremblons, nous paslissons, et rougissons, aux secousses de nos imaginations; et, renversez dans la plume, sentons nostre corps agité à leur bransle, quelquesfois iusques à en expirer : et la ieunesse bouillante s'eschauffe si avant en son harnois, toute endormie, qu'elle assouvit en songe ses amoureux desirs :

> Ut, quasi transactis sæpe omnibu' rebu', profundant
> Fluminis ingentes fluctus, vestemque cruentent[1].

Et encores qu'il ne soit pas nouveau de veoir croistre la nuict des cornes à tel qui ne les avoit pas en se couchant; toutesfois l'evenement de Cippus[2], roy

[1] LUCRÈCE, IV, 1029.

[2] PLINE, XI, 58; VALÈRE MAXIME, V, 6. Cippus, préteur romain, n'était pas *roi d'Italie;* mais les devins avaient prédit qu'il le deviendrait s'il rentrait à Rome : il aima mieux s'exiler. V. LECLERC.

d'Italie, est memorable, lequel pour avoir assisté le iour, avecques grande affection, au combat des taureaux, et avoir eu en songe toute la nuict des cornes en la teste, les produisit en son front par la force de l'imagination. La passion donna au fils de Crœsus la voix que nature luy avoit refusee [1]. Et Antiochus print la fiebvre, par la beauté de Stratonicé trop vifvement empreinte en son ame [2]. Pline dict avoir veu Lucius Cossitius, de femme, changé en homme le iour de ses nopces [3]. Pontanus et d'aultres racontent pareilles metamorphoses advenues en Italie ces siecles passez. Et, par vehement desir de luy et de sa mere,

Vota puer solvit, quæ femina voverat, Iphis [4].

Passant à Vitry le François [5], ie peus veoir un homme que l'evesque de Soissons avoit nommé Germain en confirmation, lequel touts les habitants de là ont cogneu et veu fille iusques à l'aage de vingt deux ans, nommee Marie. Il estoit à cette heure là fort barbu et vieil, et point marié. Faisant, dict il, quelque effort en saultant, ses membres virils se produisirent : et est encores en usage, entre les filles de là, une chanson, par laquelle elles s'entradvertissent de ne faire point de grandes eniambees, de peur de devenir garçons, comme Marie Germain. Ce n'est pas

[1] Hérodote, I, 85.

[2] Lucien, *Traité de la Déesse de Syrie.*

[3] Pline, *Hist. nat.*, VII, 4.

[4] Iphis, jeune garçon, acquitta les vœux qu'il avait faits étant jeune fille. Ovide, *Mét.*, IX, 793.

[5] Montaigne raconte cette anecdote dans son *Voyage*, à la date du mois de septembre 1580, t. I, p. 13.

tant de merveille que cette sorte d'accident se rencontre frequent; car, si l'imagination peult en telles choses, elle est si continuellement et si vigoreusement attachee à ce subiect que, pour n'avoir si souvent à recheoir en mesme pensee et aspreté de desir, elle a meilleur compte d'incorporer, une fois pour toutes, cette virile partie aux filles.

Les uns attribuent à la force de l'imagination les cicatrices du roy Dagobert et de sainct François. On dict que les corps s'en enlevent, telle fois, de leur place; et Celsus recite d'un presbtre qui ravissoit son ame en telle extase, que le corps en demouroit longue espace sans respiration et sans sentiment : sainct Augustin en nomme un aultre[1], à qui il ne falloit que faire ouïr des cris lamentables et plainctifs; soubdain il defailloit, et s'emportoit si vifvement hors de soy, qu'on avoit beau le tempester, et hurler, et le pincer, et le griller, iusques à ce qu'il feust ressuscité : lors, il disoit avoir ouï des voix, mais comme venants de loing; et s'appercevoit de ses eschauldures et meurtrisseures. Et, que ce ne feust une obstination apostee contre son sentiment, cela le montroit, qu'il n'avoit ce pendant ny pouls ny haleine.

Il est vraysemblable que le principal credit des visions, des enchantements et de tels effets extraordinaires, vienne de la puissance de l'imagination, agissant principalement contre les ames du vulgaire, plus molles; on leur a si fort saisi la creance, qu'ils pensent veoir ce qu'ils ne veoyent pas.

[1] C'est *Restitutus*. De Civit. Dei, XIV, 24.

Ie suis encores en ce doubte, que ces plaisantes liaisons[1], dequoy nostre monde se veoid si entravé, qu'il ne se parle d'aultre chose, ce sont volontiers des impressions de l'apprehension et de la crainte : car ie sçais, par experience, que tel, de qui ie puis respondre comme de moy mesme, en qui il ne pouvoit cheoir souspeçon aulcun de foiblesse et aussi peu d'enchantement, ayant ouï faire le conte à un sien compaignon d'une defaillance extraordinaire, en quoy il estoit tumbé, sur le poinct qu'il en avoit le moins de besoing, se trouvant en pareille occasion, l'horreur de ce conte luy veint à coup si rudement frapper l'imagination, qu'il encourut une fortune pareille ; et de là en hors feut subiect à y recheoir, ce vilain souvenir de son inconvenient le gourmandant et tyrannisant. Il trouva quelque remede à cette resverie par une aultre resverie ; c'est que, advouant luy mesme et preschant avant la main cette sienne subiection, la contention de son ame se soulageoit sur ce que, apportant ce mal comme attendu, son obligation en amoindrissoit et luy en

[1] Ces *plaisantes liaisons*, c'est-à-dire ces nouements d'aiguillettes. Ce maléfice, connu de l'antiquité, est mentionné dans Virgile et dans Ovide. Le nouement de l'aiguillette se faisait ordinairement pendant la cérémonie du mariage. Lorsque le prêtre disait les paroles sacramentelles, celui qui pratiquait le maléfice faisait un ou plusieurs nœuds à un bout de cuir, de laine, de coton ou de soie qu'il tenait à la main, et dès ce moment l'aiguillette était nouée, c'est-à-dire que la consommation du mariage devenait impossible et impraticable aussi longtemps que le nœud n'était point défait. Le maléfice était beaucoup plus puissant encore quand on avait fait passer le nœud magique à travers l'anneau nuptial. — Voir notre travail : *la Sorcellerie*, Paris, 1853, in-18, p. 73.

poisoit moins. Quand il a eu loy, à son chois (sa pensee desbrouillee et desbandee, son corps se trouvant en son deu), de le faire lors premierement tenter, saisir, et surprendre à la cognoissance d'aultruy, il s'est guari tout net. A qui on a esté une fois capable, on n'est plus incapable, sinon par iuste foiblesse. Ce malheur n'est à craindre qu'aux entreprinses où nostre ame se treuve oultre mesure tendue de desir et de respect, et notamment où les commoditez se rencontrent improuveus et pressantes : on n'a pas moyen de se r'avoir de ce trouble. I'en sçais à qui il a servy d'y apporter le corps mesme, demy rassasié d'ailleurs, pour endormir l'ardeur de cette fureur, et qui, par l'aage, se treuve moins impuissant de ce qu'il est moins puissant ; et tel aultre à qui il a servy aussi qu'un amy l'ayt asseuré d'estre fourni d'une contrebatterie d'enchantements certains à le preserver. Il vault mieux que ie die comment ce feut.

Un comte de tresbon lieu, de qui i'estois fort privé, se mariant avecques une belle dame, qui avoit esté poursuyvie de tel qui assistoit à la feste, mettoit en grande peine ses amis ; et nommeement une vieille dame sa parente, qui presidoit à ces nopces et les faisoit chez elle, craintifve de ces sorcelleries : ce qu'elle me feit entendre. Ie la priay s'en reposer sur moy. I'avoy, de fortune, en mes coffres certaine petite piece d'or platte, où estoient gravees quelques figures celestes, contre le coup du soleil, et pour oster la douleur de teste, la logeant à poinct sur la cousture du test ; et pour l'y tenir, elle estoit cousue à un ruban propre à rattacher soubs le menton ; resverie germaine à celle dequoy nous parlons. Iacques Peletier[1], vivant chez moy, m'avoit faict ce present singulier. I'advisay d'en tirer quelque usage, et dis au comte qu'il pourroit courre fortune comme les aultres, ayant là des hommes pour luy en vouloir prester une; mais que hardiment il s'allast coucher; que ie luy ferois un tour d'amy, et n'espargnerois à son besoing un miracle qui estoit en ma puissance, pourveu que sur son honneur il me promeist de le tenir tresfidelement secret : seulement, comme sur la nuict on iroit luy porter le resveillon, s'il luy estoit mal allé, il me feist un tel signe. Il avoit eu l'ame et les aureilles si battues, qu'il se trouva lié du trouble de son imagination, et me feit son signe à l'heure susdicte. Ie luy dis lors à l'aureille, qu'il se levast, soubs couleur de nous chasser, et prinst en se iouant la robbe de nuict que i'avoy sur moy (nous estions de taille fort voysine), et s'en vestist tant qu'il auroit executé mon ordonnance, qui feut, Quand nous serions sortis, qu'il se retirast à tumber de l'eau; dist trois fois telles parolles, et feist tels mouvements; qu'à chascune de ces trois fois il ceignist le ruban que ie luy mettois en main, et couchast bien soigneusement la medaille, qui y estoit attachee, sur ses roignons, la figure en telle posture : cela faict, ayant, à la derniere fois, bien estreinct ce ruban pour qu'il ne se peust ny desnouer ny mouvoir de sa place, qu'en toute asseurance il s'en retournast à son prix faict[2], et n'oubliast de reiecter ma robbe

[1] Médecin, auteur de divers ouvrages de médecine et de quelques poésies, mort en 1582.

[2] *A sa besoyne.*

sur son lict, en maniere qu'elle les abriast touts deux. Ces singeries sont le principal de l'effect; nostre pensee ne se pouvant desmeler que moyens si estranges ne viennent de quelque abstruse science : leur inanité leur donne poids et reverence. Somme, il feut certain que mes characteres se trouverent plus veneriens que solaires, plus en action qu'en prohibition. Ce feut une humeur prompte et curieuse qui me convia à tel effect, esloigné de ma nature. Ie suis ennemy des actions subtiles et feinctes[1], et hay la finesse, en mes mains, non seulement recreative, mais aussi proufitable : si l'action n'est vicieuse, la route l'est.

Amasis, roy d'Aegypte, espousa Laodice, tresbelle fille grecque : et luy, qui se monstroit gentil compaignon par tout ailleurs, se trouva court à iouïr d'elle, et menaça de la tuer, estimant que ce feust quelque sorciere. Comme ez choses qui consistent en fantasie, elle le reiecta à la devotion : et ayant faict ses vœus et promesses à Venus, il se trouva divinement remis dez la premiere nuict, d'aprez ses oblations et sacrifices[2]. Or, elles ont tort de nous recueillir de ces contenances mineuses, querelleuses et fuyardes, qui nous esteignent en nous allumant. La bru de Pythagoras[3] disoit que la femme qui se couche avecques un homme, doibt, avecques sa cotte, laisser quand et quand la honte, et la reprendre avecques sa cotte. L'ame de l'assaillant, troublee de plusieurs di-

[1] VAR. Ie suis ennemy des actions subtiles, couvertes et trompeuses. *Exemplaire de Bordeaux.*

[2] HÉRODOTE, II, 181.

[3] Montaigne veut parler de Théano, femme, et non belle-fille de Pythagore. V. LECLERC.

verses alarmes, se perd ayseement : et à qui l'imagination a faict une fois souffrir cette honte (et elle ne la faict souffrir qu'aux premieres accointances, d'autant qu'elles sont plus ardentes et apres, et aussi qu'en cette premiere cognoissance qu'on donne de soy, on craint beaucoup plus de faillir), ayant mal commencé, il entre en fiebvre et despit de cet accident, qui luy dure aux occasions suyvantes.

Les mariez, le temps estant tout leur, ne doibvent ny presser ny taster leur entreprinse, s'ils ne sont prests : et vault mieux faillir indecemment à estrener la couche nuptiale, pleine d'agitation et de fiebvre, attendant une et une aultre commodité plus privee et moins alarmee, que de tumber en une perpetuelle misere, pour s'estre estonné et desesperé du premier refus. Avant la possession prinse, le patient se doibt, à saillies et divers temps, legierement essayer et offrir, sans se picquer et opiniastrer à se convaincre definitivement soy mesme. Ceulx qui sçavent leurs membres de nature dociles, qu'ils se soignent seulement de contrepiper leur fantasie.

On a raison de remarquer l'indocile liberté de ce membre, s'ingerant si importuneement lors que nous n'en avons que faire, et defaillant si importuneement lors que nous en avons le plus affaire, et contestant de l'auctorité si imperieusement avecques nostre volonté, refusant avecques tant de fierté et d'obstination nos sollicitations et mentales et manuelles. Si toutesfois, en ce qu'on gourmande sa rebellion, et qu'on en tire preuve de sa condemnation, il m'avoit payé pour plaider sa cause, à l'adventure mettrois ie en souspeçon nos aultres membres ses compaignons de luy estre allé dresser, par belle envie de l'importance et doulceur de son usage, cette querelle apostee, et avoir, par complot, armé le monde à l'encontre de luy, le chargeant malignement, seul, de leur faulte commune : car ie vous donne à penser s'il y a une seule des parties de nostre corps qui ne refuse à nostre volonté souvent son operation, et qui souvent ne s'exerce contre nostre volonté. Elles ont chascune des passions propres, qui les esveillent et endorment sans notre congé. A quant de fois tesmoignent les mouvements forcez de nostre visage les pensees que nous tenions secrettes, et nous trahissent aux assistants! Cette mesme cause qui anime ce membre, anime aussi, sans nostre sceu, le cœur, le poulmon, et le pouls; la veue d'un obiect agreable respandant imperceptiblement en nous la flamme d'une esmotion fiebvreuse. N'y a il que ces muscles et ces veines qui s'eslevent et se couchent sans l'adveu non seulement de nostre volonté, mais aussi de nostre pensee? nous ne commandons pas à nos cheveux de se herisser, et à nostre peau de fremir de desir ou de crainte; la main se porte souvent où nous ne l'envoyons pas; la langue se transit, et la voix se fige à son heure; lors mesme que, n'ayant de quoy frire, nous le luy deffendrions volontiers, l'appetit de manger et de boire ne laisse pas d'esmouvoir les parties qui luy sont subiectes, ny plus ny moins que cet aultre appetit, et nous abandonne de mesme hors de propos, quand bon luy semble. Les utils qui servent à descharger le ventre ont leurs propres dilatations et compressions, oultre et contre notre advis, comme ceulx cy destinés à descharger les roignons. Et ce que, pour auctoriser la puissance de nostre volonté, sainct Augustin[1] allegue avoir veu quelqu'un qui commandoit à son derriere autant de pets qu'il en vouloit, et que Vives son glossateur encherit d'un aultre exemple de son temps, de pets organisez, suyvants le ton des voix qu'on leur prononceoit, ne suppose non plus pure l'obeïssance de ce membre; car en est il ordinairement de plus indiscret et tumultuaire? ioinct que i'en cognois un si turbulent et revesche, qu'il y a quarante ans qu'il tient son maistre à peter d'une haleine et d'une obligation constante et irremittente, et le mene ainsin à la mort. Et pleust à Dieu que ie ne le sceusse que par les histoires, combien de fois nostre ventre, par le refus d'un seul pet, nous mene iusques aux portes d'une mort tresangoisseuse! et que l'empereur[2], qui nous donna liberté de peter par tout, nous en eust donné le pouvoir! Mais nostre volonté, pour les droicts de qui nous mettons en avant ce reproche, combien plus vraysemblablement la pouvons nous marquer de rebellion et sedition, par son desreglement et desobeïssance? Veult elle tousiours ce que nous voudrions qu'elle voulsist? ne veult elle pas souvent ce que nous luy prohibons de vouloir, et à nostre evident dommage? se laisse elle non plus mener aux conclusions de nostre raison? Enfin, ie diroy pour

[1] Voyez *de Civit. Dei*, XIV, 24.

[2] Claude, cinquième empereur romain. Mais Suétone (*Claud.*, c. 32) rapporte seulement que Claude avait eu dessein d'autoriser cette liberté par un édit. COSTE.

monsieur ma partie, que plaise à considerer qu'en ce faict sa cause estant inseparablement conioincte à un consort, et indistinctement, on ne s'addresse pourtant qu'à luy, et par les arguments et charges qui ne peuvent appartenir à son dict consort : car l'effet d'iceluy est bien de convier inopportuneement par fois, mais refuser, iamais ; et de convier encores tacitement et quietement : partant se veoid l'animosité et illegalité manifeste des accusateurs. Quoy qu'il en soit, protestant que les advocats et iuges ont beau quereller et sentencier, nature tirera ce pendant son train, qui n'auroit faict que raison, quand elle auroit doué ce membre de quelque particulier privilege ; aucteur du seul ouvrage immortel des mortels : ouvrage divin, selon Socrates ; et amour, desir d'immortalité et daimon immortel luy mesme.

Tel, à l'adventure, par cet effect de l'imagination, laisse icy les escrouelles, que son compaignon reporte en Espaigne. Voylà pourquoy, en telles choses, l'on a accoustumé de demander une ame preparee. Pourquoy practiquent les medecins avant main la creance de leur patient, avec tant de faulses promesses de sa guarison, si ce n'est à fin que l'effect de l'imagination supplee l'imposture de leur apozème ? ils sçavent qu'un des maistres de ce mestier leur a laissé par escript, qu'il s'est trouvé des hommes à qui la seule veue de la medecine faisoit l'operation. Et tout ce caprice m'est tumbé presentement en main, sur le conte que me faisoit un domestique apotiquaire de feu mon pere, homme simple et souysse, nation peu vaine et mensongiere, d'avoir cogneu longtemps un marchand à Toulouse maladif et subiect à la pierre, qui avoit souvent besoing de clysteres, et se les faisoit diversement ordonner aux medecins selon l'occurrence de son mal: apportez qu'ils estoyent, il n'y avoit rien obmis des formes accoustumees; souvent il tastoit s'ils estoyent trop chauds; le voylà couché, renversé, et toutes les approches faictes, sauf qu'il ne s'y faisoit aulcune iniection. L'apotiquaire retiré aprez cette cerimonie, le patient accommodé comme s'il avoit veritablement prins le clystere, il en sentoit pareil effect à ceulx qui les prennent. Et si le medecin n'en trouvoit l'operation suffisante, il lui en donnoit deux ou trois aultres de mesme forme. Mon tesmoing iure que pour espargner la despense (car il les payoit comme s'il les eust receus), la femme de ce malade ayant quelquesfois essayé d'y faire seulement mettre de l'eau tiede, l'effect en descouvrit la fourbe; et, pour avoir trouvé ceulx là inutiles, qu'il faulsit revenir à la premiere façon.

Une femme, pensant avoir avalé une espingle avecques son pain, crioit et se tormentoit comme ayant une douleur insupportable au gosier, où elle pensoit la sentir arrestee : mais parce qu'il n'y avoit ny enfleure ni alteration par le dehors, un habile homme ayant iugé que ce n'estoit que fantasie et opinion, prinse de quelque morceau de pain qui l'avoit picquee en passant, la feit vomir, et iecta à la desrobee dans ce qu'elle rendit une espingle tortue. Cette femme, cuidant l'avoir rendue, se sentit soubdain deschargee de sa douleur. Ie sçay qu'un gentilhomme, ayant traicté chez luy une bonne compaignie, se vanta trois ou quatre iours aprez, par maniere de ieu (car il n'en estoit rien), de leur avoir faict manger un chat en paste : dequoy une damoiselle de la troupe print telle horreur, qu'en estant tumbee en un grand devoyement d'estomac et fiebvre, il feut impossible de la sauver. Les bestes mesmes se veoyent, comme nous, subiectes à la force de l'imagination ; tesmoings les chiens qui se laissent mourir de dueil de la perte de leurs maistres : nous les veoyons aussi iapper et tremousser en songe ; hennir les chevaulx et se debattre.

Mais tout cecy se peult rapporter à l'estroicte cousture de l'esprit et du corps s'entrecommuniquants leurs fortunes ; c'est aultre chose, que l'imagination agisse quelquesfois non contre son corps seulement, mais contre le corps d'aultruy. Et tout ainsi qu'un corps reiecte son mal à son voysin, comme il se veoid en la peste, en la verolle, et au mal des yeulx, qui se chargent de l'un à l'aultre :

Dum spectant oculi læsos, læduntur et ipsi;
Multaque corporibus transitione nocent[1] :

pareillement l'imagination, esbranlee avecques vehemence, eslance des traicts qui puissent offenser l'obiect estrangier. L'antiquité a tenu de certaines femmes en Scythie, qu'animees et courroucees contre quelqu'un, elles le tuoient du seul regard. Les tortues et les autruches couvent leurs œufs de la seule

[1] En regardant des yeux malades, les yeux le deviennent eux-mêmes, et les maux se communiquent souvent d'un corps à l'autre. OVIDE, *de Remedio amoris*, v. 615.

veue; signe qu'ils y ont quelque vertu eiaculatrice. Et quant aux sorciers, on les dict avoir des yeulx offensifs et nuisants :

Nescio quis teneros oculus mihi fascinat agnos[1].

Ce sont pour moy mauvais respondants que magiciens. Tant y a que nous veoyons par experience les femmes envoyer, aux corps des enfants qu'elles portent au ventre, des marques de leurs fantasies; tesmoing celle qui engendra le more : et il feut presenté à Charles, roy de Boheme et empereur, une fille d'auprez de Pise, toute velue et herissee, que sa mere disoit avoir esté ainsi conceue à cause d'une image de sainct Iean Baptiste pendue en son lict.

Des animaulx il en est de même; tesmoings les brebis de Iacob, et les perdris et lievres que la neige blanchit aux montagnes. On veit dernierement chez moy un chat guestant un oyseau au hault d'un arbre, et, s'estants fichez la veue ferme l'un contre l'aultre quelque espace de temps, l'oyseau s'estre laissé cheoir comme mort entre les pattes du chat; ou enyvré par sa propre imagination, ou attiré par quelque force attractive du chat. Ceulx qui aiment la volerie ont ouy faire le conte du faulconnier, qui, arrestant obstineement sa veue contre un milan en l'air, gageoit, de la seule force de sa veue, le ramener contrebas, et le faisoit, à ce qu'on dict : car les histoires que i'emprunte, ie les renvoye sur la conscience de ceulx de qui ie les prens. Les discours sont

[1] Je ne sais quel regard ensorcelle mes tendres agneaux. VIRG., *Eclog.*, III, 103.

à moy, et se tiennent par la preuve de la raison, non de l'experience : chascun y peult ioindre ses exemples; et qui n'en a point, qu'il ne laisse pas de croire qu'il en est assez, veu le nombre et variété des accidents. Si ie ne comme[1] bien, qu'un aultre comme pour moy[2]. Aussi en l'estude que ie traite de nos mœurs et mouvements, les tesmoignages fabuleux, pourveu qu'ils soyent possibles, y servent comme les vrais : advenu ou non advenu, à Rome ou à Paris, à Iean ou à Pierre, c'est tousiours un tour de l'humaine capacité, duquel ie suis utilement advisé par ce recit. Ie le veoy, et en fay mon proufit, esgalement en umbre qu'en corps; et aux diverses leçons qu'ont souvent les histoires, ie prens à me servir de celle qu'est la plus rare et memorable[3]. Il y a des aucteurs desquels la fin c'est dire les evenements : la mienne, si i'y sçavois arriver, seroit dire sur ce qui peult advenir. Il est iustement permis aux escholes de supposer des similitudes, quand ils n'en ont point : ie n'en fay pas ainsi pourtant, et surpasse de ce costé là en religion superstitieuse toute foy historiale. Aux exemples que ie tire ceans de ce que

[1] Le mot *comme* a le sens de montrer comme, donner des exemples, des *comes*, ainsi que le dit plus bas Montaigne. Quelques éditeurs modernes y ont substitué à tort le verbe conter.

[2] Var. Ce n'est pas mal parler que mal commer. D'avantage en l'estude de ce que je me mesle le plus de nos mœurs et de nos mouvements... Ie le veois et le juge également en umbre que en corps. Nous supposons des comes, quand nous n'en avons pas. *Exemplaire de Bordeaux*.

[3] Ie prens à me servir de celle qu'est la plus rare et mémorable, quoique son tesmoignage ne soit si ferme et à l'aventure du tout si cler. *Ibid.*

i'ay leu, ouï, faict, ou dict, ie me suis deffendu d'oser alterer iusques aux plus legieres et inutiles circonstances : ma conscience ne falsifie pas un iota; mon inscience, ie ne sçay.

Sur ce propos, i'entre par fois en pensee qu'il puisse assez bien convenir à un theologien, à un philosophe, et telles gents d'exquise et exacte conscience et prudence, d'escrire l'histoire. Comment peuvent ils engager leur foy sur une foy populaire? comment respondre des pensees de personnes incogneues, et donner pour argent comptant leurs coniectures? Des actions à divers membres qui se passent en leur presence, ils refuseroient d'en rendre tesmoignage, assermentez par un iuge; et n'ont homme si familier, des intentions duquel ils entreprennent de pleinement respondre. Ie tiens moins hazardeux d'escrire les choses passees, que presentes : d'autant que l'escrivain n'a à rendre compte que d'une verité empruntee.

Aulcuns me convient d'escrire les affaires de mon temps, estimants que ie les veoy d'une veue moins blecee de passion qu'un aultre, et de plus prez, pour l'accez que fortune m'a donné aux chefs de divers partis. Mais ils ne disent pas, Que pour la gloire de Salluste ie n'en prendroy pas la peine; ennemy iuré d'obligation, d'assiduité, de constance : Qu'il n'est rien si contraire à mon style, qu'une narration estendue; ie me recouppe si souvent, à faulte d'haleine; ie n'ay ny composition ny explication, qui vaille; ignorant, au delà d'un enfant, des frases et vocables qui servent aux choses plus communes;

pourtant ay ie prins à dire ce que ie sçay dire, accommodant la matiere à ma force; si i'en prenois qui me guidast, ma mesure pourroit faillir à la sienne : Que, ma liberté estant si libre, i'eusse publié des iugements, à mon gré mesme et selon raison, illegitimes et punissables.

Plutarque nous diroit volontiers, de ce qu'il en a faict, que c'est l'ouvrage d'aultruy que ses exemples soyent en tout et par tout veritables : qu'ils soyent utiles à la posterité, et presentez d'un lustre qui nous esclaire à la vertu, que c'est son ouvrage. Il n'est pas dangereux, comme en une drogue medecinale, en un conte ancien, qu'il soit ainsin ou ainsi.

CHAPITRE XXI.

LE PROUFIT DE L'UN EST DOMMAGE DE L'AULTRE.

Demades [1], Athenien, condemna un homme de sa ville qui faisoit mestier de vendre les choses necessaires aux enterrements, soubs tiltre de ce qu'il en demandoit trop de proufit, et que ce proufit ne luy pouvoit venir sans la mort de beaucoup de gents. Ce iugement semble estre mal prins; d'autant qu'il ne se faict aucun proufit qu'au dommage d'aultruy, et qu'à ce compte il fauldroit condemner toute sorte de gaings. Le marchand ne faict bien ses affaires qu'à la desbauche de la ieunesse; le laboureur, à la cherté des bleds; l'architecte, à la ruine des maisons; les

[1] SÉNÈQUE, *de Beneficiis*, VI, 38, d'où presque tout ce chapitre a été pris. COSTE.

officiers de la iustice, aux procez et querelles des hommes; l'honneur mesme et practique des ministres de la religion se tire de nostre mort et de nos vices; nul medecin ne prend plaisir à la santé de ses amis mesmes, dit l'ancien comique grec; ny soldat, à la paix de sa ville : ainsi du reste [1]. Et qui pis est, que chascun se sonde au dedans, il trouvera que nos souhaits interieurs, pour la pluspart, naisset et se nourrissent aux despens d'aultruy. Ce que considerant, il m'est venu en fantasie comme nature ne se desment point en cela de sa generale police; car les physiciens tiennent que la naissance, nourrissement et augmentation de chasque chose, est l'alteration et corruption d'une aultre :

> Nam quodcumque suis mutatum finibus exit,
> Continuo hoc mors est illius, quod fuit ante [2].

CHAPITRE XXII.

DE LA COUSTUME, ET DE NE CHANGER AYSEEMENT UNE LOY RECEUE.

Celuy me semble avoir tresbien conceu la force de la coustume, qui premier forgea ce conte [3], qu'une femme de village, ayant apprins de caresser et porter entre ses bras un veau dez l'heure de sa naissance, et

[1] « Le précepte de ne jamais nuire à autrui emporte celui de tenir à la société humaine le moins qu'il est possible; car dans l'état social le bien de l'un fait nécessairement le mal de l'autre. » Rousseau, *Émile*, liv. III.

[2] Car les corps ne peuvent changer et sortir des limites de leur nature, sans cesser aussitôt d'être ce qu'ils étaient auparavant. Lucrèce, II, 752.

[3] Stobée, *Serm.* XXIX.

continuant tousiours à ce faire, gaigna cela par l'accoustumance, que, tout grand bœuf qu'il estoit, elle le portoit encores : car c'est, à la verité, une violente et traistresse maistresse d'eschole que la coustume. Elle establit en nous, peu à peu, à la desrobee, le pied de son auctorité : mais, par ce doulx et humble commencement, l'ayant rassis et planté avec l'ayde du temps, elle nous descouvre tantost un furieux et tyrannique visage, contre lequel nous n'avons plus la liberté de haulser seulement les yeulx. Nous luy veoyons forcer, touts les coups, les regles de nature : *Usus efficacissimus rerum omnium magister* [1]. I'en croy l'antre de Platon en sa Republique ; et les medecins, qui quittent si souvent à son auctorité les raisons de leur art ; et ce roy, qui par son moyen rangea son estomach à se nourir de poison ; et la fille qu'Albert recite s'estre accoustumee à vivre d'araignees : et en ce monde des Indes nouvelles, on trouva des grands peuples, et en fort divers climats, qui en vivoient, en faisoient provision et les appastoient, comme aussi des saulterelles, formis, lezards, chauvesouris ; et feut un crapaud vendu six escus en une necessité de vivres ; ils les cuisent et apprestent à diverses saulses : il en feut trouvé d'autres ausquels nos chairs et nos viandes estoient mortelles et venimeuses. *Consuetudinis magna vis est : pernoctant venatores in nive; in montibus uri se patiuntur; pugiles, cœstibus contusi, ne ingemiscunt quidem* [2].

[1] En tout, l'usage est le meilleur maître. PLINE, *Nat. hist.*, XXVI, 2.

[2] C'est une grande force que celle de l'habitude ; les chasseurs

Ces exemples estrangiers ne sont pas estranges, si nous considerons, ce que nous essayons[1] ordinairement, combien l'accoustumance hebete nos sens. Il ne nous fault pas aller chercher ce qu'on dict des voysins des cataractes du Nil ; et ce que les philosophes estiment de la musique celeste, que les corps de ces cercles, estant solides, polis, et venants à se lescher et frotter l'un à l'autre en roulant, ne peuvent faillir de produire une merveilleuse harmonie, aux coupures et muances de laquelle se manient les contours et changements des carolles des astres, mais qu'universellement les ouïes des creatures de çà bas, endormies, comme celles des Aegyptiens, par la continuation de ce son, ne le peuvent apperceveoir, pour grand qu'il soit[2] : les mareschaux, meulniers, armuriers, ne sçauroient demeurer au bruit qui les frappe, s'il les perceoit comme nous.

Mon collet de fleurs[3] sert à mon nez : mais, aprez que ie m'en suis vestu trois iours de suite, il ne sert qu'aux nez assistants. Cecy est plus estrange, que, nonobstant des longs intervalles et intermissions, l'accoustumance puisse ioindre et establir l'effect de son impression sur nos sens ; comme essayent les voysins

passent la nuit dans la neige, ils se laissent brûler par le soleil, dans les montagnes. Les lutteurs, meurtris par le ceste, ne se plaignent même pas. Cic., *Tusc. quæst.*, II, 17.

[1] *Nous éprouvons.*

[2] Tout ce passage, depuis l'exemple des *cataractes du Nil*, est imité de Cicéron, *Songe de Scipion*. Voy. les fragments du *Traité de la République*, VI, 11. V. Leclerc.

[3] C'est peut-être ce qu'on nommait *collet de senteur*, espèce de pourpoint de peau parfumée, à petites basques et sans manches. Coste.

des clochiers. Ie loge chez moy en une tour, où, à la diane et à la retraicte, une fort grosse cloche sonne touts les iours l'*Ave Maria*. Ce tintamarre estonne ma tour mesme : et aux premiers iours me semblant insupportable, en peu de temps m'apprivoise de maniere que ie l'oy sans offense, et souvent sans m'en esveiller.

Platon tansa un enfant qui iouoit aux noix. Il lui respondit : « Tu me tanses de peu de chose. » — « L'accoustumance, repliqua Platon, n'est pas chose de peu[1]. » Ie treuve que nos plus grands vices prennent leur ply dez nostre plus tendre enfance, et que nostre principal gouvernement est entre les mains des nourrices. C'est passetemps aux meres de veoir un enfant tordre le col à un poulet, et s'esbattre à blecer un chien et un chat[2] : et tel pere est si sot, de prendre à bon augure d'une ame martiale, quand il veoid son fils gourmer iniurieusement un païsan ou un laquay qui ne se deffend point; et à gentillesse, quand il le veoid affiner son compaignon par quelque malicieuse desloyauté et tromperie. Ce sont pourtant les vrayes semences et racines de la cruauté, de la tyrannie, de la trahison : elles se germent là; et s'eslevent aprez

[1] DIOGÈNE LAERCE, III, 38. Mais Diogène Laërce ne dit pas que la personne que Platon tança fût un enfant, et qu'il jouât aux noix. Il dit qu'il jouait aux dés; ce qui rend la réponse de Platon bien plus importante. COSTE.

[2] Les enfants sont hautains, dédaigneux, colères, envieux, curieux, intéressés, paresseux, volages, timides, intempérants, menteurs, dissimulés; ils rient et pleurent facilement; ils ont des joies immodérées et des afflictions amères sur de très-petits sujets : ils ne veulent point souffrir de mal, et aiment à en faire : ils sont déjà des hommes. LA BRUYÈRE.

gaillardement, et proufitent à force entre les mains de la coustume. Et est une tresdangereuse institution, d'excuser ces vilaines inclinations par la foiblesse de de l'aage et legiereté du subiect : premierement, c'est nature qui parle, de qui la voix est lors plus pure et plus naïfve, qu'elle est plus graile et plus neufve : secondement, la laideur de la piperie ne despend pas de la difference des escus aux espingles ; elle despend de soy. Ie treuve bien plus iuste de conclure ainsi : « Pourquoy ne tromperoit il aux escus, puisqu'il trompe aux espingles? » que, comme ils font : « Ce n'est qu'aux espingles ; il n'auroit garde de le faire aux escus. » Il fault apprendre soigneusement aux enfants de haïr les vices de leur propre contexture, et leur en fault apprendre la naturelle difformité, à ce qu'ils les fuyent non en leur action seulement, mais sur tout en leur cœur ; que la pensee mesme leur en soit odieuse, quelque masque qu'ils portent.

Ie sçais bien que pour m'estre duict, en ma puerilité, de marcher tousiours mon grand et plain chemin, et avoir eu à contrecœur de mesler ny tricotterie ny finesse à mes ieux enfantins (comme de vray il fault noter que les ieux des enfants ne sont pas ieux, et les fault iuger en eulx comme leurs plus serieuses actions), il n'est passetemps si legier où ie n'apporte, du dedans et d'une propension naturelle et sans estude, une extreme contradiction à tromper. Ie manie les chartes pour les doubles [1], et tiens compte, comme pour les doubles doublons, lorsque le gaigner et le perdre, contre ma femme et ma fille, m'est indiffe-

[1] Petite monnaie de cuivre qui valait deux deniers.

rent, comme lorsqu'il va de bon. En tout et par tout, il y a assez de mes yeulx à me tenir en office; il n'y en a point qui me veillent de si prez, ny que ie respecte plus.

Ie viens de veoir chez moy un petit homme natif de Nantes, nay sans bras, qui a si bien façonné ses pieds au service que luy debvoient les mains, qu'ils en ont, à la verité, à demy oublié leur office naturel. Au demourant, il les nomme ses mains; il trenche, il charge un pistolet et le lasche, il enfile son aiguille, il coud, il escrit, il tire le bonnet, il se peigne, il ioue aux cartes et aux dez, et les remue avecques autant de dexterité que sçauroit faire quelqu'aultre : l'argent que ie luy ay donné (car il gaigne sa vie à se faire veoir), il l'a emporté en son pied, comme nous faisons en nostre main. I'en veis un aultre, estant enfant, qui manioit un'espee à deux mains, et un'hallebarde, du ply du col, à faulte de mains; les iectoit en l'air, et les reprenoit; lanceoit une dague; et faisoit craqueter un fouet, aussi bien que charretier de France.

Mais on descouvre bien mieulx ses effects aux estranges impressions qu'elle faict en nos ames, où elle ne treuve pas tant de resistance. Que ne peult elle en nos iugements et en nos creances? y a il opinion si bizarre (ie laisse à part la grossiere imposture des religions, dequoy tant de grandes nations et tant de suffisants personnages se sont veus enyvrez; car cette partie estant hors de nos raisons humaines, il est plus excusable de s'y perdre, à qui n'y est extraordinairement esclairé par faveur divine), mais d'aultres opinions, y en a il de si estranges qu'elle n'aye planté et estably par loix, ez regions que bon luy a semblé? et est tresiuste cette ancienne exclamation : *Non pudet physicum, id est, speculatorem venatoremque naturæ, ab animis consuetudine imbutis quærere testimonium veritatis*[1] !

I'estime qu'il ne tumbe en l'imagination humaine aulcune fantasie si forcenee, qui ne rencontre l'exemple de quelque usage publicque, et par consequent que nostre raison n'estaye et ne fonde. Il est des peuples où on tourne le dos à celuy qu'on salue, et ne regarde lon iamais celuy qu'on veult honorer. Il en est où, quand le roy crache, la plus favorie des dames de sa court tend la main; et, en autre nation, les plus apparents, qui sont autour de luy, se baissent à terre pour amasser en du linge son ordure. Desrobbons icy la place d'un conte.

Un gentilhomme françois se mouchoit tousiours de sa main; chose tresennemie de nostre usage : deffendant là dessus son faict (et estoit fameux en bons rencontres), il me demanda quel privilege avoit ce sale excrement, que nous allassions luy apprestant un beau linge delicat à le recevoir, et puis, qui plus est, à l'empaqueter et serrer soigneusement sur nous : que cela debvoit faire plus de mal au cœur, que de le veoir verser où que ce feust, comme nous faisons toutes nos aultres ordures. Ie trouvay qu'il ne parloit

[1] Quelle honte à un physicien, qui doit poursuivre sans relâche les secrets de la nature, d'alléguer, pour des preuves de la vérité, ce qui n'est que prévention et coutume! CICÉRON, *de Nat. deor.*, I, 30. — Il y a dans le texte *petere*, au lieu de *quærere*. V. LECLERC.

pas du tout sans raison : et m'avoit la coustume osté l'appercevance de cette estrangeté, laquelle pourtant nous trouvons si hideuse, quand elle est recitee d'un aultre païs. Les miracles sont selon l'ignorance en quoy nous sommes de la nature, non selon l'estre de la nature; l'assuefaction endort la veue de nostre iugement : les barbares ne nous sont de rien plus merveilleux, que nous sommes à eulx, ny avecques plus d'occasion; comme chascun advoueroit, si chascun sçavoit, aprez s'estre promené par ces loingtains exemples, se coucher sur les propres, et les conferer sainement. La raison humaine est une teincture infuse environ de pareil poids à toutes nos opinions et mœurs, de quelque forme qu'elles soyent; infinie en matière, infinie en diversité. Ie m'en retourne.

Il est des peuples où, sauf sa femme et ses enfants, aulcun ne parle au roy que par sarbatane. En une mesme nation, et les vierges montrent à descouvert leurs parties honteuses, et les mariees les couvrent et cachent soigneusement. A quoy cette aultre coustume, qui est ailleurs, a quelque relation : la chasteté n'y est en prix que pour le service du mariage; car les filles se peuvent abandonner à leur poste, et, engroissees, se faire avorter par medicaments propres, au veu d'un chascun. Et ailleurs, si c'est un marchand qui se marie, touts les marchands conviez à la nopce couchent avecques l'espousee avant luy; et plus il y en a, plus a elle d'honneur et de recommendation de fermeté et de capacité : si un officier se marie, il en va de mesme; de mesme si c'est un laboureur ou quelqu'un du bas peuple; car lors c'est au seigneur à faire : et si, on ne laisse pas d'y recommender estroictement la loyauté pendant le mariage. Il en est où il se veoid des bordeaux publics de masles, voire et des mariages : où les femmes vont à la guerre quand et leurs maris, et ont reng, non au combat seulement, mais aussi au commandement : où non seulement les bagues se portent au nez, aux levres, aux ioues, et aux orteils des pieds ; mais des verges d'or bien poisantes au travers des tettins et des fesses : où en mangeant on s'essuye les doigts aux cuisses, et à la bourse des genitoires, et à la plante des pieds : où les enfants ne sont pas heritiers, ce sont les freres et nepveux, et ailleurs les nepveux seulement, sauf en la succession du prince : où, pour regler la communauté des biens, qui s'y observe, certains magistrats souverains ont charge universelle de la culture des terres et de la distribution des fruicts, selon le besoing d'un chascun : où l'on pleure la mort des enfants, et festoye lon celle des vieillards : où ils couchent en des licts dix ou douze ensemble avec leurs femmes : où les femmes qui perdent leurs maris par mort violente se peuvent remarier, les aultres non : où l'on estime si mal de la condition des femmes, que l'on y tue les femelles qui y naissent, et achepte lon, des voysins, des femmes pour le besoing : où les maris peuvent repudier, sans alleguer aulcune cause ; les femmes non, pour cause quelconque : où les maris ont loy de les vendre si elles sont steriles : où ils font cuire le corps du trespassé, et puis piler, iusques à ce qu'il se forme comme en bouillie ; laquelle ils meslent à leur vin, et la boivent : où la plus desirable sepulture est d'estre mangé des chiens; ailleurs, des oyseaux : où l'on croit que les ames heureuses vivent, en toute liberté, en des champs plaisants fournis de toutes commoditez, et que ce sont elles qui font cet echo que nous oyons : où ils combattent en l'eau, et tirent seurement de leurs arcs en nageant : où, pour signe de subiection, il fault haulser les espaules et baisser la teste; et deschausser ses souliers quand on entre au logis du roy : où les eunuques, qui ont les femmes religieuses en garde, ont encores le nez et les levres à dire [1], pour ne pouvoir estre aymez : et les presbtres se crevent les yeulx, pour accointer les daimons et prendre les oracles : où chascun faict un dieu de ce qu'il luy plaist; le chasseur, d'un lyon ou d'un regnard; le pescheur, de certain poisson; et des idoles, de chasque action ou passion humaine : le soleil, la lune, et la terre, sont les dieux principaulx; la forme de iurer, c'est toucher la terre regardant le soleil; et y mange lon la chair et le poisson crud : où le grand serment, c'est iurer le nom de quelque homme trespassé qui a esté en bonne reputation au païs, touchant de la main sa tumbe : où les estrenes annuelles que le roy envoye aux princes ses vassaux, touts les ans, c'est du feu; lequel apporté, tout le vieil feu est esteint : et de ce feu nouveau, le peuple, despendant de ce prince, en doibt venir prendre chascun pour soy, sur peine de crime de leze maiesté : où, quand le roy, pour s'adonner du tout à la devotion, se retire de sa charge, ce qui advient souvent, son premier successeur est obligé d'en faire autant, et passe le droict du

[1] *De moins.*

royaume au troisiesme successeur : où l'on diversifie la forme de la police[1], selon que les affaires semblent le requerir; on depose le roy, quand il semble bon; et luy substitue lon des anciens à prendre le gouvernail de l'estat; et le laisse lon par fois aussi ez mains de la commune : où hommes et femmes sont circoncis, et pareillement baptisez : où le soldat qui, en un ou divers combats, est arrivé à presenter à son roy sept testes d'ennemis, est faict noble : où lon vit soubs cette opinion si rare et insociable de la mortalité des ames : où les femmes s'accouchent sans plaincte et sans effroy : où les femmes, en l'une et l'aultre iambe, portent des greves[2] de cuivre; et, si un pouil les mord, sont tenues par debvoir de magnanimité de le remordre; et n'osent espouser, qu'elles n'ayent offert à leur roy, s'il le veut, leur pucellage : où l'on salue mettant le doigt à terre, et puis le haulsant vers le ciel : où les hommes portent les charges sur la teste, les femmes sur les espaules; elles pissent debout, les hommes accroupis : où ils envoyent de leur sang en signe d'amitié, et encensent, comme les dieux, les hommes qu'ils veulent honorer : où non seulement iusques au quatriesme degré, mais en aulcun plus esloingné, la parenté n'est soufferte aux mariages : où les enfants sont quatre ans à nourrice, et souvent douze; et là mesme il est estimé mortel, de donner à l'enfant à tetter tout le premier iour : où les peres ont charge du chastiment des masles; et les meres, à part, des femelles; et est le chastiment de les fumer pendus

[1] *Du gouvernement.*

[2] *Des bottines* ou *armures de jambes.*

par les pieds : où on faict circoncire les femmes : où l'on mange toutes sortes d'herbes, sans aultre discretion que de refuser celles qui leur semblent avoir mauvaise senteur : où tout est ouvert; et les maisons, pour belles et riches qu'elles soyent, sans porte, sans fenestre, sans coffre qui ferme; et sont les larrons doublement punis qu'ailleurs : où ils tuent les pouils avec les dents comme les magots, et trouvent horrible de les veoir escacher soubs les ongles : où l'on ne coupe en toute la vie ny poil ny ongle; ailleurs, où l'on ne coupe que les ongles de la droicte, ceulx de la gauche se nourrissent par gentillesse : où ils nourrissent tout le poil du costé droict, tant qu'il peult croistre, et tiennent raz le poil de l'aultre costé; et en voysines provinces, celle icy nourrit le poil de devant, celle là le poil de derriere, et rasent l'opposite : où les peres prestent leurs enfants, les maris leurs femmes, à iouyr aux hostes, en payant : où on peult honnestement faire des enfants à sa mere, les peres se mesler à leurs filles et à leurs fils : où, aux assemblees des festins, ils s'entreprestent, sans distinction de parenté, les enfants les uns aux aultres : icy on vit de chair humaine : là c'est office de pieté de tuer son pere en certain aage : ailleurs les peres ordonnent, des enfants encores au ventre des meres, ceulx qu'ils veulent estre nourris et conservez, et ceulx qu'ils veulent estre abandonnez et tuez : ailleurs les vieux maris prestent leurs femmes à la ieunesse pour s'en servir; et ailleurs elles sont communes sans peché; voire, en tel païs, portent pour marque d'honneur autant de belles houppes frangees au bord de leurs robbes, qu'elles ont accointé de masles. N'a pas faict la coustume encores une chose publicque de femmes à part? leur a elle pas mis les armes à la main? faict dresser des armees, et livrer des battailles? Et, ce que toute la philosophie ne peult planter en la teste des plus sages, ne l'apprend elle pas de sa seule ordonnance au plus grossier vulgaire? car nous sçavons des nations entieres, où non seulement la mort estoit mesprisee, mais festoyee; où les enfants de sept ans souffroient à estre fouettez iusques à la mort, sans changer de visage; où la richesse estoit en tel mespris, que le plus chestif citoyen de la ville n'eust daigné baisser le bras pour amasser une bourse d'escus. Et sçavons des regions tresfertiles en toutes façons de vivres, où toutesfois les plus ordinaires mets et les plus savoureux, c'estoient du pain, du nasitort et de l'eau. Feit elle pas encores ce miracle en Cio, qu'il s'y passa sept cents ans, sans memoire que femme ny fille y eust faict faulte à son honneur?

Et somme, à ma fantasie, il n'est rien qu'elle ne face, ou qu'elle ne puisse; et avecques raison l'appelle Pindarus, à ce qu'on m'a dict, « la royne et emperiere du monde[1]. » Celuy qu'on rencontra battant son pere, respondit que c'estoit la coustume de sa maison; que son pere avoit ainsi battu son ayeul; son ayeul, son bisayeul; et, montrant son fils, cettuy cy me battra, quand il sera venu au terme de l'aage où ie suis : et le pere, que le fils tirassoit et sabouloit

[1] C'est ce que Pindare a dit de la loi. Νόμος πάντων βασιλεύς, HÉRODOTE, III, 38. Mais Hérodote, en citant ces paroles, donne aussi à νόμος le sens de coutume. V. LECLERC.

emmy la rue, luy commanda de s'arrester à certain huis, car luy n'avoit traisné son pere que iusques là; que c'estoit la borne des iniurieux traictements hereditaires, que les enfants avoient en usage de faire aux peres, en leur famille. Par coustume, dit Aristote[1], aussi souvent que par maladie, des femmes s'arrachent le poil, rongent leurs ongles, mangent des charbons et de la terre; et, plus par coustume que par nature, les masles se meslent aux masles.

Les loix de la conscience, que nous disons naistre de nature, naissent de la coustume; chascun, ayant en veneration interne les opinions et mœurs approuvees et receues autour de luy, ne s'en peult desprendre sans remors, ny s'y appliquer sans applaudissement. Quand ceulx de Crete vouloient, au temps passé, mauldire quelqu'un, ils prioient les dieux de l'engager en quelque mauvaise coustume[2]. Mais le principal effect de sa puissance, c'est de nous saisir et empieter de telle sorte, qu'à peine soit il en nous de nous r'avoir de sa prinse et de r'entrer en nous, pour discourir et raisonner de ses ordonnances. De vray, parceque nous les humons avec le laict de nostre naissance, et que le visage du monde se presente en cet estat à nostre premiere veue, il semble que nous soyons nayz à la condition de suyvre ce train; et les communes imaginations que nous trouvons en credit autour de nous, et infuses en nostre ame par la semence de nos peres, il semble que ce soyent les generales et naturelles : par où il advient que ce qui est hors les gonds

[1] *Morale à Nicomaque*, VII, 6.
[2] VALÈRE MAXIME, VII, 2, *ext.* 15.

de la coustume, on le croit hors les gonds de la raison; Dieu sçait combien desraisonnablement le plus souvent!

Si, comme nous, qui nous estudions, avons apprins de faire, chascun, qui oid une iuste sentence, regardoit incontinent par où elle luy appartient en son propre, chascun trouveroit que ceste cy n'est pas tant un bon mot, qu'un bon coup de fouet à la bestise ordinaire de son iugement : mais on reçoit les advis de la verité et ses preceptes comme adressez au peuple, non iamais à soy; et au lieu de les coucher sur ses mœurs, chascun les couche en sa memoire, tressottement et tresinutilement. Revenons à l'empire de la coustume.

Les peuples nourris à la liberté, et à se commander eulx mesmes, estiment toute aultre forme de police monstrueuse et contre nature : ceulx qui sont duicts à la monarchie, en font de mesme; et, quelque facilité que leur preste fortune au changement, lors mesme qu'ils se sont, avecques grandes difficultez, desfaicts de l'importunité d'un maistre, ils courent à en replanter un nouveau avecques pareilles difficultez, pour ne se pouvoir resouldre de prendre en haine la maistrise. C'est par l'entremise de la coustume que chascun est content du lieu où nature l'a planté; et les sauvages d'Escosse n'ont que faire de la Touraine, ny les Scythes, de la Thessalie. Darius demandoit à quelques Grecs, pour combien ils vouldroient prendre la coustume des Indes, de manger leurs peres trespassez (car c'estoit leur forme, estimants ne leur pouvoir donner plus favorable sepulture que dans eulx mesmes); ils luy respondirent que pour chose du monde ils ne le feroient : mais s'estant aussi essayé de persuader aux Indiens de laisser leur façon, et prendre celle de Grece, qui estoit de brusler les corps de leurs peres, il leur feit encores plus d'horreur [1]. Chascun en faict ainsi, d'autant que l'usage nous desrobe le vray visage des choses.

> Nil adeo magnum, nec tam mirabile quidquam
> Principio, quod non minuant mirarier omnes
> Paullatim [2].

Aultrefois, ayant à faire valoir quelqu'une de nos observations, et receue avecques resolue auctorité bien loing autour de nous; et ne voulant point, comme il se faict, l'establir seulement par la force des loix et des exemples, mais questant tousiours iusques à son origine, i'y trouvay le fondement si foible, qu'à peine que ie ne m'en degoustasse, moy, qui avois à la confirmer en aultruy. C'est cette recepte, par laquelle Platon entreprend de chasser les desnaturees et preposteres amours de son temps, qu'il estime souveraine et principale; à sçavoir, que l'opinion publicque les condemne, que les poëtes, que chascun en face des mauvais contes; recepte par le moyen de laquelle les plus belles filles n'attirent plus l'amour des peres, ny les freres plus excellents en beauté, l'amour des sœurs; les fables mesmes de Thyestes, d'Oedipus, de Macareus, ayant, avecques

[1] HÉRODOTE, III, 38.

[2] Il n'est rien de si grand, rien de si admirable au premier abord, que peu à peu l'on ne regarde avec moins d'admiration. LUCRÈCE, II, 1027.

le plaisir de leur chant, infus cette utile creance en la tendre cervelle des enfants [1]. De vray, la pudicité est une belle vertu, et de laquelle l'utilité est assez cogneue; mais de la traicter et faire valoir selon nature, il est autant malaysé, comme il est aysé de la faire valoir selon l'usage, les loix et les preceptes. Les premieres et universelles raisons sont de difficile perscrutation; et les passent nos maistres en escumant; ou, en ne les osant pas seulement taster, se iectent d'abordee dans la franchise de la coustume; là ils s'enflent, et triumphent à bon compte. Ceulx qui ne se veulent laisser tirer hors cette originelle source, faillent encores plus, et s'obligent à des opinions sauvages; tesmoing Chrysippus [2], qui sema, en tant de lieux de ses escripts, le peu de compte en quoy il tenoit les conionctions incestueuses, quelles qu'elles feussent.

Qui vouldra se desfaire de ce violent preiudice de la coustume, il trouvera plusieurs choses receues d'une resolution indubitable, qui n'ont appuy qu'en la barbe chenue et rides de l'usage qui les accompaigne: mais ce masque arraché, rapportant les choses à la verité et à la raison, il sentira son iugement comme tout bouleversé, et remis pourtant en bien plus seur estat. Pour exemple, ie luy demanderay lors, quelle chose peult estre plus estrange, que de veoir un peuple obligé à suyvre les loix qu'il n'entendit oncques; attaché en touts ses affaires domestiques, mariages, donations, testaments, ventes

[1] Platon, *Lois*, VIII, 6.

[2] Sextus Empiricus, *Pyrrhon. Hypotyp.*, I, 14.

et achapts, à des regles qu'il ne peult sçavoir, n'estants escriptes ny publiees en sa langue, et desquelles, par necessité, il luy faille acheter l'interpretation et l'usage : non selon l'ingenieuse opinion d'Isocrates [1], qui conseille à son roy de rendre les traficques et negociations de ses subiects, libres, franches et lucratives, et leurs debats et querelles, onereuses, chargees de poisants subsides ; mais selon une opinion prodigieuse, de mettre en traficque la raison mesme, et donner aux loix cours de marchandise. Ie sçay bon gré à la fortune dequoy, comme disent nos historiens, ce feut un gentilhomme gascon et de mon pays, qui le premier s'opposa à Charlemaigne nous voulant donner des loix latines et imperiales.

Qu'est il plus farouche que de veoir une nation où, par legitime coustume, la charge de iuger se vende, et les iugements soyent payez à purs deniers comptants, et où legitimement la iustice soit refusee à qui n'a dequoy la payer ; et ayt cette marchandise si grand credit, qu'il se face en une police un quatriesme estat de gents maniants les procez, pour le ioindre aux trois anciens, de l'eglise, de la noblesse, et du peuple ; lequel estat, ayant la charge des loix et souveraine auctorité des biens et des vies, face un corps à part de celuy de la noblesse : d'où il advienne qu'il y ayt doubles loix, celles de l'honneur, et celles de la iustice, en plusieurs choses fort contraires ; aussi rigoureusement condemnent celles là un dementi souffert, comme celles icy un dementi reven-

[1] *Disc. à Nicoclès.*

ché ; par le debvoir des armes, celuy là soit degradé d'honneur et de noblesse, qui souffre une iniure, et par le debvoir civil, celuy qui s'en venge encoure une peine capitale ; qui s'adresse aux loix pour avoir raison d'une offense faicte à son honneur, il se deshonnore, et qui ne s'y adresse, il en est puny et chastié par les loix : et de ces deux pieces si diverses, se rapportants toutesfois à un seul chef, ceulx là ayent la paix, ceulx cy la guerre, en charge ; ceulx là ayent le gaing, ceulx cy l'honneur ; ceulx là le sçavoir, ceulx cy la vertu ; ceux là la parole, ceulx cy l'action ; ceulx là la iustice, ceulx cy la vaillance ; ceulx là la raison, ceulx cy la force ; ceulx là la robbe longue, ceulx cy la courte, en partage?

Quant aux choses indifferentes, comme vestements, qui les vouldra ramener à leur vraye fin, qui est le service et commodité du corps, d'où despend leur grace et bienseance originelle : pour les plus fantastiques à mon gré qui se puissent imaginer, ie luy donray entre aultres nos bonnets quarrez, cette longue queue de veloux plissé qui pend aux testes de nos femmes avecques son attirail bigarré, et ce vain modele et inutile d'un membre que nous ne pouvons seulement honnestement nommer, duquel toutesfois nous faisons montre et parade en public. Ces considerations ne destournent pourtant pas un homme d'entendement de suyvre le style commun [1] : ains au rebours, il me semble que toutes façons escartees et particulieres partent plustost de folie ou d'affectation ambitieuse, que de vraye raison ; et que

[1] On retrouve ces mêmes idées au liv. III, chap. 3.

le sage doibt au dedans retirer son ame de la presse, et la tenir en liberté et puissance de iuger librement des choses; mais, quant au dehors, qu'il doibt suyvre entierement les façons et formes receues. La société publicque n'a que faire de nos pensees; mais le demourant, comme nos actions, nostre travail, nos fortunes, et nostre vie, il la fault prester et abandonner à son service et aux opinions communes : comme ce bon et grand Socrates refusa de sauver sa vie, par la desobeïssance du magistrat, voire d'un magistrat tresiniuste et tresinique; car c'est la regle des regles, generale loy des loix, que chascun observe celle du lieu où il est :

Νόμοις ἕπεσθαι τοῖσιν ἐγχωρίοις καλόν [1].

En voicy d'une aultre cuvee. Il y a grand doubte s'il se peult trouver si evident proufit au changement d'une loy recëue, telle qu'elle soit, qu'il y a de mal à la remuer : d'autant qu'une police, c'est comme un bastiment de diverses pieces iointes ensemble d'une telle liaison, qu'il est impossible d'en esbranler une, que tout le corps ne s'en sente. Le legislateur des Thuriens [2] ordonna que quiconque vouldroit, ou abolir une des vieilles loix, ou en establir une nouvelle, se presenteroit au peuple la chorde au col; à fin que, si la nouvelleté n'estoit approuvee d'un chascun, il feust incontinent estranglé : et celuy de Lacedemone employa sa vie, pour tirer de ses ci-

[1] Il est beau d'obéir aux lois de son pays. *Excepta ex tragœd. græcis, Hug. Grotio interpr.*, 1626, in-4°, p. 937.

[2] *Charondas.* DIODORE DE SICILE, XII, 24.

toyens une promesse asseuree de n'enfreindre aulcune de ses ordonnances [1]. L'ephore qui coupa si rudement les deux chordes que Phrynis avoit adiousté à la musique, ne s'esmoie pas si elle en vault mieulx, ou si les accords en sont mieulx remplis; il luy suffit, pour les condemner, que ce soit une alteration de la vieille façon. C'est ce que signifioit cette espee rouillee de la iustice de Marseille [2].

Ie suis desgouté de la nouvelleté, quelque visage qu'elle porte; et ay raison, car i'en ay veu des effects tresdommageables : celle qui nous presse depuis tant d'ans [3], elle n'a pas tout exploicté; mais on peult dire, avecques apparence, que par accident elle a tout produict et engendré, voire et les maulx et ruynes qui se font depuis, sans elle et contre elle : c'est à elle à s'en prendre au nez [4];

> Heu! patior telis vulnera facta meis [5]!

Ceux qui donnent le bransle à un estat sont volontiers les premiers absorbez en sa ruyne : le fruict du trouble ne demeure gueres à celuy qui l'a esmeu; il bat et brouille l'eau pour d'aultres pescheurs. La liaison et contexture de cette monarchie et ce grand bastiment ayant esté desmis et dissoult, notamment sur ses vieux ans, par elle, donne tant qu'on veult d'ouverture et d'entree à pareilles iniures : la maiesté

[1] PLUTARQUE, *Lycurgue*, c. 22.

[2] VALÈRE MAXIME, II, 6, 7.

[3] *Vingt-cinq ou trente ans.* VAR., édit. de 1588, in-4.

[4] *A mettre tout cela sur son compte.* COSTE.

[5] Hélas! les blessures dont je souffre ont été faites par mes propres armes. OVIDE, *Epist. Phyllidis Demophoonti*, v. 48.

royalle s'avalle plus difficilement du sommet au milieu, qu'elle ne se precipite du milieu au fond. Mais si les inventeurs sont plus dommageables, les imitateurs sont plus vicieux de se iecter en des exemples desquels ils ont senty et puny l'horreur et le mal : et s'il y a quelque degré d'honneur, mesme au mal à faire, ceulx cy doibvent aux aultres la gloire de l'invention et le courage du premier effort. Toutes sortes de nouvelles desbauches puisent heureusement, en cette premiere et feconde source, les images et patrons à troubler nostre police : on lit en nos loix mesmes, faictes pour le remede de ce premier mal, l'apprentissage et l'excuse de toutes sortes de mauvaises entreprinses; et nous advient, ce que Thucydides [1] dict des guerres civiles de son temps, qu'en faveur des vices publicques on les baptisoit de mots nouveaux plus doulx pour leur excuse, abastardissant et amollissant leurs vrays tiltres : c'est pourtant pour reformer nos consciences et nos creances! *honesta oratio est* [2]. Mais le meilleur pretexte de nouvelleté est tresdangereux : *adeo nihil motum ex antiquo, probabile est* [3] ! Si me semble il, à le dire franchement, qu'il y a grand amour de soy et presumption, d'estimer ses opinions iusques là que, pour les establir, il faille renverser une paix publicque, et introduire tant de maulx inevitables, et une si horrible corruption de mœurs que les guerres civiles appor-

[1] Liv. III, chap. 52.

[2] Le prétexte est honnête. TÉRENCE, *Andr.*, acte I, sc. 1, v. 114.

[3] Tant il est vrai que nous avons toujours tort de changer les institutions de nos pères. TIT. LIV., XXXIV, 54.

tent, et les mutations d'estat en chose de tel poids, et les introduire en son païs propre. Est ce pas malmesnagé, d'advancer tant de vices certains et cogneus, pour combattre des erreurs contestees et debattables? est il quelque pire espece de vices, que ceulx qui choquent la propre conscience et naturelle cognoissance? Le senat osa donner en payement cette desfaicte, sur le differend d'entre luy et le peuple, pour le ministere de leur religion, *ad deos id magis, quam ad se, pertinere; ipsos visuros, ne sacra sua polluantur* [1]; conformement à ce que respondit l'oracle à ceulx de Delphes, en la guerre medoise, craignants l'invasion des Perses : ils demanderent au dieu ce qu'ils avoient à faire des tresors sacrez de son temple, ou les cacher, ou les emporter : il leur respondit, qu'ils ne bougeassent rien, qu'ils se souciassent d'eulx; qu'il estoit suffisant pour prouveoir à ce qui luy estoit propre [2].

La religion chrestienne a toutes les marques d'extreme iustice et utilité, mais nulle plus apparente que l'exacte recommendation de l'obeïssance du magistrat et manutention des polices. Quel merveilleux exemple nous en a laissé la sapience divine, qui, pour establir le salut du genre humain, et conduire cette sienne glorieuse victoire contre la mort et le peché, ne l'a voulu faire qu'à la mercy de nostre ordre politique; et a soubmis son progrez, et la conduicte

[1] Cette affaire, disaient-ils, intéressait les dieux plus qu'eux-mêmes; ces dieux aviseront à ce que leur culte ne soit pas profané. TIT. LIV., X, 6.

[2] HÉRODOTE, VIII, 36.

d'un si hault effect et si salutaire, à l'aveuglement et iniustice de nos observations et usances, y laissant courir le sang innocent de tant d'esleus ses favoris, et souffrant une longue perte d'annees à meurir ce fruict inestimable! Il y a grand à dire entre la cause de celuy qui suyt les formes et les loix de son païs, et celuy qui entreprend de les regenter et changer : celuy là allegue pour son excuse la simplicité, l'obeïssance et l'exemple; quoy qu'il face, ce ne peult estre malice; c'est, pour le plus, malheur : *quis est enim, quem non moveat clarissimis monumentis testata consignataque antiquitas*[1]*?* oultre ce que dit Isocrates[2], que la defectuosité a plus de part à la moderation que n'a l'excez : l'aultre est en bien plus rude party; car qui se mesle de choisir et de changer, usurpe l'auctorité de iuger, et se doibt faire fort de veoir la faulte de ce qu'il chasse, et le bien de ce qu'il introduict.

Cette si vulgaire consideration m'a fermy en mon siege, et tenu ma ieunesse mesme, plus temeraire, en bride, de ne charger mes espaules d'un si lourd faix, que de me rendre respondant d'une science de telle importance, et oser en cette cy ce qu'en sain iugement ie ne pourrois oser en la plus facile de celles ausquelles on m'avoit instruict, et ausquelles la temerité de iuger est de nul preiudice; me semblant tresinique de vouloir soubmettre les constitutions et

[1] Qui pourrait ne pas respecter une antiquité qui nous a été conservée et transmise par les plus éclatants témoignages? CICÉRON, *de Divin.*, I, 40.

[2] *Disc. à Nicoclès*, p. 21.

observances publicques et immobiles à l'instabilité d'une privee fantasie (la raison privee n'a qu'une iurisdiction privee), et entreprendre sur les loix divines ce que nulle police ne supporteroit aux civiles; ausquelles encores que l'humaine raison ayt beaucoup plus de commerce, si sont elles souverainement iuges de leurs iuges, et l'extreme suffisance sert à expliquer et estendre l'usage qui en est receu, non à le detourner et innover. Si quelquesfois la Providence divine a passé par dessus les regles ausquelles elle nous a necessairement astreincts, ce n'est pas pour nous en dispenser : ce sont coups de sa main divine, qu'il nous fault non pas imiter, mais admirer ; et exemples extraordinaires, marquez d'un exprez et particulier adveu, du genre des miracles, qu'elle nous offre pour tesmoignage de sa toute puissance, au dessus de nos ordres et de nos forces, qu'il est folie et impieté d'essayer à representer, et que nous ne debvons pas suyvre, mais contempler avec estonnement; actes de son personnage, non pas du nostre. Cotta proteste bien opportuneement : *Quum de religione agitur, Ti. Coruncanium, P. Scipionem, P. Scævolam, pontifices maximos, non Zenonem, aut Cleanthem, aut Chrysippum sequor*[1]. Dieu le sçache, en nostre presente querelle, où il y a cent articles à oster et remettre, grands et profonds articles, combien ils sont qui se puissent vanter d'avoir exactement recogneu les raisons et fondements de l'un et l'aultre party : c'est un

[1] Lorsqu'il s'agit de religion, je m'en rapporte à Tib. Coruncanius, à P. Scipion, à P. Scévola, souverains pontifes, et non pas à Zénon, à Cléanthe, ou à Chrysippe. Cic., *de Nat. deor.*, III, 2.

nombre, si c'est nombre, qui n'auroit pas grand moyen de nous troubler. Mais toute cette aultre presse, où va elle? soubs quelle enseigne se iecte elle a quartier? Il advient de la leur comme des aultres medecines foibles et mal appliquées : les humeurs qu'elle vouloit purger en nous, elle les a eschauffees, exasperees et aigries par le conflict; et si, nous est demeuree dans le corps : elle n'a sceu nous purger par sa foiblesse, et nous a cependant affoiblis; en maniere que nous ne la pouvons vuider non plus, et ne recevons de son operation que des douleurs longues et intestines.

Si est ce que la fortune, reservant tousiours son auctorité au dessus de nos discours, nous presente aucunesfois la necessité si urgente, qu'il est besoing que les loix lui facent quelque place : et, quand on resiste à l'accroissance d'une innovation qui vient par violence à s'introduire, de se tenir en tout et par tout en bride et en regle contre ceulx qui ont la clef des champs, ausquels tout cela est loisible qui peult advancer leur desseing, qui n'ont ny loy ny ordre que de suyvre leur advantage, c'est une dangereuse obligation et inequalité.

Aditum nocendi perfido præstat fides[1].

d'autant que la discipline ordinaire d'un estat, qui est en sa santé, ne pourveoit pas à ces accidents extraordinaires; elle presuppose un corps qui se tient en ses principaulx membres et offices, et un commun con-

[1] Se fier à un perfide, c'est ouvrir la porte à la trahison. SÉNÈQUE, *Œdip.*, act. III, v. 686.

sentement à son observation et obeïssance. L'aller legitime est un aller froid, poisant et contrainct, et n'est pas pour tenir bon à un aller licencieux et effrené. On sçait qu'il est encores reproché à ces deux grands personnages, Octavius et Caton, aux guerres civiles, l'un de Sylla, l'aultre de Cesar, d'avoir plustost laissé encourir toutes extremitez à leur patrie, que de la secourir aux despens de ses loix, et que de rien remuer : car, à la verité, en ces dernieres necessitez où il n'y a plus que tenir, il seroit à l'adventure plus sagement faict de baisser la teste et prester un peu au coup, que, s'aheurtant, oultre la possibilité, à ne rien relascher, donner occasion à la violence de fouler tout aux pieds; et vauldroit mieulx faire vouloir aux loix ce qu'elles peuvent, puis qu'elles ne peuvent ce qu'elles veulent. Ainsi feit celuy qui ordonna qu'elles dormissent vingt et quatre heures[1]; et celuy qui remua pour cette fois un iour du calendrier; et cet aultre[2] qui du mois de iuin feit le second may. Les Lacedemoniens mesmes, tant religieux observateurs des ordonnances de leur païs, estants pressez de leur loy qui deffendoit d'eslire par deux fois admiral un mesme personnage, et de l'aultre part leurs affaires requerants de toute necessité que Lysander prinst de rechef cette charge, ils feirent bien un Aracus admiral, mais Lysander surintendant de la marine : et de mesme subtilité, un de leurs ambassadeurs, estant envoyé vers les Atheniens pour obtenir le changement de quelqu'ordonnance, et Pericles luy alle-

[1] Agésilas.

[2] Alexandre le Grand.

guant qu'il estoit deffendu d'oster le tableau où une loy estoit une fois posee, luy conseilla de le tourner seulement, d'autant que cela n'estoit pas deffendu. C'est ce dequoy Plutarque loue Philopœmen, qu'estant nay pour commander, il sçavoit non seulement commander selon les loix, mais aux loix mesmes, quand la necessité publicque le requeroit.

CHAPITRE XXIII.

DIVERS EVENEMENTS DE MESME CONSEIL.

Iacques Amyot, grand aumosnier de France, me recita un iour cette histoire à l'honneur d'un prince des nostres (et nostre estoit il à tresbonnes enseignes, encores que son origine feust estrangiere [1]), que durant nos premiers troubles, au siege de Rouan [2], ce prince ayant esté adverti, par la royne mere du roy, d'une entreprinse qu'on faisoit sur sa vie, et instruict particulierement, par ses lettres, de celuy qui la debvoit conduire à chef, qui estoit un gentilhomme angevin, ou manceau, frequentant lors ordinairement pour cet effect la maison de ce prince, il ne communiqua à personne cet advertissement : mais se promenant l'endemain au mont saincte Catherine, d'où se faisoit nostre batterie à Rouan (car c'estoit au temps que nous la tenions assiegee), ayant à ses costez ledit seigneur grand aumosnier et un aultre evesque, il

[1] Le duc de Guise, surnommé *le Balafré*.
[2] En 1562.

apperceut ce gentilhomme qui luy avoit esté remarqué, et le feit appeller. Comme il feut en sa presence, il luy dict ainsi, le veoyant desia paslir et fremir des alarmes de sa conscience : « Monsieur de tel lieu, vous vous doubtez bien de ce que ie vous veulx, et vostre visage le montre. Vous n'avez rien à me cacher; car ie suis instruict de vostre affaire si avant, que vous ne feriez qu'empirer vostre marché d'essayer à le couvrir. Vous sçavez bien telle chose et telle (qui estoyent les tenants et aboutissants des plus secrettes pieces de cette menee) : ne faillez, sur vostre vie, à me confesser la verité de tout ce desseing. » Quand ce pauvre homme se trouva prins et convaincu (car le tout avoit esté descouvert à la royne par l'un des complices), il n'eut qu'à ioindre les mains et requerir la grace et misericorde de ce prince, aux pieds duquel il se voulut iecter; mais il l'en garda, suyvant ainsi son propos[1] : « Venez ça; vous ay ie aultrefois faict desplaisir? ay ie offensé quelqu'un des vostres par haine particuliere? Il n'y a pas trois semaines que ie vous cognoy; quelle raison vous a peu mouvoir à entreprendre ma mort? » Le gentilhomme respondit à cela, d'une voix tremblante, que ce n'estoit aulcune occasion particuliere qu'il en eust, mais l'interest de la cause generale de son party, et qu'aulcuns luy avoient persuadé que ce seroit une execution pleine de pieté, d'extirper, en quelque maniere que ce feust, un si puissant ennemy de leur religion. « Or, suyvit

[1] Tout ceci se trouve dans un livre intitulé *la Fortune de la Cour*, composé par le sieur de Dampmartin, ancien courtisan du règne de Henri III, liv. II, pag. 139. COSTE.

ce prince, ie vous veulx montrer combien la religion que ie tiens est plus doulce que celle dequoy vous faictes profession. La vostre vous a conseillé de me tuer sans m'ouïr, n'ayant receu de moy aulcune offense; et la mienne me commande que ie vous pardonne, tout convaincu que vous estes de m'avoir voulu tuer sans raison[1]. Allez vous en, retirez vous; que ie ne vous veoye plus icy : et, si vous estes sage, prenez doresnavant en vos entreprinses des conseillers plus gents de bien que ceulx là. »

L'empereur Auguste[2], estant en la Gaule, receut certain advertissement d'une coniuration que luy brassoit L. Cinna : il delibera de s'en venger, et manda pour cet effect au lendemain le conseil de ses amis. Mais la nuict d'entre deux, il la passa avecques grande inquietude, considerant qu'il avoit à faire mourir un ieune homme de bonne maison et nepveu du grand Pompeius, et produisoit en se plaignant plusieurs divers discours : « Quoy doncques, disoit il, sera il vray que je demeureray en crainte et en alarme, et que ie lairray mon meurtrier se promener ce pendant à son ayse? S'en ira il quitte, ayant assailly ma teste, que i'ay sauvee de tant de guerres civiles, de tant de batailles par mer et par terre[3], et aprez avoir estably la

[1] Des dieux que nous servons connais la différence :
Les tiens t'ont commandé le meurtre et la vengeance,
Et le mien, quand ton bras vient de m'assassiner,
M'ordonne de te plaindre et de te pardonner.
VOLTAIRE, *Alzire.*

[2] *Voyez* SÉNÈQUE, dans son traité *de la Clémence*, I, 9, d'où cette histoire a été transportée ici mot pour mot. On connaît l'imitation de Corneille.

[3] Je ne conçois pas comment Auguste pouvait se dire à lui-même

paix universelle du monde? sera il absoult, ayant deliberé non de me meurtrir seulement, mais de me sacrifier? » car la coniuration estoit faicte de le tuer comme il feroit quelque sacrifice. Aprez cela, s'estant tenu coy quelque espace de temps, il recommenceoit d'une voix plus forte, et s'en prenoit à soy mesme : « Pourquoy vis tu, s'il importe à tant de gents que tu meures? n'y aura il point de fin à tes vengeances et à tes cruautez? Ta vie vault elle que tant de dommage se face pour la conserver? » Livia, sa femme, le sentant en ces angoisses : « Et les conseils des femmes y seront ils receus? luy dict elle : fay ce que font les medecins; quand les receptes accoustumees ne peuvent servir, ils en essayent de contraires. Par severité, tu n'as iusques à cette heure rien proufité; Lepidus a suyvi Salvidienus; Murena, Lepidus; Caepio, Murena; Egnatius, Caepio : commence à experimenter comment te succederont la doulceur et la clemence. Cinna est convaincu; pardonne luy : de te nuire desormais, il ne pourra, et proufitera à ta gloire. » Auguste feut bien ayse d'avoir trouvé un advocat de son humeur; et, ayant remercié sa femme, et contremandé ses amis qu'il avoit assignez au conseil, commanda qu'on feist venir à luy Cinna tout seul; et ayant faict sortir tout le monde de sa chambre, et faict donner un siege à Cinna, il luy parla en cette maniere : « En premier lieu, ie te demande, Cinna, paisible audience; n'interromps pas mon parler; ie te donray temps et loisir d'y respondre. Tu sçais,

un si grossier mensonge, lui qui savait si bien ce qu'il en était de son courage. SERVAN.

Cinna, que t'ayant prins au camp de mes ennemis, non seulement t'estant faict mon ennemy, mais estant nay tel, ie te sauvay, ie te meis entre mains touts tes biens, et t'ai enfin rendu si accommodé et si aysé, que les victorieux sont envieux de la condition du vaincu: l'office du sacerdoce que tu me demandas, ie te l'octroyay, l'ayant refusé à d'aultres, desquels les peres avoyent tousiours combattu avecques moy. T'ayant si fort obligé, tu as entreprins de me tuer. » A quoy Cinna s'estant escrié qu'il estoit bien esloingné d'une si meschante pensee: « Tu ne me tiens pas, Cinna, ce que tu m'avois promis, suyvit Auguste; tu m'avois asseuré que ie ne seroy pas interrompu. Ouy, tu as entreprins de me tuer en tel lieu, tel iour, en telle compaignie, et de telle façon. » Et le veoyant transi de ces nouvelles, et en silence, non plus pour tenir le marché de se taire, mais de la presse de sa conscience: « Pourquoy, adiousta il, le fais tu? Est ce pour estre empereur? Vrayement il va bien mal à la chose publicque, s'il n'y a que moy qui t'empesche d'arriver à l'empire. Tu ne peulx pas seulement deffendre ta maison, et perdis dernierement un procez par la faveur d'un simple libertin[1]. Quoy! n'as tu moyen ny pouvoir en aultre chose qu'à entreprendre Cesar? Ie le quitte, s'il n'y a que moy qui empesche tes esperances. Penses tu que Paulus, que Fabius, que les Cosseens et Serviliens te souffrent, et une si grande troupe de nobles, non seulement nobles de nom, mais qui, par leur vertu, honnorent leur noblesse? » Aprez plusieurs aultres propos (car il parla à luy plus

[1] *Affranchi*, du mot latin *libertus*, ou *libertinus*.

de deux heures entieres) : « Or va, lui dict il, ie te donne, Cinna, la vie à traistre et à parricide, que ie te donnay aultrefois à ennemy; que l'amitié commence de ce iourd'huy entre nous; essayons qui de nous deux de meilleure foy, moy t'aye donné ta vie, ou tu l'ayes receue. » Et se despartit d'avecques luy en cette maniere. Quelque temps aprez il luy donna le consulat, se plaignant de quoy il ne le luy avoit osé demander. Il l'eut depuis pour fort amy, et feut seul faict par luy heritier de ses biens. Or depuis cet accident, qui advient à Auguste au quarantiesme an de son aage, il n'y eut iamais de coniuration ny d'entreprinse contre luy, et receut une iuste recompense de cette sienne clemence. Mais il n'en adveint pas de mesme au nostre[1]; car sa doulceur ne le sceut garantir qu'il ne cheust depuis aux lacs de pareille trahison : tant c'est chose vaine et frivole que l'humaine prudence! et au travers de touts nos proiects, de nos conseils et precautions, la fortune maintient tousiours la possession des evenements.

Nous appellons les medecins heureux, quand ils arrivent à quelque bonne fin : comme s'il n'y avoit que leur art qui ne se peust maintenir d'elle mesme, et qui eust les fondements trop frailes pour s'appuyer de sa propre force, et comme s'il n'y avoit qu'elle qui aye besoing que la fortune preste la main à ses operations. Ie croy d'elle tout le pis ou le mieulx qu'on vouldra : car nous n'avons, dieu mercy! nul commerce ensemble. Ie suis au rebours des aultres; car ie la meprise bien tousiours : mais quand ie suis

[1] Le duc de Guise, tué en 1563 par Poltrot.

malade, au lieu d'entrer en composition, ie commence encores à la haïr et à la craindre; et responds à ceulx qui me pressent de prendre medecine, qu'ils attendent au moins que ie sois rendu à mes forces et à ma santé, pour avoir plus de moyen de soustenir l'effort et le hazard de leur bruvage. Ie laisse faire nature, et presuppose qu'elle se soit pourveue de dents et de griffes, pour se deffendre des assaults qui luy viennent, et pour maintenir cette contexture dequoy elle fuit la dissolution. Ie crains, au lieu de l'aller secourir, ainsi comme elle est aux prinses bien estroictes et bien ioinctes avecques la maladie, qu'on secoure son adversaire au lieu d'elle, et qu'on la recharge de nouveaux affaires.

Or, ie dy que, non en la medecine seulement, mais en plusieurs arts plus certaines, la fortune y a bonne part : les saillies poetiques qui emportent leur aucteur et le ravissent hors de soy, pourquoy ne les attribuerons nous à son bon heur, puis qu'il confesse luy mesme qu'elles surpassent sa suffisance et ses forces, et les recognoist venir d'ailleurs que de soy, et ne les avoir aulcunement en sa puissance; non plus que les orateurs ne disent avoir en la leur ces mouvements et agitations extraordinaires qui les poulsent au delà de leur desseing? Il en est de mesme en la peincture, qu'il eschappe par fois des traicts de la main du peintre, surpassants sa conception et sa science, qui le tirent luy mesme en admiration, et qui l'estonnent. Mais la fortune montre bien encores plus evidemment la part qu'elle a en touts ces ouvrages, par les graces et beautez qui s'y treuvent non seulement sans l'intention, mais sans la cognoissance mesme de l'ouvrier : un suffisant lecteur descouvre souvent ez esprits d'aultruy des perfections aultres que celles que l'aucteur y a mises et apperceues, et y preste des sens et des visages plus riches.

Quant aux entreprinses militaires, chascun veoid comment la fortune y a bonne part. En nos conseils mesmes et en nos deliberations, il fault certes qu'il y ayt du sort et du bon heur meslé parmy; car tout ce que nostre sagesse peult, ce n'est pas grand'chose : plus elle est aiguë et vifve, plus elle treuve en soy de foiblesse, et se desfie d'autant plus d'elle mesme. Ie suis de l'advis de Sylla[1]; et quand ie me prends garde de prez aux plus glorieux exploicts de la guerre, ie veoy, ce me semble, que ceulx qui les conduisent n'y employent la deliberation et le conseil que par acquit, et que la meilleure part de l'entreprinse, ils l'abandonnent à la fortune; et, sur la fiance qu'ils ont à son secours, passent à touts les coups au delà des bornes de tout discours[2]. Il survient des alaigresses fortuites et des fureurs estran-

[1] « Qui osta l'envie à ses faicts, en louant souvent sa bonne fortune, et finalement en se surnommant *Faustus*, etc. » PLUTARQUE, *Comment on peut se louer soi-même*, c. 9, trad d'AMYOT. COSTE.

[2] Presque toute la vie militaire des plus grands capitaines dépose contre ce passage de Montaigne. Sylla lui-même, qui affectait de s'appeler heureux plutôt qu'habile, ne devait pourtant ses succès qu'à l'habileté la plus consommée... Toute sa vie n'était qu'un système dont les actions et les parties étaient parfaitement liées d'un bout à l'autre. SERVAN.

gieres parmy leurs deliberations, qui les poulsent le plus souvent à prendre le party le moins fondé en apparence, et qui grossissent leur courage au dessus de la raison. D'où il est advenu à plusieurs grands capitaines anciens, pour donner credit à ces conseils temeraires, d'alleguer à leurs gents qu'ils y estoyent conviez par quelque inspiration, par quelque signe et prognostique.

Voylà pourquoy, en cette incertitude et perplexité que nous apporte l'impuissance de veoir et choisir ce qui est le plus commode, pour les difficultez que les divers accidents et circonstances de chaque chose tirent, le plus seur, quand aultre consideration ne nous y convieroit, est, à mon advis, de se reiecter au party où il y a plus d'honnesteté et de iustice; et, puis qu'on est en doubte du plus court chemin, tenir tousiours le droict : comme en ces deux exemples, que ie viens de proposer, il n'y a point de doubte qu'il ne feust plus beau et plus genereux à celuy qui avoit receu l'offense, de la pardonner, que s'il eust faict aultrement. S'il en est mesadvenu au premier, il ne s'en fault pas prendre à ce sien bon desseing; et ne sçait on, quand il eust prins le party contraire, s'il eust eschappé à la fin à laquelle son destin l'appelloit; et si, eust perdu la gloire d'une telle humanité.

Il se veoid, dans les histoires, force gents en cette crainte; d'où la pluspart ont suyvi le chemin de courir au devant des coniurations qu'on faisoit contre eulx, par vengeance et par supplices; mais i'en veoy fort peu ausquels ce remede ayt servy; tesmoing tant d'empereurs romains. Celuy qui se treuve en ce danger, ne doibt pas beaucoup esperer ny de sa force ny de sa vigilance : car combien est il mal aysé de se garantir d'un ennemy qui est couvert du visage du plus officieux amy que nous ayons, et de cognoistre les volontez et pensements interieurs de ceulx qui nous assistent? Il a beau employer des nations estrangieres pour sa garde, et estre tousiours ceinct d'une haye d'hommes armez; quiconque aura sa vie à mespris se rendra tousiours maistre de celle d'aultruy [1]; et puis, ce continuel souspeçon qui met le prince en doubte de tout le monde, luy doibt servir d'un merveilleux torment. Pourtant Dion, estant adverty que Callippus espioit les moyens de le faire mourir, n'eut iamais le cœur d'en informer, disant qu'il aymoit mieulx mourir, que vivre en cette misere d'avoir à se garder, non de ses ennemis seulement, mais aussi de ses amis [2] : ce qu'Alexandre representa bien plus vifvement par effect, et plus roidement, quand ayant eu advis, par une lettre de Parmenion, que Philippus, son plus cher medecin, estoit corrompu par l'argent de Darius pour l'empoisonner; en mesme temps qu'il donnoit à lire sa lettre à Philippus, il avala le bruvage qu'il luy avoit presenté [3]. Feut ce pas exprimer cette resolution, que si ses amis le vouloient tuer, il consentoit qu'ils le peussent faire? Ce prince est le souverain patron des actes hazardeux; mais ie ne sçay s'il y a traict en sa

[1] SÉNÈQUE, *Epist.* 4.

[2] PLUTARQUE, *Apophthegmes*.

[3] QUINTE-CURCE, III, 6.

vie qui ayt plus de fermeté que cettuy cy, ny une beauté illustre par tant de visages.

Ceulx qui preschent aux princes la desfiance si attentifve, soubs couleur de leur prescher leur seureté, leur preschent leur ruyne et leur honte : rien de noble ne se faict sans hazard. I'en sçais un de courage tresmartial de sa complexion, et entreprenant, de qui touts les iours on corrompt la bonne fortune par telles persuasions : « Qu'il se resserre entre les siens ; qu'il n'entende à aulcune reconciliation de ses anciens ennemis ; se tienne à part, et ne se commette entre mains plus fortes, quelque promesse qu'on luy face, quelque utilité qu'il y veoye. » I'en sçais un aultre qui a inesperement advancé sa fortune pour avoir prins conseil tout contraire.

La hardiesse, dequoy ils cherchent si avidement la gloire, se represente, quand il est besoing, aussi magnifiquement en pourpoinct qu'en armes ; en un cabinet, qu'en un camp ; le bras pendant, que le bras levé.

La prudence si tendre et circonspecte est mortelle ennemie des haultes executions. Scipion sceut, pour practiquer la volonté de Syphax, quittant son armee, et abandonnant l'Espaigne doubteuse encores sous sa nouvelle conqueste, passer en Afrique dans deux simples vaisseaux pour se commettre, en terre ennemie, à la puissance d'un roy barbare, à une foy incogneue, sans obligation, sans ostage, soubs la seule seureté de la grandeur de son propre courage, de son bon heur, et de la promesse de ses haultes esperances[1]. *Habita fides ipsam plerumque fidem obligat*[2]. A une vie ambitieuse et fameuse, il fault, au rebours[3], prester peu et porter la bride courte aux souspeçons : la crainte et la desfiance attirent l'offense, et la convient. Le plus desfiant de nos roys[4] establit ses affaires principalement pour avoir volontairement abandonné et commis sa vie et sa liberté entre les mains de ses ennemis : montrant avoir entiere fiance d'eulx, à fin qu'ils la prinssent de luy. A ses legions mutinees et armees contre luy, Cesar opposoit seulement l'auctorité de son visage et la fierté de ses paroles; et se fioit tant à soy et à sa fortune, qu'il ne craignoit point de s'abandonner et commettre à une armee seditieuse et rebelle :

Stetit aggere fultus
Cespitis, intrepidus vultu: meruitque timeri,
Nil metuens[5].

Mais il est bien vray que cette forte asseurance ne se peult representer bien entiere et naïfve, que par ceulx ausquels l'imagination de la mort, et du pis qui peult advenir aprez tout, ne donne point d'effroy : car de la presenter tremblante encores, doubteuse et incertaine, pour le service d'une importante reconciliation, ce n'est rien faire qui vaille. C'est un

[1] Tite Live, XXVIII, 17.

[2] La confiance que nous accordons à un autre nous gagne souvent la sienne. Id., XXII, 22.

[3] *Au rebours* se rapporte à ces mots : *La prudence si tendre et circonspecte*, etc. V. Leclerc.

[4] Louis XI. *Voyez* les *Mémoires de Comines*, liv. II, c. 5 à 7. Coste.

[5] Debout sur un tertre de gazon et l'air intrépide, il se fit craindre en ne craignant pas. Lucain, V, 316.

excellent moyen de gaigner le cœur et volonté d'aultruy, de s'y aller soubmettre et fier, pourveu que ce soit librement et sans contraincte d'aulcune necessité, et que ce soit en condition qu'on y porte une fiance pure et nette, le front au moins deschargé de tout scrupule. Ie veis, en enfance, un gentilhomme, commandant à une grande ville, empressé à l'esmotion d'un peuple furieux : pour esteindre ce commencement de trouble, il print party de sortir d'un lieu tresasseuré où il estoit, et se rendre à cette tourbe mutine; d'où mal luy print, et y feut miserablement tué. Mais il ne me semble pas que sa faulte feust tant d'estre sorty, ainsi qu'ordinairement on le reproche à sa memoire, comme ce feut d'avoir prins une voye de soubmission et de mollesse, et d'avoir voulu endormir cette rage plustost en suyvant qu'en guidant, en requerant plustost qu'en remontrant; et estime qu'une gracieuse severité, avecques un commandement militaire plein de securité et de confiance, convenable à son reng et à la dignité de sa charge, luy eust mieulx succedé, au moins avecques plus d'honneur et de bienseance. Il n'est rien moins esperable de ce monstre ainsin agité, que l'humanité et la doulceur; il recevra bien plustost la reverence et la crainte. Ie luy reprocherois aussi, qu'ayant prins une resolution, plustost brave à mon gré que temeraire, de se iecter foible et en pourpoinct, emmy cette mer tempestueuse d'hommes insensez, il la debvoit avaller toute [1], et n'abandonner ce personnage : au

[1] *Il devait soutenir jusqu'au bout sa première résolution, et ne pas abandonner son rôle.*

lieu qu'il luy adveint, aprez avoir recogneu le danger de prez, de saigner du nez, et d'alterer encores depuis cette contenance desmise [1] et flatteuse, qu'il avoit entreprinse, en une contenance effroyee : chargeant sa voix et ses yeulx d'estonnement et de penitence ; cherchant à conniller [2] et à se desrober, il les enflamma et appella sur soy.

On deliberoit de faire une montre generale de diverses troupes en armes (c'est le lieu des vengeances secrettes ; et n'est poinct où, en plus grande seureté, on les puisse exercer) : il y avoit publicques et notoires apparences qu'il n'y faisoit pas fort bon pour aulcuns, ausquels touchoit la principale et necessaire charge de les recognoistre. Il s'y proposa divers conseils, comme en chose difficile, et qui avoit beaucoup de poids et de suyte. Le mien feut qu'on evitast sur tout de donner aulcun tesmoignage de ce doubte ; et qu'on s'y trouvast et meslast parmy les files, la teste droicte et le visage ouvert ; et qu'au lieu d'en retrencher aulcune chose (à quoy les aultres opinions visoyent le plus), au contraire, l'on solicitast les capitaines d'advertir les soldats de faire leurs salves belles et gaillardes, en l'honneur des assistants, et n'espargner leur pouldre. Cela servit de gratification envers ces troupes suspectes, et engendra dez lors en avant une mutuelle et utile confiance

[1] *Humble.*

[2] *Coniller*, faire comme les lapins qu'on appelait *connin* ou *conil*, parce que cet animal, très-timide, se cache dans son terrier lorsqu'il est inquiété.

La voye qu'y teint Iulius Cesar, ie treuve que c'est la plus belle qu'on y puisse prendre. Premierement, il essaya par clemence à se faire aymer de ses ennemis mesmes, se contentant, aux coniurations qui luy estoient descouvertes, de declarer simplement qu'il en estoit adverty : cela faict, il print une tresnoble resolution d'attendre sans effroy et sans solicitude ce qui luy en pourroit advenir, s'abandonnant et se remettant à la garde des dieux et de la fortune; car certainement c'est l'estat où il estoit, quand il feut tué.

Un estrangier ayant dict et publié par tout qu'il pourroit instruire Dionysius, tyran de Syracuse, d'un moyen de sentir et descouvrir en toute certitude les parties que ses subiects machineroient contre luy, s'il luy vouloit donner une piece d'argent; Dionysius, en estant adverty, le feit appeller à soy, pour s'esclaircir d'une art si necessaire à sa conservation. Cet estrangier luy dict qu'il n'y avoit pas d'aultre art, sinon qu'il luy feist delivrer un talent, et se vantast d'avoir apprins de luy un singulier secret. Dionysius trouva cette invention bonne, et luy feit compter six cents escus [1]. Il n'estoit pas vraysemblable qu'il eust donné si grande somme à un homme incogneu, qu'en recompense d'un tresutile apprentissage; et servoit cette reputation à tenir ses ennemis en crainte. Pourtant les princes sagement publient les advis qu'ils reçoivent des menees qu'on dresse contre leur vie, pour faire croire qu'ils sont bien advertis, et qu'il ne se peult rien entreprendre

[1] PLUTARQUE, *Apophthegmes*.

dequoy ils ne sentent le vent. Le duc d'Athenes feit plusieurs sottises, en l'establissement de sa fresche tyrannie sur Florence; mais cette cy la plus notable, qu'ayant receu le premier advis des monopoles [1] que ce peuple dressoit contre luy, par Matteo di Morozo, complice d'icelles, il le feit mourir pour supprimer cet advertissement, et ne faire sentir qu'aulcun en la ville s'ennuyast de sa domination.

Il me souvient avoir leu aultrefois [2] l'histoire de quelque Romain, personnage de dignité, lequel, fuyant la tyrannie du triumvirat, avait eschappé mille fois les mains de ceulx qui le poursuivoyent, par la subtilité de ses inventions. Il adveint un iour qu'une troupe de gents de cheval, qui avoit charge de le prendre, passa tout ioignant un hallier où il s'estoit tapy, et faillit de le descouvrir; mais luy, sur ce poinct là, considerant la peine et les difficultez ausquelles il avoit desia si longtemps duré, pour se sauver des continuelles et curieuses recherches qu'on faisoit de luy par tout, le peu de plaisir qu'il pouvoit esperer d'une telle vie, et combien il luy valoit mieulx passer une fois le pas, que demourer tousiours en cette transe, luy mesme les r'appella et leur trahit sa cachette, s'abandonnant volontairement à leur cruauté, pour oster eulx et luy d'une plus longue peine. D'appeller les mains ennemies, c'est un conseil un peu gaillard : si croy ie qu'encores vaudroit il mieulx le prendre, que de demourer en la fiebvre continuelle d'un accident qui n'a point de

[1] *Conjurations.*
[2] Dans APPIEN, liv. IV des *Guerres civiles.*

remede. Mais puis que les provisions qu'on y peult apporter sont pleines d'inquietude et d'incertitude, il vault mieulx d'une belle asseurance se preparer à tout ce qui en pourra advenir, et tirer quelque consolation de ce qu'on n'est pas asseuré qu'il advienne.

CHAPITRE XXIV.

DU PEDANTISME.

Ie me suis souvent despité, en mon enfance, de veoir ez comedies italiennes tousiours un Pedante pour badin, et le surnom de Magister n'avoir gueres plus honorable signification parmy nous : car, leur estant donné en gouvernement, que pouvois ie moins faire que d'estre ialoux de leur reputation? Ie cherchoy bien de les excuser par la disconvenance naturelle qu'il y a entre le vulgaire, et les personnes rares et excellentes en iugement et en sçavoir, d'autant qu'ils vont un train entierement contraire les uns des aultres; mais en cecy perdois ie mon latin, que les plus galants hommes c'estoient ceulx qui les avoyent le plus à mespris, tesmoing nostre bon du Bellay :

> Mais ie hay par sur tout un sçavoir pedantesque;

et est cette coustume ancienne; car Plutarque dict que Grec et Escholier estoient mots de reproche entre les Romains, et de mespris. Depuis, avec l'aage, i'ay trouvé qu'on avoit une grandissime raison, et que *magis magnos clericos non sunt magis magnos sapientes* [1]. Mais d'où il puisse advenir qu'une ame riche de la cognoissance de tant de choses, n'en devienne pas plus vifve et plus esveillee; et qu'un esprit grossier et vulgaire puisse loger en soy, sans s'amender, les discours et les iugements des plus excellents esprits que le monde ait porté, i'en suis encores en doubte. A recevoir tant de cervelles estrangieres, et si fortes et si grandes, il est necessaire (me disoit une fille, la premiere de nos princesses, parlant de quelqu'un) que la sienne se foule, se contraigne et rapetisse, pour faire place aux aultres : ie diroy volontiers que, comme les plantes s'estouffent de trop d'humeur, et les lampes de trop d'huile; aussi faict l'action de l'esprit, par trop d'estude et de matiere : lequel, occupé et embarrassé d'une grande diversité de choses, perde le moyen de se desmeler, et que cette charge le tienne courbe et croupy. Mais il en va aultrement; car nostre ame s'eslargit d'autant plus qu'elle se remplit : et aux exemples des vieux temps, il se veoid, tout au rebours, des suffisants hommes aux maniements des choses publicques, des grands capitaines, et grands conseillers aux affaires d'estat, avoir esté ensemble tresscavants.

Et quant aux philosophes, retirez de toute occupation publicque, ils ont esté aussi quelquesfois, à la

[1] Pardieu, les plus grands clercs ne sont pas les plus fins.

RÉGNIER, *sat*. 3. — Ce proverbe latin se trouve dans Rabelais, *Gargantua*, I, 39.

verité, mesprisez par la liberté comique de leur temps; leurs opinions et façons les rendants ridicules. Les voulez vous faire iuges des droicts d'un procez, des actions d'un homme? ils en sont bien prests! ils cherchent encores s'il y a vie, s'il y a mouvement, si l'homme est aultre chose qu'un bœuf; que c'est qu'agir et souffrir; quelles bestes ce sont que loix et iustice. Parlent ils du magistrat, ou parlent ils à luy? c'est d'une liberté irreverente et incivile. Oyent ils louer leur prince ou un roy? c'est un pastre pour eulx, oisif comme un pastre, occupé à pressurer et tondre ses bestes, mais bien plus rudement qu'un pastre. En estimez vous quelqu'un plus grand, pour posseder deux mille arpents de terre? eulx s'en mocquent, accoutumez d'embrasser tout le monde comme leur possession. Vous vantez vous de vostre noblesse, pour compter sept ayeulx riches? ils vous estiment de peu, ne concevant l'image universelle de nature, et combien chascun de nous a eu de predecesseurs, riches, pauvres, roys, valets, grecs, barbares; et quand vous seriez cinquantiesme descendant de Hercules, ils vous trouvent vain de faire valoir ce present de la fortune. Ainsi les desdaignoit le vulgaire, comme ignorants les premieres choses et communes, et comme presumptueux et insolents[1].

Mais cette peincture platonique est bien esloignee de celle qu'il fault à nos hommes. On envioit ceulx là comme estants au dessus de la commune façon,

[1] Tout ce passage, *Et quant aux philosophes*, etc., est traduit assez fidèlement du *Théétète* de PLATON. V. LECLERC.

comme mesprisants les actions publicques, comme ayants dressé une vie particuliere et inimitable, reglee à certains discours haultains et hors d'usage : ceulx cy, on les desdaigne comme estants au dessoubs de la commune façon, comme incapables des charges publicques, comme traisnants une vie et des mœurs basses et viles aprez le vulgaire :

Odi homines ignava opera, philosopha sententia[1].

Quant à ces philosophes, dis ie, comme ils estoyent grands en science, ils estoyent encores plus grands en toute action. Et tout ainsi qu'on dict de ce geometrien de Syracuse[2], lequel ayant esté destourné de sa contemplation, pour en mettre quelque chose en practique à la deffense de son païs, qu'il meit soubdain en train des engins espouvantables et des effets surpassants toute creance humaine; desdaignant toutesfois luy mesme toute cette sienne manufacture, et pensant en cela avoir corrompu la dignité de son art, de laquelle ses ouvrages n'estoient que l'apprentissage et le iouet : aussi eulx, si quelquesfois on les a mis à la preuve de l'action, on les a veu voler d'une aile si haulte, qu'il paroissoit bien leur cœur et leur ame s'estre merveilleusement grossie et enrichie par l'intelligence des choses. Mais aulcuns, veoyants la place du gouvernement politique saisie par des hommes incapables, s'en sont reculez; et celuy qui demanda à Crates, iusques à quand il

[1] Je hais ces hommes incapables d'agir, dont la philosophie est toute en paroles. PACUVIUS *ap.* GELLIUM, XIII, 8.

[2] Archimède.

fauldroit philosopher, en receut cette response : « Iusques à tant que ce ne soient plus des asniers qui conduisent nos armees [1]. » Heraclitus resigna la royauté à son frère ; et aux Ephesiens, qui luy reprochoient à quoy il passoit son temps, à iouer avecques les enfants devant le temple : « Vault il pas mieulx faire cecy, que gouverner les affaires en vostre compaignie [2] ? » D'aultres, ayants leur imagination logee au dessus de la fortune et du monde, trouverent les sieges de la iustice, et les throsnes mesmes des roys, bas et vils ; et refusa Empedocles la royauté que les Agrigentins luy offrirent [3]. Thales, accusant quelquesfois le soing du mesnage et de s'enrichir, on luy reprocha que c'estoit à la mode du regnard, pour n'y pouvoir advenir : il luy print envie, par passetemps, d'en montrer l'experience ; et, ayant pour ce coup ravalé son sçavoir au service du proufit et du gaing, dressa une traficque qui dans un an rapporta telles richesses, qu'à peine en toute leur vie les plus experimentez de ce mestier là en pouvoyent faire de pareilles [4]. Ce qu'Aristote recite d'aulcuns, qui appelloyent et celuy là et Anaxagoras, et leurs semblables, sages et non prudents, pour n'avoir assez de soing des choses plus utiles : oultre ce que ie ne digere pas bien cette difference de mots, cela ne sert point d'excuse à mes gents ; et à veoir la basse et necessiteuse fortune dequoy ils se

[1] Diogène Laerce, VI, 92.
[2] Id., IX, 6, 3.
[3] Id., *Empédocle*, VIII, 63.
[4] Id., *Thalès*, I, 26 ; Cic., *de Divinat.*, I, 49.

payent, nous aurions plustost occasion de prononcer touts les deux, qu'ils sont et non sages, et non prudents.

Ie quitte cette premiere raison, et croy qu'il vault mieulx dire que ce mal vienne de leur mauvaise façon de se prendre aux sciences; et qu'à la mode dequoy nous sommes instruicts, il n'est pas merveille, si ny les escholiers, ni les maistres, n'en deviennent pas plus habiles, quoy qu'ils s'y facent plus doctes. De vray, le soing et la despense de nos peres ne vise qu'à nous meubler la teste de science : du iugement et de la vertu, peu de nouvelles. Criez d'un passant à nostre peuple : « O le sçavant homme! » et d'un aultre : « O le bon homme[1]! » il ne fauldra pas à destourner les yeulx et son respect vers le premier. Il y fauldroit un tiers crieur : « O les lourdes testes! » Nous nous enquerons volontiers : « Sçait il du grec ou du latin? escrit il en vers ou en prose? » mais s'il est devenu meilleur ou plus advisé, c'estoit le principal, et c'est ce qui demeure derriere. Il falloit s'enquerir qui est mieulx sçavant, non qui est plus savant.

Nous ne travaillons qu'à remplir la memoire, et laissons l'entendement et la conscience vuides. Tout ainsi que les oyseaux vont quelquesfois à la queste du grain, et le portent au bec sans le taster pour en faire bechee à leurs petits : ainsi nos pedantes vont pillotants la science dans les livres, et ne la logent qu'au bout de leurs levres, pour la degorger seulement et mettre au vent. C'est merveille combien proprement la sottise se loge sur mon exemple : est

[1] Imité de Sénèque, *Epist.* 88. V. Leclerc.

ce pas faire de mesme ce que ie fois en la plus part de cette composition? ie m'en vois escornifflant, par cy par là, des livres, les sentences qui me plaisent, non pour les garder (car ie n'ay point de gardoire), mais pour les transporter en cettuy cy; où, à vray dire, elles ne sont non plus miennes qu'en leur premiere place : nous ne sommes, ce crois ie, sçavants que de la science presente; non de la passee, aussi peu que de la future. Mais, qui pis est, leurs escholiers et leurs petits ne s'en nourrissent et alimentent non plus; ains elle passe de main en main, pour cette seule fin d'en faire parade, d'en entretenir aultruy, et d'en faire des contes, comme une vaine monnoye inutile à tout aultre usage et emploite qu'à compter et iecter. *Apud alios loqui didicerunt, non ipsi secum*[1]. *Non est loquendum, sed gubernandum*[2]. Nature, pour montrer qu'il n'y a rien de sauvage en ce qu'elle conduict, faict naistre souvent, ez nations moins cultivees par art, des productions d'esprit, qui luictent les plus artistes productions. Comme, sur mon propos, le proverbe gascon, tiré d'une chalemie, est il delicat, « *Bouha prou bouha, mas à remuda lous dits qu'em?* souffler prou, souffler; mais à remuer les doigts, nous en sommes là. » Nous sçavons dire : « Cicero dict ainsi; Voylà les mœurs de Platon; Ce sont les mots mesmes d'Aristote : » mais nous, que disons nous nous mesmes? que iugeons nous? Autant en diroit bien un perroquet.

[1] Ils ont appris à parler aux autres, et non pas à eux-mêmes. Cic., *Tusc. quæst.*, V, 36.

[2] Il ne s'agit pas de parler, mais de conduire le vaisseau. Sénèque, *Epist.* 108.

Cette façon me faict souvenir de ce riche Romain [1] qui avoit esté soigneux, à fort grande despense, de recouvrer des hommes suffisants en tout genre de sciences, qu'il tenoit continuellement autour de luy, à fin que, quand il escheeoit entre ses amis quelque occasion de parler d'une chose ou d'aultre, ils suppleassent en sa place, et feussent tout prests à luy fournir, qui d'un discours, qui d'un vers d'Homere, chascun selon son gibbier; et pensoit ce sçavoir estre sien, parce qu'il estoit en la teste de ses gents; et comme font aussi ceulx desquels la suffisance loge en leurs sumptueuses librairies. I'en cognois à qui quand ie demande ce qu'il sçait, il me demande un livre pour me le montrer, et n'oseroit me dire qu'il a le derriere galeux, s'il ne va sur le champ estudier, en son lexicon, que c'est que Galeux, et que c'est que Derriere.

Nous prenons en garde les opinions et le sçavoir d'aultruy, et puis c'est tout : il les fault faire nostres. Nous semblons proprement celuy qui, ayant besoing de feu, en iroit querir chez son voysin, et, y en ayant trouvé un beau et grand, s'arresteroit là à se chauffer, sans plus se souvenir d'en rapporter chez soy [2]. Que nous sert il d'avoir la panse pleine de viande, si elle ne se digere, si elle ne se transforme en nous, si elle ne nous augmente et fortifie? Pensons nous que Lucullus, que les lettres rendirent et formerent si grand capitaine sans l'experience [3], les

[1] Calvisius Sabinus. SÉNÈQUE, *Epist.* 27.

[2] On trouve cette comparaison à la fin du traité de Plutarque, intitulé dans Amyot, *Comment il faut ouïr*. COSTE.

[3] CIC., *Acad.*, II, 1.

eust prinses à nostre mode? Nous nous laissons si fort aller sur les bras d'aultruy, que nous aneantissons nos forces. Me veulx ie armer contre la crainte de la mort? c'est aux despens de Seneca. Veulx ie tirer de la consolation pour moy ou pour un aultre? ie l'emprunte de Cicero. Ie l'eusse prinse en moy mesme, si on m'y eust exercé. Ie n'ayme point cette suffisance relative et mendiee : quand bien nous pourrions estre sçavants du sçavoir d'aultruy, au moins sages ne pouvons nous estre que de nostre propre sagesse[1].

Μισῶ σοφιστὴν, ὅστις οὐχ αὑτῷ σοφός.

« Ie hay le sage qui n'est pas sage pour soy mesme[2]. » *Ex quo Ennius : Nequidquam sapere sapientem, qui ipse sibi prodesse non quiret*[3].

Si cupidus, si
Vanus, et Euganea quantumvis mollior agna[4].

Non enim paranda nobis solum, sed fruenda sapientia est[5].

Dionysius[6] se mocquoit des grammairiens qui ont

[1] Cette distinction entre le savoir et la sagesse est plus spécieuse que vraie, et nous pouvons être sages de la sagesse d'autrui, comme savants du savoir d'autrui. SERVAN.

[2] C'est un vers d'Euripide, comme nous l'apprend CICÉRON, *Epist. famil.*, XIII, 15. NAIGEON.

[3] Aussi Ennius dit-il : « Vaine est la sagesse, si elle n'est pas utile au sage. » *Apud* CIC. *de Offic.*, III, 15.

[4] S'il est avare, menteur, et plus mou qu'une brebis de Padoue. JUV., VIII, 14.

[5] Car il ne suffit pas d'acquérir la sagesse, il faut en user. CIC., *de Finib.*, I, 1.

[6] Ce *Dionysius* n'est autre que *Diogène le Cynique*. Voir DIOGÈNE LAERCE, VI, 27, 28.

soing de s'enquerir des maulx d'Ulysses, et ignorent les propres; des musiciens qui accordent leurs fleutes, et n'accordent pas leurs mœurs; des orateurs qui estudient à dire iustice, non à la faire. Si nostre ame n'en va un meilleur bransle, si nous n'en avons le iugement plus sain, i'aymerois aussi cher que mon escholier eust passé le temps à iouer à la paulme: au moins le corps en seroit plus alaigre. Voyez le revenir de là, aprez quinze ou seize ans employez; il n'est rien si mal propre à mettre en besongne: tout ce que vous y recognoissez d'avantage, c'est que son latin et son grec l'ont rendu plus sot et presumptueux qu'il n'estoit party de la maison. Il en debvoit rapporter l'ame pleine, il ne l'en rapporte que bouffie; et l'a seulement enflee, en lieu de la grossir[1].

Ces maistres icy, comme Platon dict des sophistes leurs germains, sont, de touts les hommes, ceulx qui promettent d'estre les plus utiles aux hommes; et seuls, entre touts les hommes, qui non seulement n'amendent point ce qu'on leur commet, comme faict un charpentier et un masson, mais l'empirent, et se font payer de l'avoir empiré. Si la loy que Protagoras proposoit à ses disciples estoit suyvie, « ou qu'ils le payassent selon son mot, ou qu'ils iurassent au temple combien ils estimoient le proufit qu'ils avoient receu de sa discipline, et selon iceluy satisfissent sa peine[2], »

[1] VOLTAIRE, dans le conte intitulé *la Bégueule,* dit en parlant de l'orgueil :

Bouffi, mais sec, ennemi des ébats,
Il renfle l'âme, et ne la nourrit pas.

V. LECLERC.

[2] PLATON, *Protagoras,* édit. d'Henri Estienne, t. I, p. 328.

mes paidagogues se trouveroient chouez [1], s'estant remis au serment de mon experience. Mon vulgaire perigordin appelle fort plaisamment *Lettre-ferits*, ces sçavanteaux; comme si vous disiez *Lettre-ferus*, ausquels les lettres ont donné un coup de marteau, comme on dict. De vray, le plus souvent ils semblent estre ravalez, mesme du sens commun : car le païsan et le cordonnier, vous leur veoyez aller simplement et naïfvement leur train, parlant de ce qu'ils sçavent; ceulx cy, pour se vouloir eslever et gendarmer de ce sçavoir, qui nage en la superficie de leur cervelle, vont s'embarrassant et empestrant sans cesse. Il leur eschappe de belles paroles; mais qu'un aultre les accommode : ils cognoissent bien Galien, mais nullement le malade : ils vous ont desia rempli la teste de loix; et si, n'ont encores conceu le nœud de la cause : ils sçavent la theorique de toutes choses; cherchez qui la mette en practique.

I'ay veu chez moy un mien amy, par maniere de passetemps, ayant affaire à un de ceulx cy, contrefaire un iargon de galimatias, propos sans suitte, tissu de pieces rapportees, sauf qu'il estoit souvent entrelardé de mots propres à leur dispute, amuser ainsi tout un iour ce sot à desbattre, pensant tousiours respondre aux obiections qu'on luy faisoit; et si, estoit homme de lettres et de reputation, et qui avoit une belle robbe.

> Vos, o patricius sanguis, quos vivere par est
> Occipiti cæco, posticæ occurrite sannæ [2].

[1] *Frustrés, déchus de leur espoir.* COSTE.

[2] Mais vous, ô patriciens, qui vivez sans avoir d'yeux par derrière,

Qui regardera de bien prez à ce genre de gents, qui s'estend bien loing, il trouvera comme moy que le plus souvent ils ne s'entendent ni aultruy, et qu'ils ont la souvenance assez pleine, mais le iugement entierement creux; sinon que leur nature d'elle mesme le leur ayt aultrement façonné : comme i'ay veu Adrianus Turnebus qui n'ayant faict aultre profession que de lettres, en laquelle c'estoit, à mon opinion, le plus grand homme qui feust il y a mille ans, n'ayant toutesfois rien de pedantesque que le port de sa robbe, et quelque façon externe qui pouvoit n'estre pas civilisee à la courtisane, qui sont choses de neant; et hay nos gents qui supportent plus malayseement une robbe qu'une ame de travers, et regardent à sa reverence, à son maintien et à ses bottes, quel homme il est; car au dedans c'estoit l'ame la plus polie du monde : ie l'ay souvent à mon escient iecté en propos esloingnez de son usage : il y veoyoit si clair, d'une apprehension si prompte, d'un iugement si sain, qu'il sembloit qu'il n'eust iamais faict aultre mestier que la guerre et affaires d'estat. Ce sont natures belles et fortes,

> Queis arte benigna
> Et meliore luto finxit præcordia Titan[1],

qui se maintiennent au travers d'une mauvaise institution. Or, ce n'est pas assez que nostre institution

prévenez les grimaces de ceux à qui vous tournez le dos. PERS., I, 61.

[1] Que Prométhée a formées d'un meilleur limon, et douées d'un plus heureux génie. JUVÉN., XIV, 34.

ne nous gaste pas; il fault qu'elle nous change en mieulx.

Il y a aulcuns de nos parlements, quand ils ont à recevoir des officiers, qui les examinent seulement sur la science : les aultres y adioustent encores l'essay du sens, en leur presentant le iugement de quelque cause. Ceulx cy me semblent avoir un beaucoup meilleur style; et encores que ces deux pieces soyent necessaires, et qu'il faille qu'elles s'y treuvent toutes deux, si est ce qu'à la verité celle du sçavoir est moins prisable que celle du iugement[1]; cette cy se peult passer de l'aultre, et non l'aultre de cette cy. Car, comme dict ce vers grec,

Ὡς οὐδὲν ἡ μάθησις, ἢν μὴ νοῦς παρῇ[2].

« A quoy faire la science, si l'entendement n'y est? » Pleust à Dieu que, pour le bien de nostre iustice, ces compaignies là se trouvassent aussi bien fournies d'entendement et de conscience, comme elles sont encores de science! *Non vitæ, sed scholæ discimus*[3]. Or, il ne fault pas attacher le sçavoir à l'ame, il l'y fault incorporer; il ne l'en fault pas arrouser, il l'en fault teindre; et, s'il ne la change, et meliore son estat imparfaict, certainement il vault beaucoup mieulx le laisser là : c'est un dangereux glaive, et qui empesche

[1] On a vu des hommes qui savaient beaucoup avec un esprit très-médiocre, et au contraire des esprits très-vastes qui savaient fort peu. Ni l'ignorance n'est défaut d'esprit, ni le savoir n'est preuve de génie. VAUVENARGUES.

Celui qui a un grand sens sait beaucoup. ID.

[2] *Apud Stob.*, tit. III, p. 37, 1609, in-fol.

[3] On ne nous instruit pas pour la vie, mais pour l'école. SÉNÈQUE, *Epist.* 106.

et offense son maistre, s'il est en main foible, et qui n'en sçache l'usage ; *ut fuerit melius non didicisse*[1].

A l'adventure est ce la cause que et nous et la theologie ne requerons pas beaucoup de science aux femmes, et que François, duc de Bretaigne, fils de Jean V, comme on luy parla de son mariage avec Isabeau, fille d'Escosse, et qu'on luy adiousta qu'elle avoit esté nourrie simplement et sans aulcune instruction de lettres, respondit, « qu'il l'en aymoit mieulx; et qu'une femme estoit assez sçavante quand elle sçavoit mettre difference entre la chemise et le pourpoint de son mary[2] ».

Aussi ce n'est pas si grande merveille, comme on crie, que nos ancestres n'ayent pas faict grand estat des lettres, et qu'encores auiourd'huy elles ne se treuvent que par rencontre aux principaulx conseils de nos roys ; et si cette fin de s'en enrichir, qui seule nous est auiourd'huy proposee, par le moyen de la iurisprudence, de la medecine, du pedantisme, et de la theologie encores, ne les tenoit en credit, vous les verriez sans doubte aussi marmiteuses qu'elles furent oncques. Quel dommage, si elles ne nous apprennent ny à bien penser ny à bien faire? *Postquam docti prodierunt, boni desunt*[3]. Toute aultre science est

[1] De sorte qu'il aurait mieux valu n'avoir rien appris. Cic., *Tusc. Quæst.*, II, 4.

[2] Nos pères sur ce point étoient bien gens sensés,
Qui disoient qu'une femme en sait toujours assez,
Quand la capacité de son esprit se hausse
A connoître un pourpoint d'avec un haut-de-chausse.
Molière, *Femmes savantes*, acte II, sc. vii.

[3] Sénèque, *Epist.* 95, trad. ainsi par Rousseau, *Disc. sur les*

dommageable à celuy qui n'a la science de la bonté.

Mais la raison que ie cherchoy tantost seroit elle pas aussi de là, que, nostre estude en France n'ayant quasi aultre but que le proufit, moins de ceulx[1] que nature a faict naistre à plus genereux offices que lucratifs, s'adonnants aux lettres, ou si courtement (retirez, avant que d'en avoir prins le goust, à une profession qui n'a rien de commun avecques les livres), il ne reste plus ordinairement, pour s'engager tout à faict à l'estude, que les gents de basse fortune qui y questent des moyens à vivre; et de ces gens là les ames estants, et par nature, et par institution domestique et exemple, du plus bas aloy, rapportent faulsement le fruict de la science : car elle n'est pas pour donner iour à l'ame qui n'en a point, ny pour faire veoir un aveugle; son mestier est, non de luy fournir de veue, mais de la luy dresser, de luy regler ses allures, pourveu qu'elle ayt de soy les pieds et les iambes droictes et capables. C'est une bonne drogue que la science; mais nulle drogue n'est assez forte pour se preserver sans alteration et corruption, selon le vice du vase qui l'estuye. Tel a la veue claire, qui ne l'a pas droicte; et par consequent veoid le bien, et ne le suyt pas; et veoid la science, et ne s'en sert pas. La principale ordonnance de Platon en sa Republique, c'est « donner à ses citoyens, selon leur nature, leur charge. » Nature peult tout, et faict tout. Les boiteux sont mal propres aux exercices du corps; et aux exer-

Lettres : « Depuis que les savants ont commencé à paraître parmi nous, les gens de bien se sont éclipsés. » V. Leclerc.

[1] *A l'exception de ceux.*

cices de l'esprit, les ames boiteuses : les bastardes et vulgaires sont indignes de la philosophie. Quand nous veoyons un homme mal chaussé, nous disons que ce n'est pas merveille, s'il est chaussetier : de mesme il semble que l'experience nous offre souvent un medecin plus mal medeciné, un theologien moins reformé, et coustumierement un sçavant moins suffisant que tout aultre.

Aristo Chius avoit anciennement raison de dire que les philosophes nuisoient aux auditeurs ; d'autant que la pluspart des ames ne se treuvent propres à faire leur proufit de telle instruction, qui, si elle ne se met à bien, se met à mal : ἀσώτους *ex Aristippi, acerbos ex Zenonis schola exire* [1].

En cette belle institution que Xenophon preste aux Perses, nous trouvons qu'ils apprenoient la vertu à leurs enfants, comme les aultres nations font les lettres. Platon dict que le fils aisné, en leur succession royale, estoit ainsi nourry : aprez sa naissance, on le donnoit, non à des femmes, mais à des eunuches de la premiere auctorité autour des roys, à cause de leur vertu. Ceulx cy prenoient charge de luy rendre le corps beau et sain ; et aprez sept ans le duisoient à monter à cheval et aller à la chasse. Quand il estoit arrivé au quatorziesme, ils le deposoient entre les mains de quatre ; le plus sage, le plus iuste, le plus temperant, le plus vaillant de la nation : le premier luy apprenoit la religion ; le second, à estre tousiours veritable ; le tiers, à se

[1] Il sortait des débauchés de l'école d'Aristippe, et de celle de Zénon des hommes intraitables. Cic., *de Nat. deor.*, III, 31.

rendre maistre des cupiditez; le quart, à ne rien craindre.

C'est chose digne de tresgrande consideration, que, en cette excellente police de Lycurgus, et à la vérité monstrueuse par sa perfection, si soingneuse pourtant de la nourriture des enfants comme de sa principale charge, et au giste mesme des muses, il s'y face si peu de mention de la doctrine : comme si, cette genereuse ieunesse desdaignant tout aultre ioug que de la vertu, on luy aye deu fournir, au lieu de nos maistres de science, seulement des maistres de vaillance, prudence et iustice : exemple que Platon a suivy en ses loys. La façon de leur discipline, c'estoit leur faire des questions sur le iugement des hommes et de leurs actions; et, s'ils condamnoient et louoient ou ce personnage ou ce faict, il falloit raisonner leur dire; et, par ce moyen, ils aiguisoient ensemble leur entendement, et apprenoient le droict. Astyages, en Xenophon [1], demande à Cyrus compte de sa derniere leçon : C'est, dict il, qu'en nostre eschole un grand garçon, ayant un petit saye, le donna à l'un de ses compaignons de plus petite taille, et luy osta son saye qui estoit plus grand : nostre precepteur m'ayant faict iuge de ce differend, ie iugeay qu'il falloit laisser les choses en cet estat, et que l'un et l'aultre sembloit estre mieulx accommodé en ce poinct : sur quoy il me remontra que i'avois mal faict; car ie m'estois arresté à considerer la bienseance, et il falloit premierement avoir prouveu à la iustice, qui vouloit que nul ne feust forcé en ce

[1] *Cyropédie*, I, 3. C.

qui luy appartenoit; et dict qu'il en feut fouetté, tout ainsi que nous sommes en nos villages, pour avoir oublié le premier aoriste de τύπτω[1]. Mon regent me feroit une belle harangue *in genero demonstrativo*, avant qu'il me persuadast que son eschole vault cette là. Ils ont voulu couper chemin; et puis qu'il est ainsi que les sciences, lors mesme qu'on les prend de droict fil, ne peuvent que nous enseigner la prudence, la preud'hommie et la resolution, ils ont voulu d'arrivee mettre leurs enfants au propre des effects, et les instruire, non par ouïr dire, mais par l'essay de l'action, en les formant et moulant vifvement, non seulement de preceptes et paroles, mais principalement d'exemples et d'œuvres : à fin que ce ne feust pas une science en leur ame, mais sa complexion et habitude; que ce ne feust pas un acquest, mais une naturelle possession. A ce propos, on demandoit à Agesilaus ce qu'il seroit d'advis que les enfants apprinssent : « Ce qu'ils doibvent foire estants hommes, » respondit il[2]. Ce n'est pas merveille, si une telle institution a produict des effects si admirables.

On alloit, dict on, aux aultres villes de Grece chercher des rhetoriciens, des peintres et des musiciens; mais en Lacedemone, des legislateurs, des magistrats, et empereurs d'armee : à Athenes, on apprenoit à bien dire; et icy à bien faire : là, à se

[1] *Je frappe.*

[2] PLUTARQUE, *Apophthegmes des Lacédémoniens.* ROUSSEAU s'est approprié ce mot dans son *Disc. sur les Lettres :* « Que faut-il donc qu'ils apprennent? Voilà, certes, une belle question. Qu'ils apprennent ce qu'ils doivent faire étant hommes. » V. LECLERC.

desmesler d'un argument sophistique, et à rabattre l'imposture des mots captieusement entrelacez; icy, à se desmesler des appasts de la volupté, et à rabattre, d'un grand courage, les menaces de la fortune et de la mort : ceulx là s'embesoingnoient aprez les paroles; ceulx cy, aprez les choses : là, c'estoit une continuelle exercitation de la langue; icy, une continuelle exercitation de l'ame. Parquoy il n'est pas estrange si Antipater, leur demandant cinquante enfants pour ostages, ils respondirent, tout au rebours de ce que nous ferions, qu'ils aymoient mieulx donner deux fois autant d'hommes faicts : tant ils estimoient la perte de l'education de leur païs! Quand Agesilaus convie Xenophon d'envoyer nourrir ses enfants à Sparte, ce n'est pas pour y apprendre la rhetorique ou dialectique; mais « pour apprendre (ce dict il) la plus belle science qui soit, à sçavoir la science d'obeïr et de commander [1]. »

Il est tresplaisant de veoir Socrates, à sa mode, se mocquant de Hippias [2], qui luy recite comment il a gaigné, specialement en certaines petites villettes de la Sicile, bonne somme d'argent à regenter; et qu'à Sparte, il n'a gaigné pas un sol; que ce sont gents idiots, qui ne sçavent ny mesurer ny compter, ne font estat ny de grammaire ny de rhythme, s'amusants seulement à sçavoir la suitte des roys, establissements et decadences des estats, et tels fatras de contes; et au bout de cela, Socrates, luy faisant advouer par le menu l'excellence de leur forme de

[1] PLUTARQUE, *Vie d'Agésilas*, c. 7.
[2] PLATON, *Hippias Major*.

gouvernement public, l'heur et vertu de leur vie privee, luy laisse deviner la conclusion de l'inutilité de ses arts.

Les exemples nous apprennent, et en cette martiale police et en toutes ses semblables, que l'estude des sciences amollit et effemine les courages plus qu'il ne les fermit et aguerrit. Le plus fort estat qui paroisse pour le present au monde est celuy des Turcs, peuples egalement duicts à l'estimation des armes et mespris des lettres. Ie treuve Rome plus vaillante avant qu'elle feust sçavante. Les plus belliqueuses nations, en nos iours, sont les plus grossieres et ignorantes : les Scythes, les Parthes, Tamburlan, nous servent à cette preuve. Quand les Gots ravagerent la Grece, ce qui sauva toutes les librairies d'estre passees au feu, ce feut un d'entre eulx qui sema cette opinion, qu'il falloit laisser ce meuble entier aux ennemis, propre à les destourner de l'exercice militaire, et amuser à des occupations sedentaires et oysifves. Quand nostre roy Charles huictieme, quasi sans tirer l'espee du fourreau, se veit maistre du royaume de Naples et d'une bonne partie de la Toscane, les seigneurs de sa suitte attribuerent cette inesperee facilité de conqueste, à ce que les princes et la noblesse d'Italie s'amusoient plus à se rendre ingenieux et sçavants, que vigoreux et guerriers [1].

[1] Il n'est pas besoin de rappeler ici que, en traitant le sujet mis au concours par l'Académie de Dijon : *Si le rétablissement des sciences et des arts a contribué à épurer les mœurs*, Rousseau s'est souvent inspiré des idées de Montaigne; mais il a été, dans

CHAPITRE XXV.

DE L'INSTITUTION DES ENFANTS[1].

A MADAME DIANE DE FOIX, COMTESSE DE GURSON.

Ie ne veis iamais pere, pour bossé ou teigneux que feust son fils, qui laissast de l'advouer; non pourtant, s'il n'est du tout enyvré de cette affection, qu'il ne s'apperçoive de sa defaillance; mais tant y a qu'il est sien : aussi moy, ie veoy mieulx que tout aultre que ce ne sont icy que resveries d'homme qui n'a gousté des sciences que la crouste premiere en son enfance, et n'en a retenu qu'un general et informe visage; un peu de chasque chose, et rien du tout, à la françoise. Car, en somme, ie sçay qu'il y a une medecine, une iurisprudence, quatre parties en la mathematique, et grossierement ce à quoy elles visent; et à l'adventure encores sçay ie la pretention des sciences en general au service de nostre vie : mais d'y enfoncer plus avant, de m'estre rongé les ongles à l'estude d'Aristote, monarque de la doctrine moderne, ou opiniastré aprez quelque science, ie ne l'ay iamais faict, ny n'est art dequoy ie sceusse

le paradoxe, beaucoup plus loin que notre auteur. Comme preuve, il suffit de citer cette phrase : « Il est de la dernière évidence qu'il y a plus d'erreurs dans l'Académie des sciences, que dans tout un peuple de Hurons. »

[1] On rapprochera avec intérêt des idées développées dans ce chapitre les théories de Nicole sur l'enseignement et les diverses méthodes d'instruction. Voir *Pensées de Nicole;* Paris, Didot, 1806, in-8, p. 100.

peindre seulement les premiers lineaments; et n'est enfant des classes moyennes qui ne se puisse dire plus sçavant que moy, qui n'ay seulement pas de quoy l'examiner sur sa premiere leçon; et, si l'on m'y force, ie suis contrainct assez ineptement d'en tirer quelque matiere de propos universel, sur quoy i'examine son iugement naturel : leçon qui leur est autant incongneue, comme à moy la leur.

Ie n'ay dressé commerce avecques aulcun livre solide, sinon Plutarque et Seneque, où ie puyse comme les Danaïdes, remplissant et versant sans cesse. I'en attache quelque chose à ce papier; à moy, si peu que rien. L'histoire, c'est mon gibbier en matiere de livres, ou la poësie, que i'ayme d'une particuliere inclination : car, comme disoit Cleanthes, tout ainsi que la voix, contraincte dans l'estroict canal d'une trompette, sort plus aiguë et plus forte; ainsi me semble il que la sentence, pressee aux pieds nombreux de la poësie, s'eslance bien plus brusquement, et me fiert d'une plus vifve secousse. Quant aux facultez naturelles qui sont en moy, dequoy c'est icy l'essay, ie les sens flechir soubs la charge : mes conceptions et mon iugement ne marche qu'à tastons, chancelant, bronchant et chopant; et quand ie suis allé le plus avant que ie puis, si ne me suis ie aulcunement satisfaict; ie veois encores du païs au delà, mais d'une veue trouble et en nuage, que ie ne puis desmesler. Et entreprenant de parler indifferemment de tout ce qui se presente à ma fantasie, et n'y employant que mes propres et naturels moyens, s'il m'advient, comme il faict souvent, de rencontrer de bonne fortune dans les bons aucteurs ces mesmes lieux que i'ay entreprins de traicter, comme ie viens de faire chez Plutarque tout presentement son discours de la force de l'imagination, à me recognoistre, au prix de ces gents là, si foible et si chestif, si poisant et si endormy, ie me foys pitié ou desdaing à moy mesme : si me gratifie ie de cecy, que mes opinions ont cet honneur de rencontrer souvent aux leurs, et que ie voys au moins de loing aprez, disant que voire[1] ; aussi que i'ay cela, que chascun n'a pas, de cognoistre l'extreme difference d'entre eulx et moy ; et laisse, ce neantmoins, courir mes inventions ainsi foibles et basses comme ie les ay produictes, sans en replastrer et recoudre les defaults que cette comparaison m'y a descouverts.

Il fault avoir les reins bien fermes pour entreprendre de marcher front à front avecques ces gents là. Les escrivains indiscrets de nostre siecle, qui, parmy leurs ouvrages de neant, vont semant des lieux entiers des anciens aucteurs pour se faire honneur, font le contraire ; car cette infinie dissemblance de lustres rend un visage si pasle, si terni et si laid à ce qui est leur, qu'ils y perdent beaucoup plus qu'ils n'y gaignent.

C'estoient deux contraires fantasies : le philosophe Chrysippus mesloit à ses livres, non les passages seulement, mais des ouvrages entiers d'aultres aucteurs, et en un la Medee d'Euripides ; et disoit Apollodorus que, qui en retrancheroit ce qu'il y avoit d'estrangier, son papier demeureroit en blanc : Epicurus, au

[1] *Disant que c'est vrai.*

rebours, en trois cents volumes qu'il laissa, n'avoit pas mis une seule allegation [1].

Il m'adveint, l'aultre iour, de tumber sur un tel passage : i'avois traisné languissant aprez des paroles françoises si exsangues, si descharnees et si vuides de matiere et de sens, que ce n'estoit voirement que paroles françoises ; au bout d'un long et ennuyeux chemin, ie veins à rencontrer une piece haulte, riche, et eslevee iusques aux nues. Si i'eusse trouvé la pente doulce, et la montee un peu alongee, cela eust esté excusable : c'estoit un precipice si droict et si coupé, que, des six premieres paroles, ie cogneus que ie m'envolois en l'aultre monde ; de là ie descouvris la fondriere d'où ie venois, si basse et si profonde, que ie n'eus oncques puis le cœur de m'y ravaler. Si i'estoffois l'un de mes discours de ces riches despouilles, il esclaireroit par trop la bestise des aultres. Reprendre en aultruy mes propres faultes, ne me semble non plus incompatible que de reprendre, comme ie foys souvent, celles d'aultruy en moy : il les fault accuser par tout, et leur oster tout lieu de franchise. Si sçay ie combien audacieusement i'entreprends moy mesme, à touts coups, de m'egualer à mes larrecins, d'aller pair à pair quand et eulx, non sans une temeraire esperance que ie puisse tromper les yeulx des iuges à les discerner ; mais c'est autant par le benefice de mon application, que par le benefice de mon invention et de ma force. Et puis, ie ne luicte point en gros ces vieux champions là, et corps à corps ; c'est par reprinses, me-

[1] Diogène Laerce, *Chrysippe*, VII, 181, 182 ; *Épicure*, X, 26.

nues et legieres attainctes : ie ne m'y aheurte pas ; ie ne foys que les taster ; et ne voys point tant, comme ie marchande d'aller. Si ie leur pouvois tenir palot[1], ie serois honneste homme ; car ie ne les entreprends que par où ils sont les plus roides. De faire ce que i'ay descouvert d'aulcuns, se couvrir des armes d'aultruy iusques à ne montrer pas seulement le bout de ses doigts ; conduire son desseing, comme il est aysé aux sçavants en une matiere commune, soubs les inventions anciennes rappiecees par cy par là : à ceulx qui les veulent cacher et faire propres, c'est premierement iniustice et lascheté, que, n'ayants rien en leur vaillant par où se produire, ils cherchent à se presenter par une valeur purement estrangiere[2], et puis, grande sottise, se contentants par piperie de s'acquerir l'ignorante approbation du vulgaire, se descrier envers les gents d'entendement, qui hochent du nez cette incrustation empruntee ; desquels seuls la louange a du poids. De ma part il n'est rien que ie veuille moins faire : ie ne dis les aultres, sinon pour d'autant plus me dire[3]. Cecy ne touche pas les centons, qui se publient pour centons ; et i'en ay veu de tresingenieux en mon temps, entre aultres un, sous le nom de Capilupus, oultre les anciens : ce sont des esprits qui se font veoir, et par ailleurs, et

[1] *Si je pouvais aller de pair avec eux.* COSTE.

[2] Un homme qui digère mal, et qui est vorace, est peut-être une image assez fidèle du caractère d'esprit de la plupart des savants. VAUVENARGUES.

[3] C'est-à-dire, *je ne cite les autres que pour mieux exprimer ma pensée.* LEFÈVRE.

par là, comme Lipsius, en ce docte et laborieux tissu de ses Politiques[1].

Quoy qu'il en soit, veulx ie dire, et quelles que soient ces inepties, ie n'ay pas deliberé de les cacher; non plus qu'un mien pourtraict chauve et grisonnant où le peintre auroit mis, non un visage parfaict, mais le mien. Car aussi ce sont icy mes humeurs et opinions; ie les donne pour ce qui est en ma creance, non pour ce qui est à croire : ie ne vise icy qu'à descouvrir moy mesme, qui seray par adventure aultre demain, si nouvel apprentissage me change. Ie n'ay poinct l'auctorité d'estre creu, ny ne le desire, me sentant trop mal instruict pour instruire aultruy.

Quelqu'un doncques, ayant veu l'article precedent, me disoit chez moy, l'aultre iour, que ie me debvois estre un petit estendu sur le discours de l'institution des enfants. Or, madame, si i'avoy quelque suffisance en ce subiect, ie ne pourroy la mieulx employer que d'en faire un present à ce petit homme qui vous menace de faire tantost une belle sortie de chez vous (vous estes trop genereuse pour commencer aultrement que par un masle); car ayant eu tant de part à la conduicte de vostre mariage, i'ay quelque droict et interest à la grandeur et prosperité de tout ce qui

[1] Juste Lipse, célèbre philologue et savant polygraphe, naquit à Isque (Overyssche), village à égale distance de Bruxelles et de Louvain, le 18 octobre 1547, et mourut le 24 mars 1606. Juste Lipse a écrit un grand nombre d'ouvrages sur différentes matières, mais principalement sur des sujets de critique, d'histoire, d'archéologie, de philosophie morale, de politique. La liste de ces ouvrages se compose de cinquante et un articles, dans les *Mémoires* de Nicéron.

en viendra; oultre ce que l'ancienne possession que vous avez sur ma servitude m'oblige assez à desirer honneur, bien et advantage à tout ce qui vous touche: mais à la verité ie n'y entends, sinon cela, que la plus grande difficulté et importante de l'humaine science semble estre en cet endroict, où il se traicte de la nourriture et institution des enfants[1]. Tout ainsi qu'en l'agriculture, les façons qui vont avant le planter sont certaines et aysees, et le planter mesme; mais, depuis que ce qui est planté vient à prendre vie, à l'eslever il y a une grande varieté de façons, et difficulté: pareillement aux hommes, il y a peu d'industrie à les planter; mais depuis qu'ils sont nayz, on se charge d'un soing divers, plein d'embesongnement et de crainte, à les dresser et nourrir. La montre de leurs inclinations est si tendre en ce bas aage et si obscure, les promesses si incertaines et faulses, qu'il est malaysé d'y establir aucun solide iugement. Veoyez Cimon, veoyez Themistocles, et mille aultres, combien ils se sont disconvenus à eulx mesmes. Les petits des ours et des chiens montrent leur inclination naturelle; mais les hommes, se iectants incontinent en des accoustumances, en des opinions, en des loys, se changent ou se desguisent facilement: si est il difficile de forcer les propensions naturelles. D'où il advient que par faulte d'avoir bien choisi leur route, pour neant se travaille on souvent, et employe

[1] Si on pouvait donner aux enfants des maîtres de jugement et d'éloquence, comme on leur donne des maîtres de langue; si on exerçait moins leur mémoire que leur activité et leur génie; qu'au lieu d'émousser comme on fait la vivacité de leur esprit, on tâchât d'élever l'essor et les mouvements de leur âme, que n'aurait-on

lon beaucoup d'aage, à dresser des enfants aux choses ausquelles ils ne peuvent prendre pied[1]. Toutesfois, en cette difficulté, mon opinion est de les acheminer tousiours aux meilleures choses et plus proufitables; et qu'on se doibt peu appliquer à ces legieres divinations et prognostiques que nous prenons des mouvements de leur enfance: Platon, en sa Republique, me semble leur donner trop d'auctorité.

Madame, c'est un grand ornement que la science, et un util de merveilleux service, notamment aux personnes eslevees en tel degré de fortune, comme vous estes. A la verité, elle n'a point son vray usage en mains viles et basses: elle est bien plus fiere de prester ses moyens à conduire une guerre, à commander un peuple, à practiquer l'amitié d'un prince ou d'une nation estrangiere, qu'à dresser un argument dialectique, ou à plaider un appel, ou ordonner une masse de pilules. Ainsi, madame, parce que ie croy que vous n'oublierez pas cette partie en l'institution des vostres, vous qui en avez savouré la doulceur, et qui estes d'une race lettree (car nous avons encores les escripts de ces anciens comtes de Foix, d'où monsieur le comte vostre mary et vous estes descendus, et François monsieur de Candale, vostre oncle, en faict naistre touts les iours d'aultres

pas lieu d'attendre de leur beau naturel? Mais on ne pense pas que la hardiesse ni l'amour de la vérité et de la gloire soient des vertus qui importent à leur jeunesse. On ne s'attache au contraire qu'à les subjuguer, afin de leur apprendre que la dépendance et la souplesse sont les premières lois de leur fortune. VAUVENARGUES.

[1] VAR. *Beaucoup trop de pied. Exemplaire de Bordeaux.*

qui estendront la cognoissance de cette qualité de vostre famille à plusieurs siecles); ie vous veulx dire là dessus une seule fantasie que i'ay, contraire au commun usage : c'est tout ce que ie puis conferer à vostre service en cela.

La charge du gouverneur que vous luy donrez, du chois duquel despend tout l'effect de son institution, elle a plusieurs aultres grandes parties, mais ie n'y touche point pour n'y sçavoir rien apporter qui vaille; et de cet article sur lequel ie me mesle de luy donner advis, il m'en croira autant qu'il y verra d'apparence. A un enfant de maison qui recherche les lettres, non pour le gaing (car une fin si abiecte est indigne de la grace et faveur des muses, et puis elle regarde et despend d'aultruy), ny tant pour les commoditez externes, que pour les siennes propres et pour s'en enrichir et parer au dedans, ayant plustost envie d'en reussir[1] habile homme qu'homme sçavant, ie vouldrois aussi qu'on feust soingneux de luy choisir un conducteur qui eust plustost la teste bien faicte[2] que bien pleine; et qu'on y requist touts les deux, mais plus les mœurs et l'entendement, que la science; et qu'il se conduisist en sa charge d'une nouvelle maniere.

On ne cesse de criailler à nos aureilles, comme qui verseroit dans un entonnoir; et nostre charge, ce n'est que redire ce qu'on nous a dict : ie vouldrois

[1] VAR. *D'en tirer un habil'homme qu'un homme sçavant*. Édit. in-4 de 1688.

[2] Expression heureuse, que je crois de la création de Montaigne, et qui est restée. Tous les jours on dit d'un homme dont le jugement est très-sain, qu'il a la tête bien faite. SERVAN.

qu'il corrigeast cette partie ; et que de belle arrivee, selon la portee de l'ame qu'il a en main, il commenceast à la mettre sur la montre, luy faisant gouster les choses, les choisir, et discerner d'elle mesme ; quelquefois luy ouvrant chemin, quelquefois le luy laissant ouvrir. Ie ne veulx pas qu'il invente et parle seul ; ie veulx qu'il escoute son disciple parler à son tour. Socrates, et depuis Arcesilaus, faisoient premierement parler leurs disciples, et puis ils parloient à eulx [1]. *Obest plerumque iis, qui discere volunt, auctoritas eorum, qui docent* [2]. Il est bon qu'il le face trotter devant luy, pour iuger de son train, et iuger iusques à quel poinct il se doibt ravaller pour s'accommoder à sa force. A faulte de cette proportion, nous gastons tout ; et de la sçavoir choisir et s'y conduire bien mesureement, c'est une des plus ardues besongnes que ie sçache ; et est l'effect d'une haulte ame et bien forte, sçavoir condescendre à ces allures pueriles, et les guider. Ie marche plus seur et plus ferme à mont qu'à val.

Ceulx qui, comme nostre usage porte, entreprennent, d'une mesme leçon et pareille mesure de conduicte, regenter plusieurs esprits de si diverses mesures et formes ; ce n'est pas merveille, si en tout un peuple d'enfants ils en rencontrent à peine deux ou trois qui rapportent quelque iuste fruict de leur discipline. Qu'il ne luy demande pas seulement compte des mots de sa leçon, mais du sens et de la substance,

[1] Diogène Laerce, IV, 36.

[2] L'autorité de ceux qui enseignent nuit souvent à ceux qui veulent apprendre. Cicéron, *de Nat. deor.*, I, 5.

et qu'il iuge du proufit qu'il aura faict, non par le tesmoignage de sa memoire, mais de sa vie. Que ce qu'il viendra d'apprendre, il le luy face mettre en cent visages, et accommoder à autant de divers subiects, pour veoir s'il l'a encores bien prins et bien faict sien : prenant l'instruction de son progrez, des paidagogismes de Platon[1]. C'est tesmoignage de crudité et indigestion, que de regorger la viande comme on l'a avallee : l'estomach n'a pas faict son operation, s'il n'a faict changer la façon et la forme à ce qu'on luy avoit donné à cuire. Nostre ame ne bransle qu'à credit, liee et contraincte à l'appetit des fantasies d'aultruy, serve et captivee soubs l'auctorité de leur leçon : on nous a tant assubiectis aux chordes, que nous n'avons plus de franches allures; nostre vigueur et liberté est esteincte : *nunquam tutelæ suæ fiunt*[2].

Ie veis priveement à Pise un honneste homme, mais si aristotelicien que le plus general de ses dogmes est : « Que la touche et regle de toutes imaginations solides « et de toute verité, c'est la conformité à la doctrine « d'Aristote; que hors de là, ce ne sont que chimeres « et inanité; qu'il a tout veu et tout dict : » cette sienne proposition, pour avoir esté un peu trop largement et iniquement interpretee, le meit aultrefois et teint longtemps en grand accessoire[3] à l'inquisition à Rome.

Qu'il luy face tout passer par l'estamine, et ne loge

[1] C'est-à-dire, *jugeant de ses progrès d'après la méthode pédagogique suivie par Socrate dans les dialogues de Platon.*

[2] Ils sont toujours en tutèle. SÉNÈQUE, *Epist.* 33.

[3] *En grand danger.*

rien en sa teste par simple auctorité et à credit. Les principes d'Aristote ne luy soient principes, non plus que ceulx des stoïciens ou epicuriens : qu'on luy propose cette diversité de iugements, il choisira, s'il peult; sinon il en demeurera en doubte :

Che non men che saper, dubbiar m' aggrata[1];

car s'il embrasse les opinions de Xenophon et de Platon par son propre discours, ce ne seront plus les leurs, ce seront les siennes : qui suyt un aultre, il ne suyt rien, il ne treuve rien, voire il ne cherche rien. *Non sumus sub rege; sibi quisque se vindicet*[2]. Qu'il sçache qu'il sçait, au moins. Il fault qu'il imboive leurs humeurs, non qu'il apprenne leurs preceptes; et qu'il oublie hardiement, s'il veult, d'où il les tient, mais qu'il se les sçache approprier. La verité et la raison sont communes à un chascun, et ne sont non plus à qui les a dictes premierement, qu'à qui les dict aprez : ce n'est non plus selon Platon que selon moy, puis que luy et moy l'entendons et veoyons de mesme. Les abeilles pillotent deçà delà les fleurs; mais elles en font aprez le miel, qui est tout leur; ce n'est plus thym, ny mariolaine : ainsi les pieces empruntees d'aultruy, il les transformera et confondra pour en faire un ouvrage tout sien, à sçavoir son iugement : son institution, son travail et estude ne vise qu'à le former. Qu'il cele tout ce dequoy il a esté secouru, et ne produise

[1] Aussi bien que savoir, douter a son mérite.
DANTE, *Inferno*, cant. XI, v. 93.

[2] Nous n'avons pas de roi ; que chacun dispose de soi-même. SÉNÈQUE, *Epist.* 33.

que ce qu'il en a faict. Les pilleurs, les emprunteurs, mettent en parade leurs bastiments, leurs achapts; non pas ce qu'ils tirent d'aultruy : vous ne veoyez pas les espices d'un homme de parlement; vous veoyez les alliances qu'il a gaignees, et honneurs à ses enfants : nul ne met en compte publicque sa recepte; chascun y met son acquest.

Le gaing de nostre estude, c'est en estre devenu meilleur et plus sage. C'est, disoit Epicharmus, l'entendement qui veoid et qui oyt; c'est l'entendement qui approfite tout, qui dispose tout, qui agit, qui domine et qui regne; toutes aultres choses sont aveugles, sourdes et sans ame. Certes, nous le rendons servile et couard, pour ne luy laisser la liberté de rien faire de soy. Qui demanda iamais à son disciple ce qu'il luy semble de la rhetorique et de la grammaire, de telle ou telle sentence de Cicero? on nous les placque en la memoire toutes empennees, comme des oracles, où les lettres et les syllabes sont de la substance de la chose. Sçavoir par cœur n'est pas sçavoir; c'est tenir ce qu'on a donné en garde à sa memoire. Ce qu'on sçait droictement, on en dispose, sans regarder au patron, sans tourner les yeulx vers son livre. Fascheuse suffisance, qu'une suffisance pure livresque! Ie m'attends qu'elle serve d'ornement, non de fondement; suyvant l'advis de Platon qui dict : « La fermeté, la foy, la sincerité, estre la vraye philosophie; les aultres sciences, et qui visent ailleurs, n'estre que fard. » Ie vouldrois que le Paluël ou Pompee, ces beaux danseurs de mon temps, apprinssent des caprioles à les veoir seulement faire, sans nous bouger de nos places; comme ceulx cy veulent instruire nostre entendement, sans l'esbranler : ou qu'on nous apprinst à manier un cheval, ou une picque, ou un luth, ou la voix, sans nous y exercer; comme ceulx cy nous veulent apprendre à bien iuger et à bien parler, sans nous exercer à parler ny à iuger. Or, à cet apprentissage, tout ce qui se presente à nos yeulx sert de livre suffisant : la malice d'un page, la sottise d'un valet, un propos de table, ce sont autant de nouvelles matieres.

A cette cause, le commerce des hommes y est merveilleusement propre, et la visite des païs estrangiers : non pour en rapporter seulement, à la mode de nostre noblesse françoise, combien de pas a *Santa rotonda*[1], ou la richesse des calessons de la signora Livia; ou, comme d'aultres, combien le visage de Neron, de quelque vieille ruyne de là, est plus long ou plus large que celuy de quelque pareille medaille; mais pour en rapporter principalement les humeurs de ces nations et leurs façons, et pour frotter et limer nostre cervelle contre celle d'aultruy. Ie vouldrois qu'on commenceast à le promener dez sa tendre enfance; et premierement, pour faire d'une pierre deux coups, par les nations voysines où le langage est plus esloingné du nostre, et auquel, si vous ne la formez de bonne heure, la langue ne se peult plier.

Aussi bien est ce une opinion receue d'un chascun, que ce n'est pas raison de nourrir un enfant au giron de ses parents : cette amour naturelle les attendrit trop et relasche, voire les plus sages; ils ne sont ca-

[1] Le Panthéon d'Agrippa. COSTE.

pables ny de chastier ses faultes, ny de le veoir nourry grossierement comme il fault et hazardeusement : ils ne le sçauroient souffrir revenir suant et pouldreux de son exercice, boire chauld, boire froid, ny le veoir sur un cheval rebours, ny contre un rude tireur le floret au poing, ou la premiere harquebuse. Car il n'y a remede : qui en veult faire un homme de bien, sans doubte il ne le fault espargner en cette ieunesse ; et fault souvent chocquer les regles de la medecine :

> Vitamque sub dio, et trepidis agat
> In rebus[1].

Ce n'est pas assez de luy roidir l'ame ; il luy fault aussi roidir les muscles : elle est trop pressee, si elle n'est secondee ; et a trop à faire de, seule, fournir à deux offices. Ie sçais combien ahanne[2] la mienne en compaignie d'un corps si tendre, si sensible, qui se laisse si fort aller sur elle ; et apperceois souvent, en ma leçon[3], qu'en leurs escripts mes maistres font valoir, pour magnanimité et force de courage, des exemples qui tiennent volontiers plus de l'espessissure de la peau et dureté des os.

I'ay veu des hommes, des femmes et des enfants ainsi nays, qu'une bastonnade leur est moins qu'à moy une chiquenaude ; qui ne remuent ny langue ny sourcil aux coups qu'on leur donne : quand les athletes contrefont les philosophes en patience, c'est plustost vigueur de nerfs que de cœur. Or, l'accous-

[1] Qu'il vive à la belle étoile, et toujours inquiet. HOR., *Od.*, II, 3, 5.

[2] Du latin *anhelare*, se fatiguer, être essoufflé.

[3] *Dans mes lectures*. COSTE.

tumance à porter le travail est accoustumance à porter la douleur : *labor callum obducit dolori* [1]. Il le fault rompre à la peine et aspreté des exercices, pour le dresser à la peine et aspreté de la dislocation, de la cholique, du cautere, et de la geaule [2] aussi et de la torture ; car de ces dernieres icy, encores peult il estre en prinse, qui regardent les bons, selon le temps, comme les meschants : nous en sommes à l'espreuve ; quiconque combat les loix, menace les plus gents de bien d'escourgees et de la chorde.

Ét puis, l'auctorité du gouverneur, qui doibt estre souveraine sur luy, s'interrompt et s'empesche par la presence des parents : ioinct que ce respect que la famille luy porte, la cognoissance des moyens et grandeurs de sa maison, ce ne sont pas, à mon opinion, legieres incommoditez en cet aage.

En cette eschole du commerce des hommes, i'ay souvent remarqué ce vice, qu'au lieu de prendre cognoissance d'aultruy, nous ne travaillons qu'à la donner de nous ; et sommes plus en peine de debiter nostre marchandise, que d'en acquerir de nouvelle : le silence et la modestie sont qualitez trescommodes à la conversation. On dressera cet enfant à estre espargnant et mesnagier de sa suffisance, quand il l'aura acquise ; à ne se formalizer point des sottises et fables qui se diront en sa presence : car c'est une incivile importunité de chocquer tout ce qui n'est pas de nostre appetit. Qu'il se contente de se cor-

[1] Le travail nous endurcit contre la douleur. Cic., *Tusc. quæst.*, II, 15.

[2] *De la prison.*

riger soy mesme, et ne semble pas reprocher à aultruy tout ce qu'il refuse à faire, ny contraster aux mœurs publicques : *Licet sapere sine pompa, sine invidia* [1]. Fuye ces images regenteuses et inciviles, et cette puerile ambition de vouloir paroistre plus fin, pour estre aultre; et, comme si ce feust marchandise malaysee que reprehensions et nouvelletez, vouloir tirer de là nom de quelque peculiere valeur. Comme il n'affiert qu'aux grands poëtes d'user des licences de l'art, aussi n'est il supportable qu'aux grandes ames et illustres de se privilegier au dessus de la coustume. *Si quid Socrates aut Aristippus contra morem et consuetudinem fecerunt; idem sibi ne arbitretur licere : magnis enim illi et divinis bonis hanc licentiam assequebantur* [2]. On luy apprendra de n'entrer en discours et contestation, que là où il verra un champion digne de sa luicte; et, là mesme, à n'employer pas touts les tours qui luy peuvent servir, mais ceulx là seulement qui luy peuvent le plus servir. Qu'on le rende delicat au chois et triage de ses raisons, et aymant la pertinence, et par consequent la briefveté. Qu'on l'instruise sur tout à se rendre et à quitter les armes à la verité, tout aussitost qu'il l'appercevra, soit qu'elle naisse ez mains de son adversaire, soit qu'elle naisse en luy mesme par quelque radvisement : car il ne sera pas mis en chaise pour dire un roole prescript; il n'est engagé

[1] On peut être sage sans éclat, sans orgueil. SÉNÈQUE, *Epist.* 103.

[2] Si Socrate ou Aristippe ont fait quelque chose de contraire aux mœurs et aux coutumes de leur pays, ne croyez pas que vous puissiez faire comme eux. Ces hommes illustres, et presque divins, pouvaient prendre une liberté pareille. CIC., *de Offic.*, I, 41.

à aulcune cause, que parce qu'il l'appreuve ; ny ne sera du mestier où se vend à purs deniers comptants la liberté de se pouvoir repentir et recognoistre : *neque, ut omnia, quæ præscripta et imperata sint, defendat, necessitate ulla cogitur* [1].

Si son gouverneur tient de mon humeur, il luy formera la volonté à estre tresloyal serviteur de son prince, et tresaffectionné et trescourageux ; mais il luy refroidira l'envie de s'y attacher aultrement que par un debvoir publicque. Oultre plusieurs aultres inconvenients qui blecent nostre liberté par ces obligations particulieres, le iugement d'un homme gagé et achetté, ou il est moins entier et moins libre, ou il est taché et d'imprudence et d'ingratitude. Un pur courtisan ne peult avoir ny loy ny volonté de dire et penser que favorablement d'un maistre qui, parmi tant de milliers d'autres subiects, l'a choisi pour le nourrir et eslever de sa main ; cette faveur et utilité corrompent, non sans quelque raison, sa franchise, et l'esblouïssent : pourtant veoid on coustumierement le langage de ces gents là divers à tout aultre langage en un estat, et de peu de foy en telle matiere.

Que sa conscience et sa vertu reluisent en son parler, et n'ayent que la raison pour conduicte. Qu'on luy face entendre que de confesser la faulte qu'il descouvrira en son propre discours, encores qu'elle ne soit apperceue que par luy, c'est un effect de iugement et de sincerité, qui sont les principales

[1] Nulle nécessité ne l'oblige de défendre tout ce qu'on voudrait lui prescrire. Cic., *Acad.*, II, 3.

parties qu'il cherche ; que l'opiniastrer et contester sont qualitez communes, plus apparentes aux plus basses ames; que se r'adviser et se corriger, abandonner un mauvais party sur le cours de son ardeur, ce sont qualitez rares, fortes et philosophiques. On l'advertira, estant en compaignie, d'avoir les yeulx par tout; car ie treuve que les premiers sieges sont communement saisis par les hommes moins capables, et que les grandeurs de fortune ne se treuvent gueres meslees à la suffisance : i'ay veu, cependant qu'on s'entretenoit au hault bout d'une table de la beauté d'une tapisserie ou du goust de la malvoisie, se perdre beaucoup de beaux traicts à l'aultre bout. Il sondera la portee d'un chascun : un bouvier, un masson, un passant, il fault tout mettre en besongne, et emprunter chascun selon sa marchandise, car tout sert en mesnage; la sottise mesme et foiblesse d'aultruy luy sera instruction : à contrerooler les graces et façons d'un chascun, il s'engendrera envie des bonnes, et mespris des mauvaises.

Qu'on luy mette en fantasie une honneste curiosité de s'enquerir de toutes choses : tout ce qu'il y aura de singulier autour de luy, il le verra; un bastiment, une fontaine, un homme, le lieu d'une bataille ancienne, le passage de Cesar ou de Charlemaigne;

Quæ tellus sit lenta gelu, quæ putris ab æstu;
Ventus in Italiam quis bene vela ferat[1];

[1] Quelle contrée est engourdie par le froid, ou brûlée par le soleil ; quel vent propice pousse les vaisseaux en Italie. PROPERCE, IV, 3, 39.

il s'enquerra des mœurs, des moyens et des alliances de ce prince, et de celuy là : ce sont choses tresplaisantes à apprendre, et tresutiles à sçavoir.

En cette practique des hommes, i'entends y comprendre, et principalement, ceulx qui ne vivent qu'en la memoire des livres : il practiquera, par le moyen des histoires, ces grandes ames des meilleurs siecles. C'est un vain estude, qui veult; mais qui veult aussi, c'est un estude de fruict inestimable, et le seul estude, comme dict Platon [1], que les Lacedemoniens eussent reservé à leur part. Quel proufit ne fera il, en cette part là, à la lecture des vies de nostre Plutarque? Mais que mon guide se souvienne où vise sa charge; et qu'il n'imprime pas tant à son disciple la date de la ruyne de Carthage, que les mœurs de Hannibal et de Scipion; ny tant où mourut Marcellus, que pourquoy il feut indigne de son debvoir qu'il mourust là. Qu'il ne luy apprenne pas tant les histoires, qu'à en iuger. C'est à mon gré, entre toutes, la matiere à laquelle nos esprits s'appliquent de plus diverse mesure : i'ay leu en Tite Live cent choses que tel n'y a pas leu; Plutarque y en a leu cent, oultre ce que i'y ay sceu lire, et à l'adventure oultre ce que l'aucteur y avoit mis : à d'aulcuns, c'est un pur estude grammairien; à d'aultres, l'anatomie de la philosophie, par laquelle les plus abstruses parties de nostre nature se penetrent. Il y a dans Plutarque beaucoup de discours estendus tresdignes d'estre sceus; car, à mon gré, c'est le maistre ouvrier de telle besongne; mais il y en a mille qu'il

[1] *Hippias Major.*

n'a que touchez simplement : il guigne seulement du doigt par où nous y irons, s'il nous plaist; et se contente quelquefois de ne donner qu'une attaincte dans le plus vif d'un propos. Il les fault arracher de là, et mettre en place marchande : comme ce sien mot[1], « Que les habitants d'Asie servoient à un seul, pour ne sçavoir prononcer une seule syllabe, qui est, Non, » donna peut estre la matiere et l'occasion à La Boëtie de sa SERVITUDE VOLONTAIRE[2]. Cela mesme de luy veoir trier une legiere action, en la vie d'un homme, ou un mot, qui semble ne porter pas cela, c'est un discours. C'est dommage que les gents d'entendement ayment tant la briefveté : sans doubte

[1] Dans son traité *de la Mauvaise honte.*

[2] Étienne de La Boëtie, né à Sarlat, dans le Périgord, le 1er novembre 1530, fut conseiller du parlement de Bordeaux, vers 1550 et était regardé comme l'oracle de cette compagnie. Il a mérité d'être placé par Baillet au nombre des enfants célèbres. Dès l'âge de seize ans, il avait déjà traduit plusieurs ouvrages de Xénophon, et il n'avait pas dix-huit ans lorsqu'il composa son *Discours de la Servitude volontaire,* qualifié, par quelques personnes, de *séditieuse déclamation.* La Boëtie mourut à Germignac, près Bordeaux, le 18 août 1563, sans avoir mis au jour aucun ouvrage. C'est à son légataire que l'on doit ce qui nous reste de cet auteur. On fit beaucoup circuler en France le *Discours de la Servitude volontaire,* afin d'exciter à la révolte. Il a été imprimé d'abord en 1578, dans le troisième tome des *Mémoires de l'état de la France, sous Charles IX,* et ensuite avec les *Essais de Montaigne.* Il a été réimprimé en 1740 avec les notes de P. Coste, dans le volume in-4, intitulé : *Supplément aux Essais de Michel de Montaigne.* BIOGRAPHIE UNIVERSELLE. — Voir *Éstienne de La Boëtie, ami de Montaigne, étude sur sa vie et ses ouvrages, précédée d'un Coup d'œil sur les origines de la littérature française,* par LÉON FEUGÈRE. Paris, 1845, in-8. — *Œuvres complètes d'Estienne de La Boëtie,* réunies pour la première fois et publiées avec des notes, par LÉON FEUGÈRE. Paris, 1846, gr. in-18.

leur reputation en vault mieulx; mais nous en valons moins. Plutarque ayme mieulx que nous le vantions de son iugement, que de son sçavoir; il ayme mieulx nous laisser desir de soy, que satieté : il sçavoit qu'ez choses bonnes mesme on peult trop dire; et que Alexandridas reprocha iustement à celuy qui tenoit aux Ephores des bons propos, mais trop longs : « O estrangier, tu dis ce qu'il fault aultrement qu'il « ne fault [1]. » Ceulx qui ont le corps graile, le grossissent d'embourrures; ceulx qui ont la matiere exile, l'enflent de paroles.

Il se tire une merveilleuse clarté pour le iugement humain, de la frequentation du monde : nous sommes touts contraincts et amoncelez en nous, et avons la veue raccourcie à la longueur de nostre nez. On demandoit à Socrates d'où il estoit : il ne respondit pas, d'Athenes; mais, du monde [2] : luy qui avoit l'imagination plus pleine et plus estendue, embrassoit l'univers comme sa ville, iectoit ses cognoissances, sa societé et ses affections à tout le genre humain; non pas comme nous, qui ne regardons que soubs nous [3]. Quand les vignes gelent en mon village, mon presbtre en argumente l'ire de Dieu sur la race humaine, et iuge que la pepie en tienne desia les Cannibales. A veoir nos guerres civiles, qui ne crie que cette machine se bouleverse, et que le iour du iugement nous prend au collet? sans s'adviser que plusieurs pires choses se sont veues, et que les dix

[1] PLUTARQUE, *Apophthegmes des Lacédémoniens.*
[2] CICÉRON, *Tusc.*, V, 37 ; PLUTARQUE, *de l'Exil*, c. 4.
[3] VAR. *Qu'à nos pieds.* Édit. de 1588.

mille parts du monde ne laissent pas de galler[1] le bon temps ce pendant : moy, selon leur licence et impunité, admire de les veoir si doulces et molles. A qui il gresle sur la teste, tout l'hemisphere semble estre en tempeste et orage ; et disoit le Savoïard, que « Si ce sot de roy de France eust sceu bien conduire sa fortune, il estoit homme pour devenir maistre d'hostel de son duc : » son imagination ne concevoit aultre plus eslevee grandeur que celle de son maistre. Nous sommes insensiblement touts en cette erreur : erreur de grande suitte et preiudice. Mais qui se presente comme dans un tableau cette grande image de nostre mere nature en son entiere maiesté ; qui lit en son visage une si generale et constante varieté ; qui se remarque là dedans, et non soy, mais tout un royaume, comme un traict d'une poincte tresdelicate, celuy là seul estime les choses selon leur iuste grandeur.

Ce grand monde, que les uns multiplient encores comme especes soubs un genre, c'est le mirouer où il nous fault regarder, pour nous cognoistre de bon biais. Somme, ie veulx que ce soit le livre de mon escholier. Tant d'humeurs, de sectes, de iugements, d'opinions, de loix et de coustumes, nous apprennent à iuger sainement des nostres, et apprennent nostre iugement à recognoistre son imperfection et sa naturelle foiblesse ; qui n'est pas un legier apprentissage : tant de remuements d'estat et changements de fortune publicque nous instruisent à ne faire pas grand miracle de la nostre : tant de noms, tant de victoires

[1] *Galler* ou *galier*, se réjouir, se régaler, s'amuser.

et conquestes ensepvelies sous l'oubliance, rendent ridicule l'esperance d'eterniser nostre nom par la prinse de dix argoulets et d'un pouiller [1] qui n'est cogneu que de sa cheute : l'orgueil et la fierté de tant de pompes estrangieres, la maiesté si enflee de tant de courts et de grandeurs, nous fermit et asseure la veue à soustenir l'esclat des nostres, sans ciller les yeulx : tant de milliasses d'hommes enterrez avant nous, nous encouragent à ne craindre d'aller trouver si bonne compaignie en l'aultre monde; ainsi du reste. Nostre vie, disoit Pythagoras [2], retire [3] à la grande et populeuse assemblee des ieux olympiques : les uns s'y exercent le corps, pour en acquerir la gloire des ieux; d'aultres y portent des marchandises à vendre, pour le gaing : il en est, et qui ne sont pas les pires, lesquels n'y cherchent aultre fruict que de regarder comment et pourquoy chasque chose se fait, et estre spectateurs de la vie des aultres hommes, pour en iuger, et regler la leur.

Aux exemples se pourront proprement assortir touts les plus proufitables discours de la philosophie, à laquelle se doibvent toucher les actions humaines comme à leur regle. On luy dira,

Quid fas optare, quid asper
Utile nummus habet; patriæ carisque propinquis

[1] *De dix chétifs soldats et d'un poulailler.* — Les *argoulets* étaient des arquebusiers à cheval; et comme ils n'étaient pas considérables en comparaison des autres cavaliers, on a dit un *argoulet* pour un homme de néant. MÉNAGE.

[2] CICÉRON, *Tuscul.*, V, 3.

[3] *Ressemble.*

Quantum elargiri doceat; quem te Deus esse
Jussit, et humana qua parte locatus es in re;
Quid sumus, aut quidnam victuri gignimur...[1]

que c'est que sçavoir et ignorer, qui doibt estre le but de l'estude; que c'est que vaillance, temperance, et iustice; ce qu'il y a à dire entre l'ambition et l'avarice, la servitude et la subiection, la licence et la liberté; à quelles marques on cognoit le vray et solide contentement; iusques où il fault craindre la mort, la douleur et la honte;

Et quo quemque modo fugiatque feratque laborem[2];

quels ressorts nous meuvent, et le moyen de tant de divers bransles en nous: car il me semble que les premiers discours dequoy on luy doibt abruver l'entendement, ce doibvent estre ceulx qui reglent ses mœurs et son sens; qui luy apprendront à se cognoistre, et à sçavoir bien mourir et bien vivre. Entre les arts liberaux, commenceons par l'art qui nous fait libres: elles[1] servent toutes voirement en quelque manière à l'instruction de nostre vie et à son usage, comme toutes aultres choses y servent en quelque maniere aussi; mais choisissons celle qui y sert directement et professoirement. Si nous sçavions res-

[1] Ce qu'il est permis de désirer; quel profit on peut tirer de l'argent, si difficile à gagner; ce qu'on doit faire pour la patrie et pour ses proches; ce que Dieu a voulu que l'homme fût sur la terre, et à quel rang il l'a placé parmi ses semblables; ce que nous sommes, ou pourquoi nous avons été mis au monde. PERS., III, 69.

[2] Comment on évite, et comment on supporte les chagrins. VIRG., *Enéid.*, III, 459.

[3] C'est-à-dire les *arts*, quoique *liberaux* soit au masculin.

treindre les appartenances de nostre vie à leurs iustes et naturels limites, nous trouverions que la meilleure part des sciences qui sont en usage est hors de nostre usage ; et en celles mesmes qui le sont, qu'il y a des estendues et enfonceures tresinutiles que nous ferions mieulx de laisser là ; et, suyvant l'institution de Socrates[1], borner le cours de nostre estude en icelles où fault l'utilité :

> Sapere aude,
> Incipe ; vivendi recte qui prorogat horam,
> Rusticus exspectat, dum defluat amnis ; at ille
> Labitur, et labetur in omne volubilis ævum[2].

C'est une grande simplesse d'apprendre à nos enfants,

> Quid moveant Pisces, animosaque signa Leonis,
> Lotus et Hesperia quid Capricornus aqua[3] ;

la science des astres et le mouvement de la huictiesme sphere, avant que les leurs propres :

> Τί Πλειάδεσσι κάμοί ;
> Τί δ'ἀστρασιν Βοώτεω[4] ;

Anaximenes escrivant à Pythagoras[5] : « De quel sens

[1] DIOGÈNE LAERCE, *Vie de Socrate*, II, 21.

[2] Ose être sage ; commence : celui qui ajourne le moment de vivre en honnête homme ressemble au villageois qui attend, pour passer, que le fleuve soit écoulé ; mais le fleuve coule, et roulant toujours, coulera éternellement. HOR., *Epist.*, II, 1, 40.

[3] Quelle est l'influence des Poissons, du Lion enflammé, et du Capricorne qui se plonge dans la mer occidentale. PROPERCE, IV, 1, 89.

[4] Que m'importent les Pléiades, ou les étoiles du Bouvier? ANACR., *Od.*, XVII, 10.

[5] DIOGÈNE LAERCE, II, 4.

« puis ie m'amuser au secret des estoiles, ayant la « mort ou la servitude tousiours presente aux yeulx ? » car lors les roys de Perse preparoient la guerre contre son païs. Chascun doibt dire ainsin : « Estant battu d'ambition, d'avarice, de temerité, de superstition, et ayant au dedans tels aultres ennemis de la vie, iray ie songer au bransle du monde ? »

Aprez qu'on luy aura apprins ce qui sert à le faire plus sage et meilleur [1], on l'entretiendra que c'est que logique, physique, geometrie, rhetorique; et la science qu'il choisira, ayant desia le iugement formé, il en viendra bientost à bout. Sa leçon se fera tantost par devis, tantost par livre : tantost son gouverneur luy fournira de l'aucteur mesme, propre à cette fin de son institution ; tantost il luy en donnera la moelle et la substance toute maschee; et si de soy mesme il n'est assez familier des livres pour y trouver tant de beaux discours qui y sont, pour l'effect de son desseing, on luy pourra ioindre quelque homme de lettres qui à chasque besoing fournisse les munitions qu'il fauldra, pour les distribuer et dispenser à son nourrisson. Et que cette leçon ne soit plus aysee et naturelle que celle de Gaza [2], qui y peult faire doubte? Ce sont là preceptes espineux et mal plaisants, et des

[1] On instruit les enfants à craindre et à obéir : l'avarice ou l'orgueil, ou la timidité des pères, leur enseignent l'économie et la soumission. On les excite encore à être copistes, à quoi ils ne sont déjà que trop enclins : nul ne songe à les rendre originaux, entreprenants, indépendants. VAUVENARGUES.

[2] Théodore Gaza ou Gazis, né à Thessalonique, réfugié en Italie en 1429, fondateur et recteur de l'Académie de Ferrare, auteur d'une grammaire grecque en quatre livres, et d'un grand nombre de traductions latines d'ouvrages grecs, mort en 1478.

mots vains et descharnez, où il n'y a point de prinse, rien qui vous esveille l'esprit : en cette cy l'ame treuve où mordre, et où se paistre. Ce fruict est plus grand sans comparaison, et si sera plustost meury.

C'est grand cas que les choses en soyent là en nostre siecle, que la philosophie soit, iusques aux gents d'entendement, un nom vain et fantastique, qui se treuve de nul usage et de nul prix, par opinion et par effect. Ie croy que ces ergotismes en sont cause, qui ont saisi ses avenues. On a grand tort de la peindre inaccessible aux enfants, et d'un visage renfrongné, sourcilleux et terrible : qui me l'a masquee de ce faulx visage, pasle et hideux? Il n'est rien plus gay, plus gaillard, plus enioué, et à peu que ie ne die follastre; elle ne presche que feste et bon temps : une mine triste et transie montre que ce n'est pas là son giste. Demetrius le grammairien[1] rencontrant, dans le temple de Delphes, une troupe de philosophes assis ensemble, il leur dict : « Ou ie me trompe, ou, à vous veoir la contenance si paisible et si gaye, vous n'estes pas en grand discours entre vous : » à quoy l'un d'eux, Heracleon le Megarien, respondit : « C'est à faire à ceulx qui cherchent si le futur du verbe βάλλω[2] à double λ, ou qui cherchent la derivation[3] des comparatifs χεῖρον et βέλτιον, et des superlatifs χείριστον et βέλτιστον, qu'il fault rider le front s'entretenant de leur science;

[1] PLUTARQUE, *des Oracles qui ont cessé*, c. 5.

[2] *Lancer.*

[3] C'est-à-dire, qui cherchent d'où dérivent les comparatifs χεῖρον, pire, et βέλτιον, mieux, et les superlatifs Χείριστον, le pire, et βέλτιστον, le mieux.

mais quant aux discours de la philosophie, ils ont accoustumé d'esgayer et resiouïr ceulx qui les traictent, non les renfrongner et contrister. »

> Deprendas animi tormenta latentis in ægro
> Corpore; deprendas et gaudia; sumit utrumque
> Inde habitum facies[1].

L'ame qui loge la philosophie doibt, par sa santé, rendre sain encores le corps : elle doibt faire luire iusques au dehors son repos et son aise; doibt former à son moule le port exterieur, et l'armer, par consequent, d'une gratieuse fierté, d'un maintien actif et alaigre, et d'une contenance contente et debonnaire. La plus expresse marque de la sagesse, c'est une esiouïssance constante; son estat est, comme des choses au dessus de la lune, tousiours serein : c'est *Baroco* et *Baralipton*[2] qui rendent leurs supposts ainsi crottez et enfumez; ce n'est pas elle : ils ne la cognoissent que par ouyr dire. Comment? elle faict estat de sereiner les tempestes de l'ame, et d'apprendre la faim et les fiebvres à rire, non par quelques epicycles imaginaires, mais par raisons naturelles et palpables : elle a pour son but la vertu, qui

[1] On peut voir les chagrins de l'âme qui se cachent dans un corps malade; on peut voir la joie; sous l'impression de ces deux sentiments, le visage prend un double aspect. JUVÉNAL, IX, 18.

[2] Deux termes de l'ancienne logique scolastique :

> *Barbara, celarent, darii, ferio, baralipton,*
> *Celantes, dabitis, fapesmo, frisesomorum,*
> *Cesare, camestres, festino, baroco, darapti,*
> *Felapton, disamis, datisi, bocardo, ferison.*

Ces dix-neuf barbarismes exprimaient les dix-neuf formes du syllogisme. V. LECLERC.

n'est pas, comme dict l'eschole, plantee à la teste d'un mont coupé, rabotteux et inaccessible : ceulx qui l'ont approchee la tiennent, au rebours, logee dans une belle plaine fertile et fleurissante, d'où elle veoid bien soubs soy toutes choses; mais si peult on y arriver, qui en sçait l'addresse, par des routes ombrageuses, gazonnees et doux fleurantes, plaisamment, et d'une pente facile et polie, comme est celle des voultes celestes. Pour n'avoir hanté cette vertu supreme, belle, triumphante, amoureuse, delicieuse pareillement et courageuse, ennemie professe et irreconciliable d'aigreur, de desplaisir, de crainte et de contraincte, ayant pour guide nature, fortune et volupté pour compaignes; ils sont allez, selon leur foiblesse, feindre cette sotte image, triste, querelleuse, despite, menaceuse, mineuse, et la placer sur un rochier à l'escart, emmy des ronces; fantosme à estonner les gents.

Mon gouverneur, qui cognoist debvoir remplir la volonté de son disciple autant ou plus d'affection que de reverence envers la vertu, luy sçaura dire que les poëtes[1] suyvent les humeurs communes; et luy faire toucher au doigt que les dieux ont mis plustost la sueur aux advenues des cabinets de Venus, que de Pallas. Et, quand il commencera de se sentir, luy presentant Bradamante, ou Angelique[2], pour maistresse à iouyr; et d'une beauté naïfve, active, genereuse, non hommasse, mais virile, au prix d'une beauté molle, affettee, delicate, artificielle; l'une tra-

[1] HÉSIODE, Ἔργ. καὶ ἡμ., v. 287. J. V. L.

[2] Héroïnes du poëme de l'Arioste. COSTE.

vestie en garson, coiffee d'un morion luisant ; l'aultre vestue en garse[1], coiffee d'un attiffet emperlé : il iugera masle son amour mesme, s'il choisit tout diversement à cet effeminé pasteur de Phrygie.

Il luy fera cette nouvelle leçon : Que le prix et haulteur de la vraye vertu est en la facilité, utilité et plaisir de son exercice ; si esloingné de difficulté, que les enfants y peuvent comme les hommes, les simples comme les subtils. Le reglement, c'est son util, non pas la force. Socrates, son premier mignon, quitte à escient sa force, pour glisser en la naïfveté et aysance de son progrez. C'est la mere nourrice des plaisirs humains : en les rendant iustes, elle les rend seurs et purs ; les moderant, elle les tient en haleine et en appetit ; retranchant ceulx qu'elle refuse, elle nous aiguise envers ceulx qu'elle nous laisse ; et nous laisse abondamment touts ceulx que veult nature, et iusques à la satieté, sinon iusques à la lasseté, maternellement : si d'adventure nous ne voulons dire que le regime qui arreste le beuveur avant l'yvresse, le mangeur avant la crudité, le paillard avant la pelade, soit ennemy de nos plaisirs. Si la fortune commune luy fault, elle[2] luy eschappe, ou elle s'en passe, et s'en forge une aultre toute sienne, non plus flottante et roulante. Elle sçait estre riche, et puissante, et sçavante, et coucher en des matelats musquez ; elle aime la vie, elle aime la beauté, et la gloire, et la santé :

[1] *En jeune fille.*

[2] C'est-à-dire *la vertu*... Cela signifie que la vertu peut se passer de l'influence de la fortune, et se faire au besoin sa destinée à elle-même.

mais son office propre et particulier, c'est sçavoir user de ces biens là regleement, et les sçavoir perdre constamment; office bien plus noble qu'aspre, sans lequel tout cours de vie est desnaturé, turbulent et difforme, et y peult on iustement attacher ces escueils, ces halliers, et ces monstres.

Si ce disciple se rencontre de si diverse condition, qu'il ayme mieulx ouyr une fable, que la narration d'un beau voyage, ou un sage propos, quand il l'entendra; qui, au son du tabourin qui arme la ieune ardeur de ses compaignons, se destourne à un aultre qui l'appelle au ieu des batteleurs; qui, par souhait, ne treuve plus plaisant et plus doulx revenir pouldreux et victorieux d'un combat, que de la paulme ou du bal, avecques le prix de cet exercice : je n'y treuve aultre remede, sinon [1] qu'on le mettre pastissier dans quelque bonne ville, feust il fils d'un duc; suyvant le precepte de Platon, « Qu'il fault colloquer les enfants, non selon les facultez de leur pere, mais selon les facultez de leur ame. »

Puisque la philosophie est celle qui nous instruit à vivre, et que l'enfance y a sa leçon comme les aultres aages, pourquoy ne la luy communique lon?

Udum et molle lutum est; nunc nunc properandus, et acri
Fingendus sine fine rota [2].

On nous apprend à vivre quand la vie est passee. Cent escholiers ont prins la verole, avant que d'estre ar-

[1] VAR. *Ie n'y treuve aultre remede, sinon que de bonne heure son gouverneur l'estrangle, s'il est sans tesmoings; ou qu'on le mette pastissier*. Édit., de 1802.

[2] L'argile est encore molle et humide; vite, vite, dépêchons-nous et sans retard travaillons-la sur la roue diligente. PERS., III, 23.

rivez à leur leçon d'Aristote. De la temperance. Cicero disoit que, quand il vivroit la vie de deux hommes, il ne prendroit pas le loisir d'estudier les poëtes lyriques; et ie treuve ces ergotistes plus tristement encores inutiles. Nostre enfant est bien plus pressé : il ne doibt au paidagogisme que les premiers quinze ou seize ans de sa vie; le demourant est deu à l'action. Employons un temps si court aux instructions necessaires. Ce sont abus : ostez toutes ces subtilitez espineuses de la dialectique, dequoy nostre vie ne se peult amender; prenez les simples discours de la philosophie, sçachez les choisir et traicter à poinct : ils sont plus aysez à concevoir qu'un conte de Boccace; un enfant en est capable au partir de la nourrice, beaucoup mieulx que d'apprendre à lire ou escrire. La philosophie a des discours pour la naissance des hommes, comme pour la decrepitude.

Ie suis de l'advis de Plutarque, qu'Aristote n'amusa pas tant son grand disciple à l'artifice de composer syllogismes, ou aux principes de geometrie, comme à l'instruire des bons preceptes touchant la vaillance, prouesse, la magnanimité et temperance, et l'asseurance de ne rien craindre; et, avecques cette munition, il l'envoya encores enfant subiuger l'empire du monde à tout trente mille hommes de pied, quatre mille chevaulx, et quarante deux mille escus seulement. Les aultres arts et sciences, dict il, Alexandre les honoroit bien, et louoit leur excellence et gentillesse; mais, pour plaisir qu'il y prinst, il n'estoit pas facile à se laisser surprendre à l'affection de les vouloir exercer.

Petite hinc, iuvenesque senesque,
Finem animo certum, miserisque viatica canis[1].

C'est ce que dict Epicurus au commencement de sa lettre à Meniceus : « Ny le plus ieune refuye à philosopher, ny le plus vieil s'y lasse[2]. » Qui faict aultrement, il semble dire, ou qu'il n'est pas encores saison d'heureusement vivre, ou qu'il n'en est plus saison. Pour tout cecy, ie ne veulx pas qu'on emprisonne ce garson; ie ne veulx pas qu'on l'abandonne à la cholere et humeur melancholique d'un furieux maistre d'eschole; ie ne veulx pas corrompre son esprit à le tenir à la gehenne et au travail, à la mode des aultres, quatorze ou quinze heures par iour, comme un portefaix; ny ne trouverois bon, quand, par quelque complexion solitaire et melancholique, on le verroit adonné d'une application trop indiscrette à l'estude des livres, qu'on la luy nourrist : cela les rend ineptes à la conversation civile, et les destourne de meilleures occupations. Et combien ay ie veu de mon temps d'hommes abestis par temeraire avidité de science? Carneades s'en trouva si affollé[3], qu'il n'eut plus le loisir de se faire le poil et les ongles. Ny ne veulx gaster ses mœurs genereuses par l'incivilité et barbarie d'aultruy. La sagesse françoise a esté anciennement en proverbe, pour une sagesse qui prenoit de bonne heure, et n'avoit gueres de tenue. A la verité, nous veoyons encores qu'il n'est rien si gentil

[1] Jeunes gens, vieillards, tirez de là de quoi régler votre conduite; faites-vous des provisions pour le triste hiver de la vie. PERS., V, 64.

[2] DIOGÈNE LAERCE, X, 122.

[3] ID., IV, 62.

que les petits enfants en France; mais ordinairement ils trompent l'esperance qu'on en a conceue; et hommes faicts, on n'y veoid aulcune excellence : i'ay ouy tenir à gents d'entendement que ces colleges où on les envoye, dequoy ils ont foison, les abrutissent ainsin.

Au nostre, un cabinet, un iardin, la table et le lict, la solitude, la compaignie, le matin et le vespre, toutes heures luy seront unes, toutes places luy seront estude : car la philosophie, qui, comme formatrice des iugements et des mœurs, sera sa principale leçon, a ce privilege de se mesler par tout. Isocrates l'orateur estant prié en un festin de parler de son art, chascun treuve qu'il eut raison de respondre : « Il n'est pas maintenant temps de ce que ie sçay faire; et ce dequoy il est maintenant temps, ie ne le sçay pas faire [1] : » car de presenter des harangues ou des disputes de rhetorique à une compaignie assemblee pour rire et faire bonne chere, ce seroit un meslange de trop mauvais accord; et autant en pourroit on dire de toutes les aultres sciences. Mais, quant à la philosophie, en la partie où elle traicte de l'homme et de ses debvoirs et offices, ç'a esté le iugement commun de touts les sages, que, pour la doulceur de sa conversation, elle ne debvoit estre refusee ny aux festins ny aux ieux; et Platon l'ayant invitee à son Convive [2], nous veoyons comme elle entretient l'assistance, d'une façon molle et accommodee au temps et au lieu, quoyque ce soit de ses plus haults discours et plus salutaires.

[1] PLUTARQUE, *Symposiaques*, I, 1.

[2] A son *banquet*, du latin *convivium*.

Æque pauperibus prodest, locupletibus æque;
Et, neglecta, æque pueris senibusque nocebit[1].

Ainsi, sans doubte, il choumera[2] moins que les aultres. Mais, comme les pas que nous employons à nous promener dans une galerie, quoyqu'il y en ayt trois fois autant, ne nous lassent pas comme ceulx que nous mettons à quelque chemin desseigné : aussi nostre leçon, se passant comme par rencontre, sans obligation de temps et de lieu, et se meslant à toutes nos actions, se coulera sans se faire sentir; les ieux mesmes et les exercices seront une bonne partie de l'estude; la course, la luicte, la musique, la danse, la chasse, le maniement des chevaulx et des armes. Ie veulx que la bienseance exterieure, et l'entregent, et la disposition de la personne, se façonne quand et quand l'ame. Ce n'est pas une ame, ce n'est pas un corps, qu'on dresse; c'est un homme : il n'en fault pas faire à deux ; et, comme dict Platon, il ne fault pas les dresser l'un sans l'aultre, mais les conduire egualement, comme une couple de chevaulx attelez à mesme timon; et, à l'ouyr, semble il pas prester plus de temps et plus de solicitude aux exercices du corps, et estimer que l'esprit s'en exerce quand et quand, et non au contraire?

Au demourant, cette institution se doibt conduire par une severe doulceur, non comme il se faict : au lieu de convier les enfants aux lettres, on ne leur

[1] Elle est également utile aux pauvres et aux riches; les jeunes gens et les vieillards, s'ils la négligent, s'en trouveront également mal. Hor., *Epist.* I, 1, 25.

[2] Pour il *chômera;* on dirait aujourd'hui, dans le langage usuel, il *flânera* moins que les autres.

presente, à la verité, que horreur et cruauté. Ostez moy la violence et la force : il n'est rien, à mon advis, qui abastardisse et estourdisse si fort une nature bien nee. Si vous avez envie qu'il craigne la honte et le chastiement, ne l'y endurcissez pas : endurcissez le à la sueur et au froid, au vent, au soleil, et aux hazards qu'il luy fault mespriser; ostez luy toute mollesse et delicatesse au vestir et coucher, au manger et au boire; accoustumez le à tout; que ce ne soit pas un beau garson et dameret, mais un garson vert et vigoreux. Enfant, homme, vieil, i'ay tousiours creu et iugé de mesme. Mais, entre aultres choses, cette police de la plus part de nos colleges m'a tousiours despleu : on eust failly, à l'adventure, moins dommageablement, s'inclinant vers l'indulgence. C'est une vraye geaule de ieunesse captive : on la rend desbauchee, l'en punissant avant qu'elle le soit. Arrivez y sur le poinct de leur office [1]; vous n'oyez que cris, et d'enfants suppliciez, et de maistres envyrez en leur cholere. Quelle maniere pour esveiller l'appetit envers leur leçon, à ces tendres âmes et craintifves, de les y guider d'une trongne effroyable, les mains armees de fouets! Inique et pernicieuse forme! ioinct, ce que Quintilian [2] en a tresbien remarqué, que cette imperieuse auctorité tire des suittes perilleuses, et nommeement à nostre façon de chastiement. Combien leurs classes seroient plus decemment ionchees de fleurs et de feuillees, que de tron-

[1] C'est-à-dire au moment où les élèves travaillent dans leurs classes.

[2] *Instit. orat.*, I, 3.

çons d'osier sanglants! I'y ferois pourtraire la Ioye, l'Alaigresse, et Flora, et les Graces, comme feit en son eschole le philosophe Speusippus [1]. Où est leur proufit, que là feust aussi leur esbat : on doibt ensucrer les viandes salubres à l'enfant, et enfieller celles qui luy sont nuisibles. C'est merveille combien Platon se montre soingneux, en ses loix, de la gayeté et passetemps de la ieunesse de sa cité; et combien il s'arreste à leurs courses, ieux, chansons, saults et danses, desquelles il dict que l'antiquité a donné la conduicte et le patronnage aux dieux mesmes, Apollon, aux Muses et Minerve : il s'estend à mille preceptes pour ses gymnases; pour les sciences lettrees, il s'y amuse fort peu, et semble ne recommender particulierement la poësie que pour la musique.

Toute estrangeté et particularité en nos mœurs et conditions est evitable, comme ennemie de societé. Qui ne s'estonneroit de la complexion de Demophon, maistre d'hostel d'Alexandre, qui suoit à l'umbre, et trembloit au soleil [2]? I'en ay veu fuir la senteur des pommes, plus que les harquebuzades; d'aultres s'effrayer pour une souris; d'aultres rendre la gorge à veoir de la cresme; d'aultres à veoir brasser un lict de plume; comme Germanicus ne pouvoit souffrir ny la veue ny le chant des coqs. Il y peult avoir, à l'adventure, à cela quelque proprieté occulte; mais on l'esteindroit, à mon advis, qui s'y prendroit de bonne heure. L'institution a gaigné cela sur moy (il est vray que ce n'a point esté sans quelque soing),

[1] DIOGÈNE LAERCE, IV, 1.
[2] SEXTUS EMPIRICUS, *Pyrrh. Hyp.*, I, 14. C.

que, sauf la biere, mon appetit est accommodable indifferemment à toutes choses.dequoy on se paist.

Le corps est encores soupple; on le doibt, à cette cause, plier à toutes façons et coustumes; et, pourveu qu'on puisse tenir l'appetit et la volonté soubs boucle, qu'on rende hardiement un ieune homme commode à toutes nations et compaignies, voire au desreglement et aux excez, si besoing est. Son exercitation suive l'usage : qu'il puisse faire toutes choses, et n'ayme à faire que les bonnes. Les philosophes mesmes ne treuvent pas louable en Callisthenes d'avoir perdu la bonne grace du grand Alexandre, son maistre, pour n'avoir voulu boire d'autant à luy. Il rira, il follastrera, il se desbauchera avecques son prince. Ie veulx qu'en la desbauche mesme il surpasse en vigueur et en fermeté ses compaignons; et qu'il ne laisse à faire le mal ny à faulte de force ny de science, mais à faulte de volonté : *Multum interest, utrum peccare aliquis nolit, an nesciat*[1]. Ie pensois faire honneur à un seigneur aussi esloingné de ces desbordements qu'il en soit en France, de m'enquerir à luy en bonne compaignie, combien de fois en sa vie il s'estoit enyvré pour la necessité des affaires du roy, en Allemaigne : il le print de cette façon; et me respondit que c'estoit trois fois, lesquelles il recita. I'en sçay qui, à faulte de cette faculté, se sont mis en grand'peine, ayants à practiquer cette nation. I'ay souvent remarqué avecques grande admiration la merveilleuse nature d'Alci-

[1] Il y a une grande différence entre ne vouloir pas et ne savoir pas faire le mal. SÉNÈQUE, *Epist.* 90.

biades, de se transformer si ayseement à des façons si diverses, sans interest de sa santé; surpassant tantost la sumptuosité et pompe persienne, tantost l'austerité et frugalité lacedemonienne; autant reformé à Sparte, comme voluptueux en Ionie.

> Omnis Aristippum decuit color, et status, et res[1].

tel vouldrois ie former mon disciple.

> Quem duplici panno patientia velat,
> Mirabor, vitæ via si conversa decebit,
> Personamque feret non inconcinnus utramque[2].

Voicy mes leçons : Celuy là y a mieulx proufité, qui les faict, que qui les sçait. Si vous le veoyez, vous l'oyez; si vous l'oyez, vous le veoyez. Ia à dieu ne plaise, dict quelqu'un en Platon, que philosopher ce soit apprendre plusieurs choses, et traicter les arts! *Hanc amplissimam omnium artium bene vivendi disciplinam, vita magis, quam litteris, persecuti sunt*[3]*!* Leon, prince des Phliasiens, s'enquerant à Heraclides Ponticus[4] de quelle science, de quelle art il faisoit profession : « Ie ne sçay, dict il, ny art ny science; mais ie suis philosophe. » On reprochoit à

[1] Toute espèce d'état et de fortune convint à Aristippe. Hor., *Epist.*, I, 17, 23.

[2] J'admirerai celui qui ne rougit pas de ses haillons, qui change de fortune sans s'étonner, et qui joue les deux rôles avec grâce. Hor., *Epist.*, I, 17, 25. — Montaigne donne à ces vers un sens directement opposé à celui que leur donne Horace.

[3] Ils se sont initiés, par leur vie plutôt que par leurs études, à la science de bien vivre, la plus précieuse de toutes. Cic., *Tusc. quæst.*, IV, 3.

[4] Ce n'est pas Héraclide de Pont, mais Pythagore, qui fit cette réponse à Léon, prince des Phliasiens. Coste.

Diogenes, comment, estant ignorant, il se mesloit de la philosophie : « Ie m'en mesle, dict il, d'autant mieulx à propos. » Hegesias le prioit de luy lire quelque livre : « Vous estes plaisant, luy respondit il : vous choisissez les figues vrayes et naturelles, non peinctes; que ne choisissez vous aussi les exercitations naturelles, vrayes, et non escriptes[1] ? »

Il ne dira pas tant sa leçon, comme il la fera ; il la repetera en ses actions : on verra s'il y a de la prudence en ses entreprinses; s'il y a de la bonté, de la iustice en ses deportements ; s'il a du iugement et de la grace en son parler, de la vigueur en ses maladies, de la modestie en ses ieux, de la temperance en ses voluptez, de l'ordre en son œconomie ; de l'indifference en son goust, soit chair, poisson, vin ou eau : *qui disciplinam suam non ostentationem scientiæ, sed legem vitæ putet ; quique obtemperet ipse sibi, et decretis pareat*[2]. Le vray mirouer de nos discours est le cours de nos vies. Zeuxidamus respondit, à un qui luy demanda pourquoy les Lacedemoniens ne redigeoient par escript les ordonnances de la prouesse, et ne les donnoient à lire à leurs ieunes gents, « Que c'estoit parce qu'ils les vouloyent accoustumer aux faicts, non pas aux paroles. » Comparez, au bout de quinze ou seize ans, à cettuy cy un de ces latineurs de college, qui aura mis autant de temps à n'apprendre simplement qu'à parler. Le monde n'est que

[1] Diogène Laerce, VI, 48.

[2] Qui considère la science, non comme un vain étalage, mais comme la règle de sa vie; qui obéisse à lui-même et à ses propres préceptes. Cic., *Tusc. quæst.*, II, 4.

babil; et ne veis iamais homme qui ne die plustost plus, que moins qu'il ne doibt. Toutesfois la moitié de nostre aage s'en va là : on nous tient quatre ou cinq ans à entendre les mots, et les coudre en clauses [1]; encores autant à en proportionner un grand corps, estendu en quatre ou cinq parties; aultres cinq, pour le moins, à les sçavoir briefvement mesler et entrelacer de quelque subtile façon : laissons le à ceulx qui en font profession expresse.

Allant un iour à Orleans, ie trouvay dans cette plaine, au deçà de Clery, deux regents qui venoyent à Bourdeaux, environ à cinquante pas l'un de l'aultre : plus loing derriere eux ie veoyois une troupe, et un maistre en teste, qui estoit feu monsieur le comte de la Rochefoucault. Un de mes gents s'enquit au premier de ces regents, qui estoit ce gentilhomme qui venoit aprez luy : luy, qui n'avoit pas veu ce train qui le suyvoit, et qui pensoit qu'on luy parlast de son compaignon, respondit plaisamment : « Il n'est pas gentilhomme, c'est un grammairien; et ie suis logicien. » Or, nous qui cherchons icy, au rebours, de former, non un grammairien ou logicien, mais un gentilhomme, laissons les abuser de leur loisir : nous avons affaire ailleurs. Mais que nostre disciple soit bien pourveu de choses, les paroles ne suyvront que trop; il les traisnera, si elles ne veulent suyvre. I'en oy qui s'excusent de ne se pouvoir exprimer, et font contenance d'avoir la teste pleine de plusieurs belles choses, mais, à faulte d'eloquence, ne les pouvoir mettre en evidence : c'est une baye. Sçavez vous, à

[1] *En périodes.*

mon advis, que c'est que cela? ce sont des ombrages qui leur viennent de quelques conceptions informes, qu'ils ne peuvent desmesler et esclaircir au dedans, ny par consequent produire au dehors; ils ne s'entendent pas encores eulx mesmes; et veoyez les un peu begayer sur le poinct de l'enfanter, vous iugez que leur travail n'est point à l'accouchement, mais à la conception, et qu'ils ne font que leicher cette matiere imparfaicte. De ma part, ie tiens, et Socrates l'ordonne, que qui a dans l'esprit une vifve imagination et claire, il la produira, soit en bergamasque, soit par mines, s'il est muet :

Verbaque prævisam rem non invita sequentur[1].

Et comme disoit celuy là, aussi poëtiquement en sa prose, *quum res animum occupavere, verba ambiunt*[2]; et cet aultre, *ipsæ res verba rapiunt*[3]. Il ne sçait pas ablatif, coniunctif, substantif, ny la grammaire : ne faict[4] pas son laquais, ou une harangiere du Petit pont; et si, vous entretiendront tout votre saoul, si vous en avez envie, et se desferreront aussi peu, à l'adventure, aux regles de leur langage, que le meilleur maistre ez arts de France. Il ne sçait pas la rhetorique, ny, pour avant ieu, capter la benevolence du

[1] Les mots suivent facilement la pensée fixée d'avance. Hor., *Art. poét.*, v. 311.

[2] Quand les choses ont saisi l'esprit, les mots viennent en foule. Sénèque, *Controvers.*, III, *proœm.*

[3] Les choses entraînent les paroles. Cicér., *de Finib.*, III, 5.

[4] Toutes les éditions que j'ai pu consulter sont conformes à cette leçon; mais, comme elle est assez obscure, je proposerais de lire : *Ne le sçait pas son laquais, ou*, etc. C'est du moins ainsi que la phrase doit être entendue. Lefèvre.

candide lecteur; ny ne luy chault de le sçavoir. De vray, toute cette belle peincture s'efface ayseement par le lustre d'une verité simple et naïfve : ces gentillesses ne servent que pour amuser le vulgaire, incapable de prendre la viande plus massive et plus ferme; comme Afer[1] montre bien clairement chez Tacitus. Les ambassadeurs de Samos estoient venus à Cleomenes, roy de Sparte, preparez d'une belle et longue oraison, pour l'esmouvoir à la guerre contre le tyran Polycrates; aprez qu'il les eut bien laissez dire, il leur respondit : « Quant à vostre commencement et exorde, il ne m'en souvient plus, ny par consequent du milieu; et quant à vostre conclusion, ie n'en veulx rien faire[2]. » Voylà une belle response, ce me semble, et des harangueurs bien camus! Et quoy cet aultre? les Atheniens estoient à choisir de deux architectes à conduire une grande fabrique : le premier, plus affetté, se presenta avecques un beau discours premedité sur le subiect de cette besongne, et tiroit le iugement du peuple à sa faveur; mais l'aultre en trois mots : « Seigneurs Atheniens, ce que cettuy a dict, ie le feray[3]. » Au fort de l'eloquence de Cicero, plusieurs en entroient en admiration; mais Caton n'en faisant que rire : « Nous avons, disoit il, un plaisant consul[4]. » Aille devant ou aprez; une utile sentence, un beau traict, est tousiours de saison : s'il n'est pas bien pour ce qui va devant, ny pour ce

[1] *Aper.* — *Dial. des Orateurs*, c. 19.

[2] PLUTARQUE, *Apophthegmes des Lacédémoniens.*

[3] ID., *Instruction pour ceux qui manient affaires d'État*, chap. 4 d'Amyot.

[4] ID., *Vie de Caton*, c. 6.

qui vient aprez, il est bien en soy. Ie ne suis pas de ceulx qui pensent la bonne rhythme faire le bon poëme : laissez luy allonger une courte syllabe, s'il veult; pour cela, non force : si les inventions y rient, si l'esprit et le iugement y ont bien faict leur office; voylà un bon poëte, diray ie, mais un mauvais versificateur,

> Emunctæ naris, durus componere versus[1].

Qu'on face, dict Horace, perdre à son ouvrage toutes ses coustures et mesures,

> Tempora certa modosque, et, quod prius ordine verbum est,
> Posterius facias, præponens ultima primis...
> Invenias etiam disiecti membra poetæ[2]:

il ne se dementira point pour cela; les pieces mesmes en seront belles. C'est ce que respondit Menander, comme on le tansast, approchant le iour auquel il avoit promis une comedie, de quoy il n'y avoit encores mis la main : « Elle est composee et preste; il ne reste qu'à y adiouster les vers[3] : » ayant les choses et la matiere disposee en l'ame, il mettoit en peu de compte le demourant. Depuis que Ronsard et du Bellay ont donné credit à nostre poësie françoise, ie ne veois si petit apprenti qui n'enfle des mots, qui ne renge les cadences à peu prez comme eux : *Plus*

[1] Ses vers sont négligés, mais il a de la verve. HOR., *Sat.*, I, 4, 8.

[2] Otez-en le rhythme et la mesure, changez l'ordre des mots; vous retrouverez le poëte dans ses membres dispersés. HOR., *Sat.*, I, 4, 58.

[3] PLUTARQUE, *Si les Athéniens ont été plus excellents en armes qu'en lettres*, c. 4, trad. d'Amyot.

sonat, quam valet[1]. Pour le vulgaire, il ne feut iamais tant de poëtes ; mais, comme il leur a esté bien aysé de representer leurs rhythmes, ils demeurent bien aussi court à imiter les riches descriptions de l'un, et les delicates inventions de l'aultre.

Voire mais, que fera il[2] si on le presse de la subtilité sophistique de quelque syllogisme? « Le iambon faict boire ; le boire desaltere : parquoy le iambon desaltere. » Qu'il s'en mocque : il est plus subtil de s'en mocquer que d'y respondre[3]. Qu'il emprunte d'Aristippus cette plaisante contrefinesse : « Pourquoy le deslieray ie, puisque tout lié il m'empesche[4] ? » Quelqu'un proposoit contre Cleanthes des finesses dialectiques ; à qui Chrysippus dict, « Ioue toy de ces battelages avecques les enfants ; et ne destourne à cela les pensees serieuses d'un homme d'aage[5]. » Si ces sottes arguties, *contorta et aculeata sophismata*[6], luy doibvent persuader un mensonge, cela est dangereux ; mais si elles demeurent sans effect, et ne l'esmeuvent qu'à rire, ie ne veois pas pourquoy il s'en doibve donner garde. Il en est de si sots, qu'ils se destournent de leur voye un quart de lieue pour courir aprez un beau mot ; *aut qui non verba rebus aptant, sed res extrinsecus arcessunt, quibus verba conveniant*[7] : et l'aultre, *qui, alicuius verbi decore*

[1] Plus de son que de sens. SÉNÈQUE, *Epist.* 40.

[2] C'est-à-dire, *Mais que fera l'élève, si on le presse,* etc.

[3] SÉNÈQUE, *Epist.* 49.

[4] DIOGÈNE LAERCE, II, 70.

[5] ID., VII, 183.

[6] Ces sophismes entortillés et épineux. CIC., *Acad.*, II, 24.

[7] Ou qui ne choisissent pas les mots pour les choses, mais qui

placentis, vocentur ad id, quod non proposuerant scribere[1]. Ie tors bien plus volontiers une bonne sentence, pour la coudre sur moy, que ie ne destors mon fil pour l'aller querir. Au rebours, c'est aux paroles à servir et à suyvre; et que le gascon y arrive, si le françois n'y peult aller. Ie veulx que les choses surmontent, et qu'elles remplissent de façon l'imagination de celuy qui escoute, qu'il n'aye aulcune souvenance des mots. Le parler que i'ayme, c'est un parler simple et naïf, tel sur le papier qu'à la bouche; un parler succulent et nerveux, court et serré; non tant delicat et peigné, comme vehement et brusque;

> Hæc demum sapiet dictio, quæ feriet[2];

plustost difficile qu'ennuyeux; esloingné d'affectation; desreglé, descousu et hardy : chasque loppin y face son corps; non pedantesque, non fratesque[3], non plaideresque, mais plustost soldatesque, comme Suetone appelle celuy de Iulius Cesar[4]; et si ne sens pas bien pourquoy il l'en appelle.

vont chercher, hors du sujet, des choses auxquelles les mots puissent convenir. QUINTIL., VIII, 3.

[1] Qui, séduits par l'éclat d'un mot qui les charme, sont entraînés vers un sujet qu'ils ne s'étaient point proposé de traiter. SÉNÈQUE, *Epist.*, 59.

[2] Que l'expression frappe, elle plaira. *Épitaphe de Lucain*, citée dans la *Bibliothèque latine de Fabricius*, II, 10. COSTE.

[3] *Non monacal.*

[4] C'est dans sa Vie, c. 55, au commencement. Mais Montaigne a été trompé par les éditions vulgaires, où on lisait : *Eloquentia militari; qua re aut æquavit*, etc.; au lieu que, dans les dernières et meilleures éditions, on lit aujourd'hui : *Eloquentia, militarique re, aut æquavit*, etc. Ainsi, ce qui lui faisait de la peine disparaît avec la fausse leçon. COSTE.

I'ay volontiers imité cette desbauche qui se veoid en nostre ieunesse au port de leurs vestements : un manteau en escharpe, la cape sur une espaule, un bas mal tendu, qui represente une fierté desdaigneuse de ces parements estrangiers, et nonchalante de l'art; mais ie la treuve encores mieulx employee en la forme du parler. Toute affectation, nommeement en la gayeté et liberté françoise, est mesadvenante au courtisan; et en une monarchie, tout gentilhomme doibt estre dressé au port d'un courtisan : pourquoy nous faisons bien de gauchir un peu sur le naïf et mesprisant. Ie n'ayme point de tissure où les liaisons et les coustures paroissent : tout ainsi qu'en un beau corps il ne fault pas qu'on y puisse compter les os et veines. *Quæ veritati operam dat oratio, incomposita sit et simplex*[1]. *Quis accurate loquitur, nisi qui vult putide loqui*[2] ? L'eloquence faict iniure aux choses, qui nous destourne à soy. Comme aux accoustrements, c'est pusillanimité de se vouloir marquer par quelque façon particuliere et inusitee : de mesme au langage, la recherche des phrases nouvelles et des mots peu cogneus vient d'une ambition scholastique et puerile. Peusse ie ne me servir que de ceulx qui servent aux hales à Paris! Aristophanes le grammairien n'y entendoit rien, de reprendre en Epicurus la simplicité de ses mots, et la fin de son art oratoire, qui estoit perspicuité de langage seulement[3]. L'imitation du parler,

[1] Pour donner du prix à la vérité, le discours doit être naturel et simple. SÉNÈQUE, *Epist.* 40.

[2] S'étudier à parler, c'est parler pour déplaire. SÉNÈQUE, *Epist.* 75.

[3] DIOGÈNE LAERCE, X, 13.

par sa facilité, suyt incontinent tout un peuple : l'imitation du iuger, de l'inventer, ne va pas si viste. La pluspart des lecteurs, pour avoir trouvé une pareille robbe, pensent tresfaulsement tenir un pareil corps : la force et les nerfs ne s'empruntent point ; les atours et le manteau s'empruntent. La pluspart de ceulx qui me hantent parlent de mesme les Essais ; mais ie ne sçay s'ils pensent de mesme. Les Atheniens, dict Platon [1], ont pour leur part le soing de l'abondance et elegance du parler ; les Lacedemoniens, de la briefveté ; et ceulx de Crete, de la fecondité des conceptions, plus que du langage : ceulx cy sont les meilleurs. Zenon disoit qu'il avoit deux sortes de disciples : les uns, qu'il nommoit φιλολόγους, curieux d'apprendre les choses, qui estoient ses mignons ; les aultres λογοφίλους, qui n'avoyent soing que du langage. Ce n'est pas à dire que ce ne soit une belle et bonne chose que le bien dire ; mais non pas si bonne qu'on la faict ; et suis despit de quoy nostre vie s'embesongne toute à cela. Ie vouldrois premierement bien sçavoir ma langue, et celle de mes voysins où i'ay plus ordinaire commerce.

C'est un bel et grand adgencement sans doubte que le grec et latin, mais on l'achete trop cher [2]. Ie diray icy une façon d'en avoir meilleur marché que de coustume, qui a esté essayee en moy mesme : s'en servira qui vouldra. Feu mon pere, ayant faict toutes

[1] STOBÉE, *Serm.* 34.

[2] Ces réflexions étaient surtout d'une grande justesse au temps de Montaigne. Isidore de Séville, Donat et autres écrivains du moyen âge, servaient seuls à l'enseignement, et comme leurs livres étaient en latin, les enfants étaient obligés, pour apprendre cette

les recherches qu'homme peult faire, parmy les gents sçavants et d'entendement, d'une forme d'institution exquise, feut advisé de cet inconvenient qui estoit en usage; et luy disoit on que cette longueur que nous mettions à apprendre les langues qui ne leur coustoient rien, est la seule cause pourquoy nous ne pouvons arriver à la grandeur d'ame et de cognoissance des anciens Grecs et Romains. Je ne croy pas que ce en soit la seule cause. Tant y a que l'expedient que mon pere y trouva, ce feut qu'en nourrice, et avant le premier desnouement de ma langue, il me donna en charge à un Allemand, qui depuis est mort fameux medecin en France, du tout ignorant de nostre langue, et tresbien versé en la latine. Cettuy cy, qu'il avoit faict venir exprez, et qui estoit bien cherement gagé, m'avoit continuellement entre les bras. Il en eut aussi avecques luy deux aultres moindres en sçavoir, pour me suyvre, et soulager le premier : ceulx cy ne m'entretenoient d'aultre langue que latine. Quant au reste de sa maison, c'estoit une regle inviolable que ny luy mesme, ny ma mere, ny valet, ny chambriere, ne parloient en ma compaignie qu'autant de mots de latin que chascun avoit apprins pour iargonner avec moy[1]. C'est merveille du fruict que

langue, de procéder de l'inintelligible à l'inconnu. Ce fut Port-Royal qui introduisit l'usage du français dans l'enseignement. On voit, d'après cela, que ce n'est point par originalité, mais par un véritable esprit de progrès, que le père de Montaigne appliquait à son fils ce qu'on pourrait appeler la méthode de sevrage.

[1] Ces réflexions de notre auteur, au sujet de la langue latine, ont été très-souvent citées. Elles ont fourni à l'abbé Mangin, ancien prêtre de l'Oratoire, la matière d'un petit volume, dans lequel

chascun y feit : mon pere et ma mere y apprindrent assez de latin pour l'entendre, et en acquirent à suffisance pour s'en servir à la necessité, comme feirent aussi les aultres domestiques qui estoient plus attachez à mon service. Somme, nous nous latinizasmes tant, qu'il en regorgea iusques à nos villages tout autour, où il y a encores, et ont prins pied par l'usage, plusieurs appellations latines d'artisans et d'utils. Quant à moy, i'avoy plus de six ans, avant que i'entendisse non plus de françois ou de perigordin que d'arabesque; et, sans art, sans livre, sans grammaire ou precepte, sans fouet, et sans larmes, i'avois apprins du latin tout aussi pur que mon maistre d'eschole le sçavoit : car ie ne le pouvois avoir meslé ny alteré. Si par essay on me vouloit donner un theme, à la mode des colleges; on le donne aux aultres en françois, mais à moy il me le falloit donner en mauvais latin pour le tourner en bon. Et Nicolas Grouchy, qui a escript *de comitiis Romanorum*[1]; Guillaume Guerente, qui a commenté Aristote; George Buchanan, ce grand poëte escossois; Marc Antoine Muret, que la

ce savant ecclésiastique a essayé de formuler une nouvelle méthode d'enseignement. Ce volume, inspiré tout entier par les idées de notre auteur, est intitulé : *Éducation de Montaigne, ou l'Art d'enseigner le latin à l'instar des mères latines.* Paris, Didot, 1818, in-8. L'abbé Mangin demande que « conformément à la discipline établie au château de Montaigne... on établisse des maisons d'éducation, qui prendraient les noms de *Maison de sevrage des Français.* Deux ou trois maîtres, ne sachant pas un mot de français et ne parlant que latin, suffiraient, avec des professeurs français, pour apprendre les deux langues à une infinité d'enfants. » — Cette idée nous a paru assez originale pour être mentionnée ici.

[1] Paris, Vascosan, 1555.

France et l'Italie recognoist pour le meilleur orateur du temps, mes precepteurs domestiques, m'ont dict souvent que i'avois ce langage en mon enfance si prest et si à main, qu'ils craignoient à m'accoster. Buchanan, que ie veis depuis à la suite de feu monsieur le mareschal de Brissac, me dict qu'il estoit aprez à escrire de l'institution des enfants, et qu'il prenoit l'exemplaire de la mienne; car il avoit lors en charge ce comte de Brissac que nous avons veu depuis si valeureux et si brave.

Quant au grec, duquel ie n'ay quasi du tout point d'intelligence, mon pere desseigna me le faire apprendre par art, mais d'une voye nouvelle, par forme d'esbat et d'exercice : nous pelotions nos declinaisons, à la maniere de ceulx qui, par certains ieux de tablier[1], apprennent l'arithmetique et la geometrie. Car entre aultres choses, il avoit esté conseillé de me faire gouster la science et le debvoir par une volonté non forcee, et de mon propre desir; et d'eslever mon ame en toute doulceur et liberté, sans rigueur et contraincte : ie dis iusques à telle superstition, que, parce qu'aulcuns tiennent que cela trouble la cervelle tendre des enfants de les esveiller le matin en sursault, et de les arracher du sommeil (auquel ils sont plongez beaucoup plus que nous ne sommes) tout à coup et par violence; il me faisoit esveiller par le son de quelque instrument; et ne feus iamais sans homme qui m'en servist.

[1] On appelait jeux de *tablier*, tous ceux qui, comme les *dames* ou les *échecs*, se jouent sur des planchettes marquées de petits carrés.

Cet exemple suffira pour en iuger le reste, et pour recommender aussi et la prudence et l'affection d'un si bon pere; auquel il ne se fault prendre, s'il n'a recueilly aulcuns fruicts respondants à une si exquise culture. Deux choses en furent cause : en premier, le champ sterile et incommode; car, quoyque i'eusse la santé ferme et entiere, et quand et quand un naturel doulx et traictable, i'estoy parmy cela si poisant, mol et endormy, qu'on ne me pouvoit arracher de l'oysifveté, non pas pour me faire iouer. Ce que ie veoyois, ie le veoyois bien; et, soubs cette complexion lourde, nourrissois des imaginations hardies et des opinions au dessus de mon aage. L'esprit, ie l'avoy lent, et qui n'alloit qu'autant qu'on le menoit; l'apprehension, tardifve; l'invention, lasche; et, aprez tout, un incroyable default de memoire. De tout cela, il n'est pas merveille s'il ne sceut rien tirer qui vaille. Secondement, comme ceulx que presse un furieux desir de guarison se laissent aller à toute sorte de conseils, le bon homme, ayant extreme peur de faillir en chose qu'il avoit tant à cœur, se laissa enfin emporter à l'opinion commune, qui suyt tousiours ceulx qui vont devant, comme les grues, et se rengea à la coustume, n'ayant plus autour de lui ceulx qui luy avoient donné ces premieres institutions, qu'il avoit apportees d'Italie; et m'envoya environ mes six ans au college de Guienne, tresflorissant pour lors, et le meilleur de France : et là, il n'est possible de rien adiouster au soing qu'il eut, et à me choisir des precepteurs de chambre suffisants, et à toutes les aultres circonstances de ma nourriture, en laquelle il reserva plusieurs façons particulieres, contre l'usage des colleges; mais tant y a que c'estoit tousiours college. Mon latin s'abastardit incontinent, duquel depuis par desaccoustumance i'ay perdu tout usage; et ne me servit cette mienne inaccoustumee institution, que de me faire eniamber d'arrivee aux premieres classes; car, à treize ans que ie sortis du college, i'avois achevé mon cours (qu'ils appellent), et, à la verité, sans aulcun fruict que ie peusse à present mettre en compte.

Le premier goust que i'eus aux livres, il me veint du plaisir des fables de la Metamorphose d'Ovide : car environ l'aage de sept ou huict ans, ie me desrobois de tout aultre plaisir pour les lire; d'autant que cette langue estoit la mienne maternelle, et que c'estoit le plus aysé livre que ie cogneusse, et le plus accommodé à la foiblesse de mon aage, à cause de la matiere : car des Lancelots du Lac, des Amadis, des Huons de Bordeaux, et tels fatras de livres à quoy l'enfance s'amuse, ie n'en cognoissoys pas seulement le nom, ny ne foys encores le corps; tant exacte estoit ma discipline! Ie m'en rendoys plus nonchalant à l'estude de mes aultres leçons prescriptes. Là, il me veint singulierement à propos d'avoir affaire à un homme d'entendement de precepteur, qui sceut dextrement conniver à cette mienne desbauche et aultres pareilles : car par là i'enfilay tout d'un train Virgile en l'Aeneide, et puis Terence, et puis Plaute, et des comedies italiennes, leurré tousiours par la doulceur du subiect. S'il eust esté si fol de rompre ce train, i'estime que ie n'eusse rapporté du college que la haine des livres, comme faict quasi toute nostre noblesse. Il s'y gouverna ingenieusement, faisant semblant de n'en veoir rien; il aiguisoit ma faim, ne me laissant qu'à la desrobee gourmander ces livres, et me tenant doulcement en office pour les aultres estudes de la regle : car les principales parties que mon pere cherchoit à ceulx à qui il donnoit charge de moy, c'estoit la debonnaireté et facilité de complexion. Aussi n'avoit la mienne aultre vice que langueur et paresse. Le danger n'estoit pas que ie feisse mal, mais que ie ne feisse rien : nul ne prognostiquoit que ie deusse devenir mauvais, mais inutile; on y prevoyoit de la faineantise, non pas de la malice. Ie sens qu'il en est advenu de mesme : les plainctes qui me cornent aux aureilles sont telles : Il est oysif, froid aux offices d'amitié et de parenté; et, aux offices publicques, trop particulier, trop desdaigneux. Les plus iniurieux mesme ne disent pas, Pourquoy a il prins? pourquoy n'a il payé? mais, Pourquoy ne quitte il? pourquoy ne donne il? Ie recevrois à faveur qu'on ne desirast en moy que tels effects de supererogation; mais ils sont iniustes d'exiger ce que ie ne doy pas, plus rigoureusement beaucoup qu'ils n'exigent d'eulx ce qu'ils doibvent. En m'y condamnant, ils effacent la gratification de l'action, et la gratitude qui m'en seroit deue : là où le bien faire actif debvroit plus poiser de ma main, en consideration de ce que ie n'en ay de passif nul qui soit. Ie puis d'autant plus librement disposer de ma fortune, qu'elle est plus mienne, et de moy, que ie suis plus mien. Toutesfois, si i'estoy grand enlumineur de mes actions, à l'adventure rembarrerois ie bien ces reproches; et à quelques uns apprendrois qu'ils ne sont pas si offensez que ie ne face pas assez, que de quoy ie puisse faire assez plus que ie ne foys.

Mon ame ne laissoit pourtant en mesme temps d'avoir, à part soy, des remuements fermes, et des iugements seurs et ouverts autour des obiects qu'elle cognoissoit; et les digeroit seule, sans aulcune communication; et, entre aultres choses, ie crois, à la verité, qu'elle eust esté du tout incapable de se rendre à la force et violence. Mettray ie en compte cette faculté de mon enfance? une asseurance de visage, et soupplesse de voix et de geste à m'appliquer aux rooles que i'entreprenois : car, avant l'aage,

Alter ab undecimo tum me vix ceperat annus [1],

i'ay soustenu les premiers personnages ez tragedies latines de Buchanan, de Guerente, et de Muret, qui se representerent en nostre college de Guienne avecques dignité : en cela, Andreas Goveanus [2], nostre principal comme en toutes aultres parties de sa charge, feut sans comparaison le plus grand principal de France; et m'en tenoit on maistre ouvrier. C'est un exercice que ie ne mesloue point aux ieunes enfants de maison; et ay veu nos princes s'y addonner depuis en personne, à l'exemple d'aulcuns des anciens, hon-

[1] J'entrais à peine alors dans ma douzième année. Virg., *Eclog.*, VIII, 39.

[2] André de Gouvéa, né à Béja, en Portugal, vers la fin du quinzième siècle, fut nommé principal du collége de Guienne, à Bordeaux, en 1534. Il le dirigea pendant treize ans, et ne le quitta que pour l'université de Coïmbre, où il mourut en 1548. V. Leclerc.

nestement et louablement : il estoit loisible mesme d'en faire mestier aux gents d'honneur, et en Grece : *Aristoni tragico actori rem aperit : huic et genus et fortuna honesta erant ; nec ars, quia nihil tale apud Græcos pudori est, ea deformabat*[1] : car i'ay tousiours accusé d'impertinence ceulx qui condamnent ces esbattements ; et d'iniustice ceulx qui refusent l'entree de nos bonnes villes aux comediens qui le valent, et envient au peuple ces plaisirs publicques. Les bonnes polices prennent soing d'assembler les citoyens, et les rallier, comme aux offices serieux de la devotion, aussi aux exercices et ieux ; la societé et amitié s'en augmente ; et puis on ne leur sçauroit conceder des passetemps plus reglez que ceulx qui se font en presence d'un chascun, et à la veue mesme du magistrat : et trouveroy raisonnable que le prince, à ses despens, en gratifiast quelquefois la commune, d'une affection et bonté comme paternelle ; et qu'aux villes populeuses il y eust des lieux destinez et disposez pour ces spectacles ; quelque divertissement de pires actions et occultes.

Pour revenir à mon propos, il n'y a tel que d'alleicher l'appetit et l'affection : aultrement on ne faict que des asnes chargez de livres ; on leur donne à coups de fouet en garde leur pochette pleine de science ; laquelle, pour bien faire, il ne fault pas seulement loger chez soy, il la fault espouser[2].

[1] Il découvre son projet à l'acteur tragique Ariston. C'était un homme distingué par sa naissance et sa fortune, et son art ne lui ôtait point l'estime de ses concitoyens ; car il n'a rien de honteux chez les Grecs. TITE LIVE, XXIV, 24.

[2] Ce chapitre ne saurait être ni trop loué, ni trop lu, ni trop

CHAPITRE XXVI.

C'EST FOLIE DE RAPPORTER LE VRAY ET LE FAULX AU IUGEMENT DE NOSTRE SUFFISANCE.

Ce n'est pas à l'adventure sans raison que nous attribuons à simplesse et ignorance la facilité de croire et de se laisser persuader : car il me semble avoir apprins aultrefois que la creance estoit comme une impression qui se faisoit en nostre ame; et à mesure qu'elle se trouvait plus molle et de moindre resistance, il estoit plus aysé à y empreindre quelque chose. *Ut necesse est, lancem in libra, ponderibus impositis, deprimi; sic animum perspicuis cedere*[1]. D'autant que l'ame est plus vuide et sans contrepoids, elle se baisse plus facilement soubs la charge de la premiere persuasion : voylà pourquoy les enfants, le vulgaire, les femmes et les malades sont plus subiects à estre menez par les aureilles. Mais aussi, de l'aultre

médité. La partie de *l'Émile* où Rousseau traite de l'éducation n'est qu'un long commentaire de ce beau chapitre de Montaigne, et de celui qui le précède... Les seuls conseils véritablement utiles et praticables sur l'éducation des enfants que puisse fournir le livre de Rousseau sont précisément ceux qu'il doit à Montaigne. NAIGEON. — Nous ajouterons que Montaigne lui-même a puisé un grand nombre de ses idées dans Plutarque. En développant la théorie de l'indulgence dans l'éducation, il a complétement devancé son temps. Par malheur cette théorie n'arriva point jusqu'à la pratique; au siècle suivant, Port-Royal la repoussa, et l'on peut dire sans exagération que dans cette maison célèbre les enfants furent traités avec une dureté extrême.

[1] De même qu'il faut que le plateau de la balance s'abaisse quand on le charge de poids, de même il faut que l'esprit cède à l'évidence. CIC., *Academ.*, II, 12.

part, c'est une sotte presumption d'aller desdaignant et condamnant pour faulx ce qui ne nous semble pas vraysemblable : qui est un vice ordinaire de ceulx qui pensent avoir quelque suffisance oultre la commune. I'en faisois ainsin aultrefois; et si i'oyoy parler ou des esprits qui reviennent, ou du prognostique des choses futures, des enchantements, des sorcelleries, ou faire quelque aultre conte où ie ne peusse pas mordre,

> Somnia, terrores magicos, miracula, sagas,
> Nocturnos lemures, portentaque Thessala [1],

il me venoit compassion du pauvre peuple abusé de ces folies. Et, à present, ie treuve que i'estoy pour le moins autant à plaindre moy mesme; non que l'experience m'aye depuis rien faict veoir au dessus de mes premieres creances, et si n'a pas tenu à ma curiosité; mais la raison m'a instruict que, de condamner ainsi resolument une chose pour faulse et impossible, c'est se donner l'advantage d'avoir dans la teste les bornes et limites de la volonté de Dieu et de la puissance de nostre mere nature; et qu'il n'y a point de plus notable folie au monde, que de les ramener à la mesure de nostre capacité et suffisance. Si nous appellons monstres, ou miracles, ce où nostre raison ne peult aller, combien s'en presente il continuellement à nostre veue? Considerons au travers de quels nuages, et comment à tastons, on nous mene à

[1] De songes, de visions magiques, de miracles, de sorcières, d'apparitions nocturnes, et d'autres prodiges de Thessalie. HOR., *Epist.*, II, 3, 208.

la cognoissance de la pluspart des choses qui nous sont entre mains : certes, nous trouverons que c'est plustost accoustumance que science qui nous en oste l'estrangeté;

> Iam nemo, fessus saturusque videndi,
> Suspicere in cœli dignatur lucida templa[1] :

et que ces choses là, si elles nous estoyent presentees de nouveau, nous les trouverions autant ou plus incroyables qu'aulcunes aultres.

> Si nunc primum mortalibus adsint
> Ex improviso, ceu sint obiecta repente,
> Nil magis his rebus poterat mirabile dici,
> Aut minus ante quod auderent fore credere gentes[2].

Celuy qui n'avoit iamais veu de riviere, à la premiere qu'il rencontra, il pensa que ce feust l'ocean ; et les choses qui sont à nostre cognoissance les plus grandes, nous les iugeons estre les extremes que nature face en ce genre :

> Scilicet et fluvius qui non est maximus, ei'st
> Qui non ante aliquem maiorem vidit; et ingens
> Arbor, homoque videtur ; et omnia de genere omni
> Maxima quæ vidit quisque, hæc ingentia fingit[3].

[1] Le vers de Lucrèce porte : *Fessus satiate videndi.* — Déjà rassasiés du spectacle des cieux, nous ne daignons point contempler leurs brillantes merveilles. LUCRÈCE, II, 1037.

[2] Si, par une apparition soudaine, ces merveilles frappaient nos regards pour la première fois, pourrions-nous leur opposer quelque chose de plus admirable? Est-il un peuple qui, avant de les avoir vues, eût osé croire à leur existence? ID., *ibid.*, 1032.

[3] Quoiqu'un fleuve ne soit pas très-grand, il paraît cependant immense à celui qui n'en a jamais vu de plus grand; il en est de même d'un arbre, d'un homme, et de tous les objets, quand on n'en a jamais rencontré de plus grands. ID., VI, 874.

Consuetudine oculorum assuescunt animi, neque admirantur, neque requirunt rationes earum rerum, quas semper vident[1]. La nouvelleté des choses nous incite, plus que leur grandeur, à en rechercher les causes. Il fault iuger avecques plus de reverence de cette infinie puissance de nature, et plus de recognoissance de nostre ignorance et foiblesse. Combien y a il de choses peu vraysemblables, tesmoignees par gents dignes de foy, desquelles, si nous ne pouvons estre persuadez, au moins les fault il laisser en suspens? car, de les condamner impossibles, c'est se faire fort, par une temeraire presumption, de sçavoir iusques où va la possibilité. Si l'on entendoit bien la difference qu'il y a entre l'impossible et l'inusité, et entre ce qui est contre l'ordre du cours de nature et contre la commune opinion des hommes, en ne croyant pas temerairement, ny aussi ne descroyant pas facilement, on observeroit la regle de *Rien trop*, commandee par Chilon.

Quand on treuve dans Froissard[2] que le comte de Foix sceut, en Bearn, la defaicte du roy Iean de Castille à Iuberoth, le lendemain qu'elle feut advenue, et les moyens qu'il en allegue, on s'en peult mocquer; et de ce mesme que nos annales disent, que le pape Honorius, le propre iour que le roy Philippe Auguste mourut à Mante, feit faire ses funerailles publicques, et les manda faire par toute l'Italie : car

[1] L'esprit se familiarise par les yeux; il cesse de s'étonner des objets qu'il voit chaque jour, et n'en recherche pas les causes. Cic., *de Nat. deor.*, II, 38.

[2] En 1385.

l'auctorité de ces tesmoings n'a pas à l'adventure assez de reng pour nous tenir en bride. Mais quoy! si Plutarque, oultre plusieurs exemples qu'il allegue de l'antiquité, dict sçavoir de certaine science que, du temps de Domitian, la nouvelle de la battaille perdue par Antonius en Allemaigne, à plusieurs iournees de là, feut publiee à Rome, et semee par tout le monde, le mesme iour qu'elle avoit esté perdue; et si Cesar tient qu'il est souvent advenu que la renommee a devancé l'accident[1], dirons nous pas que ces simples gents là se sont laissez piper aprez le vulgaire, pour n'estre pas clairvoyants comme nous? Est il rien plus delicat, plus net et plus vif que le iugement de Pline, quand il luy plaist de le mettre en ieu? rien plus esloingné de vanité? ie laisse à part l'excellence de son sçavoir, duquel ie foys moins de compte: en quelle partie de ces deux là le surpassons nous? toutesfois il n'est si petit escholier qui ne le convainque de mensonge, et qui ne luy veuille faire leçon sur le progrez des ouvrages de nature.

Quand nous lisons dans Bouchet les miracles des reliques de sainct Hilaire, passe; son credit n'est pas assez grand pour nous oster la licence d'y contredire : mais de condamner d'un train toutes pareilles histoires, me semble singuliere impudence. Ce grand sainct Augustin tesmoingne[2] avoir veu, sur les reliques sainct Gervais et Protaise à Milan, un enfant aveugle recouvrer la veue; une femme, à Carthage, estre guarie d'un cancer par le signe de la croix

[1] CÉSAR, *Guerre civile*, III, 36.

[2] *De Civit. Dei*, XXII, 8.

qu'une femme nouvellement baptisee luy feit ; Hesperius, un sien familier, avoir chassé les esprits, qui infestoient sa maison, avecques un peu de terre du sepulchre de nostre Seigneur ; et cette terre depuis transportee à l'eglise, un paralytique en avoir esté soubdain guary ; une femme en une procession ayant touché à la chasse sainct Estienne, d'un bouquet, et de ce bouquet s'estant frotté les yeulx, avoir recouvré la veue pieça perdue ; et plusieurs aultres miracles, où il dict luy mesme avoir assisté : de quoy accuserons nous et luy et deux saincts evesques Aurelius et Maximinus, qu'il appelle pour ses recors [1] ? sera ce d'ignorance, simplesse, facilité ? ou de malice et imposture ? Est il homme en nostre siecle si impudent, qui pense leur estre comparable, soit en vertu et pieté, soit en sçavoir, iugement et suffisance ? *qui ut rationem nullam afferrent, ipsa auctoritate me frangerent* [2].

C'est une hardiesse dangereuse et de consequence, oultre l'absurde temerité qu'elle traisnè quand et soy, de mespriser ce que nous ne concevons pas [3] : car aprez que, selon vostre bel entendement, vous avez estably les limites de la verité et de la mensonge, et qu'il se treuve que vous ayez necessairement à croire des choses où il y a encores plus d'estrangeté qu'en ce que vous niez, vous vous estes desia obligé de les abandonner. Or, ce qui me semble apporter autant

[1] *Témoins.*

[2] Quand même ils n'apporteraient aucune raison, ils me persuaderaient par leur seule autorité. Cic., *Tusc. quæst.*, I, 21.

[3] Comparez avec ce passage, Pascal, *Pensées sur les miracles.*

de desordre en nos consciences, en ces troubles où nous sommes de la religion, c'est cette dispensation que les catholiques font de leur creance. Il leur semble faire bien les moderez et les entendus quand ils quittent aux adversaires aulcuns articles de ceulx qui sont en debat; mais, oultre ce qu'ils ne veoyent pas quel advantage c'est à celuy qui vous charge, de commencer à luy ceder et vous tirer arriere, et combien cela l'anime à poursuyvre sa poincte; ces articles là, qu'ils choisissent pour les plus legiers, sont aulcunefois tresimportants. Ou il fault se soubmettre du tout à l'auctorité de nostre police ecclesiastique, ou du tout s'en dispenser : ce n'est pas à nous à establir la part que nous luy debvons d'obeïssance. Et davantage, ie le puis dire pour l'avoir essayé, ayant aultrefois usé de cette liberté de mon chois et triage particulier, mettant à nonchaloir certains poincts de l'observance de nostre Eglise qui semblent avoir un visage ou plus vain ou plus estrange; venant à en communiquer aux hommes sçavants, i'ay trouvé que ces choses là ont un fondement massif et tressolide, et que ce n'est que bestise et ignorance qui nous faict les recevoir avecques moindre reverence que le reste. Que ne nous souvient il combien nous sentons de contradiction en nostre iugement mesme! combien de choses nous servoient hier d'articles de foy, qui nous sont fables auiourd'huy! La gloire et la curiosité sont les fleaux de nostre ame : cette cy nous conduict à mettre le nez par tout; et celle là nous deffend de rien laisser irresolu et indecis.

CHAPITRE XXVII.

DE L'AMITIÉ [1].

Considerant la conduicte de la besongne d'un peintre que i'ay, il m'a prins envie de l'ensuyvre. Il choisit le plus bel endroict et milieu de chasque paroy pour y loger un tableau eslaboré de toute sa suffisance; et le vuide tout autour, il le remplit de crotesques, qui sont peinctures fantasques, n'ayants grace qu'en la varieté et estrangeté. Que sont ce icy aussi, à la verité, que crotesques et corps monstrueux, rappiecez de divers membres, sans certaine figure, n'ayants ordre, suitte, ny proportion que fortuite?

Desinit in piscem mulier formosa superne [2].

Ie vay bien iusques à ce second poinct avecques mon peintre : mais ie demeure court en l'aultre et meilleure partie; car ma suffisance ne va pas si avant que d'oser entreprendre un tableau riche, poly, et formé selon l'art. Ie me suis advisé d'en emprunter un d'Estienne de La Boëtie, qui honorera tout le reste de cette besongne : c'est un discours auquel il donna nom LA SERVITUDE VOLONTAIRE : mais ceulx qui l'ont ignoré l'ont bien proprement depuis rebaptisé, LE CONTRE UN. Il l'escrivit par maniere d'essay en sa

[1] Voir, sur l'amitié, *Œuvres* de Vauvenargues; Paris, 1827, in-8, t. I, p. 63 et suiv.

[2] La partie supérieure est une belle femme, et le reste se termine en poisson. HORACE, *Art poétique*, v. 4.

premiere ieunesse [1], à l'honneur de la liberté contre les tyrans. Il court pieça ez mains des gents d'entendement, non sans bien grande et meritee recommendation; car il est gentil et plein ce qu'il est possible. Si y a il bien à dire, que ce ne soit le mieulx qu'il peust faire : et si en l'aage que ie l'ay cogneu plus avancé, il eust prins un tel desseing que le mien de mettre par escript ses fantasies, nous verrions plusieurs choses rares, et qui approcheroient bien prez de l'honneur de l'antiquité; car notamment en cette partie des dons de nature, ie n'en cognoy poinct qui luy soit comparable. Mais il n'est demeuré de luy que ce discours, encores par rencontre, et croy qu'il ne le veit oncques depuis qu'il luy eschappa; et quelques mémoires sur cet edict de ianvier [2], fameux par nos guerres civiles, qui trouveront encores ailleurs peut-estre leur place. C'est tout ce que i'ay peu recouvrer de ses reliques, moy qu'il laissa, d'une si amoureuse recommendation, la mort entre les dents, par son testament, heritier de sa bibliotheque et de ses papiers, oultre le livret de ses œuvres que i'ay faict mettre en lumiere [3]. Et si suis obligé particulierement à cette piece, d'autant qu'elle a servy de moyen à nostre premiere accointance; car elle me feut montree longue espace avant que je l'eusse veu, et me donna la premiere cognoissance de son nom, acheminant ainsi cette amitié que nous avons nour-

[1] VAR. *N'ayant pas atteinct le dix-huitiesme an de son aage.* Édit. de 1588, in-4.

[2] 1562. Cet édit accordait aux huguenots l'exercice public de leur religion.

[3] A Paris, en 1571, chez Frédéric Morel.

rie, tant que Dieu a voulu, entre nous, si entiere et si parfaicte, que certainement il ne s'en lit gueres de pareilles, et entre nos hommes il ne s'en veoid aulcune trace en usage. Il fault tant de rencontres à la bastir, que c'est beaucoup si la fortune y arrive une fois en trois siecles.

Il n'est rien à quoy il semble que nature nous aye plus acheminez qu'à la societé; et dict Aristote[1], que les bons législateurs ont eu plus de soing de l'amitié, que de la iustice. Or, le dernier poinct de sa perfection est cettuy cy : car en general toutes celles que la volupté, ou le proufit, le besoing publicque ou privé, forge et nourrit, en sont d'autant moins belles et genereuses, et d'autant moins amitiez, qu'elles meslent aultre cause et but et fruict en l'amitié, qu'elle mesme. Ny ces quatre especes anciennes, naturelle, sociale, hospitaliere, venerienne. particulierement n'y conviennent, ni conioinctement.

Des enfants aux peres, c'est plustost respect. L'amitié se nourrit de communication, qui ne peult se trouver entre eulx pour la trop grande disparité, et offenseroit à l'adventure les debvoirs de nature : car ny toutes les secrettes pensees des peres ne se peuvent communiquer aux enfants, pour n'y engendrer une messeante privauté; ny les advertissements et corrections qui est un des premiers offices d'amitié, ne se pourroient exercer des enfants aux peres. Il s'est trouvé des nations où, par usage, les enfants tuoyent leurs peres, et d'aultres où les peres tuoyent leurs enfants, pour eviter l'empeschement qu'ils se peu-

[1] *Morale à Nicomaque*, VIII.

vent quelquesfois entreporter : et naturellement l'un despend de la ruine de l'aultre. Il s'est trouvé des philosophes desdaignants cette cousture naturelle : tesmoings Aristippus [1], qui, quand on le pressoit de l'affection qu'il debvoit à ses enfants pour estre sortis de luy, il se meit à cracher, disant que cela en estoit aussi bien sorty; que nous engendrions bien des pouils et des vers : et cet aultre que Plutarque [2] vouloit induire à s'accorder avecques son frère : « Ie n'en fais pas, dict il, plus grand estat pour estre sorti de mesme trou. » C'est, à la vérité, un beau nom et plein de dilection, que le nom de *frere*, et à cette cause en feismes nous luy et moy nostre alliance : mais ce meslange de biens, ces partages, et que la richesse de l'un soit la pauvreté de l'aultre, cela destrempe merveilleusement et relasche cette soudure fraternelle; les freres ayants à conduire le progrez de leur advancement en mesme sentier et mesme train, il est force qu'ils se heurtent et chocquent souvent [3]. Davantage, la correspondance et relation qui engendre ces vrayes et parfaictes amitiez, pourquoy se trouvera elle en ceulx cy? Le pere et le fils peuvent estre de complexion entierement esloingnee, et les freres aussi : c'est mon fils, c'est mon parent;

[1] Diogène Laerce, II, 81.

[2] Plutarque, *de l'Amitié fraternelle*, c. 4.

[3] La vie humaine n'est qu'une illusion perpétuelle; on ne fait que s'entre-tromper et s'entre-flatter. Personne ne parle de nous en notre présence comme il en parle en notre absence. L'union qui est entre les hommes n'est fondée que sur cette mutuelle tromperie, et peu d'amitiés subsisteraient si chacun savait ce que son ami dit de lui lorsqu'il n'y est pas, quoiqu'il en parle alors sincèrement et sans passion. Pascal.

mais c'est un homme farouche, un meschant, ou un sot. Et puis, à mesure que ce sont amitiez que la loy et l'obligation naturelle nous commande, il y a d'autant moins de nostre choix et liberté volontaire ; et nostre liberté volontaire n'a point de production qui soit plus promptement sienne que celle de l'affection et amitié. Ce n'est pas que ie n'aye essayé de ce costé là tout ce qui en peult estre, ayant eu le meilleur pere qui feut oncques, et le plus indulgent iusques à son extrême vieillesse ; et estant d'une famille fameuse de pere en fils, et exemplaire en cette partie de la concorde fraternelle :

Et ipse
Notus in fratres animi paterni[1].

D'y comparer l'affection envers les femmes, quoyqu'elle naisse de nostre choix, on ne peult, ny la loger en ce roole. Son feu, ie le confesse,

Neque enim est dea nescia nostri,
Quæ dulcem curis miscet amaritiem[2],

est plus actif, plus cuisant et plus aspre ; mais c'est un feu temeraire et volage, ondoyant et divers, feu de fiebvre, subiect à accez et remises, et qui ne nous tient qu'à un coing. En l'amitié, c'est une chaleur generale et universelle, temperee, au demourant, et egale ; une chaleur constante et rassise, toute doulceur et polissure, qui n'a rien d'aspre et de poignant.

[1] Connu moi-même par mon affection paternelle pour mes frères. Hor., *Od.*, II, 2, 6.

[2] Car je ne suis pas inconnu à la déesse qui mêle une douce amertume aux peines de l'amour. Catulle, LXVIII, 17.

Qui plus est, en l'amour, ce n'est qu'un desir forcené aprez ce qui nous fuit :

> Come segue la lepre il cacciatore
> Al freddo, al caldo, alla montagna, al lito;
> Nè più l' estima poi che presa vede;
> E sol dietro a chi fugge affretta il piede[3] :

aussitost qu'il entre aux termes de l'amitié, c'est à dire en la convenance des volontez, il s'esvanouit et s'alanguit; la iouissance le perd, comme ayant la fin corporelle et subiecte à satieté. L'amitié, au rebours, est iouïe à mesure qu'elle est desiree; ne s'esleve, se nourrit, ny ne prend accroissance qu'en la iouïssance, comme estant spirituelle, et l'ame s'affinant par l'usage. Soubs cette parfaicte amitié, ces affections volages ont aultrefois trouvé place chez moy, à fin que ie ne parle de luy, qui n'en confesse que trop par ses vers : ainsi ces deux passions sont entrees chez moy, en cognoissance l'une de l'aultre, mais en comparaison, iamais; la premiere maintenant sa route d'un vol haultain et superbe, et regardant desdaigneusement cette cy passer ses poinctes bien loing au dessoubs d'elle.

Quant au mariage, oultre ce que c'est un marché qui n'a que l'entree libre, sa duree estant contraincte et forcee, dependant d'ailleurs que de nostre vouloir, et marché qui ordinairement se faict à aultres fins, il y survient mille fusees estrangieres à desmesler parmy, suffisantes à rompre le fil et troubler le cours

[1] Tel, à travers les frimas et les chaleurs, à travers les montagnes et les vallées, le chasseur poursuit le lièvre ; il ne désire l'atteindre qu'autant qu'il fuit, et n'en fait plus de cas dès qu'il l'atteint. ARIOSTO, cant. X, stanz. 7.

d'une vifve affection : là où, en l'amitié, il n'y a affaire ny commerce que d'elle mesme. Ioinct qu'à dire vray, la suffisance ordinaire des femmes n'est pas pour respondre à cette conference et communication, nourrice de cette saincte cousture; ny leur ame ne semble assez ferme pour soustenir l'estreincte d'un nœud si pressé et si durable. Et certes, sans cela, s'il se pouvoit dresser une telle accointance libre et volontaire, où non seulement les ames eussent cette entiere iouïssance, mais encores où les corps eussent part à l'alliance, où l'homme feust engagé tout entier, il est certain que l'amitié en seroit plus pleine et plus comble : mais ce sexe, par nul exemple, n'y est encores peu arriver, et, par le commun consentement des escholes anciennes, en est reiecté.

Et cette aultre licence grecque est iustement abhorree par nos mœurs : laquelle pourtant, pour avoir, selon leur usage, une si necessaire disparité d'aages et difference d'offices entre les amants, ne respondoit non plus assez à la parfaicte union et convenance qu'icy nous demandons : *Quis est enim iste amor amicitiæ? Cur neque deformem adolescentem quisquam amat, neque formosum senem* [1]? Car la peincture mesme qu'en faict l'academie ne me desadvouera-pas, comme ie pense, de dire ainsi de sa part : Que cette premiere fureur, inspiree par le fils de Venus au cœur de l'amant sur l'obiet de la fleur

[1] Qu'est-ce, en effet, que cet amour d'amitié? pourquoi personne n'aime-t-il ni un jeune homme laid, ni un beau vieillard? CICÉRON, *Tusc. quæst.*, IV, 33.

d'une tendre ieunesse, à laquelle ils permettent touts les insolents et passionnez efforts que peult produire une ardeur immoderee, estoit simplement fondee en une beauté externe, faulse image de la generation corporelle; car elle ne se pouvoit fonder en l'esprit, duquel la montre estoit encores cachee, qui n'estoit qu'en sa naissance et avant l'aage de germer : Que si cette fureur saisissoit un bas courage, les moyens de sa poursuitte, c'estoient richesses, presents, faveur à l'advancement des dignitez, et telle autre basse marchandise qu'ils reprouvent; si elle tomboit en un courage plus genereux, les entremises estoient genereuses de mesme, instructions philosophiques, enseignements à reverer la religion, obeïr aux loix, mourir pour le bien de son païs, exemples de vaillance, prudence, iustice; s'estudiant l'amant de se rendre acceptable par la bonne grace et beauté de son ame, celle de son corps estant fanee, et esperant, par cette societé mentale, establir un marché plus ferme et durable. Quand cette poursuitte arrivoit à l'effect en sa saison (car ce qu'ils ne requierent point en l'amant qu'il apportast loysir et discretion en son entreprinse, ils le requierent exactement en l'aimé, d'autant qu'il luy falloit iuger d'une beauté interne, de difficile cognoissance et abstruse descouverte); lors naissoit en l'aimé le desir d'une conception spirituelle par l'entremise d'une spirituelle beauté. Cette cy estoit icy principale; la corporelle, accidentale et seconde : tout le rebours de l'amant. A cette cause preferent ils l'aimé, et verifient que les dieux aussi le preferent; et tansent grandement le poëte Aeschylus d'avoir en l'amour d'Achilles et de Patroclus donné la part de l'amant à Achilles, qui estoit en la premiere et imberbe verdeur de son adolescence, et le plus beau des Grecs. Aprez cette communauté generale, la maistresse et plus digne partie d'icelle exerçant ses offices et predominant, ils disent qu'il en provenoit des fruicts tresutiles au privé et au public; que c'estoit la force des païs qui en recevoient l'usage, et la principale deffense de l'equité et de la liberté : tesmoings les salutaires amours de Harmodius et d'Aristogiton. Pourtant la nomment ils sacree et divine; et n'est, à leur compte, que la violence des tyrans et lascheté des peuples qui luy soit adversaire. Enfin, tout ce qu'on peult donner à la faveur de l'academie, c'est dire que c'estoit un amour se terminant en amitié; chose qui ne se rapporte pas mal à la definition stoïque de l'amour : *Amorem conatum esse amicitiæ faciendæ ex pulchritudinis specie* [1].

Ie reviens à ma description de façon plus equitable et plus equable [2]. *Omnino amicitiæ, corroboratis iam confirmatisque et ingeniis, et ætatibus, iudicandæ sunt* [3]. Au demourant, ce que nous appellons ordinairement amis et amitiez, ce ne sont qu'accointances et familiaritez nouees par quelque occasion ou commodité, par le moyen de laquelle nos ames s'entre-

[1] L'amour est l'envie d'obtenir l'amitié d'une personne qui nous attire par sa beauté. Cic., *Tuscul. quæst.*, VI, 34.

[2] C'est-à-dire, *d'une espèce d'amitié plus juste et plus égale* que celle dont il vient de parler. Coste.

[3] L'amitié ne peut être solide que dans la maturité de l'âge et de l'esprit. Cic., *de Amicit.*, c. 20.

tiennent. En l'amitié de quoy ie parle, elles se meslent et confondent l'une en l'aultre d'un meslange si universel, qu'elles effacent et ne retrouvent plus la cousture qui les a ioinctes. Si on me presse de dire pourquoy ie l'aymoys, ie sens que cela ne se peult exprimer qu'en respondant, « Parce que c'estoit luy; « parce que c'estoit moy. » Il y a, au delà de tout mon discours et de ce que i'en puis dire particuliement, ie ne sçais quelle force inexplicable et fatale, mediatrice de cette union. Nous nous cherchions avant que de nous estre veus, et par des rapports que nous oyions l'un de l'aultre, qui faisoient en nostre affection plus d'effort que ne porte la raison des rapports; ie croys par quelque ordonnance du ciel. Nous nous embrassions par nos noms : et à nostre premiere rencontre, qui feut par hazard en une grande feste et compaignie de ville, nous nous trouvasmes si prins, si cogneus, si obligez entre nous, que rien dez lors ne nous feut si proche que l'un à l'aultre. Il escrivit une satyre latine excellente, qui est publiee, par laquelle il excuse et explique la precipitation de nostre intelligence si promptement parvenue à sa perfection. Ayant si peu à durer, et ayant si tard commencé (car nous estions touts deux hommes faicts, et luy plus de quelque annee), elle n'avoit point à perdre temps; et n'avoit à se regler au patron des amitiez molles et regulieres, ausquelles il fault tant de précautions de longue et prealable conversation. Cette cy n'a point d'aultre idée que d'elle mesme, et ne se peult rapporter qu'à soy : ce n'est pas une speciale consideration, ny deux, ny troys, ny quatre, ny mille; c'est ie ne sçay quelle quintessence de tóut ce meslange, qui, ayant saisi toute ma volonté, l'amena se plonger et se perdre dans la sienne; qui, ayant saisi toute sa volonté, la mena se plonger et se perdre en la mienne, d'une faim, d'une concurrence pareille : ie dis perdre, à la verité, ne nous reservant rien qui nous feust propre, ny qui feust ou sien, ou mien.

Quand Lelius[1], en presence des consuls romains, lesquels, aprez la condamnation de Tiberius Gracchus, poursuyvoient touts ceulx qui avoient esté de son intelligence, veint à s'enquerir de Caius Blossius (qui estoit le principal de ses amis), combien il eust voulu faire pour luy, et qu'il eust respondu, « Toutes choses : » « Comment toutes choses? suyvit il : et quoy! s'il t'eust commandé de mettre le feu en nos temples? » « Il ne me l'eust iamais commandé, » repliqua Blossius. « Mais s'il l'eust faict? » adiousta Lelius. « I'y eusse obey, » respondict il. S'il estoit si parfaictement amy de Gracchus, comme disent les histoires, il n'avoit que faire d'offenser les consuls par cette derniere et hardie confession; et ne se debvoit despartir de l'asseurance qu'il avoit de la volonté de Gracchus. Mais toutesfois ceulx qui accusent cette response comme seditieuse, n'entendent pas bien ce mystere, et ne presupposent pas, comme il est, qu'il tenoit la volonté de Gracchus en sa manche, et par puissance et par cognoissance : ils estoient plus amis que citoyens, plus amis qu'amis ou qu'ennemis de leur païs, qu'amis d'ambition et de trouble; s'estants parfaicte-

[1] CICÉRON, *de l'Amitié*, c. 11.

ment conjoincts l'un à l'aultre, ils tenoient parfaictement les resnes de l'inclination l'un de l'aultre : et faictes guider cet harnois par la vertu et conduicte de la raison, comme aussi est il du tout impossible de l'atteler sans cela, la response de Blossius est telle qu'elle debvoit estre. Si leurs actions se desmancherent, ils n'estoient ny amis, selon ma mesure, l'un de l'aultre, ny amis à eulx mesmes. Au demourant, cette response ne sonne non plus que feroit la mienne à qui s'enquerroit à moy de cette façon : « Si vostre volonté « vous commandoit de tuer vostre fille, la tueriez vous? » et que ie l'accordasse : car cela ne porte aulcun tesmoignage de consentement à ce faire; parce que ie ne suis point en doubte de ma volonté, et tout aussi peu de celle d'un tel amy. Il n'est pas en la puissance de touts les discours du monde de me desloger de la certitude que i'ay des intentions et iugements du mien : aulcune de ses actions ne me sçauroit estre presentee, quelque visage qu'elle eust, que ie n'en trouvasse incontinent le ressort. Nos ames ont charié si uniement ensemble; elles se sont considerees d'une si ardente affection, et de pareille affection descouvertes iusques au fin fond des entrailles l'une de l'aultre, que non seulement ie cognoissoys la sienne comme la mienne, mais ie me feusse certainement plus volontiers fié à luy de moy, qu'à moy.

Qu'on ne me mette pas en ce reng ces aultres amitiez communes; i'en ay autant de cognoissance qu'un aultre, et des plus parfaictes de leur genre : mais ie ne conseille pas qu'on confonde leurs regles; on s'y tromperoit. Il fault marcher en ces aultres amitiez la bride à la main, avecques prudence et precaution : la liaison n'est pas nouee en maniere qu'on n'ait aulcunement à s'en desfier. « Aimez le, disoit Chilon, comme ayant quelque iour à le haïr; haïssez le, comme ayant à l'aimer[1]. » Ce precepte, qui est si abominable en cette souveraine et maistresse amitié, il est salubre en l'usage des amitiez ordinaires et coustumieres; à l'endroict desquelles il fault employer le mot qu'Aristote avoit tresfamilier, « O mes amys! il n'y a nul amy[2]. » En ce noble commerce, les offices et les bienfaicts, nourrissiers des aultres amitiez, ne meritent pas seulement d'estre mis en compte; cette confusion si pleine de nos volontez en est cause : car tout ainsi que l'amitié que ie me porte ne reçoit point augmentation pour le secours que ie me donne au besoing, quoy que dient les stoïciens, et comme ie ne me sçais aulcun gré du service que ie me foys, aussi l'union de tels amis estant veritablement parfaicte, elle leur faict perdre le sentiment de tels debvoirs, et haïr et chasser d'entre eulx ces mots de division et de difference, bienfaict, obligation, recognoissance, priere, remerciement, et leurs pareils. Tout estant, par effect, commun entre eulx, volontez, pensements, iugements, biens, femmes, enfants, honneur et vie, et leur convenance n'estant qu'une ame en deux corps, selon la trespropre definition d'Aristote[3], ils ne se

[1] AULU-GELLE, I, 3.

[2] DIOGÈNE LAERCE, V, 21 : Ω φίλοι, οὐδεὶς φίλος. — La plupart des amis dégoûtent de l'amitié, et la plupart des dévots dégoûtent de la dévotion. LA ROCHEFOUCAULT.

[3] DIOGÈNE LAERCE, V, 20

peuvent ny prester ny donner rien[1]. Voylà pourquoy les faiseurs de loix, pour honnorer le mariage de quelque ressemblance de cette divine liaison, deffendent les donations entre le mary et la femme; voulants inferer par là que tout doibt estre à chascun d'eulx, et qu'ils n'ont rien à diviser et partir ensemble.

Si, en l'amitié de quoy ie parle, l'un pouvoit donner à l'aultre, ce seroit celuy qui recevroit le bienfaict qui obligeroit son compaignon : car cherchant l'un et l'aultre, plus que toute aultre chose, de s'entre-bienfaire, celuy qui en preste la matiere et l'occasion est celuy là qui faict le liberal, donnant ce contentement à son amy d'effectuer en son endroict ce qu'il desire le plus. Quand le philosophe Diogenes avoit faulte d'argent, il disoit, Qu'il le redemandoit à ses amis, non qu'il le demandoit[2]. Et pour montrer comment cela se pratique par effect, i'en reciteray un ancien exemple singulier[3]. Eudamidas, corinthien, avoit deux amis, Charixenus, sicyonien, et Areteus, corinthien : venant à mourir, estant pauvre, et ses deux amis riches, il feit ainsi son testament : « Ie legue à « Areteus de nourrir ma mere, et l'entretenir en sa « vieillesse; à Charixenus, de marier ma fille, et luy « donner le douaire le plus grand qu'il pourra : et au « cas que l'un d'eulx vienne à defaillir, ie substitue « en sa part celuy qui survivra. » Ceulx qui premiers

[1] Le plus grand effort de l'amitié n'est pas de montrer nos défauts à un ami, c'est de lui faire voir les siens. LA ROCHEFOUCAULT.

[2] DIOGÈNE LAERCE, VI, 46.

[3] Extrait du *Toxaris* de Lucien, c. 22. V. LECLERC.

veirent ce testament, s'en mocquerent; mais ses heritiers en ayants esté advertis l'accepterent avec un singulier contentement : et l'un d'eulx, Charixenus, estant trespassé cinq iours aprez, la substitution estant ouverte en faveur d'Areteus, il nourrit curieusement cette mere ; et de cinq talents qu'il avoit en ses biens, il en donna les deux et demy en mariage à une sienne fille unique, et deux et demy pour le mariage de la fille d'Eudamidas, desquelles il feit les nopces en mesme iour.

Cet exemple est bien plein, si une condition en estoit à dire, qui est la multitude d'amis; car cette parfaicte amitié de quoy ie parle est indivisible : chascun se donne si entier à son amy, qu'il ne luy reste rien à despartir ailleurs; au rebours, il est marry qu'il ne soit double, triple ou quadruple, et qu'il n'ayt plusieurs ames et plusieurs volontez, pour les conferer toutes à ce subiect. Les amitiez communes, on les peult despartir; on peult aymer en cettuy cy la beauté; en cet aultre, la facilité de ses mœurs; en l'aultre, la liberalité; en celuy là, la paternité; en cet aultre, la fraternité, ainsi du reste : mais cette amitié qui possede l'ame et la regente en toute souveraineté, il est impossible qu'elle soit double. Si deux en mesme temps demandoient à estre secourus, auquel courriez vous? S'ils requeroient de vous des offices contraires, quel ordre y trouveriez vous? Si l'un commettoit à vostre silence chose qui feust utile à l'aultre de sçavoir, comment vous en demesleriez vous? L'unique et principale amitié descoust toutes aultres obligations : le secret que i'ay iuré ne deceler à un aultre, ie le puis sans pariure communiquer à celuy qui n'est pas aultre, c'est moy. C'est un assez grand miracle de se doubler ; et n'en cognoissent pas la haulteur ceulx qui parlent de se tripler. Rien n'est extreme, qui a son pareil : et qui presupposera que de deux i'en ayme autant l'un que l'aultre, et qu'ils s'entr'ayment et m'ayment autant que ie les ayme, il multiplie en confrairie la chose la plus une et unie, et de quoy une seule est encores la plus rare à trouver au monde. Le demourant de cette histoire convient tresbien à ce que ie disois : car Eudamidas donne pour grace et pour faveur à ses amis de les employer à son besoing ; il les laisse heritiers de cette sienne liberalité, qui consiste à leur mettre en main les moyens de luy bienfaire : et sans doubte la force de l'amitié se montre bien plus richement en son faict qu'en celui d'Areteus. Somme, ce sont effects inimaginables à qui n'en a gousté, et qui me font honnorer à merveille la response de ce ieune soldat à Cyrus, s'enquerant à luy pour combien il vouldroit donner un cheval par le moyen duquel il venoit de gaigner le prix de la course, et s'il le vouldroit eschanger à un royaume : « Non certes, sire ; « mais bien le lairrois ie volontiers pour en acquerir « un amy, si ie trouvois homme digne de telle al- « liance[1]. » Il ne disoit pas mal, « si ie trouvois ; » car on treuve facilement des hommes propres à une superficielle accointance : mais en cette cy, en laquelle on negocie du fin fond de son courage, qui ne faict rien de reste, certes il est besoing que

[1] XÉNOPHON, *Cyropédie*, VIII, 3.

touts les ressorts soyent nets et seurs parfaictement.

Aux confederations qui ne tiennent que par un bout, on n'a à pourveoir qu'aux imperfections qui particulierement interessent ce bout là. Il n'importe de quelle religion soit mon medecin, et mon advocat; cette consideration n'a rien de commun avecques les offices de l'amitié qu'ils me doibvent : et en l'accointance domestique que dressent avecques moy ceulx qui me servent, i'en foys de mesme, et m'enquiers peu d'un laquay, s'il est chaste, ie cherche s'il est diligent; et ne crains pas tant un muletier ioueur que imbecille, ny un cuisinier iureur qu'ignorant. Ie ne me mesle pas de dire ce qu'il fault faire au monde, d'aultres assez s'en meslent, mais ce que i'y fois.

Mihi sic usus est : tibi, ut opus est facto, face[1].

A la familiarité de la table i'associe le plaisant, non le prudent; au lict, la beauté avant la bonté; en la societé du discours, la suffisance, veoire sans la preud'hommie : pareillement ailleurs. Tout ainsi que cil qui feut rencontré à chevauchons sur un baston, se iouant avecques ses enfants, pria l'homme qui l'y surprint de n'en rien dire iusques à ce qu'il feust pere luy mesme[2]; estimant que la passion qui luy naistroit lors en l'ame le rendroit iuge equitable d'une telle action : ie souhaiterois aussi parler à des gents qui eussent essayé ce que ie dis : mais sçachant

[1] C'est ainsi que j'en use; vous, faites comme vous l'entendrez. TÉRENCE, *Heautont.*, act., I, sc. 1, v. 28.

[2] PLUTARQUE, *Vie d'Agésilas*, c. 9.

combien c'est chose esloingnee du commun usage qu'une telle amitié, et combien elle est rare, ie ne m'attends pas d'en trouver aulcun bon iuge; car les discours mesmes que l'antiquité nous a laissé sur ce subiect, me semblent lasches au prix du sentiment que i'en ay; et, en ce poinct, les effects surpassent les preceptes mesmes de la philosophie.

> Nil ego contulerim iucundo sanus amico[1].

L'ancien Menander disoit celuy là heureux qui avoit peu rencontrer seulement l'ombre d'un amy[2] : il avoit certes raison de le dire, mesme s'il en avoit tasté. Car, à la verité, si ie compare tout le reste de ma vie, quoyqu'avecques la grace de Dieu ie l'aye passee doulce, aysee, et, sauf la perte d'un tel amy, exempte d'affliction poisante, pleine de tranquillité d'esprit, ayant prins en payement mes commoditez naturelles et originelles, sans en rechercher d'aultres; si ie la compare, dis ie, toute, aux quatre annees qu'il m'a esté donné de iouyr de la doulce compaignie et societé de ce personnage, ce n'est que fumee, ce n'est qu'une nuict obscure et ennuyeuse. Depuis le iour que ie le perdis,

> Quem semper acerbum,
> Semper honoratum (sic dî voluistis!) habebo[3],

ie ne foys que traisner languissant; et les plaisirs

[1] Aussi longtemps que je jouirai de ma raison, je ne trouverai rien de comparable à un tendre ami. HORACE, *Sat.*, I, 5, 44.

[2] PLUTARQUE, *de l'Amitié fraternelle*, c. 3.

[3] Ce jour me sera éternellement douloureux, éternellement sacré; dieux puissants, vous l'avez voulu ainsi. VIRGILE, *Énéide*, V, 49.

mesmes qui s'offrent à moy, au lieu de me consoler, me redoublent le regret de sa perte : nous estions à moitié de tout; il me semble que ie luy desrobe sa part.

Nec fas esse ulla me voluptate hic frui
Decrevi, tantisper dum ille abest meus particeps[1].

I'estois desia si faict et accoustumé à estre deuxiesme partout, qu'il me semble n'estre plus qu'à demy.

Illam meæ si partem animæ tulit
Maturior vis, quid moror altera?
Nec carus æque, nec superstes
Integer. Ille dies utramque
Duxit ruinam[2]. . . .

Il n'est action ou imagination où ie ne le treuve à dire; comme si eust il bien faict à moy : car de mesme qu'il me surpassoit d'une distance infinie en toute aultre suffisance et vertu, aussi faisoit il au debvoir de l'amitié.

Quis desiderio sit pudor, aut modus
Tam cari capitis[3]?. . . .

O misero frater adempte mihi!
Omnia tecum una perierunt gaudia nostra,
Quæ tuus in vita dulcis alebat amor.
Tu mea, tu moriens fregisti commoda, frater;

[1] Je me suis condamné à ne jouir d'aucun plaisir, aussi longtemps que je serai séparé de celui avec qui je partageais tout. TÉRENCE, *Heautont.*, act. I, sc. 1, v. 97.

[2] Puisqu'une mort anticipée m'a ravi cette moitié de mon âme, pourquoi m'attarder dans l'autre? Je ne suis plus aussi cher à moi-même; je ne survis pas tout entier. Le même jour entraîna sa perte et la mienne. HOR., *Od.*, II, 17, 5.

[3] Puis-je rougir, ou cesser de pleurer une tête si chère? HOR., *Od.*, I, 24, 1.

Tecum una tota est nostra sepulta anima:
Cuius ego interitu tota de mente fugavi
Hæc studia, atque omnes delicias animi.

Alloquar? audiero nunquam tua verba loquentem?
Nunquam ego te, vita frater amabilior,
Adspiciam posthac? At certe semper amabo[1].

Mais oyons un peu parler ce gascon de seize ans.

Parce que i'ay trouvé que cet ouvrage[2] a esté depuis mis en lumiere, et à mauvaise fin, par ceulx qui cherchent à troubler et changer l'estat de nostre police, sans se soucier s'ils l'amenderont, qu'ils ont meslé à d'aultres escripts de leur farine, ie me suis dedict de le loger icy. Et à fin que la memoire de l'aucteur n'en soit interessee en l'endroict de ceulx qui n'ont peu cognoistre de prez ses opinions et ses actions, ie les advise que ce subiect feut traicté par luy en son enfance par maniere d'exercitation seulement, comme subiect vulgaire et tracassé en mille endroicts des livres. Ie ne foys nul doubte qu'il ne creust ce qu'il escrivoit; car il estoit assez conscieneux pour ne mentir pas mesme en se iouant : et sçay davantage que s'il eust eu à choisir, il eust mieulx aymé estre nay à Venise qu'à Sarlac; et avec-

[1] O frère que j'ai perdu pour mon malheur ! J'ai vu fuir avec toi tous les plaisirs dont ton amour nourrissait ma vie. En mourant tu as détruit tout mon bonheur. Mon âme tout entière est ensevelie avec toi. Après notre séparation, j'ai dit adieu aux muses et à tout ce qui charmait mon esprit. Je ne pourrai plus te parler ; je n'entendrai jamais ta voix. O frère ! qui m'étais plus cher que la vie, je ne te verrai plus désormais ; du moins, je t'aimerai toujours. CATULLE, LXVIII, 20 ; LXV, 9.

[2] Traité *de la Servitude volontaire*.

ques raison. Mais il avoit une aultre maxime souverainement empreinte en son ame, d'obeyr et de se soubmettre tresreligieusement aux loix sous lesquelles il estoit nay. Il ne feut iamais un meilleur citoyen, ny plus affectionné au repos de son pays, ny plus ennemy des remuements et nouvelletez de son temps; il eust bien plustost employé sa suffisance à les esteindre qu'à leur fournir de quoy les esmouvoir davantage : il avoit son esprit moulé au patron d'aultres siecles que ceulx cy. Or, en eschange de cet ouvrage serieux, i'en substitueray un aultre[1], produict en cette mesme saison de son aage, plus gaillard et plus enioué.

CHAPITRE XXVIII.

VINGT ET NEUF SONNETS D'ESTIENNE DE LA BOETIE.

A MADAME DE GRAMMONT, COMTESSE DE GUISSEN[2].

Madame, ie ne vous offre rien du mien, ou parce qu'il est desia vostre, ou pour ce que ie n'y treuve rien digne de vous; mais i'ay voulu que ces vers, en quelque lieu qu'ils se veissent, portassent vostre nom en teste, pour l'honneur que ce leur sera d'avoir pour

[1] Les vingt-neuf sonnets de La Boëtie, qui se trouvent dans le chapitre suivant.

[2] Diane, vicomtesse de Louvigui, dite *la belle Corisande* d'Andouins, mariée en 1567 à Philibert, comte de Grammont et de Guiche, qui mourut au siége de La Fère, en 1580. Andoins ou Andouins était une baronnie du Béarn, à trois lieues de Pau. V. LECLERC.

guide cette grande Corisande d'Andoins. Ce present m'a semblé vous estre propre, d'autant qu'il est peu de dames en France qui iugent mieulx, et se servent plus à propos que vous, de la poësie ; et puis, qu'il n'en est point qui la puissent rendre vifve et animee comme vous faictes par ces beaux et riches accords de quoy, parmy un million d'aultres beautez, nature vous a estrenee. Madame, ces vers meritent que vous les cherissiez ; car vous serez de mon advis, qu'il n'en est point sorty de Gascoigne qui eussent plus d'invention et de gentillesse, et qui tesmoignent estre sortis d'une plus riche main. Et n'entrez pas en ialousie de quoy vous n'avez que le reste de ce que pieça[1] i'en ay fayct imprimer soubs le nom de monsieur de Foix, vostre bon parent : car, certes, ceulx cy ont ie ne sçay quoy de plus vif et de plus bouillant ; comme il les feit en sa plus verte ieunesse, et eschauffé d'une belle et noble ardeur que ie vous diray, madame, un iour à l'aureille. Les aultres furent faicts depuis, comme il estoit à la poursuitte de son mariage, en faveur de sa femme, et sentant desia ie ne sçay quelle froideur maritale. Et moy ie suis de ceulx qui tiennent que la poësie ne rid point ailleurs, comme elle faict en un subiect folastre et desreglé.

SONNETS.

I

Pardon, amour, pardon ; ô Seigneur ! ie te vouë
Le reste de mes ans, ma voix et mes escripts,

[1] En 1571 et 1572, à Paris.

Mes sanglots, mes soupirs, mes larmes et mes cris;
Rien, rien tenir d'aulcun, que de toy, ie n'advouë.

Hélas! comment de moy ma fortune se iouë!
De toy n'a pas longtemps, amour, ie me suis ris.
J'ay failly, ie le veoy, ie me rends, ie suis pris.
J'ay trop gardé mon cœur, or ie le desadvouë.

Si i'ay pour le garder retardé ta victoire,
Ne l'en traicte plus mal, plus grande en est ta gloire.
Et si du premier coup tu ne m'as abbattu,

Pense qu'un bon vainqueur, et nay pour estre grand,
Son nouveau prisonnier, quand un coup il se rend,
Il prise et l'ayme mieulx, s'il a bien combattu.

II

C'est amour, c'est amour, c'est luy seul, ie le sens:
Mais le plus vif amour, la poison la plus forte,
A qui oncq pauvre cœur ait ouverte la porte.
Ce cruel n'a pas mis un de ses traicts perçants,

Mais arc, traicts et carquois, et luy tout dans mes sens.
Encor un mois n'a pas, que ma franchise est morte,
Que ce venin mortel dans mes veines ie porte,
Et desia i'ay perdu et le cœur et le sens.

Et quoy? si cet amour à mesure croissoit,
Qui en si grand tourment dedans moy se conçoit?
O croistz, si tu peulx croistre, et amende en croissant.

Tu te nourris de pleurs, des pleurs ie te promets,
Et pour te refreschir, des souspirs pour iamais:
Mais que le plus grand mal soit au moings en naissant.

III

C'est faict, mon cœur, quittons la liberté.
Dequoy meshuy serviroit la deffence,
Que d'agrandir et la peine et l'offence?
Plus ne suis fort, ainsi que i'ay esté.

La raison feust un temps de mon costé:
Or, revoltee, elle veut que ie pense

Qu'il fault servir, et prendre en recompence
Qu'oncq d'un tel nœud nul ne feust arresté.

S'il se fault rendre, alors il est saison,
Quand on n'a plus devers soy la raison.
Ie veoy qu'amour, sans que ie le deserve,

Sans aulcun droict, se vient saisir de moy;
Et veoy qu'encor il fault à ce grand roy,
Quand il a tort, que la raison luy serve.

IV

C'estoit alors, quand, les chaleurs passees.
Le sale Automne aux cuves va foulant
Le raisin gras dessoubs le pied coulant,
Que mes douleurs furent encommencees.

Le paisan bat ses gerbes amassees,
Et aux caveaux ses bouillants muis roulant,
Et des fruictiers son automne croulant,
Se venge lors des peines advancees.

Seroit ce poinct un presage donné
Que mon espoir est desia moissonné?
Non, certes, non. Mais pour certain ie pense,

I'auray, si bien à deviner i'entends,
Si lon peult rien prognostiquer du temps,
Quelque grand fruict de ma longue esperance.

V

I'ay veu ses yeulx perçants, i'ay veu sa face claire;
Nul iamais, sans son dam, ne regarde les dieux:
Froid, sans cœur me laissa son œil victorieux,
Tout estourdy du coup de sa forte lumiere.

Comme un surpris de nuict aux champs, quand il esclaire,
Estonné, se pallist, si la fleche des cieulx
Sifflant luy passe contre, et luy serre les yeulx;
Il tremble, et veoit, transi, Jupiter en cholere.

Dy moy, Madame, au vray, dy moy, si tes yeulx verts
Ne sont pas ceulx qu'on dict que l'amour tient couverts?
Tu les avois, ie croy, la fois que ie t'ay veue;

Au moins il me souvient qu'il me faust lors advis
Qu'amour, tout à un coup, quand premier ie te vis,
Desbanda dessus moy et son arc et sa veue.

VI

Ce dict maint un de moy[1], Dequoy se plainct il tant,
Perdant ses ans meilleurs en chose si legiere?
Qu'a il tant à crier, si encore il espere?
Et s'il n'espere rien, pourquoy n'est il content?

Quand i'estois libre et sain, i'en disois bien autant.
Mais, certes, celuy là n'a la raison entiere,
Ains a le cœur gasté de quelque rigueur fiere,
S'il se plainct de ma plaincte, et mon mal il n'entend.

Amour tout à un coup de cent douleurs me poingt,
Et puis lon m'advertit que ie ne crie point.
Si vain ie ne suis pas que mon mal i'agrandisse

A force de parler : s'on m'en peult exempter,
Ie quitte les sonnets, ie quitte le chanter;
Qui me deffend le deuil, celuy là me guerisse.

VII

Quant à chanter ton los[2] par fois ie m'adventure,
Sans oser ton grand nom dans mes vers exprimer,
Sondant le moins profond de cette large mer,
Ie tremble de m'y perdre, et aux rives m'asseure.

Ie crains, en louant mal, que ie te face iniure.
Mais le peuple estonné d'ouïr tant t'estimer,
Ardant de te cognoistre, essaye à te nommer,
Et cherchant ton sainct nom ainsi à l'adventure,

Esblouï, n'attaint pas à veoir chose si claire;
Et ne te trouve point ce grossier populaire,
Qui, n'ayant qu'un moyen, ne veoit pas celuy là:

C'est que, s'il peult trier, la comparaison faicte

[1] C'est-à-dire: *Plus d'un parle ainsi de moi...*
[2] *Laus,* ta louange.

Des parfaictes du monde, une la plus parfaicte,
Lors, s'il a voix, qu'il crie hardiment, la voylà.

VIII

Quand viendra ce iour là, que ton nom au vray passe
Par France, dans mes vers? combien et quantesfois
S'en empresse mon cœur, s'en demangent mes doigts?
Souvent dans mes escripts de soy mesme il prend place.

Maugré moy ie t'escris, maugré moy ie t'efface.
Quand Astree viendroit, et la foy, et le droict,
Alors ioyeux, ton nom au monde se rendroit.
Ores, c'est à ce temps, que cacher il te face,

C'est à ce temps maling une grande vergoigne.
Donc, Madame, tandis tu seras ma Dourdouigne[1].
Toutesfois laisse moy, laisse moy ton nom mettre;

Aye pitié du temps: si au iour ie te mets,
Si le temps ce cognoist, lors ie te le promets,
Lors il sera doré[2], s'il le doit iamais estre.

IX

O, entre tes beautez, que ta constance est belle!
C'est ce cœur asseuré, ce courage constant,
C'est, parmy tes vertus, ce que l'on prise tant:
Aussi qu'il est plus beau qu'une amitié fidelle?

Or, ne charge donc rien de ta sœur infidelle,
De Vesere[3] ta sœur : elle va s'escartant,
Tousiours flotant mal seure en son cours inconstant.
Veoy tu comme à leur gré les vents se iouënt d'elle?

Et ne te repens poinct, pour droict de son aisnage[4],
D'avoir desia choisy la constance en partage.

[1] Var.: Dourdoigne.

[2] Doré, *beau*, suivant Nicot.

[3] La *Vézère* est une rivière qui se jette dans la *Dordogne*, à Limeuil, à trois lieues de Belvez, en Périgord. On a vu, dans le sonnet précédent, que La Boëtie adoptait le nom de *Dordogne* pour désigner celle qu'il aimait. V. Leclerc.

[4] Ainesse.

Mesme race porta l'amitié souveraine

Des bons iumeaux[1], desquels l'un à l'autre despart
Du ciel et de l'enfer la moitié de sa part;
Et l'amour diffamé de la trop belle Heleine.

X

Ie veois bien, ma Dourdouigne, encor humble tu vas;
De te monstrer Gasconne en France, tu as honte.
Si du ruisseau de Sorgue[2] on fait ores grand conte,
Si a il bien esté quelquesfois aussi bas.

Veoys tu le petit Loir comme il haste le pas?
Comme desia parmy les plus grands il se conte?
Comme il marche haultain[3] d'une course plus prompte
Tout à costé du Mince, et il ne s'en plainct pas?

Un seul olivier d'Arne[4], enté au bord de Loire,
Le faict courir plus brave, et luy donne sa gloire[5].
Laisse, laisse moy faire, et un iour, ma Dourdouigne,

Si ie devine bien, on te cognoistra mieulx;
Et Garonne, et le Rhone, et ces aultres grands dieux
En auront quelque envie, et possible vergoigne.

XI

Toy qui oys mes soupirs, ne me sois rigoureux
Si mes larmes à part toutes miennes ie verse,
Si mon amour ne suit en sa douleur diverse
Du Florentin transi les regrets languoreux[6],

Ny de Catulle aussi, le folastre amoureux,

[1] Castor et Pollux.

[2] Rivière qui sort de la fontaine de Vaucluse.

[3] VAR.: *Soudain.*

[4] *Un seul bras de l'Arnon*, qui se jette dans le Cher, affluent lui-même de la Loire.

[5] C'est, je crois, une allusion aux *Amours*, de Ronsard. V. LECLERC. — A l'appui de cette idée, j'ajouterai que l'on peut consulter la pièce de Du Bellay « à Pierre Ronsard, » p. 252 de l'édit. in-18, de Rouen, 1592. LÉON FEUGÈRES.

[6] VAR.: *Langoureux.*

Qui le cœur de sa dame en chatouillant luy perce,
Ny le sçavant amour du migregeois[1] Properce;
Ils n'ayment pas pour moy, ie n'ayme pas pour eulx.

Qui pourra sur aultruy ses douleurs limiter,
Celuy pourra d'aultruy les plainctes imiter :
Chascun sent son tourment, et sçait ce qu'il endure;

Chascun parla d'amour ainsi qu'il l'entendit.
Ie dis ce que mon cœur, ce que mon mal me dict.
Que celuy ayme peu, qui ayme à la mesure!

XII

Quoy! qu'est ce? ô vents! ô nuës! ô l'orage!
A poinct nommé, quand d'elle m'approchant,
Les bois, les monts, les baisses vois tranchant,
Sur moy d'aguest vous poussez vostre rage.

Ores mon cœur s'embrase davantage.
Allez, allez faire peur au marchand,
Qui dans la mer les thresors va cherchant;
Ce n'est ainsi qu'on m'abbat le courage.

Quand i'oy les vents, leur tempeste, et leurs cris,
De leur malice en mon cœur ie me ris.
Me pensent ils pour cela faire rendre?

Face le ciel du pire, et l'air aussi :
Ie veulx, ie veulx, et le declare ainsi,
S'il faut mourir, mourir comme Leandre.

XIII

Vous qui aymer encore ne sçavez,
Ores m'oyant parler de mon Leandre,
Ou iamais non, vous y debvez apprendre,
Si rien de bon dans le cœur vous avez.

Il osa bien, branlant ses bras lavez,
Armé d'amour contre l'eau se deffendre,
Qui pour tribut la fille voulut prendre,

[1] Migregeois, à demi-grec, c'est-à-dire imitateur des Grecs. Léon Feugères.

Ayant le frere et le mouton sauvez[1].

Un soir, vaincu par les flots rigoureux,
Voyant desia, ce vaillant amoureux,
Que l'eau maistresse à son plaisir le tourne,

Parlant aux flots, leur iecta ceste voix :
Pardonnez moy maintenant que i'y veoys,
Et gardez moy la mort, quand ie retourne.

XIV

O cœur leger! ô courage mal seur!
Penses tu plus que souffrir ie te puisse?
O bonté creuze! ô couverte malice,
Traistre beauté, venimeuse doulceur!

Tu estois donc tousiours sœur de ta sœur?
Et moy, trop simple, il falloit que i'en fisse
L'essay sur moy, et que tard i'entendisse
Ton parler double et tes chants de chasseur?

Depuis le iour que i'ay prins à t'aymer,
I'eusse vaincu les vagues de la mer.
Qu'est ce meshuy que ie pourrois attendre?

Comment de toy pourrois ie estre content?
Qui apprendra ton cœur d'estre constant,
Puis que le mien ne le luy peult apprendre?

XV

Ce n'est pas moy que l'on abuse ainsi;
Qu'à quelque enfant ses ruses on employe,
Qui n'a nul goust, qui n'entend rien qu'il oye:
Ie sçay aimer, ie sçay haïr aussi.

Contente toy de m'avoir iusqu'icy
Fermé les yeulx, il est temps que i'y voye,
Et que meshuy, las et honteux ie soye
D'avoir mal mis mon temps et mon soucy.

[1] Pour entendre ces deux vers, il faut se rappeler que Hellé tomba dans les flots, et y périt, en passant la mer sur le dos du bélier à la toison d'or, avec son frère Phryxus. E. JOHANNEAU.

Oserois tu, m'ayant ainsi traicté,
Parler à moy iamais de fermeté[1]?
Tu prends plaisir à ma douleur extreme;

Tu me deffends de sentir mon tourment;
Et si veulx bien que ie meure en t'aymant.
Si ie ne sens, comment veulx tu que i'ayme?

XVI

O l'ay ie dict? Helas! l'ay ie songé?
Ou si pour vray i'ai dict blaspheme telle?
S'a fauce langue, il fault que l'honneur d'elle,
De moy, par moy, dessus moy, soit vengé.

Mon cœur chez toy, ô ma dame, est logé:
Là, donne luy quelque geéne[2] nouvelle;
Fais luy souffrir quelque peine cruelle;
Fais, fais luy tout, fors luy donner congé.

Or seras tu (ie le sçay) trop humaine,
Et ne pourras longuement veoir ma peine:
Mais un tel faict, faut il qu'il se pardonne?

A tout le moins hault ie me desdiray
De mes sonnets, et me desmentiray:
Pour ces deux faux, cinq cents vrays ie t'en donne.

XVII

Si ma raison en moy s'est peu remettre,
Si recouvrer astheure[3] ie me puis,
Si i'ay du sens, si plus homme ie suis,
Ie t'en mercie, ô bien-heureuse lettre!

Qui m'eust (helas!), qui m'eust sçeu recognoistre,
Lors qu'enragé, vaincu de mes ennuys,
En blasphemant ma dame ie poursuis?
De loing, honteux, ie te vis lors paroistre,

[1] Ce mot désignait alors la constance en amour. LÉON FEUGÈRES.

[2] *Geéne* ou *Gehenne*, torture.

[3] *Astheure*, à cette heure.

O sainct papier! alors ie me revins,
Et devers toy devotement ie vins.
Ie te donrois un autel pour ce faict,

Qu'on vist les traicts de cette main divine.
Mais de les veoir aulcun homme n'est digne;
Ny moy aussi, s'elle ne m'en eust faict[1].

XVIII

I'estois prest d'encourir pour iamais quelque blasme;
De cholere eschauffé mon courage brusloit,
Ma fole voix au gré de ma fureur branloit,
Ie despitois[2] les dieux, et encore ma dame:

Lors qu'elle de loing iette un brevet[3] dans ma flamme;
Ie le sentis soubdain comme il me rabilloit[4],
Qu'aussi tost devant luy ma fureur s'en alloit,
Qu'il me rendoit, vainqueur, en sa place mon ame.

Entre vous, qui de moy ces merveilles oyez,
Que me dictes vous d'elle? et, je vous pri', veoyez,
S'ainsi comme ie fais, adorer ie la dois?

Quels miracles en moy pensez vous qu'elle face
De son œil tout puissant, ou d'un ray[5] de sa face,
Puis qu'en moy firent tant les traces de ses doigts?

XIX

Ie tremblois devant elle, et attendois, transy,
Pour venger mon forfaict quelque iuste sentence,
A moy mesme consent[6] du poids de mon offence,
Lors qu'elle me dict: Va, ie te prends à mercy.

Que mon loz desormais par tout soit esclaircy:
Employe là tes ans: et sans plus, meshuy pense

[1] *Digne*, sous-entendu.
[2] *Despiter*, dédaigner, accuser.
[3] *Un billet*, qui a la vertu d'un talisman. E. JOHANNEAU.
[4] Il me ramenait à la raison.
[5] Rayon.
[6] Reconnaissant moi-même.

D'enrichir de mon nom par tes vers nostre France;
Couvre de vers ta faulte, et paye moy ainsi.

Sus donc, ma plume, il fault, pour iouyr de ma peine,
Courir par sa grandeur d'une plus large veine.
Mais regarde à son œil, qu'il ne nous abandonne.

Sans ses yeulx, nos esprits se mourroient languissants.
Ils nous donnent le cœur, ils nous donnent le sens.
Pour se payer de moy, il faut qu'elle me donne[1].

XX

O vous, maudits sonnets, vous qui printes l'audace
De toucher à ma dame! ô malings et pervers,
Des Muses le reproche, et honte de mes vers!
Si ie vous feis iamais, s'il fault que ie me face

Ce tort de confesser vous tenir de ma race,
Lors pour vous les ruisseaux ne furent pas ouverts
D'Apollon le doré, des Muses aux yeulx verts;
Mais vous reçeut naissants Tisiphone en leur place.

Si i'ay oncq quelque part à la postérité,
Ie veulx que l'un et l'aultre en soit desherité.
Et si au feu vengeur dez or[2] ie ne vous donne,

C'est pour vous diffamer : vivez chétifs, vivez;
Vivez aux yeulx de tous, de tout honneur privez;
Car c'est pour vous punir, qu'ores ie vous pardonne.

XXI

N'ayez plus, mes amis, n'ayez plus cette envie
Que ie c'esse d'aymer; laissez moy, obstiné,
Vivre et mourir ainsi, puis qu'il est ordonné:
Mon amour, c'est le fil auquel se tient ma vie.

Ainsi me dict la Fee; ainsi en Œagrie[3]
Elle feit Meleagre à l'amour destiné,

[1] *L'inspiration*, sous-entendu.
[2] Dès à présent.
[3] Nom poétique de la Thrace; elle le tenait *d'Œagre*, le père d'Orphée.

Et alluma sa souche à l'heure qu'il feust né,
Et dict : Toy, et ce feu, tenez vous compaignie.

Elle le dict ainsi, et la fin ordonnee
Suyvit aprez le fil de cette destinee.
La souche (ce dict lon) au feu feut consommee;

Et dez lors (grand miracle!), en un mesme moment,
On veid, tout à un coup, du miserable amant
La vie et le tison s'en aller en fumee.

XXII

Quand tes yeulx conquerants estonné ie regarde,
I'y veoy dedans à clair tout mon espoir escript,
I'y veoy dedans amour luy mesme qui me rit,
Et m'y montre mignard le bon heur qu'il me garde.

Mais quand de te parler par fois ie me hazarde,
C'est lors que mon espoir desseiché se tarit;
Et d'advouer iamais ton œil, qui me nourrit,
D'un seul mot de faveur, cruelle, tu n'as garde.

Si tes yeulx sont pour moy, or veoy ce que ie dis:
Ce sont ceulx là, sans plus, à qui ie me rendis.
Mon Dieu, quelle querelle en toy mesme se dresse,

Si ta bouche et tes yeulx se veulent desmentir!
Mieulx vault, mon doux tourment, mieulx vault les despartir,
Et que ie prenne au mot de tes yeulx la promesse.

XXIII

Ce sont tes yeulx tranchants qui me font le courage:
Ie veoy saulter dedans la gaye liberté,
Et mon petit archer[1], qui mene à son costé
La belle gaillardise et le plaisir volage.

Mais aprez, la rigueur de ton triste langage
Me montre dans ton cœur la fiere honnesteté;
Et condamné, ie veoy la dure chasteté
Là gravement assise, et la vertu sauvage.

Ainsi mon temps divers par ces vagues se passe;

[1] L'amour.

Ores son œil m'appelle, or[1] sa bouche me chasse.
Helas! en cet estrif[2], combien ay ie enduré!

Et puis, qu'on pense avoir d'amour quelque asseurance;
Sans cesse nuict et iour à la servir ie pense,
Ny encor de mon mal ne puis estre asseuré.

XXIV

Or, dis ie bien, mon esperance est morte;
Or est ce faict de mon ayse et mon bien.
Mon mal est clair: maintenant ie veoy bien,
I'ay espousé la douleur que ie porte.

Tout me court sus, rien ne me reconforte,
Tout m'abandonne, et d'elle ie n'ay rien,
Sinon tousiours quelque nouveau soustien,
Qui rend ma peine et ma douleur plus forte.

Ce que i'attends, c'est un iour d'obtenir
Quelques souspirs des gents de l'advenir:
Quelqu'un dira dessus moy par pitié:

Sa dame et luy nasquirent destinez,
Egalement de mourir obstinez,
L'un en rigueur, et l'aultre en amitié.

XXV

I'ay tant vescu chetif, en ma langueur,
Qu'or i'ay veu rompre, et suis encor en vie,
Mon esperance avant mes yeulx ravie,
Contre l'escueil de sa fiere rigueur.

Que m'a servy de tant d'ans la longueur?
Elle n'est pas de ma peine assouvie:
Elle s'en rit, et n'a point d'aultre envie
Que de tenir mon mal en sa vigueur.

Doncques i'auray, mal'heureux en aymant,
Tousiours un cœur, tousiours nouveau tourment.
Ie me sens bien que i'en suis hors d'haleine,

[1] *Ores* et *or*, tantôt, tantôt.
[2] En ce débat.

Prest à laisser la vie soubs le faix :
Qu'y feroit on, sinon ce que ie fais?
Piqué du mal, ie m'obstine en ma peine.

XXVI

Puis qu'ainsi sont mes dures destinees,
I'en saouleray, si ie puis, mon soucy.
Si i'ay du mal, elle le veut aussi :
I'accompliray mes peines ordonnees.

Nymphes des bois, qui avez, estonnees,
De mes douleurs, ie croy, quelque mercy,
Qu'en pensez vous? puis ie durer ainsi,
Si à mes maulx trefves ne sont donnees?

Or, si quelqu'une à m'escouter s'encline,
Oyez, pour Dieu, ce qu'ores ie devine :
Le iour est prez que mes forces ia vaines

Ne pourront plus fournir à mon tourment.
C'est mon espoir : si ie meurs en aymant,
A donc, ie croy, failliray ie à mes peines.

XXVII

Lors que lasse est de me lasser ma peine,
Amour, d'un bien mon mal refreschissant,
Flate au cœur mort ma playe languissant,
Nourrit mon mal, et luy faict prendre haleine,

Lors ie conceoy quelque esperance vaine:
Mais aussi tost, ce dur tyran, s'il sent
Que mon espoir se renforce en croissant,
Pour l'estouffer, cent tourments il m'ameine

Encor tout frez ; lors ie me veois blasmant[1]
D'avoir esté rebelle à mon tourment.
Vive le mal, ô dieux! qui me dévore!

Vive à son gré mon tourment rigoureux!
O bien-heureux, et bien-heureux encore,
Qui sans relasche est tousiours mal'heureux!

[1] Je me reproche.

XXVIII

Si contre amour ie n'ay aultre deffence,
Ie m'en plaindray, mes vers le mauldiront,
Et aprez moy les roches rediront
Le tort qu'il faict à ma dure constance.

Puis que de luy i'endure cette offence,
Au moings tout hault mes rhythmes le diront,
Et nos neveus, alors qu'ils me liront,
En l'oultrageant, m'en feront la vengeance.

Ayant perdu tout l'ayse que i'avois,
Ce sera peu que de perdre ma voix.
S'on sçait l'aigreur de mon triste soucy,

Et feust celui[1] qui m'a faict cette playe,
Il en aura, pour si dur cœur qu'il aye,
Quelque pitié, mais non pas de mercy.

XXIX

Ia reluisoit la benoiste iournee
Que la nature au monde te debvoit,
Quand des thresors qu'elle te reservoit
Sa grande clef te feust abandonnee.

Tu prins la grace à toy seule ordonnee;
Tu pillas tant de beautez qu'elle avoit,
Tant qu'elle, fiere, alors qu'elle te veoit,
En est par fois elle mesme estonnee.

Ta main de prendre enfin se contenta:
Mais la nature encor te presenta,
Pour t'enrichir, cette terre où nous sommes.

Tu n'en prins rien: mais en toy tu t'en ris,
Te sentant bien en avoir assez pris
Pour estre icy royne du cœur des hommes.

[1] Quel que soit celui...

CHAPITRE XXIX.

DE LA MODERATION.

Comme si nous avions l'attouchement infect, nous corrompons par nostre maniement les choses qui d'elles mesmes sont belles et bonnes. Nous pouvons saisir la vertu de façon qu'elle en deviendra vicieuse, si nous l'embrassons d'un desir trop aspre et violent. Ceulx qui disent qu'il n'y a iamais d'excez en la vertu, d'autant que ce n'est plus vertu si l'excez y est, se iouent des paroles :

Insani sapiens nomen ferat, æquus iniqui,
Ultra quam satis est, virtutem si petat ipsam[1].

C'est une subtile consideration de la philosophie. On peult et trop aymer la vertu, et se porter excessivement en une action iuste. A ce biais s'accommode la voix divine, « Ne soyez pas plus sages qu'il ne fault; mais soyez sobrement sages[2]. » I'ay veu tel grand[3] blecer la reputation de sa religion, pour se montrer religieux oultre tout exemple des hommes de sa sorte. I'ayme des natures temperees et moyennes : l'immoderation vers le bien mesme, si elle ne m'of-

[1] Le sage n'est plus sage, le juste n'est plus juste, si son amour pour la vertu va trop loin. Hor., *Epist.*, I, 6, 15.

[2] S. Paul, *Ép. aux Romains*, XII 3.

[3] Il y a apparence que Montaigne veut parler ici de Henri III, roi de France. Sixte V disait au cardinal de Joyeuse : « Il n'y a rien que votre roi n'ait fait et ne fasse pour être moine ; ni que je n'aie fait, moi, pour ne l'être point. » Coste.

fense, elle m'estonne, et me met en peine de la baptizer. Ny la mere de Pausanias [1], qui donna la premiere instruction, et porta la premiere pierre, à la mort de son fils; ny le dictateur Posthumius [2], qui feit mourir le sien, que l'ardeur de ieunesse avoit heureusement poulsé sur les ennemis un peu avant son reng, ne me semble si iuste, comme estrange; et n'ayme ny à conseiller ny à suyvre une vertu si sauvage et si chere. L'archer qui oultrepasse le blanc fault, comme celuy qui n'y arrive pas; et les yeulx me troublent à monter à coup vers une grande lumiere, esgalement comme à devaler à l'ombre. Callicles, en Platon [3], dict l'extremité de la philosophie estre dommageable, et conseille de ne s'y enfoncer oultre les bornes du proufit; que prinse avec moderation, elle est plaisante et commode; mais qu'en fin elle rend un homme sauvage et vicieux, desdaigneux des religions et loix communes, ennemy de la conversation civile, ennemy des voluptez humaines, incapable de toute administration politique, et de secourir aultruy et de se secourir soy mesme, propre à estre impuneement souffletté. Il dict vray : car en son excez, elle esclave nostre naturelle franchise, et nous desvoye, par une importune subtilité, du beau et plain chemin que nature nous trace.

L'amitié que nous portons à nos femmes, elle est treslegitime : la theologie ne laisse pas de la brider pourtant et de la restreindre. Il me semble avoir leu

[1] Diodore de Sicile, XI, 45.
[2] Valère Maxime, II, 7
[3] Dans le *Gorgias*.

aultrefois chez sainct Thomas [1], en un endroict où il condemne les mariages des parents ez degrez deffendus, cette raison parmy les aultres, qu'il y a dangier que l'amitié qu'on porte à une telle femme soit immoderee : car si l'affection maritale s'y treuve entiere et parfaicte comme elle doibt, et qu'on la surcharge encores de celle qu'on doibt à la parentelle, il n'y a point de doubte que ce surcroist n'emporte un tel mary hors les barrieres de la raison.

Les sciences qui reglent les mœurs des hommes, comme la theologie et la philosophie, elles se meslent de tout : il n'est action si privee et secrette qui se desrobe de leur cognoissance et iurisdiction. Bien apprentis sont ceulx qui syndicquent leur liberté : ce sont les femmes qui communiquent tant qu'on veult leurs pieces à garsonner ; à medeciner, la honte le deffend. Ie veulx donc, de leur part, apprendre cecy aux maris, s'il s'en treuve encores qui y soient trop acharnez : c'est que les plaisirs mesmes qu'ils ont à l'accointance de leurs femmes sont reprouvez, si la moderation n'y est observee ; et qu'il y a de quoy faillir en licence et desbordement en ce subiect là, comme en un subiect illegitime. Ces encheriments deshontez, que la chaleur premiere nous suggere en ce ieu, sont non indecemment seulement, mais dommageablement, employez envers nos femmes. Qu'elles apprennent l'impudence au moins d'une aultre main : elles sont tousiours assez esveillees pour nostre besoing. Ie ne m'y suis servy que de l'instruction naturelle et simple.

[1] *Secunda Secundæ*, quæst. 154, art. 9.

C'est une religieuse liaison et devote que le mariage : voylà pourquoy le plaisir qu'on en tire ce doibt estre un plaisir retenu, serieux, et meslé à quelque severité ; ce doibt estre une volupté aulcunement prudente et consciencieuse. Et parceque sa principale fin c'est la generation, il y en a qui mettent en doubte si, lors que nous sommes sans l'esperance de ce fruict, comme quand elles sont hors d'aage ou enceinctes, il est permis d'en rechercher l'embrassement : c'est un homicide à la mode de Platon [1]. Certaines nations, et entre aultres la mahumetane, abominent la conionction avecques les femmes enceintes ; plusieurs aussi avecques celles qui ont leurs flueurs. Zenobia ne recevoit son mary que pour une charge ; et cela faict, elle le laissoit courir tout le temps de sa conception, luy donnant lors seulement loy de recommencer [2] : brave et genereux exemple de mariage. C'est de quelque poëte [3] disetteux et affamé de ce deduit, que Platon emprunta cette narration : Que Iupiter feit à sa femme une si chaleureuse charge un iour, que, ne pouvant avoir patience qu'elle eust gaigné son lict, il la versa sur le plancher ; et par la vehemence du plaisir, oublia les resolutions grandes et importantes qu'il venoit de prendre avec les aultres dieux en sa court celeste ; se vantant qu'il l'avoit trouvé aussi bon ce coup là, que lors que premierement il la depucella à cachettes de leurs parents.

1 *Lois*, VIII.
2 Trébellius Pollion, *Triginta Tyrann.*, c. 30.
3 Homère, *Iliade*, XIV, 294.

Les roys de Perse appelloient leurs femmes à la compaignie de leurs festins ; mais quand le vin venoit à les eschauffer en bon escient, et qu'il falloit tout à faict lascher la bride à la volupté, ils les renvoyoient en leur privé, pour ne les faire participantes de leurs appetits immoderez ; et faisoient venir en leur lieu des femmes ausquelles ils n'eussent point cette obligation de respect [1]. Touts plaisirs et toutes gratifications ne sont pas bien logees en toutes sortes de gents. Epaminondas avoit faict emprisonner un garson desbauché ; Pelopidas le pria de le mettre en liberté en sa faveur : il l'en refusa, et l'accorda à une sienne garse qui aussi l'en pria ; disant, « que c'estoit une gratification deue à une amie, non à un capitaine [2]. » Sophocles, estant compaignon en la preture avecques Pericles, voyant de cas de fortune passer un beau garson : « O le beau garson que voylà ! » dict il à Pericles. « Cela seroit bon à un aultre qu'à un preteur, luy dict Pericles, qui doibt avoir non les mains seulement, mais aussi les yeulx chastes [3]. » Aelius Verus l'empereur respondit à sa femme, comme elle se plaignoit de quoy il se laissoit aller à l'amour d'aultres femmes, « qu'il le faisoit par occasion consciencieuse, d'autant que le mariage estoit un nom d'honneur et dignité, non de folastre et lascive concupiscence [4]. » Et nostre histoire ecclesiastique a conservé avecques honneur la memoire de

[1] Plutarque, *Préceptes de Mariage*, c. 14.

[2] Id., *Instruction pour ceux qui manient affaires d'État*, c. 9.

[3] Cicéron, *de Officiis*, I, 40.

[4] Spartien, *Verus*, c. 5.

cette femme qui repudia son mary, pour ne vouloir seconder et soustenir ses attouchements trop insolents et desbordez. Il n'est, en somme, aulcune si iuste volupté en laquelle l'excez et l'intemperance ne nous soit reprochable.

Mais, à parler en bon escient, est ce pas un miserable animal que l'homme? A peine est il en son pouvoir, par sa condition naturelle, de gouster un seul plaisir entier et pur; encores se met il en peine de le retrencher par discours : il n'est pas assez chestif, si par art et par estude il n'augmente sa misere :

Fortunæ miseras auximus arte vias[1].

La sagesse humaine faict bien sottement l'ingenieuse de s'exercer à rabattre le nombre et la doulceur des voluptez qui nous appartiennent; comme elle faict favorablement et industrieusement d'employer ses artifices à nous peigner et farder les maulx, et en alleger le sentiment. Si i'eusse esté chef de part, i'eusse prins aultre voye plus naturelle, qui est à dire, vraye, commode et saincte; et me feusse peutestre rendu assez fort pour la borner : quoique nos medecins spirituels et corporels, comme par complot faict entre eulx, ne treuvent aulcune voye à la guarison, ny remede aux maladies du corps et de l'ame, que par le torment, la douleur, et la peine. Les veilles, les ieunes, les haires, les exils loingtains et solitaires, les prisons perpetuelles, les verges, et aultres afflictions, ont esté introduictes pour cela : mais

[1] Nous nous sommes appliqués à augmenter la misère de notre condition. PROPERCE, III, 7, 44.

en telle condition, que ce soyent veritablement afflictions, et qu'il y ayt de l'aigreur poignante; et qu'il n'en advienne point comme à un Gallio[1], lequel ayant esté envoyé en exil en l'isle de Lesbos, on feut adverty à Rome qu'il s'y donnoit du bon temps, et que ce qu'on luy avoit enioinct pour peine luy tournoit à commodité : parquoy ils se radviserent de le rappeler prez de sa femme et en sa maison, et luy ordonnerent de s'y tenir, pour accommoder leur punition à son ressentiment. Car, à qui le ieusne aiguiseroit la santé et l'alaigresse, à qui le poisson seroit plus appetissant que la chair, ce ne seroit plus recepte salutaire : non plus qu'en l'aultre medecine, les drogues n'ont point d'effect à l'endroict de celuy qui les prend avecques appetit et plaisir; l'amertume et la difficulté sont circonstances servants à leur operation. Le naturel qui accepteroit la rubarbe comme familiere, en corromproit l'usage; il fault que ce soit chose qui blece nostre estomach pour le guarir : et icy fault la regle commune, que les choses se guarissent par leurs contraires; car le mal y guarit le mal.

Cette impression se rapporte aulcunement à cette aultre si ancienne, de penser gratifier au ciel et à la nature par nostre massacre et homicide, qui feut universellement embrassee en toutes religions. Encores du temps de nos peres, Amurat, en la prinse de l'Isthme, immola six cents ieunes hommes grecs à l'ame de son pere, à fin que ce sang servist de propitiation à l'expiation des pechez du trespassé.

[1] Sénateur exilé par Tibère. TACITE, *Annales*, VI, 3.

Et en ces nouvelles terres descouvertes en nostre aage, pures encores et vierges au prix des nostres, l'usage en est aulcunement receu par tout; toutes leurs idoles s'abruvent de sang humain, non sans divers exemples d'horrible cruauté : on les brusle vifs, et demy rostis on les retire du brasier pour leur arracher le cœur et les entrailles; à d'aultres, voire aux femmes, on les escorche vifves, et de leur peau ainsi sanglante en revest on et masque d'aultres. Et non moins d'exemples de constance et resolution : car ces pauvres gents sacrifiables, vieillards, femmes, enfants, vont, quelques iours avant, questants eulx mesmes les aumosnes pour l'offrande de leur sacrifice, et se presentent à la boucherie, chantants et dansants avecques les assistants.

Les ambassadeurs du roy de Mexico, faisants entendre à Fernand Cortez la grandeur de leur maistre, aprez luy avoir dict qu'il avoit trente vassaux, desquels chascun pouvoit assembler cent mille combattants, et qu'il se tenoit en la plus belle et forte ville qui feust soubs le ciel, luy adiousterent qu'il avoit à sacrifier aux dieux cinquante mille hommes par an. De vray, ils disent qu'il nourrissoit la guerre avecques certains grands peuples voisins, non seulement pour l'exercice de la ieunesse du païs, mais principalement pour avoir de quoy fournir à ses sacrifices par des prisonniers de guerre. Ailleurs, en certain bourg, pour la bienvenue dudit Cortez, ils sacrifierent cinquante hommes tout à la fois. Ie diray encores ce conte : aulcuns de ces peuples, ayants esté battus par luy, envoyerent le recognoistre, et rechercher d'amitié; les messagers luy presenterent trois sortes de presents, en cette maniere : « Seigneur, voylà cinq esclaves; si tu es un dieu fier qui te paisses de chair et de sang, mange les, et nous t'en amerrons davantage; si tu es un dieu debonnaire, voylà de l'encens et des plumes; si tu es homme, prends les oyseaux et les fruicts que voycy. »

CHAPITRE XXX.

DES CANNIBALES.

Quand le roy Pyrrhus passa en Italie, aprez qu'il eut recogneu l'ordonnance de l'armee que les Romains luy envoyoient au devant : « Ie ne sçay, dict il, quels barbares sont ceulx cy (car les Grecs appelloient ainsi toutes les nations estrangieres), mais la disposition de cette armee que ie veois n'est aulcunement barbare[1]. » Autant en dirent les Grecs de celle que Flaminius feit passer en leur païs[2], et Philippus, voyant d'un tertre l'ordre et distribution du camp romain, en son royaume, soubs Publius Sulpicius Galba[3]. Voylà comment il se fault garder de s'attacher aux opinions vulgaires, et les fault iuger par la voye de la raison, non par la voix commune.

I'ay eu longtemps avecques moy un homme qui avoit demeuré dix ou douze ans en cet aultre monde qui a esté descouvert en nostre siecle, en l'endroict

[1] Plutarque, *Vie de Pyrrhus*, c. 8.
[2] Id., *Vie de Flaminius*, c. 3.
[3] Tite Live, XXXI, 34.

où Villegaignon print terre[1], qu'il surnomma *la France antartique*. Cette descouverte d'un païs infiny semble estre de consideration. Ie ne sçay si ie me puis respondre que il ne s'en face à l'advenir quelque aultre, tant de personnages plus grands que nous ayants esté trompez en cette cy. I'ay peur que nous ayons les yeulx plus grands que le ventre, et plus de curiosité que nous n'avons de capacité : nous embrassons tout, mais nous n'estreignons que du vent.

Platon[2] introduict Solon racontant avoir apprins des presbtres de la ville de Saïs en Aegypte, que, iadis et avant le deluge, il y avoit une grande isle nommee *Atlantide*, droict à la bouche du destroict de Gibaltar, qui tenoit plus de païs que l'Afrique et l'Asie toutes deux ensemble ; et que les roys de cette contree là, qui ne possedoient pas seulement cette isle, mais s'estoyent estendus dans la terre ferme si avant, qu'ils tenoient de la largeur d'Afrique iusques en Aegypte, et de la longueur de l'Europe iusques en la Toscane, entreprinrent d'eniamber iusques sur l'Asie, et subiuguer toutes les nations qui bordent la mer Mediterranee iusques au golfe de la mer Maiour[3] ; et pour cet effect, traverserent les Espaignes, la Gaule, l'Italie, iusques en la Grece, où les Atheniens les sousteinrent : mais que quelque temps aprez, et les Atheniens, et eulx, et leur isle, feurent engloutis par le deluge. Il est bien vraysemblable que cet extreme ravage d'eau ayt faict des changements es-

1 Au Brésil, en 1557.

2 Dans le *Timée*.

3 La mer Noire.

tranges aux habitations de la terre, comme on tient que la mer a retrenché la Sicile d'avecques l'Italie;

> Hæc loca, vi quondam et vasta convulsa ruina,
> . . . .
> Dissiluisse ferunt, quum protenus utraque tellus
> Una foret[1]...

Chypre, d'avecques la Surie; l'isle de Negrepont, de la terre de la Bœoce; et ioinct ailleurs les terres qui estoyent divisees, comblant de limon et de sable les fosses d'entre deux :

> Sterilisque diu palus, aptaque remis,
> Vicinas urbes alit, et grave sentit aratrum[2].

Mais il n'y a pas grande apparence que cette isle soit ce monde nouveau que nous venons de descouvrir; car elle touchoit quasi l'Espaigne, et ce seroit un effect incroyable d'inondation de l'en avoir reculée comme elle est, de plus de douze cents lieues; oultre ce que les navigations des modernes ont desia presque descouvert que ce n'est point une isle, ains terre ferme et continente avecques l'Inde orientale d'un costé, et avecques les terres qui sont soubs les deux poles d'aultre part; ou si elle en est separee, que c'est d'un si petit destroict et intervalle, qu'elle ne merite pas d'estre nommee isle pour cela.

Il semble qu'il y aye des mouvements, naturels

[1] On dit que ces lieux, dans un immense bouleversement, se séparèrent l'un de l'autre. Réunis autrefois, ces deux rivages ne formaient qu'une même terre. VIRGILE, *Énéide*, III, 414.

[2] Un marais longtemps stérile, et traversé par les bateaux, connaît maintenant la charrue, et nourrit les villes voisines. HOR., *Art poét.*, v 65.

les uns, les aultres fiebvreux, en ces grands corps comme aux nostres. Quand ie considere l'impression que ma riviere de Dordoigne faict, de mon temps, vers la rive droicte de sa descente, et qu'en vingt ans elle a tant gaigné, et desrobé le fondement à plusieurs bastiments, ie veois bien que c'est une agitation extraordinaire; car si elle feut tousiours allee ce train, ou deut aller à l'advenir, la figure du monde seroit renversee : mais il leur prend des changements; tantost elles s'espandent d'un costé, tantost d'un aultre, tantost elles se contiennent. Ie ne parle pas des soubdaines inondations de quoy nous manions les causes. En Medoc, le long de la mer, mon frere, sieur d'Arsac, veoid une sienne terre ensepvelie soubs les sables que la mer vomit devant elle; le faiste d'aulcuns bastiments paroist encores : ses rentes et domaines se sont eschangez en pasquages bien maigres. Les habitants disent que, depuis quelque temps, la mer se poulse si fort vers eulx, qu'ils ont perdu quatre lieues de terre. Ces sables sont ses fourriers; et veoyons de grandes montioies d'arene mouvante, qui marchent d'une demie lieue devant elle, et gaignent païs.

L'aultre tesmoignage de l'antiquité auquel on veult rapporter cette descouverte, est dans Aristote, au moins si ce petit livret des Merveilles inouyes est à luy. Il raconte là que certains Carthaginois, s'estants iectez au travers de la mer Atlantique, hors le destroict de Gibaltar, et navigé longtemps, avoient descouvert enfin une grande isle fertile, toute revestue de bois, et arrousée de grandes et profondes rivieres, fort esloingnee de toutes terres fermes; et qu'eulx, et aultres depuis, attirez par la bonté et fertilité du terroir, s'y en allerent avecques leurs femmes et enfants, et commencerent à s'y habituer. Les seigneurs de Carthage, voyants que leur païs se depeuploit peu à peu, feirent deffense expresse, sur peine de mort, que nul n'eust plus à aller là, et en chasserent ces nouveaux habitants, craignants, à ce qu'on dict, que par succession de temps ils ne veinssent à multiplier tellement, qu'ils les supplantassent eulx mesmes et ruinassent leur estat. Cette narration d'Aristote n'a non plus d'accord avecques nos terres neufves.

Cet homme que i'avois, estoit homme simple et grossier; qui est une condition propre à rendre veritable tesmoignage : car les fines gents remarquent bien plus curieusement et plus de choses, mais il les glosent; et, pour faire valoir leur interpretation, et la persuader, ils ne se peuvent garder d'alterer un peu l'histoire; ils ne vous representent iamais les choses pures, ils les inclinent et masquent selon le visage qu'ils leur ont veu; et, pour donner credit à leur iugement et vous y attirer, prestent volontiers de ce costé là à la matiere, l'allongent et l'amplifient. Ou il fault un homme tresfidelle, ou si simple, qu'il n'ayt pas de quoy bastir et donner de la vraysemblance à des inventions faulses, et qui n'ayt rien espousé. Le mien estoit tel, et oultre cela, il m'a faict veoir à diverses fois plusieurs matelots et marchands qu'il avoit cogneus en ce voyage : ainsi, ie me contente de cette information, sans m'enquerir de ce que les cosmographes en disent. Il nous fauldroit des topographes qui nous feissent narration particuliere des endroicts où ils ont esté : mais pour avoir cet advantage sur nous, d'avoir veu la Palestine, ils veulent iouïr du privilege de nous conter nouvelles de tout le demourant du monde. Ie vouldrois que chascun escrivist ce qu'il sçait, et autant qu'il en sçait, non en cela seulement, mais en touts aultres subiects : car tel peult avoir quelque particuliere science ou experience de la nature d'une riviere ou d'une fontaine, qui ne sçait au reste que ce que chascun sçait ; il entreprendra toutesfois, pour faire courir ce petit loppin, d'escrire toute la physique. De ce vice sourdent plusieurs grandes incommoditez.

Or, ie treuve, pour revenir à mon propos, qu'il n'y a rien de barbare et de sauvage en cette nation, à ce qu'on m'en a rapporté ; sinon que chascun appelle *barbarie* ce qui n'est pas de son usage. Comme de vray nous n'avons aultre mire de la verité et de la raison, que l'exemple et idee des opinions et usances du païs où nous sommes : là est tousiours la parfaicte religion, la parfaicte police, parfaict et accomply usage de toutes choses. Ils sont sauvages, de mesme que nous appellons sauvages les fruicts que nature de soy et de son progrez ordinaire a produicts ; tandis qu'à la verité, ce sont ceulx que nous avons alterez par nostre artifice, et destournez de l'ordre commun, que nous debvrions appeller plustost sauvages : en ceulx là sont vifves et vigoreuses les vrayes et plus utiles et naturelles vertus et proprietez ; lesquelles nous avons abbastardies en ceulx cy, les accommodants au plaisir de nostre goust corrompu; et si pourtant, la saveur mesme et delicatesse se treuve, à nostre goust mesme, excellente, à l'envi des nostres, en divers fruicts de ces contrees là, sans culture. Ce n'est pas raison que l'art gaigne le poinct d'honneur sur notre grande et puissante mere nature. Nous avons tant rechargé la beauté et richesse de ses ouvrages par nos inventions, que nous l'avons du tout estouffée : si est ce que partout où sa pureté reluict, elle faict une merveilleuse honte à nos vaines et frivoles entreprinses.

> Et veniunt hederæ sponte sua melius;
> Surgit et in solis formosior arbutus antris;
> . . . .
> Et volucres nulla dulcius arte canunt[1].

Touts nos efforts ne peuvent seulement arriver à representer le nid du moindre oyselet, sa contexture, sa beauté, et l'utilité de son usage; non pas la tissure de la chestifve araignee.

Toutes choses, dict Platon[2], sont produictes ou par la nature, ou par la fortune, ou par l'art : les plus grandes et plus belles, par l'une ou l'aultre des deux premieres; les moindres et imparfaictes, par la derniere.

Ces nations me semblent doncques ainsi barbares pour avoir receu fort peu de façon de l'esprit humain, et estre encores fort voisines de leur naïfveté originelle. Les loix naturelles leur commandent encore, fort peu abbastardies par les nostres; mais c'est en

[1] Le lierre pousse mieux sans culture; l'arbousier n'est jamais plus beau que dans les antres solitaires; le chant des oiseaux est plus doux sans le secours de l'art. PROPERCE, I, 2, 10 sq.

[2] *Lois*, X.

telle pureté, qu'il me prend quelquefois desplaisir de quoy la cognoissance n'en soit venue plus tost, du temps qu'il y avoit des hommes qui en eussent sceu mieulx iuger que nous : il me desplaist que Lycurgus et Platon ne l'ayent eue; car il me semble que ce que nous voyons par experience en ces nations là surpasse non seulement toutes les peinctures de quoy la poësie a embelly l'aage doré, et toutes ses inventions à feindre une heureuse condition d'hommes, mais encores la conception et le desir mesme de la philosophie : ils n'ont peu imaginer une naïfveté si pure et simple, comme nous la voyons par experience; ny n'ont peu croire que nostre societé se peust maintenir avecques si peu d'artifice et de soudeure humaine. C'est une nation, diroy ie à Platon, en laquelle il n'y a aulcune espece de trafique, nulle cognoissance de lettres, nulle science de nombres, nul nom de magistrat ny de superiorité politique, nul usage de service, de richesse ou de pauvreté, nuls contracts, nulles successions, nuls partages, nulles occupations qu'oysifves, nul respect de parenté que commun, nuls vestements, nulle agriculture, nul metal, nul usage de vin ou de bled; les paroles mesmes qui signifient le mensonge, la trahison, la dissimulation, l'avarice, l'envie, la detraction, le pardon, inouyes. Combien trouveroit il la republique qu'il a imaginee, esloingnee de cette perfection! *Viri a diis recentes* [1].

Hos natura modos primum dedit [2].

[1] Voilà des hommes qui sortent de là main des dieux. SÉNÈQUE, *Ép.* 90.

[2] Telles furent les premières lois de la nature. VIRG., *Géorg.*, II, 20.

Au demourant, ils vivent en une contree de païs tresplaisante et bien temperee : de façon qu'à ce que m'ont dict mes tesmoings, il est rare d'y veoir un homme malade ; et m'ont assuré n'en y avoir veu aulcun tremblant, chassieux, esdenté, ou courbé de vieillesse. Ils sont assis le long de la mer, et fermez du costé de la terre de grandes et haultes montaignes, ayants, entre deux, cent lieues ou environ d'estendue en large. Ils ont grande abondance de poisson et de chairs qui n'ont aulcune ressemblance aux nostres ; et les mangent sans aultre artifice que de les cuire. Le premier qui y mena un cheval, quoy qu'il les eust practiquez à plusieurs aultres voyages, leur feit tant d'horreur en cette assiette, qu'ils le tuerent à coups de traicts avant que le pouvoir recognoistre. Leurs bastiments sont fort longs, et capables de deux ou trois cents ames, estoffez d'escorce de grands arbres, tenants à terre par un bout, et se soustenants et appuyants l'un contre l'aultre par le faiste, à la mode d'aulcunes de nos granges, desquelles la couverture pend iusques à terre et sert de flancq. Ils ont du bois si dur qu'ils en coupent, et en font leurs espees et des grils à cuire leur viande. Leurs licts sont d'un tissu de cotton, suspendus contre le toict comme ceulx de nos navires, à chascun le sien : car les femmes couchent à part des maris. Ils se levent avec le soleil, et mangent soubdain aprez s'estre levez, pour toute la iournee : car ils ne font aultre repas que celuy là. Ils ne boivent pas lors, comme Suidas dict de quelques aultres peuples d'Orient, qui beuvoient hors du manger ; ils boivent à plusieurs fois sur iour, et d'autant.

Leur bruvage est faict de quelque racine, et est de la couleur de nos vins clairets; ils ne le boivent que tiede. Ce bruvage ne se conserve que deux ou trois iours; il a le goust un peu picquant, nullement fumeux, salutaire à l'estomach, et laxatif à ceulx qui ne l'ont accoustumé : c'est une boisson tresagreable à qui y est duict. Au lieu du pain, ils usent d'une certaine matiere blanche comme du coriandre confict : i'en ai tasté; le goust en est doulx et un peu fade. Toute la iournee se passe à dancer. Les plus ieunes vont à la chasse des bestes, à tout des arcs. Une partie des femmes s'amusent ce pendant à chauffer leur bruvage, qui est leur principal office. Il y a quelqu'un des vieillards qui, le matin, avant qu'ils se mettent à manger, presche en commun toute la grangee, en se promenant d'un bout à aultre, et redisant une mesme clause à plusieurs fois, iusques à ce qu'il ayt achevé le tour; car ce sont bastiments qui ont bien cent pas de longueur. Il ne leur recommende que deux choses, la vaillance contre les ennemys, et l'amitié à leurs femmes : et ne faillent iamais de remarquer cette obligation pour leur refrain, « que ce sont elles qui leur maintiennent leur boisson tiede et assaisonnée. » Il se veoid en plusieurs lieux, et entre aultres chez moy, la forme de leurs licts, de leurs cordons, de leurs espees, et brasselets de bois, de quoy ils couvrent leurs poignets aux combats, et des grandes cannes ouvertes par un bout, par le son desquelles ils soustiennent la cadence en leur dance. Ils sont raz partout, et se font le poil beaucoup plus nettement que nous, sans aultre rasoir que de bois ou de pierre. Ils croyent les ames eternelles; et celles qui ont bien merité des dieux, estre logees à l'endroict du ciel où le soleil se leve; les mauldites, du costé de l'occident.

Ils ont ie ne sçay quels presbtres et prophetes, qui se presentent bien rarement au peuple, ayants leur demeure aux montaignes. A leur arrivee, il se faict une grande feste et assemblee solennelle de plusieurs villages : chasque grange, comme ie l'ai descripte, faict un village, et sont environ à une lieue françoise l'une de l'aultre. Ce prophete parle à eulx en public, les exhortant à la vertu et à leur debvoir : mais toute leur science ethique ne contient que ces deux articles : de la resolution à la guerre, et affection à leurs femmes. Cettuy cy leur prognostique les choses à venir, et les evenements qu'ils doibvent esperer de leurs entreprinses; les achemine ou destourne de la guerre : mais c'est par tel si, que où il fault à bien deviner, et s'il leur advient aultrement qu'il ne leur a predict, il est hasché en mille pieces s'ils l'attrapent, et condamné pour faulx prophete. A cette cause, celui qui s'est une fois mesconté, on ne le veoid plus.

C'est don de Dieu que la divination : voilà pourquoy ce devroit estre une imposture punissable d'en abuser. Entre les Scythes, quand les devins avoient failly de rencontre, on les couchoit, enforgez de pieds et de mains, sur des charriotes pleines de bruyere, tirees par des bœufs, en quoy on les faisoit brusler [1]. Ceulx qui manient les choses subiectes à la conduicte de l'humaine suffisance sont excusables d'y faire ce qu'ils peuvent : mais ces aultres, qui nous viennent pipant

[1] HÉRODOTE, IV, 69.

des asseurances d'une faculté extraordinaire qui est hors de nostre cognoissance, fault il pas les punir de ce qu'ils ne maintiennent l'effect de leur promesse, et de la temerité de leur imposture ?

Ils ont leurs guerres contre les nations qui sont au delà de leurs montaignes, plus avant en la terre ferme, ausquelles ils vont touts nuds, n'ayants aultres armes que des arcs ou des espees de bois appointees par un bout, à la mode des langues de nos espieux. Cest chose esmerveillable que de la fermeté de leurs combats, qui ne finissent iamais que par meurtre et effusion de sang : car de routes et d'effroy, ils ne sçavent que c'est. Chascun rapporte pour son trophee la teste de l'ennemy qu'il a tué, et l'attache à l'entree de son logis. Aprez avoir longtemps bien traicté leurs prisonniers, et de toutes les commoditez dont ils se peuvent adviser, celuy qui en est le maistre faict une grande assemblee de ses cognoissants. Il attache une chorde à l'un des bras du prisonnier, par le bout de laquelle il le tient esloingné de quelques pas, de peur d'en estre offensé, et donne au plus cher de ses amis l'aultre bras à tenir de mesme; et eulx deux, en presence de toute l'assemblee, l'assomment à coups d'espee. Cela faict, ils le rostissent, et en mangent en commun, et en envoyent des loppins à ceulx de leurs amis qui sont absents. Ce n'est pas, comme on pense, pour s'en nourrir, ainsi que faisoient anciennement les Scythes; c'est pour representer une extreme vengeance : et qu'il soit ainsin, ayants apperceu que les Portugais, qui s'estoient r'alliez à leurs adversaires, usoient d'une aultre sorte de mort contre eulx, quand ils les prenoient, qui estoit de les enterrer iusques à la ceincture, et tirer au demourant du corps force coups de traicts, et les pendre aprez; ils penserent que ces gents icy de l'aultre monde (comme ceulx qui avoient semé la cognoissance de beaucoup de vices parmy leur voisinage, et qui estoient beaucoup plus grands maistres qu'eulx en toute sorte de malice), ne prenoient pas sans occasion cette sorte de vengeance, et qu'elle debvoit estre plus aigre que la leur; dont ils commencerent de quitter leur façon ancienne pour suyvre cette cy. Ie ne suis pas marry que nous remarqueons l'horreur barbaresque qu'il y a en une telle action; mais oui bien de quoy, iugeants à poinct de leurs faultes, nous soyons si aveuglez aux nostres. Ie pense qu'il y a plus de barbarie à manger un homme vivant, qu'à le manger mort; à deschirer par torments et par gehennes un corps plein de sentiment, le faire rostir par le menu, le faire mordre et meurtrir aux chiens et aux pourceaux (comme nous l'avons non seulement leu, mais veu de fresche memoire, non entre des ennemis anciens, mais entre des voisins et concitoyens, et qui pis est, soubs pretexte de pieté et de religion), que de le rostir et manger aprez qu'il est trespassé.

Chrysippus et Zenon, chefs de la secte stoïque, ont bien pensé qu'il n'y avoit aulcun mal de se servir de nostre charongne à quoy que ce feust pour nostre besoing, et d'en tirer de la nourriture[1]; comme nos ancestres, estants assiegez par Cesar en la ville d'Alexia, se resolurent de soustenir la faim de ce

[1] DIOGÈNE LAERCE, VII, 188. C.

siege par les corps des vieillards, des femmes et aultres personnes inutiles au combat.

> Vascones, ut fama est, alimentis talibus usi
> Produxere animas[1].

Et les medecins ne craignent pas de s'en servir à toute sorte d'usage pour nostre santé, soit pour l'appliquer au dedans ou au dehors. Mais il ne se trouva iamais aulcune opinion si desreglee qui excusast la trahison, la desloyauté, la tyrannie, la cruauté, qui sont nos faultes ordinaires. Nous les pouvons donc bien appeller barbares, eu esgard aux regles de la raison; mais non pas eu esgard à nous, qui les surpassons en toute sorte de barbarie. Leur guerre est toute noble et genereuse, et a autant d'excuse et de beauté que cette maladie humaine en peult recevoir: elle n'a aultre fondement parmy eulx, que la seule ialousie de la vertu. Ils ne sont pas en debat de la conqueste de nouvelles terres; car ils iouyssent encores de cette uberté naturelle qui les fournit, sans travail et sans peine, de toutes choses necessaires, en telle abondance, qu'ils n'ont que faire d'agrandir leurs limites. Ils sont encores en cet heureux poinct de ne desirer qu'autant que leurs necessitez naturelles leur ordonnent: tout ce qui est au delà est superflu pour eulx. Ils s'entr'appellent generalement, ceulx de mesme aage, freres; enfants, ceulx qui sont au dessoubs; et les vieillards sont peres à touts les aultres. Ceulx cy laissent à leurs heritiers en commun cette pleine possession de bien par indivis, sans

[1] On dit que les Gascons prolongèrent leur vie par de semblables aliments (*la chair humaine*). Juv., *Sat.*, XV, 93.

aultre tiltre que celuy tout pur que nature donne à ses creatures, les produisant au monde. Si leurs voisins passent les montaignes pour les venir assaillir, et qu'ils emportent la victoire sur eulx, l'acquest du victorieux c'est la gloire et l'advantage d'estre demouré maistre en valeur et en vertu, car aultrement ils n'ont que faire des biens des vaincus; et s'en retournent à leurs païs, où ils n'ont faulte d'aulcune chose necessaire, ny faulte encores de cette grande partie, de sçavoir heureusement iouyr de leur condition et s'en contenter. Autant en font ceulx cy à leur tour; ils ne demandent à leurs prisonniers aultre rançon que la confession et recognoissance d'estre vaincus : mais il ne s'en treuve pas un en tout un siecle qui n'ayme mieux la mort, que de relascher, ny par contenance ny de parole, un seul poinct d'une grandeur de courage invincible; il ne s'en veoid aulcun qui n'ayme mieulx estre tué et mangé que de requerir seulement de ne l'estre pas. Ils les traictent en toute liberté, à fin que la vie leur soit d'autant plus chere; et les entretiennent communeement des menaces de leur mort future, des torments qu'ils y auront à souffrir, des apprets qu'on dresse pour cet effect, du destrenchement de leurs membres, et du festin qui se fera à leurs despens. Tout cela se faict pour cette seule fin, d'arracher de leur bouche quelque parole molle ou rabaissee, ou de leur donner envie de s'enfuyr, pour gaigner cet advantage de les avoir espouvantez et d'avoir faict force à leur constance. Car aussi, à le bien prendre, c'est en ce seul poinct que consiste la vraye victoire :

Victoria nulla est,
Quam quæ confessos animo quoque subiugat hostes[1].

Les Hongres, tresbelliqueux combattants, ne poursuyvoient iadis leur poincte oultre ces termes, d'avoir rendu l'ennemy à leur mercy : car, en ayant arraché cette confession, ils le laissoient aller sans offense, sans rançon ; sauf, pour le plus, d'en tirer parole de ne s'armer dez lors en avant contre eulx. Assez d'advantages gaignons nous sur nos ennemis, qui sont advantages empruntez, non pas nostres : c'est la qualité d'un portefaix, non de la vertu, d'avoir les bras et les iambes plus roides ; c'est une qualité morte et corporelle, que la disposition ; c'est un coup de la fortune, de faire bruncher nostre ennemy, et de luy esblouyr les yeulx par la lumiere du soleil ; c'est un tour d'art et de science, et qui peult tumber en une personne lasche et de neant, d'estre suffisant à l'escrime. L'estimation et le prix d'un homme consiste au cœur et en la volonté : c'est là où gist son vray honneur. La vaillance, c'est la fermeté, non pas des iambes et des bras, mais du courage et de l'ame ; elle ne consiste pas en la valeur de nostre cheval, ny de nos armes, mais en la nostre. Celuy qui tumbe obstiné en son courage, *si succiderit, de genu pugnat* [2] ; qui, pour quelque danger de la mort voisine, ne relasche aulcun poinct de son asseurance ; qui regarde encores, en rendant l'ame, son

[1] Il n'y a de véritable victoire que celle qui force l'ennemi à s'avouer vaincu. CLAUDIEN, *De sexto consulatu Honorii*, v. 248.

[2] S'il tombe, il combat à genoux. SÉNÈQUE, *de Providentia*, c. 2.

ennemy d'une veue ferme et desdaigneuse, il est battu, non pas de nous, mais de la fortune[1]; il est tué, non pas vaincu : les plus vaillants sont par fois les plus infortunez. Aussi y a il des pertes triumphantes à l'envi des victoires. Ny ces quatre victoires sœurs, les plus belles que le soleil aye oncques veu de ses yeulx, de Salamine, de Platee, de Mycale, de Sicile, n'oserent oncques opposer toute leur gloire ensemble à la gloire de la desconfiture du roy Leonidas et des siens au pas des Thermopyles. Qui courut iamais d'une plus glorieuse envie et plus ambitieuse au gaing du combat, que le capitaine Ischolas à la perte[2]? qui plus ingenieusement et curieusement s'est asseuré de son salut, que luy de sa ruine? Il estoit commis à deffendre certain passage du Peloponnese contre les Arcadiens; pour quoy faire, se trouvant du tout incapable, veu la nature du lieu et inegalité des forces, et se resolvant que tout ce qui se presenteroit aux ennemis auroit de necessité à y demourer; d'aultre part, estimant indigne et de sa propre vertu et magnanimité, et du nom lacedemonien, de faillir à sa charge, il print entre ces deux extremités un moyen party, de telle sorte : les plus ieunes et dispos de sa troupe, il les conserva à la tuition et service de leur païs, et les y renvoya; et avecques ceulx desquels le default estoit moins important, il delibera de soustenir ce pas, et par leur mort en faire acheter aux ennemis l'entree la plus chere qu'il luy seroit possible, comme il adveint; car estant

1 Sénèque, *de Constantia sapientis*, c. 6.

2 Diodore de Sicile, XV, 64.

tantost environné de toutes parts par les Arcadiens, aprez en avoir faict une grande boucherie, luy et les siens feurent touts mis au fil de l'espee. Est il quelque trophee assigné pour les vainqueurs, qui ne soit mieulx deu à ces vaincus? Le vray vaincre a pour son roolle l'estour[1], non pas le salut; et consiste l'honneur de la vertu à combattre, non à battre.

Pour revenir à nostre histoire, il s'en fault tant que ces prisonniers se rendent pour tout ce qu'on leur faict, qu'au rebours, pendant ces deux ou trois mois qu'on les garde, ils portent une contenance gaye, ils pressent leurs maistres de se haster de les mettre en cette espreuve, ils les desfient, les iniurient, leur reprochent leur lascheté et le nombre des battailles perdues contre les leurs. I'ay une chanson faicte par un prisonnier, où il y a ce traict: « Qu'ils viennent hardiment trestouts, et s'assemblent pour disner de luy; car ils mangeront quant et quant leurs peres et leurs ayeulx qui ont servy d'aliment et de nourriture à son corps: ces muscles, dict il, cette chair et ces veines, ce sont les vostres, pauvres fols que vous estes; vous ne recognoissez pas que la substance des membres de vos ancestres s'y tient encores; savourez les bien, vous y trouverez le goust de vostre propre chair. » Invention qui ne sent aulcunement la barbarie. Ceulx qui les peignent mourants, et qui representent cette action quand on les assomme, ils peignent le prisonnier crachant au visage de ceulx qui le tuent, et leur faisant la moue. De vray, ils ne cessent iusques au dernier souspir de

[1] *La mêlée, le combat.*

les braver et desfier de parole et de contenance. Sans mentir, au prix de nous, voylà des hommes bien sauvages : car ou il faut qu'ils le soyent bien à bon escient, ou que nous le soyons ; il y a une merveilleuse distance entre leur forme et la nostre.

Les hommes y ont plusieurs femmes, et en ont d'autant plus grand nombre qu'ils sont en meilleure reputation de vaillance. C'est une beauté remarquable en leurs mariages, que la mesme ialousie que nos femmes ont pour nous empescher de l'amitié et bienveuillance d'aultres femmes, les leurs l'ont toute pareille pour la leur acquerir : estants plus soigneuses de l'honneur de leurs maris que de toute aultre chose, elles cherchent et mettent leur solicitude à avoir le plus de compaignes qu'elles peuvent, d'autant que c'est un tesmoignage de la vertu du mary. Les nostres crieront au miracle : ce ne l'est pas ; c'est une vertu proprement matrimoniale, mais du plus hault estage. Et en la Bible, Lia, Rachel, Sara, et les femmes de Iacob, fournirent leurs belles servantes à leurs maris : et Livia seconda les appetits d'Auguste[1], à son interest[2] : et la femme du roy Deiotarus, Stratonique, presta non seulement à l'usage de son mari une fort belle ieune fille de chambre qui la servoit, mais en nourrit soigneusement les enfants, et leur feit espaule à succeder aux estats de leur pere. Et à fin qu'on ne pense point que tout cecy se face par une simple et servile obligation à leur usance, et par l'impression de l'auctorité de leur ancienne cous-

[1] SUÉTONE, *August.*, c. 71.

[2] *Contre son intérêt.*

tume, sans discours et sans iugement, et pour avoir l'ame si stupide que de ne pouvoir prendre aultre party, il fault alleguer quelques traicts de leur suffisance. Oultre celuy que ie viens de reciter de l'une de leurs chansons guerrieres, i'en ay une aultre amoureuse, qui commence en ce sens : « Couleuvre, arreste toy; arreste toy, couleuvre, à fin que ma sœur tire sur le patron de ta peincture la façon et l'ouvrage d'un riche cordon que ie puisse donner à ma mie : ainsi soit en tout temps ta beauté et ta disposition preferee à touts les aultres serpents. » Ce premier couplet, c'est le refrain de la chanson. Or, i'ay assez de commerce avec la poësie pour iuger cecy, que non seulement il n'y a rien de barbarie en cette imagination, mais qu'elle est tout à faict anacreontique. Leur langage, au demourant, c'est un langage doulx, et qui a le son agreable, retirant aux terminaisons grecques.

Trois d'entre eulx, ignorants combien coustera un iour à leur repos et à leur bonheur la cognoissance des corruptions de deçà, et que de ce commerce naistra leur ruine, comme ie presuppose qu'elle soit desia avancee (bien miserables de s'estre laissez piper au desir de la nouvelleté, et avoir quitté la doulceur de leur ciel pour venir veoir le nostre !), feurent à Rouan du temps que le feu roy Charles neufviesme y estoit. Le roy parla à eulx longtemps. On leur feit veoir nostre façon, nostre pompe, la forme d'une belle ville. Aprez cela, quelqu'un en demanda leur advis, et voulut sçavoir d'eulx ce qu'ils y avoient trouvé de plus admirable : ils respondirent trois choses, dont i'ay perdu la troisieme, et en suis bien marry; mais i'en ay encores deux en memoire. Ils dirent qu'ils trouvoient en premier lieu fort estrange que tant de grands hommes portants barbe, forts et armez, qui estoient autour du roy (il est vraysemblable qu'ils parloient des Souisses de sa garde), se soubmissent à obeïr à un enfant, et qu'on ne choisissoit plustost quelqu'un d'entre eulx pour commander. Secondement (ils ont une façon de langage telle, qu'ils nomment les hommes moitié les uns des aultres), qu'ils avoient apperceu qu'il y avoit parmy nous des hommes pleins et gorgez de toutes sortes de commoditez, et que leurs moitiez estoient mendiants à leurs portes, descharnez de faim et de pauvreté; et trouvoient estrange comme ces moitiez icy necessiteuses pouvoient souffrir une telle iniustice, qu'ils ne prinssent les aultres à la gorge, ou meissent le feu à leurs maisons.

Ie parlay à l'un d'eux fort longtemps; mais i'avois un truchement qui me suyvoit si mal et qui estoit si empesché à recevoir mes imaginations, par sa bestise, que ie n'en peus tirer rien qui vaille. Sur ce que ie luy demanday quel fruict il recevoit de la superiorité qu'il avoit parmy les siens (car c'estoit un capitaine, et nos matelots le nommoient roy), il me dict que c'estoit « Marcher le premier à la guerre : » De combien d'hommes il estoit suyvi? il me montra une espace de lieu, pour signifier que c'estoit autant qu'il en pourroit en une telle espace ; ce pouvoit estre quatre ou cinq mille hommes : Si hors la guerre toute son auctorité estoit expiree? il dict : « Qu'il luy en restoit cela, que, quand il visitoit les villages qui despendoient de luy, on luy dressoit des sentiers au travers des hayes de leurs bois, par où il peust passer bien à l'ayse. » Tout cela ne va pas trop mal : mais quoy ! ils ne portent point de hault de chausses.

CHAPITRE XXXI.

QU'IL FAULT SOBREMENT SE MESLER DE IUGER DES ORDONNANCES DIVINES.

Le vray champ et subiect de l'imposture sont les choses incogneues : d'autant que, en premier lieu, l'estrangeté mesme donne credit; et puis, n'estants point subiectes à nos discours ordinaires, elles nous ostent le moyen de les combattre. A cette cause, dict Platon [1], est il bien plus aysé de satisfaire, parlant de la nature des dieux, que de la nature des hommes, parce que l'ignorance des auditeurs preste une belle et large carrière, et toute liberté au maniement d'une matiere cachee. Il advient de là qu'il n'est rien creu si fermement que ce qu'on sçait le moins; ny gents si asseurez que ceulx qui nous contènt des fables, comme alchymistes, prognosticqueurs, iudiciaires, chiromantiens, medecins [2], *id genus omne* [3] : ausquels ie ioindrois volontiers, si i'osois,

[1] Dans le dialogue intitulé *Critias*.

[2] En se reportant au siècle de Montaigne, on comprend qu'il ait rangé les médecins parmi les charlatans. C'est qu'en effet ils procédaient exactement comme eux, par l'empirisme, et ce n'est que du moment où la médecine est devenue une science expérimentale, qu'elle a cessé d'être attaquée par les esprits sérieux. Cette remarque s'applique également à Molière.

[3] Et tous les gens de cette espèce. HOR., *Sat.*, I, 2, 2.

un tas de gents, interpretes et contreroolleurs ordinaires des desseings de Dieu, faisants estat de trouver les causes de chasque accident, et de veoir dans les secrets de la volonté divine les motifs incomprehensibles de ses œuvres; et, quoyque la varieté et discordance continuelle des evenements les reiecte de coing en coing, et d'orient en occident, ils ne laissent de suyvre pourtant leur esteuf [1], et de mesme creon peindre le blanc et le noir.

En une nation indienne, il y a cette louable observance : quand il leur mesadvient en quelque rencontre ou battaille, ils en demandent publicquement pardon au soleil, qui est leur dieu, comme d'une action iniuste; rapportants leur heur ou malheur à la raison divine, et luy soubmettants leur iugement et discours. Suffit à un chrestien croire toutes choses venir de Dieu, les recevoir avecques recognoissance de sa divine et inscrutable sapience; pourtant les prendre en bonne part, en quelque visage qu'elles luy soyent envoyees. Mais ie treuve mauvais, ce que ie veois en usage, de chercher à fermir et appuyer nostre religion par la prosperité de nos entreprinses. Nostre creance a assez d'aultres fondements, sans l'auctoriser par les evenements; car le peuple accoustumé à ces arguments plausibles et proprement de son goust, il est dangier, quand les evenements viennent à leur tour contraires et desadvantageux, qu'il en esbranle sa foy : comme aux guerres où nous sommes pour la religion, ceux qui eurent l'advan-

[1] Au propre, *leur balle;* au figuré, *leur jeu.* E. JOHANNEAU.

tage à la rencontre de la Rochelabeille[1], faisants grand'feste de cet accident, et se servants de cette fortune pour certaine approbation de leur party; quand ils viennent aprez à excuser leurs desfortunes de Montcontour et de Iarnac[2], sur ce que ce sont verges et chastiments paternels, s'ils n'ont un peuple du tout à leur mercy, ils luy font assez ayseement sentir que c'est prendre d'un sac deux moultures, et de mesme bouche souffler le chauld et le froid. Il vauldroit mieulx l'entretenir des vrays fondements de la verité. C'est une belle battaille navale qui s'est gaignée ces mois passez[3] contre les Turcs, soubs la conduicte de dom Ioan d'Austria : mais il a bien pleu à Dieu en faire aultresfois veoir d'aultres telles, à nos despens. Somme, il est malaysé de ramener les choses divines à nostre balance, qu'elles n'y souffrent du deschet. Et qui vouldroit rendre raison de ce que Arius, et Leon son pape, chefs principaulx de cette heresie, moururent en divers temps de morts si pareilles et si estranges (car retirez de la dispute, par douleur de ventre, à la garde-robe, touts deux y rendirent subitement l'ame), et exaggerer cette vengeance divine par la circonstance du lieu, y pourroit bien encores adiouster la mort de Heliogabalus, qui feust aussi tué en un retraict[4] : mais quoy ! Irenee se treuve engagé en mesme fortune. Dieu nous

[1] Grande escarmouche entre les troupes de l'amiral de Coligny et celles du duc d'Anjou, au mois de mai 1569. Coste.

[2] Ces deux batailles ont été gagnées par le duc d'Anjou, en 1569, Jarnac, en mars, Montcontour en octobre.

[3] La bataille de Lépante, le 7 octobre 1571.

[4] Dans des latrines.

voulant apprendre que les bons ont aultre chose à esperer, et les mauvais aultre chose à craindre, que les fortunes ou infortunes de ce monde, il les manie et applique selon sa disposition occulte, et nous oste le moyen d'en faire sottement nostre proufit. Et se mocquent ceulx qui s'en veulent prevaloir selon l'humaine raison : ils n'en donnent iamais une touche, qu'ils n'en reçoivent deux. Sainct Augustin en faict une belle preuve sur ses adversaires. C'est un conflict qui se decide par les armes de la memoire, plus que par celles de la raison. Il se fault contenter de la lumiere qu'il plaist au soleil nous communiquer par ses rayons ; et qui eslevera ses yeulx pour en prendre une plus grande dans son corps mesme, qu'il ne treuve pas estrange, si, pour la peine de son oultrecuidance, il y perd la vue[1]. *Quis hominum potest scire consilium Dei? aut quis poterit cogitare quid velit Dominus*[2]?

« y a du Montaigne en chacun de nous. Tout goût, toute humeur et passion, toute diversion, amusement et fantaisie, où le christianisme n'a aucune part, et où il est comme non avenu, où il est, non pas nié, non pas insulté, mais ignoré par une sorte d'oubli facile et qui veut se croire innocent, tout état pareil en nous, qu'est-ce autre chose que du Montaigne? Cet aveu qu'à tout moment on fait de la nature jusque sous la loi dite de *grâce*, cette nudité inconsidérée où l'on retombe par son âme naturelle et comme si elle n'avait jamais été régénérée, cette véritable *Otaïti* de notre âme, pour l'appeler par son nom, voilà proprement le domaine de Montaigne et tout son livre. Ne nous étonnons pas que Pascal ait eu tant de peine à se débarrasser de lui, Montaigne étant encore moins la philosophie que la nature : c'est le *moi*. Ce n'est la philosophie, en un sens, que parce qu'on a déjà chez lui la nature toute pure, qui se décrit et se raconte. » SAINTE BEUVE.

² Quel homme peut connaître les desseins de Dieu, ou imaginer ce que veut le Seigneur? *Sapient.*, IX, 13.

CHAPITRE XXXII.

DE FUIR LES VOLUPTEZ, AU PRIX DE LA VIE.

I'avois bien veu convenir en cecy la pluspart des anciennes opinions : Qu'il est heure de mourir lors qu'il y a plus de mal que de bien à vivre, et que de conserver nostre vie à nostre torment et incommodité, c'est chocquer les regles mesmes de nature, comme disent ces vieux enseignements :

Η ζῆν ἀλύπως, ἢ θανεῖν εὐδαιμόνως.
Καλὸν τὸ θνήσκεν οἷς ὕβριν τὸ ζῆν φέρει.
Κρεῖσσον τὸ μὴ ζῆν ἐστὶν, ἢ ζῆν ἀθλίως [1].

Mais de poulser le mespris de la mort iusques à tel degré, que de l'employer pour se distraire des honneurs, richesses, grandeurs et aultres faveurs et biens que nous appellons de la fortune, comme si la raison n'avoit pas assez à faire à nous persuader de les abandonner, sans y adiouter cette nouvelle recharge, ie ne l'avois vu ny commander ny practiquer, iusques lors que ce passage de Seneca [2] me tumba entre mains, auquel conseillant à Lucilius, personnage puissant et de grande auctorité autour de l'empereur, de changer cette vie voluptueuse et pompeuse, et de se retirer de cette ambition du monde à quel-

[1] Ou une vie tranquille, ou une vie heureuse.
Il est beau de mourir lorsque la vie est un opprobre.
Il vaut mieux cesser de vivre que de vivre dans le malheur. — On trouve dans Stobée, *Serm.* 20, des sentences toutes semblables à ces trois-là. Coste.

[2] *Epist.* 22.

que vie solitaire, tranquille et philosophique: sur quoy Lucilius alleguoit quelques difficultez : « Ie suis d'avis, dict il, que tu quittes cette vie là, ou la vie tout à faict : bien te conseille ie de suyvre la plus doulce voye, et de destacher plustost que de rompre ce que tu as mal noué ; pourveu que, s'il ne se peult aultrement destacher, tu le rompes : il n'y a homme si couard qui n'ayme mieulx tumber une fois, que de demourer tousiours en bransle. » I'eusse trouvé ce conseil sortable à la rudesse stoïcque ; mais il est plus estrange qu'il soit emprunté d'Epicurus, qui escript à ce propos choses toutes pareilles à Idomeneus. Si est ce que ie pense avoir remarqué quelque traict semblable parmy nos gents, mais avec la moderation chrestienne.

Sainct Hilaire, evesque de Poictiers, ce fameux ennemy de l'heresie arienne, estant en Syrie, feut adverty qu'Abra, sa fille unique, qu'il avoit par deçà avecques sa mere, estoit poursuyvie en mariage par les plus apparents seigneurs du païs, comme fille tresbien nourrie, belle, riche, et en la fleur de son aage : il luy escrivit (comme nous veoyons) qu'elle ostast son affection de touts ces plaisirs et advantages qu'on luy presentoit; qu'il luy avoit trouvé en son voyage un party bien plus grand et plus digne, d'un mary de bien aultre pouvoir et magnificence, qui luy feroit présent de robes et de ioyaux de prix inestimable. Son desseing estoit de luy faire perdre l'appetit et l'usage des plaisirs mondains, pour la ioindre toute à Dieu; mais à cela le plus court et le plus certain moyen luy semblant estre la mort de sa fille, il ne cessa par vœux, prieres et oraisons, de faire requeste à Dieu de l'oster de ce monde, et de l'appeler à soy, comme il adveint; car bientost aprez son retour elle luy mourut, de quoy il montra une singuliere ioye. Cettuy cy semble encherir sur les aultres, de ce qu'il s'adresse à ce moyen de prime face, lequel ils ne prennent que subsidiairement; et puis, que c'est à l'endroit de sa fille unique. Mais ie ne veulx obmettre le bout de cette histoire, encores qu'il ne soit pas de mon propos. La femme de sainct Hilaire, ayant entendu par luy comme la mort de leur fille s'estoit conduicte par son desseing et volonté, et combien elle avoit plus d'heur d'estre deslogee de ce monde que d'y estre, print une si vifve apprehension de la beatitude eternelle et celeste, qu'elle solicita son mary avecques extreme instance d'en faire autant pour elle. Et Dieu, à leurs prieres communes, l'ayant retiree à soy bientost aprez, ce feut une mort embrassee avecques singulier contentement commun.

CHAPITRE XXXIII.

LA FORTUNE[1] SE RENCONTRE SOUVENT AU TRAIN DE LA RAISON.

L'inconstance du bransle divers de la fortune faict qu'elle nous doibve presenter toute espece de visages.

[1] Ce mot de *fortune*, employé souvent par Montaigne, et dans des passages même où il aurait pu se servir de celui de *providence*, fut censuré par les docteurs qui examinèrent les *Essais*, pendant son séjour à Rome, en 1581. (*Voyages*, t. II, p. 35 et 76.) V. Leclerc.

Y a il action de iustice plus expresse que celle cy? le duc de Valentinois, ayant resolu d'empoisonner Adrian, cardinal de Cornete, chez qui le pape Alexandre sixiesme son pere et luy alloyent souper au Vatican, envoya devant quelque bouteille de vin empoisonné, et commanda au sommelier qu'il la gardast bien soigneusement : le pape y estant arrivé avant le fils, et ayant demandé à boire, ce sommelier, qui pensoit ce vin ne luy avoir esté recommendé que pour sa bonté, en servit au pape; et le duc mesme y arrivant sur le poinct de la collation, et se fiant qu'on n'auroit pas touché à sa bouteille, en print à son tour : en maniere que le pere en mourut soubdain; et le fils, aprez avoir esté longuement tormenté de maladie, feut reservé à un'aultre pire fortune.

Quelquesfois il semble à poinct nommé qu'elle se ioue à nous : Le seigneur d'Estree, lors guidon de monsieur de Vandosme, et le seigneur de Licques, lieutenant de la compaignie du duc d'Ascot, estants touts deux serviteurs de la sœur du sieur de Foungueselles[1], quoyque de divers partis (comme il advient aux voisins de la frontiere), le sieur de Licques l'emporta : mais le mesme iour des nopces, et qui pis est, avant le coucher, le marié, ayant envie de rompre un bois en faveur de sa nouvelle espouse, sortit à l'escarmouche prez de S. Omer, où le sieur d'Estree se trouvant le plus fort le feit son prisonnier : et pour faire valoir son advantage, encores fallust il que la damoiselle,

[1] Ou plutôt *Fouquerolles*. MARTIN DU BELLAY, *Mémoires*, liv. II, fol. 86 et 87. COSTE.

Coniugis ante coacta novi dimittere collum,
Quam veniens una atque altera rursus hyems
Noctibus in longis avidum saturasset amorem [1].

luy feist elle mesme requeste par courtoisie de luy rendre son prisonnier, comme il feit, la noblesse françoise ne refusant iamais rien aux dames.

Semble il pas que ce soit un sort artiste? Constantin, fils de Helene, fonda l'empire de Constantinople; et tant de siecles aprez, Constantin, fils de Helene, le finit. Quelquesfois il luy plaist envier sur nos miracles : nous tenons que le roy Clovis assiegeant Angoulesme, les murailles cheurent d'elles mesmes par faveur divine : et Bouchet emprunte de quelqu'aucteur, que le roy Robert assiegeant une ville, et s'estant desrobé du siege pour aller à Orleans solenniser la feste sainct Aignan, comme il estoit en devotion sur certain poinct de la messe, les murailles de la ville assiegee s'en allerent sans aulcun effort en ruine. Elle feit tout à contrepoil en nos guerres de Milan : car le capitaine Rense assiegeant pour nous la ville d'Eronne[2], et ayant faict mettre la mine soubs un grand pan de mur, et le mur en estant brusquement enlevé hors de terre, recheut toutesfois tout empenné[3] si droict dans son fondement, que les assiegez n'en vaulsirent pas moins.

[1] Contrainte de ne plus enlacer dans ses bras son nouvel époux, avant que deux hivers, en se succédant, aient, pendant de longues nuits, rassasié son amour avide. CATULLE, LXVIII, 81.

[2] *Mémoires* de MARTIN DU BELLAY, liv. II, fol. 86, où cette ville est nommée *Arone, sur le lac Majeur*. COSTE.

[3] Tout d'une pièce, comme une *flèche empennée* qui tomberoit perpendiculairement dans l'endroit d'où elle aurait été lancée vers le ciel. COSTE.

Quelquesfois elle faict la medecine : Iason Phereus[1], estant abandonné des medecins pour une aposteme qu'il avoit dans la poictrine, ayant envie de s'en desfaire, au moins par la mort, se iecta dans une bataille à corps perdu dans la presse des ennemis, où il feut blecé à travers le corps si à poinct, que son aposteme en creva, et guarit. Surpassa elle pas le peintre Protogenes en la science de son art? cettuy cy[2] ayant parfaict l'image d'un chien las et recreu, à son contentement en toutes les aultres parties, mais ne pouvant representer à son gré l'escume et la bave, despité contre sa besongne, print son esponge, et, comme elle estoit abruvee de diverses peinctures, la iecta contre, pour tout effacer : la fortune porta tout à propos le coup à l'endroict de la bouche du chien, et y parfournit ce à quoy l'art n'avoit pu atteindre. N'adresse elle pas quelquesfois nos conseils et les corrige? Isabelle, royne d'Angleterre, ayant à repasser de Zelande en son royaume[3], avecques une armee, en faveur de son fils contre son mary, estoit perdue, si elle feust arrivee au port qu'elle avoit proiecté, y estant attendue par ses ennemis : mais la fortune la iecta contre son vouloir ailleurs, où elle print terre en toute seureté. Et cet ancien qui, ruant la pierre à un chien, en assena et tua sa marastre, eust il pas raison de prononcer ce vers,

> Ταυτόματον ἡμῶν καλλίω βουλεύεται.
> La fortune a meilleur advis que nous?

[1] Ou mieux, de *Phères*, en Thessalie. PLINE, *Nat. Hist.*, VII, 50. V. LECLERC.

[2] PLINE, *Nat. Hist.*, XXXV, 10.

[3] En 1326.

Icetes[1] avoit practiqué deux soldats pour tuer Timoleon, seiournant à Adrane en la Sicile. Ils prinrent heure sur le poinct qu'il feroit quelque sacrifice; et se meslants parmy la multitude, comme ils se guignoyent[2] l'un l'aultre que l'occasion estoit propre à leur besongne, voicy un tiers qui d'un grand coup d'espee en assene l'un par la teste, et le rue mort par terre, et s'enfuit. Le compaignon se tenant pour descouvert et perdu, recourut à l'autel, requerant franchise, avecques promesse de dire toute la verité. Ainsi qu'il faisoit le conte de la coniuration, voicy le tiers qui avoit esté attrapé, lequel, comme meurtrier, le peuple poulse et saboule[3] au travers la presse, vers Timoleon et les plus apparents de l'assemblee. Là il crie mercy, et dict avoir iustement tué l'assassin de son pere; verifiant sur le champ, par des tesmoings que son bon sort luy fournit tout à propos, qu'en la ville des Leontins son pere, de vray, avoit esté tué par celui sur lequel il s'estoit vengé. On luy ordonna dix mines attiques, pour avoir eu cette heur, prenant raison de la mort de son pere, d'avoir retiré de mort le pere commun des Siciliens. Cette fortune surpasse en reglement les regles de l'humaine prudence.

Pour la fin, en ce faict icy se descouvre il pas une bien expresse application de sa faveur, de bonté et pieté singuliere? Ignatius pere et fils, proscripts par les triumvirs à Rome, se resolurent à ce genereux

[1] Sicilien, né à Syracuse, qui voulait opprimer la liberté de sa patrie, dont Timoléon était le défenseur. PLUTARQUE, *Vie de Timoléon*, c. 7. COSTE.

[2] *Comme ils se faisaient signe l'un à l'autre.*

[3] *Foule aux pieds.*

office de rendre leurs vies entre les mains l'un de l'aultre, et en frustrer la cruauté des tyrans; ils se coururent sus, l'espee au poing : elle en dressa les poinctes, et en feit deux coups egualement mortels; et donna à l'honneur d'une si belle amitié, qu'ils eussent iustement la force de retirer encores des playes leurs bras sanglants et armés, pour s'entr'embrasser en cet estat d'une si forte estreinte, que les bourreaux couperent ensemble leurs deux testes, laissants les corps tousiours prins en ce noble nœud, et les playes ioinctes, humants amoureusement le sang et les restes de la vie l'une de l'aultre.

CHAPITRE XXXIV.

D'UN DEFAULT DE NOS POLICES.

Feu mon pere, homme, pour n'estre aydé que de l'experience et du naturel, d'un iugement bien net, m'a dict aultrefois qu'il avoit desiré mettre en train qu'il y eust ez villes certain lieu designé, auquel ceulx qui auroient besoing de quelque chose se peussent rendre, et faire enregistrer leur affaire à un officier estably pour cet effect : comme, « Ie cherche à vendre des perles ; Ie cherche des perles à vendre ; Tel veult compaignie pour aller à Paris ; Tel s'enquiert d'un serviteur de telle qualité ; Tel d'un maistre ; Tel demande un ouvrier ; qui cecy, qui cela, chascun selon son besoing. » Et semble que ce moyen de nous entr'advertir apporteroit non legiere commodité au commerce publicque; car à touts coups il y a des conditions qui s'entrecherchent, et, pour ne s'entr'entendre, laissent les hommes en extreme necessité.

I'entends, avecques une grande honte de nostre siecle, qu'à nostre veue deux tresexcellents personnages en sçavoir sont morts en estat de n'avoir pas leur saoul à manger, Lilius Gregorius Giraldus [1] en Italie, et Sebastianus Castalio [1] en Allemaigne; et crois qu'il y a mille hommes qui les eussent appelez avecques tresadvantageuses conditions, ou secourus où ils estoient, s'ils l'eussent sceu. Le monde n'est pas si generalement corrompu, que ie ne sçache tel homme qui souhaitteroit, de bien grande affection, que les moyens que les siens luy ont mis en main se peussent employer, tant qu'il plaira à la fortune qu'il en iouisse, à mettre à l'abri de la necessité les personnages rares et remarquables en quelque espece de valeur, que le malheur combat quelquesfois iusques à l'extremité; et qui les mettroit pour le moins en tel estat, qu'il ne tiendroit qu'à faulte de bon discours, s'ils n'estoient contents.

En la police œconomique, mon pere avoit cet ordre, que ie sçais louer, mais nullement ensuyvre : c'est qu'oultre le registre des negoces du mesnage

[1] Giglio Gregorio Giraldi, né à Ferrare, en 1489, y mourut en 1552. Ses ouvrages, dont les principaux sont *l'Histoire des Dieux* et les dialogues *sur les Poëtes*, ont été recueillis par Jensius, dans la belle édition de Leyde, 2 vol. in-fol., 1696. V. LECLERC.

[2] Sébastien Chasteillon, Dauphinois, né en 1515, mort en 1563. Il est connu surtout par sa version latine de la Bible, où il affecte de ne parler que la langue cicéronienne. ID.

où se logent les menus comptes, payements, marchés qui ne requierent la main du notaire, lequel registre un receveur a en charge; il ordonnoit à celuy de ses gents qui luy servoit à escrire, un papier iournal à inserer toutes les survenances de quelque remarque, et, iour par iour, les memoires de l'histoire de sa maison; tresplaisante à veoir quand le temps commence à en effacer la souvenance, et trez à propos pour nous oster souvent de peine : « Quand feut entamee telle besongne, quand achevee; Quels trains y ont passé, combien arresté; Nos voyages, nos absences, mariages, morts; La reception des heureuses ou malencontreuses nouvelles; Changement des serviteurs principaulx; telles matieres. » Usage ancien, que ie treuve bon à refreschir, chascun en sa chascuniere : et me treuve un sot d'y avoir failly.

CHAPITRE XXXV.

DE L'USAGE DE SE VESTIR.

Ou que ie veuille donner, il me fault forcer quelque barriere de la coustume : tant elle a soigneusement bridé toutes nos advenues! Ie devisois, en cette saison frilleuse, si la façon d'aller tout nud, de ces nations dernierement trouvees, est une façon forcee par la chaulde temperature de l'air, comme nous disons des Indiens et des Mores, ou si c'est l'originelle des hommes. Les gents d'entendement, d'autant que tout ce qui est soubs le ciel, comme dict la saincte parole, est subiect à mesmes loix, ont accoustumé en pareilles considerations à celles icy, où il fault distinguer les loix naturelles, des controuvees, de recourir à la generale police du monde, où il n'y peult avoir rien de contrefaict. Or, tout estant exactement fourny ailleurs de filet et d'aiguille, pour maintenir son estre, il est mescreable que nous soyons seuls produicts en estat defectueux et indigent, et en estat qui ne se puisse maintenir sans secours estrangier. Ainsi ie tiens que, comme les plantes, arbres, animaulx, et tout ce qui vit, se treuve naturellement equippé de suffisante couverture pour se deffendre de l'iniure du temps,

> Propterea que fere res omnes aut corio sunt,
> Aut seta, aut conchis, aut callo, aut cortice, tectæ[1],

aussi estions nous : mais, comme ceulx qui esteignent par artificielle lumiere celle du iour, nous avons esteinct nos propres moyens par les moyens empruntez. Et est aysé à veoir que c'est la coustume qui nous faict impossible ce qui ne l'est pas : car de ces nations qui n'ont aulcune cognoissance de vestements, il s'en treuve d'assises environ soubs mesme ciel que le nostre, et soubs bien plus rude ciel que le nostre ; et puis, la plus delicate partie de nous est celle qui se tient tousiours descouverte, les yeulx, la bouche, le nez, les aureilles ; à nos contadins[2], comme à nos ayeulx, la partie pectorale et le ventre. Si nous feussions nays avecques condition de cotil-

[1] Et que, pour cette raison, presque tous les êtres sont couverts ou de cuir, ou de poil, ou de coquilles, ou d'écorce, ou de callosités. LUCRÈCE, IV, 936.

[2] *Paysans.*

lons et de greguesques, il ne fault faire doubte que nature n'eust armé d'une peau plus espesse ce qu'elle eust abandonné à la batterie des saisons, comme elle a faict le bout des doigts et plante des pieds. Pourquoy semble il difficile à croire? en ma façon d'estre vestu, et celle d'un païsan de mon païs, ie treuve bien plus de distance, qu'il n'y a de sa façon à celle d'un homme qui n'est vestu que de sa peau. Combien d'hommes, et en Turquie surtout, vont nuds par devotion! Ie ne sçais qui demandoit à un de nos gueux, qu'il voyoit en chemise en plein hyver, aussi scarbillat[1] que tel qui se tient emmitonné dans les martes iusques aux aureilles, comme il pouvoit avoir patience. « Et vous, monsieur, respondict il, vous « avez bien la face descouverte : or moy, ie suis tout « face. » Les Italiens content du fol du duc de Florence, ce me semble, que son maistre s'enquerant comment ainsi mal vestu il pouvoit porter le froid, à quoy il estoit bien empesché luy mesme : « Suyvez, « dict il, ma recepte de charger sur vous touts vos « accoustrements, comme ie foys les miens, vous « n'en souffrirez non plus que moy. » Le roy Massinissa[2], iusques à l'extreme vieillesse, ne peut estre induict à aller la teste couverte, par froid, orage et pluye qu'il feist ; ce qu'on dict aussi de l'empereur Severus. Aux battailles donnees entre les Aegyptiens et les Perses, Herodote[3] dict avoir esté remarqué, et

[1] Ou *escarbillat*, c'est-à-dire *éveillé, gai, de bonne humeur.* COSTE.

[2] CIC., *de Senectute*, c. 10.

[3] Liv. III, c. 12.

par d'aultres et par luy, que de ceulx qui y demeuroient morts, le test estoit sans comparaison plus dur aux Aegyptiens qu'aux Persiens; à raison que ceulx icy portent leurs testes tousiours couvertes de beguins et puis de turbans; ceuly là, razes dez l'enfance et descouvertes. Et le roy Agesilaus observa iusques à sa decrepitude de porter pareille vesture en hyver qu'en esté [1]. Cesar, dict Suetone [2], marchoit tousiours devant sa troupe, et le plus souvent à pied, la teste descouverte, soit qu'il feist soleil ou qu'il pleust; et autant en dict on de Hannibal,

Tum vertice nudo
Excipere insanos imbres, cœlique ruinam [3].

Un Venitien, qui s'y est tenu longtemps, et qui ne faict que d'en venir, escrit qu'au royaume du Pegu, les aultres parties du corps vestues, les hommes et les femmes vont tousiours les pieds nus, mesme à cheval. Et Platon conseille merveilleusement, pour la santé de tout le corps, de ne donner aux pieds et à la teste aultre couverture que celle que nature y a mise. Celuy que les Polonnois ont choisi pour leur roy [4] aprez le nostre, qui est à la verité l'un des plus grands princes de nostre siecle, ne porte iamais gants, ny ne change, pour hyver et temps qu'il face,

[1] Plutarque, *Vie d'Agésilas.*

[2] *Vie de César*, c. 58.

[3] La tête nue, il restait exposé à des pluies tellement affreuses, qu'on eût dit que le ciel allait tomber. Silius Italicus, I, 250.

[4] Étienne Bathory. Et c'est à lui, et non pas à Henri III, qu'il faut rapporter ces paroles, *qui est à la vérité l'un des plus grands princes de nostre siècle.* Coste.

le mesme bonnet qu'il porte au couvert. Comme ie ne puis souffrir d'aller desboutonné et destaché, les laboureurs de mon voisinage se sentiroient entravez de l'estre. Varro[1] tient que quand on ordonna que nous teinssions la teste descouverte en presence des dieux ou du magistrat, on le feit plus pour nostre santé et nous fermir contre les iniures du temps, que pour compte de la reverence. Et puisque nous sommes sur le froid, et François accoustumez à nous bigarrer (non pas moy, car ie ne m'habille gueres que de noir ou de blanc, à l'imitation de mon pere), adioustons d'une aultre piece, que le capitaine Martin du Bellay recite, au voyage de Luxembourg, avoir veu les gelees si aspres[2] que le vin de la munition se coupoit à coups de hache et de congnee, se debitoit aux soldats par poids, et qu'ils l'emportoient dans des paniers : et Ovide,

> Nudaque consistunt, formam servantia testæ,
> Vina; nec hausta meri, sed data frusta, bibunt[3].

Les gelees sont si aspres en l'emboucheure des Palus Maeotides, qu'en la mesme place où le lieutenant de Mithridates avoit livré battaille aux ennemis à pied sec et les y avoit desfaicts, l'esté venu il y gaigna contre eulx encores une battaille navale. Les Romains souffrirent grand desadvantage, au combat qu'ils

[1] PLINE, *Nat. Hist.*, XXVIII, 6.

[2] En 1543. *Mémoires* de MARTIN DU BELLAY, liv. X, fol. 478. COSTE.

[3] Le vin se durcit, et hors du vase qui le contenait, il en garde la forme. On ne le boit pas puisé, mais distribué par morceaux. OVID., *Trist.*, III, 10, 23.

eurent contre les Carthaginois prez de Plaisance, de ce qu'ils allerent à la charge, le sang figé et les membres contraincts de froid : là où Hannibal avoit faict espandre du feu par tout son ost pour eschauffer ses soldats, et distribuer de l'huyle par les bandes, à fin que s'oignants ils rendissent leurs nerfs plus souples et desgourdis, et encroustassent les pores contre les coups de l'air et du vent gelé qui tiroit lors [1].

La retraicte des Grecs, de Babylone en leurs païs, est fameuse des difficultez et mesayses qu'ils eurent à surmonter : cette cy en feut, qu'accueillis aux montaignes d'Armenie d'un horrible ravage de neiges, ils en perdirent la cognoissance du païs et des chemins ; et, en estants assiegés tout court, feurent un iour et une nuict sans boire et sans manger, la pluspart de leurs bestes mortes, d'entre eulx plusieurs morts, plusieurs aveugles du coup du gresil et lueur de la neige, plusieurs stropiés par les extremitez, plusieurs roides, transis et immobiles de froid, ayants encores le sens entier [2].

Alexandre veid une nation en laquelle on enterre les arbres fruictiers en hyver, pour les deffendre de la gelee [3] ; et nous en pouvons aussi veoir.

Sur le subiect de vestir, le roy de la Mexique changeoit quatre fois par iour d'accoustrements, iamais ne les reïteroit, employant sa desferre [4] à ses continuelles liberalitez et recompenses ; comme aussi

[1] Tite-Live, XX, 54.
[2] Xénophon, *Expédition de Cyrus*, IV, 5.
[3] Quinte-Curce, VII, 3.
[4] *Sa défroque.*

ny pot, ny plat, ny utensile de sa cuisine et de sa table, ne luy estoient servis à deux fois.

CHAPITRE XXXVI.

DU IEUNE CATON.

Ie n'ay point cette erreur commune de iuger d'un aultre selon que ie suis : i'en crois ayseement des choses diverses à moi. Pour me sentir engagé à une forme, ie n'y oblige pas le monde, comme chascun faict; et crois et conçois mille contraires façons de vie; et, au rebours du commun, reçois plus facilement la difference que la ressemblance en nous. Ie descharge, tant qu'on veult, un aultre estre de mes conditions et principes; et le considere simplement en lui mesme, sans relation, l'estoffant sur son propre modele. Pour n'estre continent, ie ne laisse d'advouer sincerement la continence des Feuillants et des Capuchins, et de bien trouver l'air de leur train : ie m'insinue par imagination fort bien en leur place; et les aime et les honore d'autant plus qu'ils sont aultres que moy. Ie desire singulierement qu'on nous juge chascun à part soy, et qu'on ne me tire en consequence des communs exemples. Ma foiblesse n'altere aulcunement les opinions que ie dois avoir de la force et vigueur de ceulx qui le meritent. *Sunt qui nihil suadent, quam quod se imitari posse confidunt*[1].

[1] Il y a des gens qui ne conseillent que ce qu'ils croient pouvoir imiter. — Montaigne paraît citer de mémoire CICÉRON, *Orator*, c. 7. V. LECLERC.

Rampant au limon de la terre, ie ne laisse pas de remarquer iusques dans les nues la haulteur inimitable d'aulcunes ames heroïques. C'est beaucoup pour moy d'avoir le iugement reglé, si les effects ne le peuvent estre, et maintenir au moins cette maistresse partie exempte de corruption : c'est quelque chose d'avoir la volonté bonne, quand les iambes me faillent. Ce siècle auquel nous vivons, au moins pour nostre climat, est si plombé, que, ie ne dis pas l'execution, mais l'imagination mesme de la vertu en est à dire : et semble que ce ne soit aultre chose qu'un iargon de college;

> Virtutem verba putant, ut
> Lucum ligna[1],

quam vereri deberent, etiam si percipere non possent[2]; c'est un affiquet à pendre en un cabinet, ou au bout de la langue, comme au bout de l'aureille, pour parement. Il ne se recognoist plus d'action vertueuse : celles qui en portent le visage, elles n'en ont pas pourtant l'essence; car le proufit, la gloire, la crainte, l'accoustumance, et aultres telles causes estrangieres, nous acheminent à les produire. La iustice, la vaillance, la debonnaireté que nous exerçons lors, elles peuvent estre ainsi nommees pour la consideration d'aultruy et du visage qu'elles portent en publicque; mais chez l'ouvrier ce n'est aulcunement

[1] Il croient que la vertu n'est qu'un mot, comme ils ne voient que du bois à brûler dans du bois sacré. HORACE, *Epist.*, I, 6, 31.

[2] La vertu qu'ils devraient respecter, quand même ils ne pourraient la comprendre. CIC., *Tusc. quæst.*, V, 2.

vertu, il y a une aultre fin proposee, aultre cause mouvante. Or, la vertu n'advoue rien, que ce qui se faict par elle et pour elle seule.

En cette grande battaille de Potidee[1], que les Grecs soubs Pausanias gaignerent contre Mardonius et les Perses, les victorieux, suyvant leur coustume, venants à partir entre eulx la gloire de l'exploict, attribuerent à la nation spartiate la precellence de valeur en ce combat. Les Spartiates, excellents iuges de la vertu, quand ils vindrent à decider à quel particulier de leur nation debvoit demourer l'honneur d'avoir le mieulx faict en cette iournee, trouverent qu'Aristodeme s'estoit le plus courageusement hazardé; mais pourtant ils ne luy en donnerent point de prix, parce que sa vertu avoit esté incitee du desir de se purger du reproche qu'il avoit encouru au faict des Thermopyles, et d'un appetit de mourir courageusement pour garantir sa honte passee.

Nos iugements sont encores malades, et suyvent la depravation de nos mœurs. Ie veois la pluspart des esprits de mon temps faire les ingenieux à obscurcir la gloire des belles et genereuses actions anciennes, leur donnant quelque interpretation vile, et leur controuvant des occasions et des causes vaines : grande subtilité! Qu'on me donne l'action la plus excellente et pure, ie m'en voys y fournir vraysemblablement cinquante vicieuses intentions. Dieu sçait, à qui les veut estendre, quelle diversité d'images ne souffre nostre interne volonté! Ils ne font pas tant malicieusement,

[1] L'auteur a mis par méprise *Potidée*, au lieu de *Platée*. V. LECLERC.

que lourdement et grossierement, les ingenieux à tout leur mesdisance.

La mesme peine qu'on prend à detracter de ces grands noms, et la mesme licence, ie la prendrois volontiers à leur prester quelque tour d'espaule pour les haulser. Ces rares figures, et triees pour l'exemple du monde par le consentement des sages, ie ne me feindrois pas de les recharger d'honneur, autant que mon invention pourroit, en interpretation et favorable circonstance : et il fault croire que les efforts de nostre invention sont loing au dessoubs de leur merite. C'est l'office des gents de bien de peindre la vertu la plus belle qui se puisse ; et ne nous messieroit pas, quand la passion nous transporteroit à la faveur de si sainctes formes. Ce que ceulx cy font au contraire, ils le font ou par malice, ou par ce vice de ramener leur creance à leur portee, de quoy ie viens de parler ; ou, comme ie pense plustost, pour n'avoir pas la veue assez forte et assez nette, ny dressee à concevoir la splendeur de la vertu en sa pureté naïfve : comme Plutarque dict que de son temps aulcuns attribuoient la cause de la mort du ieune Caton à la crainte qu'il avoit eu de Cæsar ; de quoy il se picque avecques raison : et peult on iuger par là combien il se feust encores plus offensé de ceulx qui l'ont attribuee à l'ambition. Sottes gents ! Il eust bien faict une belle action, genereuse et iuste, plustost avecques ignominie que pour la gloire. Ce personnage là feut veritablement un patron, que nature choisit pour montrer iusques où l'humaine vertu et fermeté pouvoit atteindre.

Mais ie ne suis pas icy à mesme pour traicter ce riche argument : ie veulx seulement faire luicter ensemble les traicts de cinq poëtes latins sur la louange de Caton[1], et pour l'interest de Caton, et, par incident, pour le leur aussi. Or, debvra l'enfant bien nourry trouver, aux prix des aultres, les deux premiers traisnants; le troisiesme plus verd, mais qui s'est abbattu par l'extravagance de sa force : il estimera que là il y auroit place à un ou deux degrez d'invention encores pour arriver au quatriesme, sur le poinct duquel il ioindra ses mains par admiration : au dernier, premier de quelque espace, mais laquelle espace il iurera ne pouvoir estre remplie par nul esprit humain, il s'estonnera, il se transira.

Voicy merveille : nous avons bien plus de poëtes que de iuges et interpretes de poësie; il est plus aysé de la faire que de la cognoistre. A certaine mesure basse, on la peult iuger par les preceptes et par art : mais la bonne, la supreme, la divine, est au dessus des regles et de la raison. Quiconque en discerne la

[1] La conduite de Caton a été approuvée par ses contemporains et admirée par l'histoire. Mais à qui sa mort fut-elle utile? à César. A qui fit-elle plaisir? à César; et à qui fut-elle funeste? à Rome, à son parti. Mais, dira-t-on, il préféra se donner la mort à fléchir devant César; mais qui l'obligeait à fléchir?... Il se donna la mort pour échapper aux vicissitudes du sort. Mais lorsque son parti était triomphant, si le livre du destin avait été présenté à Caton et qu'il y eût vu que dans quatre ans César, percé de vingt-trois coups de poignard, tomberait dans le sénat aux pieds de la statue de Pompée, que Cicéron y occuperait encore la tribune aux harangues et y ferait retentir les Philippiques contre Antoine, Caton se fût-il percé le sein? Non; il se tua par dépit, par désespoir. Sa mort fut la faiblesse d'une grande âme, l'erreur d'un stoïcien, une tache dans sa vie. NAPOLÉON Ier.

beauté d'une veue ferme et rassise, il ne la veoid pas, non plus que la splendeur d'un esclair : elle ne practique point nostre iugement ; elle le ravit et ravage. La fureur qui espoinçonne celuy qui la sçait penetrer, fiert encores un tiers à la luy ouyr traicter et reciter ; comme l'aimant non seulement attire une aiguille, mais infond encores en icelle sa faculté d'en attirer d'aultres : et il se veoid plus clairement aux theatres, que l'inspiration sacree des Muses, ayant premierement agité le poëte à la cholere, au dueil, à la hayne, et hors de soy, où elles veulent, frappe encores par le poëte l'acteur, et par l'acteur consecutivement tout un peuple ; c'est l'enfileure de nos aiguilles suspendues l'une de l'aultre[1]. Dez ma premiere enfance, la poësie a eu cela, de me transpercer et transporter ; mais ce ressentiment bien vif, qui est naturellement en moy, a esté diversement manié par diversité de formes, non tant plus haultes et plus basses (car c'estoient tousiours des plus haultes en chasque espece), comme differentes en couleur : premierement, une fluidité gaye et ingénieuse ; depuis, une subtilité aiguë et relevee ; enfin, une force meure et constante. L'exemple le dira mieulx ; Ovide, Lucain, Virgile.

Mais voyla nos gents sur la carriere :

Sit Cato, dum vivit, sane vel Cæsare maior[2],

dict l'un ;

[1] Toutes ces images sont prises de *l'Ion*, de PLATON. V. LECLERC.

[2] Que Caton soit pendant sa vie plus grand même que César. MARTIAL, VI, 32.

Et invictum, devicta morte, Catonem[1],

dict l'aultre; et l'aultre, parlant des guerres civiles d'entre Cesar et Pompeius,

Victrix causa diis placuit, sed victa Catoni[2];

et le quatriesme, sur les louanges de Cesar :

Et cuncta terrarum subacta,
Præter atrocem animum Catonis[3];

et le maistre du chœur, aprez avoir estalé les noms des plus grands Romains en sa peincture, finit en cette maniere,

His dantem iura Catonem[4].

CHAPITRE XXXVII.

COMME NOUS PLEURONS ET RIONS D'UNE MESME CHOSE.

Quand nous rencontrons dans les histoires qu'Antigonus sceut tresmauvais gré à son fils de luy avoir presenté la teste du roy Pyrrhus, son ennemy, qui venoit sur l'heure mesme d'estre tué combattant contre luy, et que, l'ayant veue, il se print bien fort à pleurer[5]; et que le duc René de Lorraine plaingnit

[1] Et Caton indomptable ayant dompté la mort. MANILIUS, *Astronom.*, IV, 87.

[2] La cause du vainqueur eut pour elle les dieux; mais Caton resta fidèle à celle du vaincu. LUCAIN, I, 128.

[3] La terre entière fut soumise, excepté l'âme indomptable de Caton. HORACE, *Od.*, II, 1, 23.

[4] Et Caton, qui leur dicte des lois. VIRG., *Énéid.*, VIII, 670.

[5] PLUTARQUE, *Vie de Pyrrhus*.

aussi la mort du duc Charles de Bourgoigne qu'il venoit de desfaire[1], et en porta le dueil en son enterrement; et qu'en la battaille d'Auroy[2], que le comte de Montfort gaigna contre Charles de Blois, sa partie pour le duché de Bretaigne, le victorieux, rencontrant le corps de son ennemy trespassé, en mena grand dueil, il ne fault pas s'escrier soubdain,

E cosi avven, che l' animo ciascuna
Sua passion sotto 'l contrario manto
Ricopre, con la vista or' chiara, or' bruna[3].

Quand on presenta à Cæsar la teste de Pompeius, les histoires[4] disent qu'il en destourna sa veue, comme d'un vilain et malplaisant spectacle. Il y avoit eu entre eulx une si longue intelligence et societé au maniement des affaires publicques, tant de communauté de fortunes, tant d'offices reciproques et d'alliances, qu'il ne fault pas croire que cette contenance feust toute faulse et contrefaicte; comme estime cet aultre:

Tutumque putavit
Iam bonus esse socer; lacrymas non sponte cadentes
Effudit, gemitusque expressit pectore læto[5];

car, bien qu'à la verité la pluspart de nos actions ne

[1] Devant Nancy, en 1477.

[2] Ou *d'Auray*, près de Vannes. Cette bataille fut livrée sous Charles V, le 29 septembre 1364. V. LECLERC.

[3] C'est ainsi que l'âme couvre ses mouvements secrets sous une apparence contraire, triste sous un visage gai, gaie sous un visage triste. PÉTRARQUE, fol. 25 de l'éd. de Gab. Giolito, 1545.

[4] PLUTARQUE, *Vie de César*, c. 13.

[5] Alors il crut qu'il pouvait sans péril se montrer un beau-père affectueux; il versa des larmes qui ne coulaient point d'ellesmêmes, et de sa poitrine joyeuse il tira des gémissements. LUCAIN, IX, 1037.

soient que masque et fard, et qu'il puisse quelquesfois estre vray,

> Heredis fletus sub persona risus est[1],

si est ce qu'au iugement de ces accidents, il fault considerer comme nos ames se treuvent souvent agitees de diverses passions. Et tout ainsi qu'en nos corps ils disent qu'il y a une assemblee de diverses humeurs, desquelles celle là est maistresse, qui commande le plus ordinairement en nous, selon nos complexions : aussi en nos ames, bien qu'il y ayt divers mouvements qui les agitent, si fault il qu'il y en ayt un à qui le champ demeure; mais ce n'est pas avecques si entier advantage que, pour la volubilité et soupplesse de nostre ame, les plus foibles par occasion ne regaignent encores la place, et ne facent une courte charge à leur tour. D'où nous voyons non seulement les enfants, qui vont tout naïfvement aprez la nature, pleurer et rire souvent de mesme chose : mais nul d'entre nous ne se peult vanter, quelque voyage qu'il face à son souhait, qu'encores, au despartir de sa famille et de ses amis, il ne se sente frissonner le courage; et si les larmes ne luy en eschappent tout à faict, au moins met il le pied à l'estrier d'un visage morne et contristé. Et quelque gentille flamme qui eschauffe le cœur des filles bien nees, encores les despend on à force du col de leurs meres pour les rendre à leurs espoux, quoy que die ce bon compaignon :

[1] Les pleurs d'un héritier sont des ris sous le masque.
PUBLIUS SYRUS, *apud A. Gellium*, XVII, 14.
(Traduction de mademoiselle de Gournay.)

Estne novis nuptis odio Venus? anne parentum
Frustrantur falsis gaudia lacrymulis,
Ubertim thalami quasi intra limina fundunt?
Non, ita me divi, vera gemunt, iuverint[1].

Ainsin il n'est pas estrange de plaindre celuy là mort, qu'on ne vouldroit aulcunement estre en vie. Quand ie tanse avecques mon valet, ie tanse du meilleur courage que i'aye; ce sont vrayes et non feinctes imprecations : mais, cette fumee passee, qu'il ayt besoing de moy, ie luy bien feray volontiers; ie tourne à l'instant le feuillet. Quand ie l'appelle un badin[2], un veau, ie n'entreprends pas de luy coudre à iamais ces tiltres; ny ne pense me desdire, pour le nommer honneste homme, tantost aprez. Nulle qualité ne nous embrasse purement et universellement. Si ce n'estoit la contenance d'un fol de parler seul, il n'est iour ny heure à peine en laquelle on ne m'ouist gronder en moy mesme et contre moy, « Bran du fat! » et si n'entends pas que ce soit ma definition. Qui, pour me veoir une mine tantost froide, tantost amoureuse envers ma femme, estime que l'une ou l'aultre soit feincte; il est un sot. Neron, prenant congé de sa mere, qu'il envoyoit noyer, sentit toutesfois l'esmotion de cet adieu maternel, et en eut horreur et pitié. On dict que la lumiere du soleil n'est pas d'une piece continue, mais qu'il nous eslance si dru, sans

[1] Vénus est-elle odieuse aux nouvelles mariées, ou se jouent-elles de leurs parents par ces feintes larmes qu'elles versent en abondance à l'entrée de la chambre nuptiale? Que je meure, si ces larmes sont sincères! CATULLE, LXVI, 15.

[2] Un diseur de sornettes.

cesse, nouveaux rayons les uns sur les aultres, que nous n'en pouvons appercevoir l'entredeux :

> Largus enim liquidi fons luminis, ætherius sol
> Inrigat assidue cœlum candore recenti,
> Suppeditatque novo confestim lumine lumen [1].

Ainsin eslance nostre ame ses poinctes diversement et imperceptiblement.

Artabanus surprint Xerxes son nepveu, et le tansa de la soubdaine mutation de sa contenance. Il estoit à considerer la grandeur desmesuree de ses forces au passage de l'Hellespont pour l'entreprinse de la Grece : il luy print premierement un tressaillement d'ayse à veoir tant de milliers d'hommes à son service, et le tesmoigna par l'alaigresse et feste de son visage ; et tout soubdain en mesme instant, sa pensee luy suggerant comme tant de vies avoient à desfaillir au plus loing dans un siecle, il refroigna son front, et s'attrista iusques aux larmes.

Nous avons poursuyvi avecques resolue volonté la vengeance d'une iniure, et ressenti un singulier contentement de la victoire ; nous en pleurons pourtant. Ce n'est pas de cela que nous pleurons ; il n'y a rien de changé : mais nostre ame regarde la chose d'un aultre œil, et se la represente par un aultre visage ; car chasque chose a plusieurs biais et plusieurs lustres.

La parenté, les anciennes accointances et amitiez

[1] Source inépuisable de flots lumineux, le soleil, du haut des airs, inonde le ciel d'un éclat toujours renaissant, et remplace continuellement ses rayons pas des rayons nouveaux. LUCRÈCE, V, 282.

saisissent nostre imagination, et la passionnent pour l'heure, selon leur condition : mais le contour en est si brusque qu'il nous eschappe,

Nil adeo fieri celeri ratione videtur,
Quam si mens fieri proponit, et inchoat ipsa.
Ocius ergo animus, quam res se perciet ulla,
Ante oculos quorum in promptu natura videtur [1];

et à cette cause, voulants de toute cette suitte continuer un corps, nous nous trompons. Quand Timoleon pleure le meurtre qu'il avoit commis d'une si meure et genereuse deliberation, il ne pleure pas la liberté rendue à sa patrie, il ne pleure pas le tyran; mais il pleure son frere. L'une partie de son debvoir est iouee; laissons luy en iouer l'aultre.

CHAPITRE XXXVIII.

DE LA SOLITUDE [2].

Laissons à part cette longue comparaison de la vie solitaire à l'active : et quant à ce beau mot de quoy se couvre l'ambition et l'avarice, « Que nous ne sommes pas nayz pour nostre particulier, ains pour le public [1], » rapportons nous en hardiment à ceulx qui sont en la danse; et qu'ils se battent la cons-

[1] Rien de si prompt que l'âme quand elle conçoit ou qu'elle agit; elle est plus mobile que tout ce que la nature nous met sous les yeux. LUCRÈCE, III, 183.

[2] Voir le livre de Zimmermann : *de la Solitude.*

[3] C'est l'éloge que Lucain (II, 383) fait de Caton d'Utique :

Nec sibi, sed toti genitum se credere mundo. (COSTE.)

cience, si au contraire les estats, les charges, et cette tracasserie du monde ne se recherche plustost pour tirer du public son proufit particulier. Les mauvais moyens par où on s'y poulse en nostre siecle, montrent bien que la fin n'en vault gueres. Respondons à l'ambition, Que c'est elle mesme qui nous donne goust de la solitude : car, que fuit elle tant que la societé? que cherche elle tant que ses coudees franches? Il y a de quoy bien et mal faire par tout. Toutesfois, si le mot de Bias est vray, que « La pire part, c'est la plus grande [1], » ou ce que dict l'Ecclesiastique, que « De mille il n'en est pas un bon ; »

> Rari quippe boni : numero vix sunt totidem quot
> Thebarum portæ, vel divitis ostia Nili [2],

la contagion est tresdangereuse en la presse. Il fault ou imiter les vicieux, ou les haïr : touts les deux sont dangereux ; et de leur ressembler, parce qu'ils sont beaucoup ; et d'en haïr beaucoup, parce qu'ils sont dissemblables [3]. Et les marchands qui vont en mer ont raison de regarder que ceulx qui se mettent en mesme vaisseau ne soyent dissolus, blasphemateurs, meschants ; estimants telle societé infortunee. Parquoy Bias plaisamment, à ceulx qui passoient avecques luy le dangier d'une grande tormente, et appelloient le secours des dieux : « Taisez vous, dict il ;

[1] Οἱ πλεῖστοι κακοί. DIOGÈNE LAERCE, *Vie de Bias*. V. LECLERC.

[2] Les gens de bien sont rares ; à peine en pourrait-on compter autant que Thèbes a de portes, ou le Nil d'embouchures. JUVÉNAL, XIII, 26.

[3] SÉNÈQUE, *Epist*. 7.

qu'ils ne sentent point que vous soyez icy avecques moy. » Et d'un plus pressant exemple, Albuquerque, vice-roy en l'Inde pour Emmanuel, roy de Portugal, en un extreme peril de fortune de mer, print sur ses espaules un ieune garson, pour cette seule fin, qu'en la societé de leur peril son innocence luy servist de garant et de recommendation envers la faveur divine pour le mettre en sauveté. Ce n'est pas que le sage ne puisse partout vivre content, voire et seul en la foule d'un palais; mais s'il est à choisir, il en fuira, dict l'eschole, mesme la veue : il portera, s'il est besoing, cela; mais, s'il est en luy, il eslira cecy. Il ne luy semble point suffisamment s'estre desfaict des vices, s'il fault encores qu'il conteste avecques ceulx d'aultruy. Charondas chastioit pour mauvais ceux qui estoient convaincus de hanter mauvaise compaignie [1]. Il n'est rien si dissociable et sociable que l'homme : l'un par son vice, l'aultre par sa nature. Et Antisthenes ne me semble avoir satisfaict à celuy qui luy reprochoit sa conversation avecques les meschants, en disant, « que les medecins vivent bien entre les malades [2] : » car s'ils servent à la santé des malades, ils deteriorent la leur par la contagion, la veue continuelle, et practique des maladies.

Or la fin, ce crois ie, en est toute une, d'en vivre plus à loisir et à son ayse : mais on n'en cherche pas tousiours bien le chemin. Souvent on pense avoir quitté les affaires, on ne les a que changez : il n'y a gueres moins de torment au gouvernement d'une

[1] Diodore de Sicile, XII, 4.

[2] Diogène Laerce, *Vie d'Antisthène*.

famille, que d'un estat entier. Où que l'ame soit empeschee, elle y est toute : et pour estre les occupations domestiques moins importantes, elles n'en sont pas moins importunes. Davantage, pour nous estre desfaicts de la court et du marché, nous ne sommes pas desfaicts des principaulx torments de nostre vie :

> Ratio et prudentia curas,
> Non locus effusi late maris arbiter, aufert[1] :

l'ambition, l'avarice, l'irresolution, la peur et les concupiscences ne nous abandonnent point, pour changer de contree,

> Et
> Post equitem sedet atra cura[2];

elles nous suyvent souvent iusques dans les cloistres et dans les escholes de philosophie : ny les deserts, ny les rochiers creusez, ny la haire, ny les ieusnes, ne nous en desmeslent :

> Hæret lateri lethalis arundo[3].

On disoit à Socrates que quelqu'un ne s'estoit aulcunement amendé en son voyage : « Ie crois bien, dict il ; il s'estoit emporté avecques soy[4] »

> Quid terras alio calentes

[1] Ce qui dissipe les chagrins, c'est la raison et la sagesse, et non ces lieux d'où la vue s'étend au loin sur l'horizon des mers. HOR., *Epist.*, I, II, 25.

[2] Le chagrin monte en croupe et galope avec nous.
HOR., *Od.*, III, 1, 40.

[3] Le trait mortel reste attaché au flanc. VIRG., *Énéid.*, IV, 73.

[4] SÉNÈQUE, *Epist.* 104.

Sole mutamus? Patriæ quis exsul
Se quoque fugit[1]?

Si on ne se descharge premierement et son ame du faix qui la presse, le remuement la fera fouler davantage : comme en un navire les charges empeschent moins, quand elles sont rassises. Vous faictes plus de mal que de bien au malade, de luy faire changer de place : vous ensachez le mal en le remuant; comme les pals s'enfoncent plus avant et s'affermissent en les branslant et secouant. Parquoy ce n'est pas assez de s'estre escarté du peuple; ce n'est pas assez de changer de place : il se fault escarter des conditions populaires qui sont en nous; il se fault sequestrer et r'avoir de soy.

Rupi iam vincula, dicas :
Nam luctata canis nodum arripit; attamen illi,
Quum fugit, a collo trahitur pars longa catenæ[2].

Nous emportons nos fers quand et nous. Ce n'est pas une entiere liberté; nous tournons encores la veue vers ce que nous avons laissé; nous en avons la fantasie pleine :

Nisi purgatum est pectus, quæ prælia nobis
Atque pericula tunc ingratis insinuandum?
Quantæ conscindunt hominem cuppedinis acres
Sollicitum curæ? quantique perinde timores?
Quidve superbia, spurcitia, ac petulantia, quantas
Efficiunt clades? quid luxus, desidiesque[3]?

[1] Pourquoi aller chercher des terres échauffées par un autre soleil? Est-ce assez, pour se fuir soi-même, que de fuir son pays? Hor., *Od.*, II, 16, 18.

[2] J'ai rompu mes fers, direz-vous. Mais le chien qui, après de longs efforts, parvient enfin à s'échapper, traîne souvent une grande partie de sa chaîne. Perse, *Sat.*, V, 158.

[3] Si notre âme n'est point réglée, que de combats intérieurs à

Nostre mal nous tient en l'ame : or, elle ne se peult eschapper à elle mesme [1];

In culpa est animus, qui se non effugit unquam [2].

ainsin il la fault ramener et retirer en soy : c'est la vraye solitude, et qui se peult iouïr au milieu des villes et des courts des roys; mais elle se iouït plus commodement à part. Or, puisque nous entreprenons de vivre seuls, et de nous passer de compaignie, faisons que nostre contentement depende de nous; desprenons nous de toutes les liaisons qui nous attachent à aultruy; gaignons sur nous de pouvoir à bon escient vivre seuls, et y vivre à nostre ayse.

Stilpon estant eschappé de l'embrasement de sa ville, où il avoit perdu femme, enfants et chevance; Demetrius Poliorcetes, le veoyant en une si grande ruine de sa patrie, le visage non effroyé, luy demanda s'il n'avoit pas eu du dommage; il respondit « Que non; et qu'il n'y avoit, Dieu mercy! rien perdu du sien [3]. » C'est ce que le philosophe Antisthenes disoit plaisamment : « Que l'homme se debvoit pourveoir de munitions qui flottassent sur l'eau, et peussent à nage eschapper avecques luy du naufrage [4]. » Certes,

soutenir, que de périls à vaincre! De quels soucis, de quelles craintes, de quelles inquiétudes n'est pas déchiré l'homme en proie à ses passions! Quels ravages ne font pas dans son âme l'orgueil, la débauche, l'emportement, le luxe, l'oisiveté! LUCRÈCE, V, 44.

[1] Tout notre mal vient de ne pouvoir être seuls; de là le jeu, le luxe, la dissipation, le vin, les femmes, l'ignorance, la médisance, l'envie, l'oubli de soi-même et de Dieu. LA BRUYÈRE.

[2] HOR., *Epist.*, I, 14, 13.

[3] SÉNÈQUE, *Ep.* 7.

[4] DIOGÈNE LAERCE, VI, 6.

l'homme d'entendement n'a rien perdu, s'il a soy mesme. Quand la ville de Nole feut ruinee par les Barbares, Paulinus, qui en estoit evesque, y ayant tout perdu, et leur prisonnier, prioit ainsi Dieu : « Seigneur, garde moy de sentir cette perte ; car tu sçais qu'ils n'ont encores rien touché de ce qui est à moy[1] : » les richesses qui le faisoient riche, et les biens qui le faisoient bon, estoient encores en leur entier. Voylà que c'est de bien choisir les thresors qui se puissent affranchir de l'iniure, et de les cacher en lieu où personne n'aille, et lequel ne puisse estre trahi que par nous mesmes. Il fault avoir femmes, enfants, biens, et sur tout de la santé, qui peult; mais non pas s'y attacher en maniere que nostre heur en despende : il se fault reserver une arriere boutique, toute nostre, toute franche, en laquelle nous establissions nostre vraye liberté et principale retraicte et solitude. En cette cy fault il prendre nostre ordinaire entretien de nous à nous mesmes, et si privé, que nulle accointance ou communication estrangiere y treuve place; discourir et y rire, comme sans femme, sans enfants et sans biens, sans train et sans valets : à fin que quand l'occasion adviendra de leur perte, il ne nous soit pas nouveau de nous en passer. Nous avons une ame contournable en soy mesme; elle se peult faire compaignie; elle a de quoy assaillir et de quoy deffendre, de quoy recevoir et de quoy donner. Ne craignons pas en cette solitude nous croupir d'oysifveté ennuyeuse :

[1] S. AUGUSTIN, *de Civit. Dei*, I, 10.

In solis sis tibi turba locis [1].

La vertu se contente de soy, sans disciplines, sans paroles, sans effects. En nos actions accoustumees, de mille il n'en est pas une qui nous regarde. Celuy que tu vois grimpant contremont les ruines de ce mur, furieux et hors de soy, en butte de tant de harquebuzades; et cet aultre tout cicatricé, transi et pasle de faim, deliberé de crever plustost que de luy ouvrir la porte; penses tu qu'ils y soient pour eulx? pour tel, à l'adventure, qu'ils ne veirent oncques, et qui ne se donne aulcune peine de leur faict, plongé ce pendant en l'oysifveté et aux delices. Cettuy cy, tout pituiteux, chassieux et crasseux, que tu veois sortir aprez minuict d'un estude, penses tu qu'il cherche parmy les livres comme il se rendra plus homme de bien, plus content et plus sage? nulles nouvelles : il y mourra, ou il apprendra à la posterité la mesure des vers de Plaute, et la vraye orthographe d'un mot latin. Qui ne contrechange volontiers la santé, le repos et la vie, à la reputation et à la gloire, la plus inutile, vaine et faulse monnoye qui soit en nostre usage? Nostre mort ne nous faisoit pas assez de peur, chargeons nous encores de celle de nos femmes, de nos enfants et de nos gents : nos affaires ne nous donnoient pas assez de peine, prenons encores, à nous tormenter et rompre la teste, de ceulx de nos voisins et amis.

Vah! quemquamne hominem in animum instituere, aut

[1] Dans la solitude, sois le monde pour toi-même. TIBULLE, VI, 13, 12.

Parare, quod sit carius, quam ipse est sibi [1]?

La solitude me semble avoir plus d'apparence et de raison à ceulx qui ont donné au monde leur aage plus actif et fleurissant, suyvant l'exemple de Thales. C'est assez vescu pour aultruy; vivons pour nous, au moins ce bout de vie : ramenons à nous et à nostre ayse nos pensees et nos intentions. Ce n'est pas une legiere partie que de faire seurement sa retraicte : elle nous empesche assez, sans y mesler d'aultres entreprinses. Puisque Dieu nous donne loisir de disposer de nostre deslogement, preparons nous y; plions bagage, prenons de bonne heure congé de la compaignie; despestrons nous de ces violentes prinses qui nous engagent ailleurs et esloignent de nous. Il fault desnouer ces obligations si fortes; et meshuy aymer cecy et cela, mais n'espouser rien que soy : c'est à dire, le reste soit à nous, mais non pas ioinct et collé en façon qu'on ne le puisse despendre sans nous escorcher, et arracher ensemble quelque piece du nostre. La plus grande chose du monde, c'est de sçavoir estre à soy. Il est temps de nous desnouer de la societé, puisque nous n'y pouvons rien apporter : et qui ne peult prester, qu'il se deffende d'emprunter. Nos forces nous faillent : retirons les, et resserrons en nous. Qui peult renverser et confondre en soy les offices de l'amitié et de la compaignie, qu'il le face. En cette cheute qui le rend inutile, poisant et importun aux aultres, qu'il se garde

[1] Est-il possible qu'un homme aille se mettre en tête d'aimer quelque chose plus que soi-même? TÉRENCE, *Adelph.*, acte I, sc. 1, v. 13.

d'estre importun à soy mesme, et poisant, et inutile. Qu'il se flatte et caresse, et surtout se regente, respectant et craignant sa raison et sa conscience, si bien qu'il ne puisse sans honte bruncher en leur presence. *Rarum est enim, ut satis se quisque vereatur*[1]. Socrates dict[2], que les ieunes se doibvent faire instruire; les hommes, s'exercer à bien faire; les vieils, se retirer de toute occupation civile et militaire, vivants à leur discretion, sans obligation à certain office. Il y a des complexions plus propres à ces preceptes de la retraicte, les unes que les aultres. Celles qui ont l'apprehension molle et lasche, et une affection et volonté delicate, et qui ne s'asservit ny s'employe pas ayseement, desquelles ie suis et par naturelle condition et par discours, ils se plieront mieulx à ce conseil, que les ames actives et occupees qui embrassent tout, et s'engagent par tout, qui se passionnent de toutes choses, qui s'offrent, qui se presentent, et qui se donnent à toutes occasions. Il se fault servir de ces commoditez accidentales et hors de nous, en tant qu'elles nous sont plaisantes, mais sans en faire nostre principal fondement; ce ne l'est pas : ny la raison ny la nature ne le veulent. Pourquoy, contre ses loix, asservirons nous nostre contentement à la puissance d'aultruy? D'anticiper aussi les accidents de fortune; se priver des commoditez qui nous sont en main, comme plusieurs ont faict par devotion, et quelques philosophes par dis-

[1] Il est rare qu'on se respecte assez soi-même. QUINTILIEN, X, 7.

[2] STOBÉE, *Serm.* 41.

cours; se servir soy mesme, coucher sur la dure, se crever les yeulx, iecter ses richesses emmy la riviere, rechercher la douleur; ceulx là pour, par le torment de cette vie, en acquerir la beatitude d'une aultre; ceulx cy pour, s'estants logez en la plus basse marche, se mettre en seureté de nouvelle cheute, c'est l'action d'une vertu excessive. Les natures plus roides et plus fortes facent leur cachette mesmes glorieuse et exemplaire :

> Tuta et parvula laudo,
> Quum res deficiunt, satis inter vilia fortis:
> Verum, ubi quid melius contingit et unctius, idem
> Hos sapere, et solos aio bene vivere, quorum
> Conspicitur nitidis fundata pecunia villis [1] :

il y a pour moy assez à faire, sans aller si avant. Il me suffit, soubs la faveur de la fortune, me preparer à sa desfaveur ; et me representer, estant à mon ayse, le mal advenir, autant que l'imagination y peult atteindre : tout ainsi que nous nous accoustumons aux ioustes et tournois, et contrefaisons la guerre en pleine paix. Ie n'estime point Arcesilaus le philosophe moins reformé, pour le sçavoir avoir usé d'ustensiles d'or et d'argent, selon que la condition de sa fortune le luy permettoit [2]; et l'estime mieulx de ce qu'il en usoit modereement et liberalement, que s'il s'en feust

[1] Je suis content d'une fortune restreinte, mais sûre. Lorsque la gêne arrive, je supporte assez bien la pauvreté ; mais dès que mes affaires sont plus prospères, je dis que ceux-là seuls sont sages, que ceux-là seuls vivent bien, dont on voit l'argent placé en belles terres. Hor., *Epist.*, I, 15, 42.

[2] Diogène Laerce, IV, 38.

desmis. Ie veois iusques à quels limites va la necessité naturelle : et, considerant le pauvre mendiant à ma porte, souvent plus enioué et plus sain que moy, ie me plante en sa face ; i'essaye de chausser mon ame à son biais : et, courant ainsi par les aultres exemples, quoyque ie pense la mort, la pauvreté, le mespris et la maladie à mes talons, ie me ressouls ayseement de n'entrer en effroy de ce qu'un moindre que moy prend avecques telle patience ; et ne veulx croire que la bassesse de l'entendement puisse plus que la vigueur, ou que les effects du discours ne puissent arriver aux effects de l'accoustumance. Et cognoissant combien ces commoditez accessoires tiennent à peu, ie ne laisse pas en pleine iouïssance de supplier Dieu, pour ma souveraine requeste, qu'il me rende content de moy mesme et des biens qui naissent de moy. Ie veois des ieunes hommes gaillards qui portent, nonobstant, dans leurs coffres, une masse de pilules pour s'en servir quand le rheume les pressera, lequel ils craignent d'autant moins qu'ils en pensent avoir le remede en main : ainsi fault il faire ; et encores, si on se sent subiect à quelque maladie plus forte, se garnir de ces medicaments qui assoupissent et endorment la partie.

L'occupation qu'il fault choisir à une telle vie, ce doibt estre une occupation non penible ny ennuyeuse ; aultrement pour neant ferions nous estat d'y estre venus chercher le seiour. Cela despend du goust particulier d'un chascun. Le mien ne s'accommode aulcunement au mesnage : ceulx qui l'aiment, ils s'y doibvent adonner avecques moderation ;

Conentur sibi res, non se submittere rebus [1]:

c'est, aultrement, un office servile que la mesnagerie, comme le nomme Salluste [2]. Elle a des parties plus excusables, comme le soing des iardinages, que Xenophon attribue à Cyrus [3]: et se peult trouver un moyen entre ce bas et vil soing, tendu et plein de solicitude, qu'on veoid aux hommes qui s'y plongent du tout, et cette profonde et extreme nonchalance laissant tout aller à l'abandon, qu'on veoid en d'aultres :

Democriti pecus edit agellos
Cultaque, dum peregre est animus sine corpore velox [4].

Mais oyons le conseil que donne le ieune Pline à Cornelius Rufus [5], son amy, sur ce propos de la solitude : « Ie te conseille, en cette pleine et grasse retraicte où tu es, de quitter à tes gents ce bas et abiect soing du mesnage, et t'adonner à l'estude des lettres, pour en tirer quelque chose qui soit toute tienne. » Il entend la réputation : d'une pareille humeur à celle de Cicero, qui dict vouloir employer sa solitude et seiour des affaires publicques à s'en acquerir par ses escripts une vie immortelle [6].

[1] Qu'ils tâchent de se mettre au-dessus des choses, plutôt que de s'y assujettir. Hor., *Epist.*, I, 1, 19.

[2] *Catil.*, c. 4.

[3] Xénophon, *Économique*, IV, 20.

[4] Les troupeaux venaient manger les moissons de Démocrite, pendant que son esprit, dégagé de son corps, voyageait dans l'espace. Hor., *Epist.*, I, 12, 12.

[5] Ce n'est pas à *Cornelius Rufus*, mais à *Caninius Rufus*. Pline, *Epist.*, I, 3.

[6] Cicéron, *Orator*, c. 43.

Usque adeone
Scire tuum nihil est, nisi te scire hoc, sciat alter[1]?

Il semble que ce soit raison, puisqu'on parle de se retirer du monde, qu'on regarde hors de luy. Ceulx cy ne le font qu'à demy : ils dressent bien leur partie, pour quand ils n'y seront plus; mais le fruict de leur desseing, ils pretendent le tirer encores lors du monde, absents, par une ridicule contradiction.

L'imagination de ceulx qui, par devotion, recherchent la solitude, remplissant leur courage de la certitude des promesses divines en l'aultre vie, est bien plus sainement assortie. Ils se proposent Dieu, obiect infini en bonté et en puissance; l'ame a de quoy y rassasier ses desirs en toute liberté : les afflictions, les douleurs, leur viennent à proufit, employees à l'acquest d'une santé et resiouïssance eternelle; la mort, à souhait, passage à un si parfaict estat : l'aspreté de leurs regles est incontinent applanie par l'accoustumance; et les appetits charnels, rebutez et endormis par leur refus; car rien ne les entretient que l'usage et exercice. Cette seule fin d'une aultre vie heureusement immortelle, merite loyalement que nous abandonnions les commoditez et doulceurs de cette vie nostre; et qui peult embraser son ame de l'ardeur de cette vifve foy et esperance, reellement et constamment, il se bastit en la solitude une vie voluptueuse et delicieuse, au delà de toute aultre sorte de vie.

[1] Quoi donc! votre savoir n'est-il rien, si un autre ne sait que vous avez du savoir? PERSE, *Sat.*, I, 23.

Ny la fin doncques ny le moyen de ce conseil[1] ne me contente : nous retumbons tousiours de fiebvre en chauld mal. Cette occupation des livres est aussi penible que toute aultre, et autant ennemie de la santé, qui doibt estre principalement consideree : et ne se fault point laisser endormir au plaisir qu'on y prend ; c'est ce mesme plaisir qui perd le mesnager, l'avaricieux, le voluptueux et l'ambitieux. Les sages nous apprennent assez à nous garder de la trahison de nos appetits, et à discerner les vrays plaisirs et entiers, des plaisirs meslez et bigarrez de plus de peine ; car la pluspart des plaisirs, disent ils, nous chastouillent et embrassent pour nous estrangler, comme faisoient les larrons que les Aegyptiens appeloient *Philistas* : et si la douleur de teste nous venoit avant l'yvresse, nous nous garderions de trop boire ; mais la volupté, pour nous tromper, marche devant, et nous cache sa suitte. Les livres sont plaisants ; mais si de leur frequentation nous en perdons enfin la gayeté et la santé, nos meilleures pieces, quittons les : ie suis de ceulx qui pensent leur fruict ne pouvoir contrepoiser cette perte. Comme les hommes qui se sentent de longtemps affoiblis par quelque indisposition, se rangent à la fin à la mercy de la medecine, et se font desseigner par art certaines regles de vivre, pour ne les plus oultrepasser : aussi celuy qui se retire ennuyé et desgousté de la vie commune, doibt former cette cy aux regles de la raison, l'ordonner et renger par premeditation et discours. Il doibt avoir prins congé de toute espece de travail,

[1] Le conseil de Pline à Rufus. COSTE.

quelque visage qu'il porte; et fuir, en general, les passions qui empeschent la tranquillité du corps et de l'ame, et « choisir la route qui est plus selon son humeur, »

Unusquisque sua noverit ire via[1].

Au mesnage, à l'estude, à la chasse et tout aultre exercice, il fault donner iusques aux derniers limites du plaisir; et garder de s'engager plus avant, où la peine commence à se mesler parmy. Il fault reserver d'embesongnement et d'occupation autant seulement qu'il en est besoing pour nous tenir en haleine, et pour nous garantir des incommoditez que tire aprez soy l'aultre extremité d'une lasche oysifveté et assopie. Il y a des sciences steriles et espineuses, et la pluspart forgees pour la presse[2]; il les fault laisser à ceulx qui sont au service du monde. Ie n'aime pour moy que des livres ou plaisants et faciles qui me chatouillent, ou ceulx qui me consolent, et conseillent à regler ma vie et ma mort :

Tacitum silvas inter reptare salubres,
Curantem, quidquid dignum sapiente bonoque est[3].

Les gents plus sages peuvent se forger un repos tout spirituel, ayant l'ame forte et vigoreuse : moy qui l'ay commune, il faut que i'ayde à me soustenir par les commoditez corporelles; et l'aage m'ayant tantost

[1] PROPERCE, II, 25, 38.

[2] Pour la foule.

[3] M'égarer silencieux à travers les bois salubres, m'occupant de tout ce qui mérite l'attention du sage et de l'homme de bien. HOR., *Epist.*, I, 4, 4.

desrobé celles qui estoient plus à ma fantasie, i'instruis et aiguise mon appetit à celles qui restent plus sortables à cette aultre saison. Il fault retenir, à tout nos dents et nos griffes, l'usage des plaisirs de la vie, que nos ans nous arrachent des poings les uns aprez les aultres :

> Carpamus dulcia; nostrum est,
> Quod vivis : cinis, et manes, et fabula fies [1].

Or, quant à la fin que Pline et Cicero nous proposent de la gloire, c'est bien loing de mon compte. La plus contraire humeur à la retraicte, c'est l'ambition : la gloire et le repos sont choses qui ne peuvent loger en mesme giste. A ce que ie veois, ceulx cy n'ont que les bras et les iambes hors de la presse ; leur ame, leur intention y demeure engagee plus que iamais :

> Tun', vetule, auriculis alienis colligis escas [2]?

ils se sont seulement reculez pour mieulx saulter, et pour, d'un plus fort mouvement, faire une plus vifve faulsee dans la troupe [3]. Vous plaist il veoir comme ils tirent court d'un grain? mettons au contrepoids l'advis de deux philosophes [4], et de deux sectes tres-

[1] Saisissons le plaisir; c'est par lui seul que nous vivons. Nous ne serons bientôt qu'un peu de cendre, une ombre, un vain nom. PERSE, *Sat.*, V, 151.

[2] Vieux radoteur, ne travailles-tu que pour amuser l'oisiveté du peuple? PERSE, *Sat.*, I, 22.

[3] C'est-à-dire, *se jeter plus avant dans la foule. Faulsee* est un vieux mot qui signifie *choc, charge, incursion, irruption.* COSTE.

[4] Épicure et Sénèque. Voyez sur cela SÉNÈQUE lui-même (*Ep.* 21), qui cite un passage de la lettre d'Épicure à Idoménée, différente de celle que nous a conservée Diogène Laërce. V. LECLERC.

differentes, escrivants l'un à Idomeneus, l'aultre à Lucilius, leurs amis, pour, du maniement des affaires et des grandeurs, les retirer à la solitude. « Vous avez, disent ils, vescu nageant et flottant iusques à present; venez vous en mourir au port. Vous avez donné le reste de vostre vie à la lumiere; donnez cecy à l'ombre. Il est impossible de quitter les occupations, si vous n'en quittez le fruict : à cette cause, desfaictes vous de tout soing de nom et de gloire; il est dangier que la lueur de vos actions passees ne vous esclaire que trop, et vous suyve iusques dans vostre taniere. Quittez avecques les aultres voluptez celle qui vient de l'approbation d'aultruy : et quant à votre science et suffisance, ne vous chaille; elle ne perdra pas son effect, si vous en valez mieulx vous mesme[1]. Souvienne vous de celuy à qui, comme on demanda à quoy faire il se peinoit si fort en un art qui ne pouvoit venir à la cognoissance de gueres de gents : I'en ay assez de peu, respondit il; i'en ay assez d'un; i'en ay assez de pas un. Il disoit vray. Vous et un compaignon estes assez suffisant theatre l'un à l'aultre, ou vous à vous mesmes : que le peuple vous soit un, et un vous soit tout le peuple. C'est une lasche ambition de vouloir tirer gloire de son oysifveté et de sa cachette : il fault faire comme les animaux qui effacent la trace à la porte de leur taniere[2]. Ce n'est plus ce qu'il vous fault chercher, que le monde parle de vous, mais comme il fault que vous parliez à vous mesmes. Retirez vous en vous; mais preparez

[1] Sénèque, *Epist.* 7.
[2] Id., *Epist.* 68.

vous premierement de vous y recevoir : ce seroit folie de vous fier à vous mesmes, si vous ne vous sçavez gouverner[1]. Il y a moyen de faillir en la solitude, comme en la compaignie. Iusques à ce que vous vous soyez rendu tel devant qui vous n'osiez clocher, et iusques à ce que vous ayez honte et respect de vous mesmes, *obversentur species honestæ animo*[2]; presentez vous tousiours en l'imagination Caton, Phocion et Aristides, en la presence desquels les fols mesmes cacheroient leurs faultes, et establissez les contreroolleurs de toutes vos intentions : si elles se detraquent, leur reverence vous remettra en train; ils vous contiendront en cette voye, de vous contenter de vous mesmes, de n'emprunter rien que de vous, d'arrester et fermir vostre ame en certaines et limitees cogitations où elle se puisse plaire, et, ayant compris et entendu les vrays biens desquels on iouït à mesure qu'on les entend, s'en contenter, sans desir de prolongement de vie ny de nom. » Voylà le conseil de la vraye et naïfve philosophie, non d'une philosophie ostentatrice et parliere, comme est celle des deux premiers[3].

[1] SÉNÈQUE, *Epist.* 25.

[2] Remplissez-vous l'esprit d'images nobles et vertueuses. CIC., *Tusc. quæst.*, II, 22.

[3] De Pline le jeune et de Cicéron.

CHAPITRE XXXIX.

CONSIDERATION SUR CICERO.

Encores un traict à la comparaison de ces couples. Il se tire des escripts de Cicero et de ce Pline, peu retirant à mon advis aux humeurs de son oncle, infinis tesmoignages de nature oultre mesure ambitieuse; entre aultres, qu'ils solicitent, au sceu de tout le monde, les historiens de leur temps de ne les oublier en leurs registres : et la fortune, comme par despit, a fait durer iusques à nous la vanité de ces requestes, et pieça faict perdre ces histoires. Mais cecy surpasse toute bassesse de cœur, en personnes de tel reng, d'avoir voulu tirer quelque principale gloire du caquet et de la parlerie, iusques à y employer les lettres privees escriptes à leurs amis; en maniere que aulcunes ayant failly leur saison pour estre envoyees, ils les font ce neantmoins publier, avecques cette digne excuse, qu'ils n'ont pas voulu perdre leur travail et veillees. Sied il pas bien à deux consuls romains, souverains magistrats de la chose publicque emperiere du monde, d'employer leur loisir à ordonner et fagotter gentiement une belle missive, pour en tirer la reputation de bien entendre le langage de leur nourrice[1] ! Que feroit pis un simple maistre d'eschole qui en gaignast sa vie? Si les gestes de Xenophon et de

[1] Montaigne a repris Cicéron de ce qu'après avoir exécuté de grandes choses pour la république, il voulait encore tirer gloire de son éloquence ; mais Montaigne ne pensait pas que les grandes choses qu'il loue, Cicéron ne les avait faites que par la parole. VAUVENARGUES.

Cæsar n'eussent de bien loing surpassé leur eloquence. ie ne crois pas qu'ils les eussent iamais escripts : ils ont cherché à recommender, non leur dire, mais leur faire. Et si la perfection du bien parler pouvoit apporter quelque gloire sortable à un grand personnage, certainement Scipion et Lælius n'eussent pas resigné l'honneur de leurs comedies, et toutes les mignardises et delices du langage latin, à un serf africain : car, que cet ouvrage soit leur, sa beauté et son excellence le maintient assez, et Terence l'advoue lui mesme; et me feroit on desplaisir de me desloger de cette creance.

C'est une espece de mocquerie et d'iniure de vouloir faire valoir un homme par des qualitez mesadvenantes à son reng, quoyqu'elles soyent aultrement louables, et par les qualitez aussi qui ne doibvent pas estre les siennes principales; comme qui loueroit un roy d'estre bon peintre ou bon architecte, ou encores bon harquebuzier, ou bon coureur de bague. Ces louanges ne font honneur, si elles ne sont presentees en foule et à la suitte de celles qui lui sont propres; à sçavoir de la iustice, et de la science de conduire son peuple en paix et en guerre. De cette façon faict honneur à Cyrus l'agriculture, et à Charlemaigne l'eloquence et cognoissance des bonnes lettres. I'ay veu de mon temps, en plus forts termes, des personnages qui tiroient d'escrire et leurs tiltres et leur vocation, desadvouer leur apprentissage, corrompre leur plume, et affecter l'ignorance de qualité si vulgaire, et que nostre peuple tient ne se rencontrer gueres en mains sçavantes, se recommendants par meilleures qualitez. Les compaignons de Demosthenes, en l'ambassade vers Philippus, louoient ce prince d'estre beau, éloquent, et bon beuveur : Demosthenes disoit que c'estoient louanges qui appartenoient mieulx à une femme, à une esponge, qu'à un roy [1].

> Imperet bellante prior, iacentem
> Lenis in hostem [2].

Ce n'est pas sa profession de sçavoir ou bien chasser, ou bien danser :

> Orabunt causas alii, cœlique meatus
> Describent radio, et fulgentia sidera dicent;
> Hic regere imperio populos sciat [3].

Plutarque dict davantage, que de paroistre si excellent en ces parties moins necessaires, c'est produire contre soy le tesmoignage d'avoir mal dispensé son loisir, et l'estude qui debvoit estre employé à choses plus necessaires et utiles. De façon que Philippus, roy de Macedoine, ayant ouï ce grand Alexandre, son fils, chanter en un festin, à l'envy des meilleurs musiciens : « N'as tu pas honte, lui dict il, de chanter si bien [4]? » Et à ce mesme Philippus, un musicien contre lequel il debattoit de son art : « Ia à Dieu ne plaise, sire, dict il, qu'il t'advienne jamais tant de

[1] PLUTARQUE, *Vie de Démosthène*, c. 4.

[2] Qu'il terrasse l'ennemi qui résiste, qu'il pardonne à l'ennemi terrassé. HOR., *Carm. sæcul.*, v. 51.

[3] D'autres plaideront des causes : ils mesureront au compas les replis du ciel, et décriront les astres lumineux ; quant à lui, qu'il sache l'art de gouverner les peuples. VIRG., *Énéid.*, VI, 849.

[4] PLUTARQUE, *Vie de Périclès*, c. 1.

mal que tu entendes ces choses là mieulx que moy! Un roy doibt pouvoir respondre comme Iphicrates respondit à l'orateur qui le pressoit, en son invective, de cette maniere : « Eh bien! qu'es-tu, pour faire tant le brave? es tu homme d'armes? es tu archer? es tu picquier? » « Ie ne suis rien de tout cela ; mais ie suis celuy qui sçait commender à touts ceulx là. » Et Antisthenes print pour argument de peu de valeur en Ismenias, de quoy on le vantoit d'estre excellent ioueur de fleutes.

Ie sçais bien, quand i'ois quelqu'un qui s'arreste au langage des *Essais*, que i'aimerois mieulx qu'il s'en teust : ce n'est pas tant eslever les mots, comme desprimer le sens, d'autant plus picquamment que plus obliquement. Si suis ie trompé, si gueres d'aultres donnent plus à prendre en la matiere ; et, comment que ce soit, mal ou bien, si nul escrivain l'a semee ny gueres plus materielle, ny au moins plus drue en son papier. Pour en renger davantage, ie n'en entasse que les testes : que i'y attache leur suitte, ie multiplieray plusieurs fois ce volume[1]. Et combien y ay ie espandu d'histoires qui ne disent mot, lesquelles qui vouldra esplucher un peu plus curieusement, en produira infinis Essais. Ny elles, ny mes allegations, ne servent pas tousiours simplement d'exemple, d'auctorité, ou d'ornement ; ie ne les re-

[1] Montaigne, qui dans la discussion cite toutes les autorités, écoute tous les partis, accueille toutes les opinions, lorsqu'il vient à décider, ne consulte que lui seul, et donne son avis, — *non comme bon, mais comme sien.* — Une telle marche est longue, mais elle est agréable, elle est instructive, elle apprend à douter, et ce commencement de la sagesse en est quelquefois le dernier

garde pas seulement par l'usage que i'en tire : elles portent souvent, hors de mon propos, la semence d'une matiere plus riche et plus hardie; et souvent, à gauche, un ton plus delicat, et pour moy qui n'en veulx en ce lieu exprimer davantage, et pour ceulx qui rencontreront mon air.

Retournant à la vertu parliere, ie ne treuve pas grand choix entre, Ne sçavoir dire que mal; ou, Ne sçavoir rien que bien dire. *Non est ornamentum virile, concinnitas*[1]. Les sages disent que, pour le regard du sçavoir, il n'est que la philosophie, et pour le regard des effects, que la vertu, qui generalement soit propre à touts degrez et à touts ordres.

Il y a quelque chose de pareil en ces aultres deux philosophes[2]; car ils promettent aussi eternité aux lettres qu'ils escrivent à leurs amis : mais c'est d'aultre façon, et s'accommodants, pour une bonne fin, à la vanité d'aultruy; car ils leur mandent que si le soing de se faire cognoistre aux siecles advenir, et de la renommee, les arreste encores au maniement des affaires, et leur faict craindre la solitude et la retraicte où ils les veulent appeller, qu'ils ne s'en donnent plus de peine, d'autant qu'ils ont assez de

terme. Peut-être aussi cette manière de composer convenait mieux au caractère de Montaigne, ennemi de tout travail et d'une application soutenue. Il parle beaucoup de morale, de politique, de littérature; il agite à la fois mille questions, mais il ne propose jamais un système. Sa réserve tient à sa paresse autant qu'à son jugement. VILLEMAIN.

[1] La symétrie n'est pas un ornement digne d'un homme. SÉNÈQUE, *Epist.* 115.

[2] Épicure et Sénèque. COSTE.

credit avec la posterité pour leur respondre que, quand ce ne seroit que par les lettres qu'ils leur escrivent, ils rendront leur nom aussi cogneu et fameux que pourroient faire leurs actions publicques[1]! Et oultre cette difference, encores ne sont ce pas lettres vuides et decharnees, qui ne se soustiennent que par un delicat choix de mots entassez et rengez à une iuste cadence, ains farcies et pleines de beaux discours de sapience, par lesquelles on se rend, non plus eloquent, mais plus sage, et qui nous apprennent, non à bien dire, mais à bien faire. Fy de l'eloquence qui nous laisse envie de soy, non des choses! si ce n'est qu'on die que celle de Cicero, estant en si extreme perfection, se donne corps elle-mesme.

I'adiousteray encores un conte que nous lisons de luy à ce propos, pour nous faire toucher au doigt son naturel : Il avoit à orer en publicque, et estoit un peu pressé du temps pour se preparer à son ayse. Eros, l'un de ses serfs, le veint advertir que l'audience estoit remise au lendemain : il en feut si ayse, qu'il luy donna liberté pour cette bonne nouvelle[2].

Sur ce subiect de lettres, ie veulx dire ce mot, que c'est un ouvrage auquel mes amis tiennent que ie puis quelque chose : et eusse prins plus volontiers cette forme à publier mes verves, si i'eusse eu à qui parler. Il me falloit, comme ie l'ay eu aultrefois, un certain commerce qui m'attirast, qui me soustinst et souslevast ; car de negocier au vent comme d'aultres,

[1] SÉNÈQUE, *Epist.* 21.
[2] PLUTARQUE, *Apophthegmes*, article *Cicéron*.

je ne sçaurois que de songe; ny forger des vains noms à entretenir en chose serieuse : ennemy iuré de toute espece de falsification. I'eusse esté plus attentif et plus seur, ayant une addresse forte et amie, que regardant les divers visages d'un peuple : et suis deceu s'il ne m'eust mieulx succedé. I'ay naturellement un style comique et privé, mais c'est d'une forme mienne, inepte aux negociations publicques, comme en toutes façons est mon langage, trop serré, desordonné, coupé, particulier : et ne m'entends pas en lettres cerimonieuses, qui n'ont aultre substance que d'une belle enfileure de paroles courtoises. Ie n'ay ny la faculté ny le goust de ces longues offres d'affection et de service : ie n'en crois pas tant, et me desplaist d'en dire gueres oultre ce que i'en crois. C'est bien loing de l'usage present; car il ne feut iamais si abiecte et servile prostitution de presentations : la Vie, l'Ame, Devotion, Adoration, Serf, Esclave, touts ces mots y courent si vulgairement, que quand ils veulent faire sentir une plus expresse volonté et plus respectueuse, ils n'ont plus de maniere pour l'exprimer.

Ie hais à mort de sentir le flatteur : qui faict que ie me iecte naturellement à un parler sec, rond et crud, qui tire, à qui ne me cognoist d'ailleurs, un peu vers le desdaigneux. I'honore le plus ceulx que i'honore le moins; et, où mon ame marche d'une grande alaigresse, i'oublie les pas de la contenance; et m'offre maigrement et fierement à ceulx à qui ie me suis le plus donné : il me semble qu'ils le doibvent lire en mon cœur, et que l'expression de mes paroles faict tort à ma conception. A bienveigner[1], à prendre congé, à remercier, à saluer, à presenter mon service, et tels compliments verbeux des lois cerimonieuses de nostre civilité, ie ne cognois personne si sottement sterile de langage que moy : et n'ay iamais esté employé à faire des lettres de faveur et recommendation, que celuy pour qui c'estoit n'aye trouvees seches et lasches. Ce sont grands imprimeurs de lettres, que les Italiens ; i'en ay, ce crois ie, cent divers volumes : celles de Annibale Caro[2] me semblent les meilleures. Si tout le papier que i'ay aultrefois barbouillé pour les dames estoit en nature, lorsque ma main estoit veritablement emportee par ma passion, il s'en trouveroit à l'adventure quelque page digne d'estre communiquee à la ieunesse oysifve, embabouinée de cette fureur. I'escris mes lettres tousiours en poste, et si precipiteusement, que, quoyque ie peigne[3] insupportablement mal, i'aime mieulx escrire de ma main que d'y en employer une aultre ; car ie n'en treuve poinct qui me puisse suyvre, et ne les transcris iamais. I'ay accoustumé les grands qui me cognoissent à y supporter des litures et des trasseures, et un papier sans plieure et sans marge. Celles qui me coustent le plus sont celles qui valent le moins : depuis que ie les traisne, c'est signe que ie n'y suis pas. Ie commence volontiers sans proiect ; le

[1] *A complimenter quelqu'un sur sa bienvenue.*

[2] Traducteur de *l'Énéide,* né en 1507, à Cita-Nova, dans la marche d'Ancône, mort à Rome en 1566. La première partie de ses *Lettres* parut en 1572, et la seconde en 1574. On les compte parmi les modèles de la prose italienne. V. LECLERC.

[3] *Que je trace les lettres.*

premier traict produit le second. Les lettres de ce temps sont plus en bordures et prefaces qu'en matiere. Comme i'aime mieulx composer deux lettres que d'en clore et plier une, et resigne tousiours cette commission à quelque aultre : de mesme, quand la matiere est achevee, ie donnerois volontiers à quelqu'un la charge d'y adiouster ces longues harangues, offres et prieres que nous logeons sur la fin ; et desire que quelque nouvel usage nous en descharge, comme aussi de les inscrire d'une legende de qualitez et tiltres ; pour ausquels ne bruncher i'ay maintesfois laissé d'escrire, et notamment à gents de iustice et de finance : tant d'innovations d'offices, une si difficile dispensation et ordonnance de divers noms d'honneur, lesquels, estants si cherement achetez, ne peuvent estre eschangez ou oubliez sans offense. Ie treuve pareillement de mauvaise grace d'en charger le front et inscription des livres que nous faisons imprimer.

CHAPITRE XL.

QUE LE GOUST DES BIENS ET DES MAULX DESPEND, EN BONNE PARTIE, DE L'OPINION QUE NOUS EN AVONS.

Les hommes, dict une sentence grecque ancienne[1], sont tormentez par les opinions qu'ils ont des choses, non par les choses mesmes[2]. Il y auroit un grand

[1] *Manuel* d'ÉPICTÈTE, c. 10.

[2] On la nomme (l'opinion) *la Reine du monde;* elle l'est si bien, que quand la raison vient la combattre, la raison est condamnée à

poinct gaigné pour le soulagement de nostre miserable condition humaine, qui pourroit establir cette proposition vraye tout par tout. Car si les maulx n'ont entree en nous que par nostre iugement, il semble qu'il soit en nostre pouvoir de les mespriser, ou contourner à bien: si les choses se rendent à nostre mercy, pourquoy n'en chevirons nous[1], ou ne les accommoderons nous à nostre advantage? si ce que nous appellons mal et torment, n'est ny mal ny torment de soy, ains seulement que nostre fantasie luy donne cette qualité, il est en nous de la changer; et en ayant le choix, si nul ne nous force, nous sommes estrangement fols de nous bander pour le party qui nous est le plus ennuyeux, et de donner aux maladies, à l'indigence et au mespris un aigre et mauvais goust, si nous le leur pouvons donner bon, et si, la fortune fournissant simplement de matiere, c'est à nous de luy donner la forme. Or, que ce que nous appellons mal ne le soit pas de soy; ou au moins, tel qu'il soit, qu'il depende de nous de luy donner aultre saveur et aultre visage (car tout revient à un), veoyons s'il se peult maintenir.

Si l'estre originel de ces choses que nous craignons avoit credit de se loger en nous de son auctorité, il logeroit pareil et semblable en touts; car les hommes sont touts d'une espece, et, sauf le plus et le moins, se treuvent garnis de pareils utils et instruments pour concevoir et iuger : mais la diversité des

la mort. Il faut qu'elle renaisse vingt fois de ses cendres pour chasser enfin tout doucement l'usurpatrice. VOLTAIRE.

[1] *Pourquoi n'en jouirions-nous pas?*

opinions que nous avons de ces choses là, montre clairement qu'elles n'entrent en nous que par composition; tel à l'adventure les loge chez soy en leur vray estre, mais mille aultres leur donnent un estre nouveau et contraire chez eulx. Nous tenons la mort, la pauvreté et la douleur pour nos principales parties[1] : or, cette mort, que les uns appellent « des choses horribles la plus horrible, » qui ne sçait que d'aultres la nomment « l'unique port des torments de cette vie, le souverain bien de nature, seul appuy de nostre liberté, et commune et prompte recepte à touts maulx? » Et comme les uns l'attendent tremblants et effroyez, d'aultres la supportent plus ayseement que la vie; celuy là se plaint de sa facilité,

Mors, utinam pavidos vitæ subducere nolles,
Sed virtus te sola daret[2]!

Or laissons ces glorieux courages. Theodorus respondict à Lysimachus, menaçant de le tuer : « Tu feras un grand coup, d'arriver à la force d'une cantharide[3]! » La pluspart des philosophes se treuvent avoir ou prevenu par desseing, ou hasté et secouru leur mort. Combien veoid on de personnes populaires, conduictes à la mort, et non à une mort simple, mais meslee de honte et quelquesfois de griefs torments, y apporter une telle asseurance, qui par opiniastreté, qui par simplesse naturelle, qu'on n'y

[1] *Ennemies.*

[2] O mort! plût aux dieux que tu ne voulusses point frapper les lâches, mais que la vertu seule te pût donner! LUCAIN, IV, 580.

[3] CIC., *Tusc. quæst.*, V, 40.

apperçoit rien de changé de leur estat ordinaire; establissants leurs affaires domestiques, se recommendants à leurs amis, chantants, preschants et entretenants le peuple, voire y meslants quelquesfois des mots pour rire, et beuvants à leurs cognoissants, aussi bien que Socrates?

Un qu'on menoit au gibet disoit, « qu'on gardast de passer par telle rue, car il y avoit dangier qu'un marchand lui feist mettre la main sur le collet, à cause d'un vieux debte. » Un aultre disoit au bourreau, « qu'il ne le touchast pas à la gorge, de peur de le faire tressaillir de rire, tant il estoit chatouilleux. » L'aultre respondict à son confesseur qui luy promettoit qu'il souperoit ce iour là avecques nostre Seigneur, « Allez vous y en, vous; car de ma part ie ieusne. » Un aultre ayant demandé à boire, et le bourreau ayant beu le premier, dict ne vouloir boire aprez lui, de peur de prendre la verolle. Chascun a ouï faire le conte du Picard auquel, estant à l'eschelle, on presente une garse, et que (comme notre iustice permet quelquesfois), s'il la vouloit espouser, on luy sauveroit la vie : luy, l'ayant un peu contemplee, et apperceu qu'elle boittoit : « Attache! attache! dict il; elle cloche. » Et on dict de mesme qu'en Dannemarc, un homme condamné à avoir la teste trenchee, estant sur l'eschaffaud, comme on luy presenta une pareille condition, la refusa, parce que la fille qu'on luy offrit avoit les ioues avallees, et le nez trop poinctu. Un valet, à Toulouse, accusé d'heresie, pour toute raison de sa creance, se rapportoit à celle de son maistre, ieune escholier prisonnier avecques luy, et aima mieulx mourir que se laisser persuader que son maistre peust errer. Nous lisons de ceulx de la ville d'Arras, lors que le roy Louys unziesme la print, qu'il s'en trouva bon nombre parmy le peuple qui se laisserent pendre plustost que de dire, Vive le roy. Et de ces viles ames de bouffons, il s'en est trouvé qui n'ont voulu abandonner leur gaudisserie en la mort mesme. Celuy à qui le bourreau donnoit le bransle, s'écria, « Vogue la gallee! » qui estoit son refrain ordinaire. Et l'aultre qu'on avoit couché, sur le poinct de rendre sa vie, le long du foyer sur une paillasse, à qui le medecin, demandant où le mal le tenoit, « Entre le banc et le feu, » respondict il : et le presbtre, pour luy donner l'extreme onction, cherchant ses pieds qu'il avoit resserrez et contraincts par la maladie : « Vous les trouverez, dict il, au bout de mes iambes. » A l'homme qui l'exhortoit de se recommender à Dieu, « Qui y va? » demanda il : et l'aultre respondant, « Ce sera tantost vous mesme, s'il luy plaist : « Y fusse ie bien demain au soir? » repliqua il. « Recommendez vous seulement à luy, suyvit l'aultre, vous y serez bientost : » « Il vault doncques mieulx, adiousta il, que ie lui porte mes recommandations moy mesme. »

Au royaume de Narsingue, encores auiourd'huy, les femmes de leurs presbtres sont vifves ensepvelies avecques le corps de leurs maris : toutes aultres femmes sont bruslees aux funerailles des leurs, non constamment seulement, mais gayement : à la mort du roy, ses femmes et concubines, ses mignons, et touts ses officiers et serviteurs, qui font un peuple, se presentent si alaigrement au feu où son corps est bruslé, qu'ils montrent prendre à grand honneur d'y accompaigner leur maistre. Pendant nos dernieres guerres de Milan, et tant de prinses et rescousses, le peuple, impatient de si divers changements de fortune, print telle resolution à la mort, que i'ay ouï dire à mon pere qu'il y veit tenir compte de bien vingt et cinq maistres de maisons qui s'estoient desfaicts eulx mesmes en une semaine : accident approchant à celuy des Xanthiens, lesquels assiegez par Brutus, se precipiterent pesle mesle, hommes, femmes et enfants, à un si furieux appetit de mourir, qu'on ne faict rien pour fuyr la mort que ceulx cy ne feissent pour fuyr la vie : de maniere qu'à peine Brutus en peut sauver un bien petit nombre.

Toute opinion est assez forte pour se faire espouser au prix de la vie. Le premier article de ce courageux serment que la Grece iura et mainteint en la guerre medoise, ce feut que chascun changeroit plustost la mort à la vie, que les loix persiennes aux leurs. Combien veoid on de monde en la guerre des Turcs et des Grecs accepter plustost la mort tresaspre, que de se descirconcire pour se baptiser? exemple de quoy nulle sorte de religion n'est incapable.

Les roys de Castille ayants banni de leurs terres les Iuifs, le roy Iehan de Portugal leur vendit, à huict escus pour teste, la retraicte aux siennes pour un certain temps ; à condition que, iceluy venu, ils auroient à les vuider ; et luy, promettoit leur fournir de vaisseaux à les traiecter en Afrique. Le iour arrivé, lequel passé il estoit dict que ceulx qui n'auroient obeï demeureroient esclaves, les vaisseaux leur feurent fournis escharcement[1], et ceulx qui s'y embarquerent, rudement et vilainement traictez par les passagiers, qui, oultre plusieurs aultres indignitez, les amuserent sur mer, tantost avant, tantost arriere, iusques à ce qu'ils eussent consommé leurs victuailles, et feussent contraincts d'en acheter d'eulx si cherement et si longuement, qu'on ne les meit à bord qu'ils ne feussent du tout mis en chemise. La nouvelle de cette inhumanité rapportee à ceulx qui estoient en terre, la pluspart se resolurent à la servitude; aulcuns feirent contenance de changer de religion. Emmanuel, successeur de Iehan, venu à la couronne, les meit premierement en liberté, et, changeant d'advis depuis, leur ordonna de sortir de ses païs, assignant trois ports à leur passage. Il esperoit, dict l'evesque Osorius, non mesprisable historien latin de nos siecles, que la faveur de la liberté qu'il leur avoit rendue ayant failli de les convertir au christianisme, la difficulté de se commettre à la volerie des mariniers, et d'abandonner un païs où ils estoient habituez avecques grandes richesses, pour s'aller iecter en region incogneue et estrangiere, les y rameneroit. Mais se voyant descheu de son esperance, et eulx touts deliberez au passage, il retrencha deux des ports qu'il leur avoit promis, à fin que la longueur et incommodité du traiect en reduisist aulcuns, ou qu'il eust moyen de les amonceler touts à un lieu pour une plus grande commodité de l'exécution qu'il avoit destinee; ce feut qu'il ordonna qu'on arrachast

[1] *Avec parcimonie, en quantité insuffisante.*

d'entre les mains des peres et des meres touts les enfants au dessoubs de quatorze ans pour les transporter, hors de leur veue et conversation, en lieu où ils feussent instruicts à nostre religion. Ils disent que cet effect produisit un horrible spectacle : la naturelle affection d'entre les peres et les enfants, et, de plus, le zele à leur ancienne creance, combattant à l'encontre de cette violente ordonnance, il y feut veu communement des peres et meres se desfaisants eulx mesmes, et d'un plus rude exemple encores, precipitants, par amour et compassion, leurs ieunes enfants dans des puits, pour fuyr à la loy. Au demourant, le terme qu'il leur avoit prefix expiré, par faulte de moyens, ils se remeirent en servitude. Quelques uns se feirent chrestiens ; de la foy desquels ou de leur race, encores auiourd'huy cent ans aprez, peu de Portugais s'asseurent, quoyque la coustume et la longueur du temps soyent bien plus fortes conseilleres à telles mutations, que toute aultre contraincte.

En la ville de Castelnau Darry, cinquante Albigeois heretiques souffrirent à la fois, d'un courage determiné, d'estre bruslez vifs en un feu, avant desadvouer leurs opinions. *Quoties non modo ductores nostri*, dict Cicero, *sed universi etiam exercitus, ad non dubiam mortem concurrerunt*[1] ! I'ay veu quelqu'un de mes intimes amis courre la mort à force, d'une vraye affection, et enracinee en son cœur par divers visages de discours que ie ne luy sceus rabbattre ; et,

[1] Combien de fois, non-seulement nos généraux, mais même tous les soldats de nos armées, n'ont-ils point couru à une mort certaine ! Cic., *Tusc. quæst.*, I, 37.

à la premiere qui s'offrit coeffee d'un lustre d'honneur, s'y precipiter, hors de toute apparence, d'une faim aspre et ardente. Nous avons plusieurs exemples en nostre temps de ceulx, iusques aux enfants, qui, de crainte de quelque legiere incommodité, se sont donnez à la mort. Et à ce propos, « Que ne craindrons nous, dict un ancien[1], si nous craignons ce que la couardise mesme a choisi pour sa retraicte? »

D'enfiler icy un grand roolle de ceulx de touts sexes et conditions et de toutes sectes, ez siecles plus heureux, qui ont ou attendu la mort constamment, ou recherché volontairement, et recherché non seulement pour fuyr les maulx de cette vie, mais aulcuns pour fuyr simplement la satieté de vivre, et d'aultres pour l'esperance d'une meilleure condition ailleurs, ie n'aurois iamais faict; et en est le nombre si infini, qu'à la verité i'aurois meilleur marché de mettre en compte ceulx qui l'ont crainte : Cecy seulement : Pyrrho le philosophe se trouvant, un iour de grande tormente, dans un batteau, montroit à ceulx qu'il veoyoit les plus effroyez autour de luy, et les encourageoit par l'exemple d'un pourceau qui y estoit, nullement soulcieux de cet orage[2]. Oserons nous doncques dire que cet advantage de la raison, de quoy nous faisons tant de feste, et pour le respect duquel nous nous tenons maistres et empereurs du reste des creatures, ayt esté mis en nous pour nostre torment? A quoy faire la cognoissance des choses, si nous en devenons plus lasches? si nous en perdons

[1] SÉNÈQUE, *Epist.* 70.
[2] DIOGÈNE LAERCE, IX, 68.

le repos et la tranquillité où nous serions sans cela? et si elle nous rend de pire condition que le pourceau de Pyrrho? L'intelligence qui nous a esté donnee pour nostre plus grand bien, l'employerons nous à nostre ruyne; combattants le desseing de nature et l'universel ordre des choses, qui porte, que chascun use de ses utils et moyens pour sa commodité?

Bien, me dira lon, vostre regle serve à la mort : mais que direz vous de l'indigence? que direz vous encores de la douleur? que Aristippus, Hieronymus et la pluspart des sages ont estimé le dernier mal; et ceulx qui le nioient de parole le confessoient par effect[1]. Posidonius estant extremement tormenté d'une maladie aiguë et douloureuse, Pompeius le feut veoir, et s'excusa d'avoir prins heure si importune pour l'ouïr deviser de la philosophie : « Ia à Dieu ne plaise, lui dict Posidonius, que la douleur gaigne tant sur moy qu'elle m'empesche d'en discourir! » et se iecta sur ce mesme propos du mespris de la douleur : mais ce pendant elle iouoit son roolle, et le pressoit incessamment; à quoy il s'escrioit : « Tu as beau faire, douleur! si ne diray ie pas que tu sois mal. » Ce conte, qu'ils font tant valoir, que porte il pour le mespris de la douleur? il ne debat que du mot : et cependant si ces poinctures ne l'esmeuvent, pourquoy en rompt il son propos? pourquoy pense il faire beaucoup de ne l'appeller pas Mal? Icy tout ne consiste pas en l'imagination : nous opinons du reste; c'est icy la certaine science qui ioue son roolle; nos sens mesmes en sont iuges;

[1] Cic., *Tuscul.*, II, 13.

Qui nisi sunt veri, ratio quoque falsa sit omnis [1].

Ferons nous accroire à nostre peau que les coups d'estriviere la chastouillent? et à nostre goust que l'aloé soit du vin de Graves? Le pourceau de Pyrrho est icy de notre escot : il est bien sans effroy à la mort; mais si on le bat, il crie et se tormente. Forcerons nous la generale loy de nature, qui se veoid en tout ce qui est vivant soubs le ciel, de trembler soubs la douleur? les arbres mesmes semblent gemir aux offenses. La mort ne se sent que par le discours, d'autant que c'est le mouvement d'un instant;

Aut fuit, aut veniet; nihil est præsentis in illa...
Morsque minus pœnæ, quam mora mortis, habet [2]:

mille bestes, mille hommes sont plustost morts que menacez. Aussy, ce que nous disons craindre principalement en la mort, c'est la douleur, son avant coureuse coustumiere. Toutesfois, s'il en fault croire un sainct pere, *malam mortem non facit, nisi quod sequitur mortem* [3] : et ie dirois encores plus vraysemblablement, que ny ce qui va devant, ny ce qui vient aprez n'est des appartenances de la mort.

Nous nous excusons faulsement : et ie treuve par experience que c'est plustost l'impatience de l'ima-

[1] Si les sens sont trompeurs, la raison elle-même est fausse. Lucrèce, IV, 486.

[2] Ou elle a été, ou elle sera : il n'y a rien de présent en elle. La mort est moins cruelle que l'attente de la mort. — Le premier de ces deux vers est pris d'une satire d'Estienne de La Boëtie. Le second est d'Ovide, *Épître d'Ariane à Thésée*, v. 82. Coste.

[3] Il n'y a que ce qui suit la mort qui la rend redoutable. August., *de Civit. Dei*, I, 11.

gination de la mort qui nous rend impatients de la douleur, et que nous la sentons doublement griefve de ce qu'elle nous menace de mourir; mais la raison accusant nostre lascheté de craindre chose si soubdaine, si inevitable, si insensible, nous prenons cet aultre pretexte plus excusable. Tous les maulx qui n'ont aultre dangier que du mal, nous les disons sans dangier : celuy des dents ou de la goutte, pour grief qu'il soit, d'autant qu'il n'est pas homicide, qui le met en compte de maladie?

Or bien presupposons le, qu'en la mort nous regardons principalement la douleur; comme aussi la pauvreté n'a rien à craindre que cela, qu'elle nous iecte entre ses bras par la soif, la faim, le froid, le chauld, les veilles qu'elle nous fait souffrir : ainsi n'ayons à faire qu'à la douleur. Ie leur donne que ce soit le pire accident de nostre estre; et volontiers, car ie suis l'homme du monde qui luy veulx autant de mal et qui la fuys autant, pour iusques à present n'avoir pas eu, Dieu mercy, grand commerce avec elle : mais il est en nous, sinon de l'aneantir, au moins de l'amoindrir par patience; et, quand bien le corps s'en esmouveroit, de maintenir ce neantmoins l'ame et la raison en bonne trempe. Et s'il ne l'estoit, qui auroit mis en credit la vertu, la vaillance, la force, la magnanimité et la resolution? où ioueroyent elles leur roolle, s'il n'y a plus de douleur à desfier? *Avida est periculi virtus* [1] : s'il ne fault coucher sur la dure, soustenir armé de toutes pieces la chaleur du midy, se paistre d'un cheval et d'un

[1] Le courage est avide de péril. SÉNÈQUE, *de Providentia*, c. 4.

asne, se veoir destailler en pieces et arracher une balle d'entre les os, se souffrir recoudre, cauteriser et sonder, par où s'acquerra l'advantage que nous voulons avoir sur le vulgaire? C'est bien loing de fuyr le mal et la douleur, ce que disent les sages, « que des actions egualement bonnes, celle là est plus souhaitable à faire où il y a plus de peine. » *Non enim hilaritate, nec lascivia, nec risu, aut ioco, comite levitatis, sed sæpe etiam tristes firmitate et constantia sunt beati* [1]. Et à cette cause, il a esté impossible de persuader à nos peres que les conquestes faictes par vifve force au hazard de la guerre, ne feussent plus advantageuses que celles qu'on faict en toute seureté par practiques et menees.

Lætius est, quoties magno sibi constat honestum [2].

Davantage, cela nous doibt consoler, que naturellement « si la douleur est violente, elle est courte; si elle est longue, elle est legiere : » *si gravis, brevis; si longus, levis* [3]. Tu ne la sentiras gueres longtemps, si tu la sens trop; elle mettra fin à soy ou à toy : l'un et l'aultre revient à un; si tu ne la portes, elle t'emportera. *Memineris maximos morte finiri; parvos multa habere intervalla requietis; mediocrium nos esse dominos · ut si tolerabiles sint, feramus; sin*

[1] Ce n'est ni par la joie ni par les plaisirs, ni par les jeux ou les ris, compagnons de la frivolité, qu'on est heureux : les âmes austères trouvent le bonheur dans la constance et la fermeté. CICÉRON, *de Finib.*, II, 10.

[2] La vertu est d'autant plus douce qu'elle nous a plus coûté. LUCAIN, IX, 404.

[3] CIC., *de Finib.*, II, 29.

minus, e vita, quum ea non placeat, tanquam e theatro, exeamus[1]. Ce qui nous faict souffrir avecques tant d'impatience la douleur, c'est de n'estre pas accoustumez de prendre nostre principal contentement en l'ame, de ne nous fonder point assez sur elle, qui est seule et souveraine maistresse de nostre condition[2]. Le corps n'a, sauf le plus et le moins, qu'un train et qu'un pli : Elle est variable en toute sorte de formes, et renge à soy, et à son estat quel qu'il soit, les sentiments du corps et touts aultres accidents : pourtant la fault il estudier et enquerir, et esveiller en elle ses ressorts touts puissants. Il n'y a raison, ny prescription, ny force qui vaille contre son inclination et son choix. De tant de milliers de biais qu'elle a en sa disposition, donnons luy en un propre à nostre repos et conservation : nous voylà, non couverts seulement de toute offense, mais gratifiez mesme, et flattez, si bon luy semble, des offenses et des maulx. Elle faict son proufit de tout indifferemment : l'erreur, les songes, luy servent utilement, comme une loyale matiere à nous mettre à garant et en contentement. Il est aysé à veoir que ce qui aiguise en nous la douleur et la volupté, c'est la poincte de notre esprit : les bestes qui le tiennent soubs

[1] Souviens-toi que les grandes douleurs se terminent par la mort; que les petites ont plusieurs intervalles de repos, et que nous sommes maîtres des médiocres : ainsi, tant qu'elles seront supportables, nous souffrirons patiemment; si elles ne le sont pas, si la vie nous déplaît, nous en sortirons comme d'un théâtre. Cic., *de Finib.*, I, 15.

[2] Var. Et de nous armer d'elle contre la mollesse du corps. *Exemplaire de Bordeaux.*

boucle, laissent aux corps leurs sentiments libres et naïfs, et par consequent uns, à peu prez, en chasque espece, ainsy qu'elles montrent par la semblable application de leurs mouvements. Si nous ne troublions pas en nos membres la iuridiction qui leur appartient en cela, il est à croire que nous en serions mieulx, et que nature leur a donné un iuste et moderé temperament envers la volupté et envers la douleur; et ne peult faillir d'estre iuste, estant egual et commun. Mais, puisque nous nous sommes emancipez de ses regles pour nous abandonner à la vagabonde liberté de nos fantasies, au moins aidons nous à les plier du costé le plus agreable. Platon [1] craint nostre engagement aspre à la douleur et à la volupté, d'autant qu'il oblige et attache par trop l'ame au corps : moy plustost, au rebours, d'autant qu'il l'en desprend et descloue. Tout ainsi que l'ennemy se rend plus aspre à nostre fuite : aussi s'enorgueillit la douleur à nous veoir trembler soubs elle. Elle se rendra de bien meilleure composition à qui luy fera teste : il se fault opposer et bander contre. En nous acculant et tirant arriere, nous appellons à nous et attirons la ruyne qui nous menace. Comme le corps est plus ferme à la charge en le roidissant, aussi est l'ame.

Mais venons aux exemples, qui sont proprement du gibier des gents foibles de reins comme moi : où nous trouverons qu'il va de la douleur comme des pierres, qui prennent couleur ou plus haulte ou plus morne, selon la feuille où l'on les couche, et qu'elle ne tient qu'autant de place en nous

[1] Dans *le Phédon*.

que nous luy en faisons : *Tantum doluerunt, quantum doloribus se inseruerunt*[1]. Nous sentons plus un coup de rasoir du chirurgien, que dix coups d'espee en la chaleur du combat. Les douleurs de l'enfantement, par les medecins et par Dieu mesme estimees grandes[2], et que nous passons avecques tant de cerimonies, il y a des nations entieres qui n'en font nul compte. Ie laisse à part les femmes lacedemoniennes ; mais aux souisses, parmy nos gents de pied, quel changement y trouvez vous ? sinon que trottant aprez leurs maris vous leur veoyez auiourd'huy porter au col l'enfant qu'elles avoient hier au ventre : et ces Aegyptiennes contrefaictes, ramassees d'entre nous, vont elles mesmes laver les leurs qui viennent de naistre, et prennent leurs bains en la plus prochaine riviere. Oultre tant de garses qui desrobent touts les iours leurs enfants en la generation comme en la conception, cette belle et noble femme de Sabinus, patricien romain, pour l'interest d'aultruy, supporta seule, sans secours et sans voix et gemissement, l'enfantement de deux iumeaux[3]. Un simple garsonnet de Lacedemone ayant desrobé un regnard (car ils craignoient encores plus la honte de leur sottise au larrecin que nous ne craignons la peine de nostre malice), et l'ayant mis sous sa cappe, endura plustost qu'il luy eust rongé le ventre, que de se descouvrir[4]. Et un aultre, donnant de l'encens à un

[1] Ils ont d'autant plus souffert, qu'ils se sont davantage livrés à la douleur. AUGUSTIN, *de Civit. Dei*, I, 10.

[2] *In dolore paries filios.* Genèse, III, 16.

[3] PLUTARQUE, traité *de l'Amour*, c. 34.

[4] ID., *Vie de Lycurgue*, c. 14.

sacrifice, se laissa brusler iusques à l'os par un charbon tumbé dans sa manche, pour ne troubler le mystere[1] : et s'en est veu un grand nombre, pour le seul essay de vertu, suyvant leur institution, qui ont souffert en l'aage de sept ans d'estre fouettez iusques à la mort sans alterer leur visage. Et Cicero[2] les a veus se battre à troupes, de poings, de pieds et de dents, iusques à s'evanouïr, avant que d'advouer estre vaincus. *Nunquam naturam mos vinceret; est enim ea semper invicta : sed nos umbris, deliciis, otio, languore, desidia animum infecimus; opinionibus maloque more delinitum mollivimus*[3]. Chascun sçait l'histoire de Scevola qui, s'estant coulé dans le camp ennemy pour en tuer le chef, et ayant failly d'attaincte, pour reprendre son effect d'une plus estrange invention, et descharger sa patrie, confessa à Porsenna, qui estoit le roy qu'il vouloit tuer, non seulement son desseing, mais adiousta qu'il y avoit en son camp un grand nombre de Romains complices de son entreprinse, tels que luy : et, pour montrer quel il estoit, s'estant faict apporter un brasier, veit et souffrit griller et rostir son bras, iusques à ce que l'ennemy mesme en ayant horreur commanda oster le brasier[4]. Quoy! celuy qui ne daigna interrompre

[1] VALÈRE MAXIME, III, 3, ext. 1.

[2] CIC., *Tusc. quæst.*, V, 27.

[3] Jamais l'usage ne pourrait vaincre la nature, car elle est invincible : mais, parmi nous, elle est corrompue par la mollesse, par les délices, par l'oisiveté, par l'indolence; elle est altérée par des opinions fausses et de mauvaises habitudes. CIC., *Tusc. quæst.*, V, 27.

[4] TITE LIVE, II, 12.

la lecture de son livre, pendant qu'on l'incisoit[1]? et celuy qui s'obstina à se mocquer et à rire, à l'envy des maulx qu'on luy faisoit[2]; de façon que la cruauté irritee des bourreaux qui le tenoient, et toutes les inventions des torments redoublez les uns sur les aultres, luy donnerent gaigné? Mais c'estoit un philosophe. Quoy! un gladiateur de César endura, tousiours riant, qu'on luy sondast et destaillast ses playes : *Quis mediocris gladiator ingemuit? quis vultum mutavit unquam? Quis non modo stetit, verum etiam decubuit turpiter? Quis, quum decubuisset, ferrum recipere iussus, collum contraxit*[3]? Meslons y les femmes. Qui n'a ouï parler à Paris de celle qui se feit escorcher, pour seulement en acquerir le teint plus frais d'une nouvelle peau? Il y en a qui se sont faict arracher des dents vifves et saines, pour en former la voix plus molle et plus grasse, ou pour les renger en meilleur ordre. Combien d'exemples du mespris de la douleur avons nous en ce genre! Que ne peuvent elles, que craignent elles, pour peu qu'il ayt d'adgencement à esperer en leur beauté?

Vellere queis cura est albos a stirpe capillos,

[1] SÉNÈQUE, *Epist.* 78.

[2] ID., *ibid.* Si je ne me trompe, il s'agit ici d'Anaxarque, que Nicocréon, tyran de Cypre, fit mettre en pièces sans pouvoir vaincre sa constance. Voyez, dans DIOGÈNE LAERCE, la *Vie d'Anaxarque*, IX, 58 et 29. COSTE.

[3] Jamais le dernier des gladiateurs a-t-il ou gémi ou changé de visage? En est-il un seul dont l'attitude ou la chute ait accusé la lâcheté? En est-il un qui, renversé par terre, ait retiré la tête lorsqu'on lui ordonnait de recevoir le coup mortel? CIC., *Tusc. quæst.*, II, 17.

Et faciem, dempta pelle, referre novam[1].

l'en ay veu engloutir du sable, de la cendre, et se travailler à poinct nommé de ruyner leur estomach, pour acquerir les pasles couleurs. Pour faire un corps bien espagnolé, quelle gehenne ne souffrent elles, guindees et cenglees, à tout de grosses coches sur les costes, jusques à la chair vifve? ouy, quelquesfois à en mourir.

Il est ordinaire à beaucoup de nations de nostre temps de se blecer à escient pour donner foy à leur parole : et nostre roy[2] en recite des notables exemples de ce qu'il en a veu en Poloigne, et en l'endroict de luy mesme. Mais oultre ce que ie sçais en avoir esté imité en France par aulcuns, quand ie veins de ces fameux estats de Blois, i'avois veu peu auparavant une fille, en Picardie, pour tesmoingner la sincerité de ses promesses et aussi sa constance, se donner, du poinçon qu'elle portoit en son poil, quatre ou cinq bons coups dans le bras, qui luy faisoient craqueter la peau, et la saignoient bien en bon escient. Les Turcs se font des grandes escarres pour leurs dames, et, à fin que la marque y demeure, ils portent soubdain du feu sur la playe, et l'y tiennent un temps incroyable, pour arrester le sang et former la cicatrice; gents qui l'ont veu l'ont escript, et me l'ont iuré : mais pour dix aspres[3], il se treuve touts les

[1] Il est des gens qui ont le courage d'arracher leurs cheveux blancs, et de se faire, en s'enlevant la peau, un nouveau visage. TIBULLE, I, 8, 45.

[2] Henri III.

[3] Monnaie turque, qui vaut à peu près un sou. E. JOHANNEAU.

iours entre eulx personne qui se donnera une bien profonde taillade dans le bras ou dans les cuisses. Ie suis bien ayse que les tesmoings nous sont plus à main où nous en avons plus affaire; car la chrestienté nous en fournit à suffisance : et aprez l'exemple de nostre sainct Guide, il y en a eu force qui, par devotion, ont voulu porter la croix. Nous apprenons, par tesmoing tresdigne de foy [1], que le roy sainct Louys porta la haire iusques à ce que, sur sa vieillesse, son confesseur l'en dispensa; et que touts les vendredis il se faisoit battre les espaules, par son presbtre, de cinq chaisnettes de fer, que pour cet effect on portoit emmy ses besongnes de nuict.

Guillaume, nostre dernier duc de Guyenne, pere de cette Alienor qui transmeit ce duché aux maisons de France et d'Angleterre, porta, les dix ou douze derniers ans de sa vie, continuellement, un corps de cuirasse soubs un habit de religieux, par penitence. Foulques, comte d'Aniou, alla iusques en Ierusalem, pour là se faire fouetter à deux de ses valets, la chorde au col, devant le sepulchre de nostre Seigneur. Mais ne veoid on encores touts les iours au vendredi sainct, en divers lieux, un grand nombre d'hommes et femmes se battre jusques à se deschirer la chair et percer iusques aux os? cela ay ie veu souvent, et sans enchantement : et disoit on (car ils vont masquez) qu'il y en avoit qui pour de l'argent entreprenaient en cela de garantir la religion d'aultruy, par un mespris de la douleur d'autant plus grand, que plus peuvent les aiguillons de la dévotion que de l'a-

[1] Le sire de Joinville.

varice. Q. Maximus enterra son fils consulaire, M. Cato le sien preteur designé, et L. Paulus les siens deux en peu de iours, d'un visage rassis, et ne portant nul tesmoignage de dueil [1]. Ie disois, en mes iours, de quelqu'un, en gaussant, qu'il avoit choué [2] la divine iustice ; car la mort violente de trois grands enfants lui ayant esté envoyee en un iour pour un aspre coup de verge, comme il est à croire, peu s'en fallut qu'il ne la prinst à faveur et gratification singuliere du ciel. Ie n'ensuys pas ces humeurs monstrueuses ; mais i'en ai perdu en nourrice deux ou trois, sinon sans regret, au moins sans fascherie : si n'est il gueres d'accident qui touche plus au vif les hommes. Ie veois assez d'aultres communes occasions d'affliction, qu'à peine sentirois ie si elles me venoient ; et en ay mesprisé, quand elles me sont venues, de celles ausquelles le monde donne une si atroce figure, que ie n'oserois m'en vanter au peuple sans rougir : *ex quo intelligitur, non in natura, sed in opinione, esse ægritudinem* [3]. L'opinion est une puissante partie, hardie, et sans mesure. Qui rechercha iamais de telle faim la seureté et le repos, qu'Alexandre et Cesar ont faict l'inquietude et les difficultez? Terez, le père de Sitalcez [4], souloit dire que « Quand il ne faisoit point la guerre, il luy estoit advis qu'il n'y avoit point difference entre luy et son

[1] Cicéron, *Tuscul.*, III, 28.

[2] *Éludé.*

[3] D'où l'on peut voir que l'affliction n'est pas un effet de la nature, mais de l'opinion. Cic., *Tusc.*, III, 28.

[4] Roi de Thrace.

palefrenier [1]. » Caton, consul, pour s'asseurer d'aulcunes villes en Espaigne, ayant seulement interdict aux habitants d'icelles de porter les armes, grand nombre se tuerent : *ferox gens, nullam vitam rati sine armis esse* [2]. Combien en sçavons nous qui ont fuy la doulceur d'une vie tranquille en leurs maisons, parmy leurs cognoissants, pour suyvre l'horreur des deserts inhabitables; et qui se sont iectez à l'abiection, vilité et mespris du monde, et s'y sont pleus iusques à l'affectation! Le cardinal Borromée [3], qui mourut dernierement à Milan, au milieu de la desbauche à quoy le convioit et sa noblesse, et ses grandes richesses, et l'air de l'Italie, et sa ieunesse, se mainteint en une forme de vie si austere, que la mesme robbe qui luy servoit en esté luy servoit en hyver; n'avoit pour son coucher que la paille; et les heures qui luy restoient des occupations de sa charge, il les passoit estudiant continuellement, planté sur ses genouils, ayant un peu d'eau et de pain à costé de son livre, qui estoit toute la provision de ses repas, et tout le temps qu'il y employoit.

I'en sçais qui, à leur escient, ont tiré et proufit et advancement du cocuage, de quoy le seul nom effroye tant de gents.

Si la veue n'est le plus nécessaire de nos sens, il est au moins le plus plaisant : mais les plus plaisants

[1] PLUTARQUE, *Apophthegmes*.

[2] Peuple féroce, qui ne croyait pas qu'on pût vivre sans combattre. TITE LIVE, XXXIV, 17.

[3] Saint Charles Borromée, né en 1538, mort en 1584.

et utiles de nos membres semblent estre ceulx qui servent à nous engendrer; toutesfois assez de gents les ont prins en haine mortelle, pour cela seulement qu'ils estoient trop aimables, et les ont reiectez à cause de leur prix : autant en opina des yeulx celuy qui se les creva. La plus commune et plus saine part des hommes tient à grand heur l'abondance des enfants; moy et quelques aultres à pareil heur le default : et quand on demande à Thales pourquoy il ne se marie point, il respond « qu'il n'aime point à laisser lignee de soy [1]. »

Que nostre opinion donne prix aux choses, il se veoid par celles en grand nombre ausquelles nous ne regardons pas seulement pour les estimer, ains à nous; et ne considerons ny leurs qualitez ny leurs utilitez, mais seulement nostre coust à les recouvrer, comme si c'estoit quelque piece de leur substance; et appellons valeur en elles, non ce qu'elles apportent, mais ce que nous y apportons. Sur quoy ie m'advise que nous sommes grands mesnagiers de nostre mise : selon qu'elle poise, elle sert, de ce mesme qu'elle poise. Nostre opinion ne la laisse iamais courir à fauls fret : l'achat donne tiltre au diamant; et la difficulté, à la vertu; et la douleur, à la devotion; et l'aspreté, à la medecine; tel [2], pour arriver à la pauvreté, iecta ses escus en cette mesme mer, que tant d'aultres fouillent de toutes parts pour y pescher des richesses. Epicurus dict que : « L'estre riche n'est pas soulagement, mais changement, d'af-

[1] DIOGÈNE LAERCE, I, 26.
[2] Aristippe.

faires. » De vray, ce n'est pas la disette, c'est plustost l'abondance, qui produict l'avarice. Ie veulx dire mon experience autour de ce subiect.

I'ai vescu en trois sortes de conditions depuis estre sorty de l'enfance. Le premier temps, qui a duré prez de vingt annees, ie le passay n'ayant aultres moyens que fortuits, et despendant de l'ordonnance et secours d'aultruy, sans estat certain et sans prescription. Ma despense se faisoit d'autant plus alaigrement et avecques moins de soing, qu'elle estoit toute en la temerité de la fortune. Ie ne feus iamais mieulx. Il ne m'est oncques advenu de trouver la bourse de mes amis close; m'estant enioinct, au delà de toute aultre necessité, la necessité de ne faillir au terme que i'avois prins à m'acquitter, lequel ils m'ont mille fois alongé, voyant l'effort que ie me faisois pour leur satisfaire : en maniere que i'en rendois ma loyauté mesnagiere, et aulcunement piperesse. Ie sens naturellement quelque volupté à payer; comme si ie deschargeois mes espaules d'un ennuyeux poids et de cette image de servitude; aussi qu'il y a quelque contentement qui me chatouille à faire une action iuste et contenter aultruy. I'excepte les payements où il fault venir à marchander et compter; car, si ie ne treuve à qui en commettre la charge, ie les esloingne honteusement et iniurieusement, tant que ie puis, de peur de cette altercation, à laquelle et mon humeur et ma forme de parler est du tout incompatible. Il n'est rien que ie haïsse comme à marchander : c'est un pur commerce de trichoterie et d'impudence; aprez une heure de debat et de barguignage, l'un et l'aultre abandonne sa parole et ses serments pour cinq souls d'amendement. Et si empruntois avec desadvantage : car n'ayant point le cœur de requerir en presence, i'en renvoyois le hazard sur le papier, qui ne faict gueres d'effort, et qui preste grandement la main au refuser. Ie me remettois de la conduicte de mon besoing plus gayement aux astres et plus librement, que ie n'ay faict depuis à ma providence et à mon sens. La pluspart des mesnagiers estiment horrible de vivre ainsin en incertitude : et ne s'advisent pas, Premierement, que la pluspart du monde vit ainsi : combien d'honnestes hommes ont reiecté tout leur certain à l'abandon, et le font touts les iours, pour chercher le vent de la faveur des roys et de la fortune! Cesar s'endebta d'un million d'or, oultre son vaillant, pour devenir Cesar : et combien de marchands commencent leur traficque par la vente de leur metairie, qu'ils envoyent aux Indes,

> Tot per impotentia freta[1] !

En une si grande siccité de devotion, nous avons mille et mille colleges[2] qui la passent commodement, attendants touts les iours de la liberalité du ciel ce qu'il fault à eulx disner. Secondement, ils ne s'advisent pas que cette certitude sur laquelle ils se fondent, n'est gueres moins incertaine et hazardeuse que le hazard mesme. Ie veois d'aussi prez la misere au delà de deux mille escus de rente, que si elle

[1] A travers tant de mers orageuses. CATULLE, IV, 18.
[2] *Congrégations, couvents.*

estoit tout contre moy : car, oultre ce que le sort a de quoy ouvrir cent bresches à la pauvreté au travers de nos richesses, n'y ayant souvent nul moyen entre la supreme et infime fortune,

Fortuna vitrea est : tum, quum splendet, frangitur[1],

et envoyer cul sur poincte[2] toutes nos deffenses et levees, ie treuve que, par diverses causes, l'indigence se veoid autant ordinairement logee chez ceulx qui ont des biens, que chez ceulx qui n'en ont point; et qu'à l'adventure est elle aulcunement moins incommode, quand elle est seule, que quand elle se rencontre en compaignie des richesses. Elles viennent plus de l'ordre que de la recepte; *faber est suæ quisque fortunæ*[3] : et me semble plus miserable un riche malaysé, necessiteux, affaireux, que celuy qui est simplement pauvre. *In divitiis inopes, quod genus egestatis gravissimum est*[4]. Les plus grands princes et plus riches sont, par pauvreté et disette, poulsez ordinairement à l'extreme necessité; car en est il de plus extreme, que d'en devenir tyrans et iniustes usurpateurs des biens de leurs subiects?

Ma seconde forme, ç'a esté d'avoir de l'argent : à

[1] *Ex Mim. P. Syri.* Godeau, évêque de Grasse, a traduit ainsi ce vers :

Et comme elle a l'éclat du verre,
Elle en a la fragilité.

Corneille a transporté cette traduction dans *Polyeucte*.

[2] Renverser.

[3] Chacun est l'artisan de sa fortune. SALLUSTE, *de Rep. ordin.*, I, 1.

[4] L'indigence au sein des richesses est la pire des misères. SÉNÈQUE, *Epist.* 74.

quoy m'estant prins, i'en feis bientost des reserves notables, selon ma condition; n'estimant pas que ce feust avoir, sinon autant qu'on possede oultre sa despense ordinaire, ny qu'on se puisse fier du bien qui est encores en esperance de recepte, pour claire qu'elle soit. Car, quoy! disois-ie, si i'estois surprins d'un tel ou d'un tel accident? Et à la suite de ces vaines et vicieuses imaginations, i'allois faisant l'ingenieux à pourveoir, par cette superflue reserve, à touts inconvenients : et sçavois encores respondre, à celuy qui m'allegr'oit que le nombre des inconvenients estoit trop infin'y, que si ce n'estoit à touts, c'estoit à aulcuns et pl usieurs. Cela ne se passoit pas sans penible solicitu le : i'en faisois un secret : et moy, qui ose tant di e de moy, ne parlois de mon argent qu'en mensonge, comme font les aultres qui s'appauvrissent riches, s'enrichissent pauvres, et dispensent leur conscience de iamais tesmoingner sincerement de ce qu'ils ont : ridicule et honteuse prudence! Allois ie en voyage? il ne me sembloit estre iamais suffisamment pourveu; et plus ie m'estois chargé de monnoye, plus aussi ie m'estois chargé de crainte, tantost de la seureté des chemins, tantost de la fidelité de ceulx qui conduisoient mon bagage, duquel, comme d'aultres que ie cognois, ie ne m'asseurois iamais assez si ie ne l'avois devant mes yeux. Laissois ie ma boiste chez moy? combien de souspeçons et pensements espineux, et, qui pis est, incommunicables? i'avois tousiours l'esprit de ce costé. Tout compté, il y a plus de peine à garder l'argent qu'à l'acquerir. Si ie n'en faisois du tout tant que i'en dis, au moins il me coustoit à m'empescher de le faire. De commodité, i'en tirois peu ou rien : pour avoir plus de moyens de despense, elle ne m'en poisoit pas moins; car, comme disoit Bion[1], « Autant se fasche le chevelu comme le chauve, qu'on luy arrache le poil : » et, depuis que vous estes accoustumé et avez planté vostre fantasie sur certain monceau, il n'est plus à vostre service; vous n'oseriez l'escorner; c'est un bastiment qui, comme il vous semble, croulera tout si vous y touchez; il fault que la necessité vous prenne à la gorge pour l'entamer : et auparavant i'engageois mes hardes et vendois un cheval, avecques bien moins de contraincte et moins envy[2], que lors ie ne faisois bresche à cette bourse favorie que ie tenois à part. Mais le dangier estoit que malayseement peult on establir bornes certaines à ce desir (elles sont difficiles à trouver ez choses qu'on croit bonnes), et arrester un poinct à l'espargne : on va tousiours grossissant cet amas, et l'augmentant d'un nombre à aultre, iusques à se priver vilainement de la iouïssance de ses propres biens, et l'establir toute en la garde, et n'en user point. Selon cette espece d'usage, ce sont les plus riches gents du monde ceulx qui ont charge de la garde des portes et murs d'une bonne ville. Tout homme pecunieux est avaricieux, à mon gré. Platon[3] renge ainsi les biens corporels ou humains : la santé, la beauté, la force, la richesse : et la richesse, dict il, n'est pas aveugle,

[1] Sénèque, *de Tranquillitate animi*, c. 8.

[2] C'est-à-dire, *et moins à contre cœur*, minus invitus. Coste.

[3] *Des Lois*.

mais tresclairvoyante, quand elle est illuminee par la prudence. Dionysius le fils[1] eut bonne grace : On l'advertit que l'un de ses Syracusains avoit caché dans terre un thresor ; il luy manda de le luy apporter ; ce qu'il feit, s'en reservant à la desrobbee quelque partie, avecques la quelle il s'en alla en une aultre ville, où ayant perdu cet appetit de thesauriser, il se meit à vivre plus liberalement : ce qu'entendant, Dionysius luy feit rendre le demourant de son thresor, disant que, puisqu'il avoit apprins à en sçavoir user, il le luy rendoit volontiers.

Ie feus quelques annees en ce poinct : ie ne sçais quel bon daimon m'en iecta hors tresutilement, comme le Syracusain, et m'envoya toute cette conserve à l'abandon ; le plaisir de certain voyage de grande despense ayant mis au pied cette sotte imagination : par où ie suis retumbé à une tierce sorte de vie (ie dis ce que i'en sens), certes plus plaisante beaucoup et plus reglee ; c'est que ie foys courir ma despense quand et quand ma recepte ; tantost l'une devance, tantost l'aultre, mais c'est de peu qu'elles s'abandonnent. Ie vis du iour à la iournee, et me contente d'avoir de quoy suffire aux besoings presents et ordinaires : aux extraordinaires, toutes les provisions du monde n'y sçauroient suffire. Et est folie de s'attendre que fortune elle mesme nous arme iamais suffisamment contre soy : c'est de nos armes qu'il la fault combattre ; les fortuites nous trahiront au bon du faict. Si i'amasse, ce n'est que pour l'esperance

[1] Ou *Denys le père*, selon Plutarque, dans les *Apophthegmes*. COSTE.

de quelque voisine emploite, non pour acheter des terres, de quoy ie n'ay que faire, mais pour acheter du plaisir. *Non esse cupidum, pecunia est ; non esse emacem, vectigal est*[1]. Ie n'ay ny gueres peur que bien me faille, ny nul desir qu'il augmente : *divitiarum fructus est in copia ; copiam declarat satietas*[2] : et me gratifie singulierement que cette correction me soit arrivee en un aage naturellement enclin à l'avarice, et que ie me veoye desfaict de cette folie si commune aux vieux, et la plus ridicule de toutes les humaines folies.

Feraulez, qui avoit passé par les deux fortunes, et trouvé que l'accroist de chevance n'estoit pas accroist d'appetit au boire, manger, dormir, et embrasser sa femme ; et qui, d'aultre part, sentoit poiser sur ses espaules l'importunité de l'œconomie, ainsi qu'elle faict à moy, delibera de contenter un ieune homme pauvre, son fidele amy, abboyant aprez les richesses ; et luy feit present de toutes les siennes, grandes et excessives, et de celles encores qu'il estoit en train d'accumuler touts les iours par la liberalité de Cyrus son bon maistre, et par la guerre ; moyennant qu'il prinst la charge de l'entretenir et nourrir honnestement comme son hoste et son amy. Ils vescurent ainsi depuis tresheureusement, et egualement contents du changement de leur condition[3].

[1] C'est être riche, que de n'être pas avide de richesses ; c'est un revenu que de n'avoir pas la passion d'acheter. Cic., *Paradox.*, VI, 3.

[2] Le fruit des richesses est dans l'abondance, et la preuve de l'abondance, c'est le contentement. Id., *ibid.*, VI, 2.

[3] Xénophon, *Cyropédie*, VIII, 3.

Voylà un tour que i'imiterois de grand courage : et loue grandement la fortune d'un vieil prelat que ie veois s'estre si purement demis de sa bourse, de sa recepte et de sa mise, tantost à un serviteur choisi, tantost à un aultre, qu'il a coulé un long espace d'annees autant ignorant cette sorte d'affaires de son mesnage comme un estrangier. La fiance de la bonté d'aultruy est un non legier tesmoignage de la bonté propre ; partant la favorise Dieu volontiers. Et pour son regard, ie ne veois point d'ordre de maison ny plus dignement ny plus constamment conduict que le sien. Heureux qui aye reglé à si iuste mesure son besoing, que ses richesses y puissent suffire sans son soing et empeschement, et sans que leur dispensation ou assemblage interrompe d'aultres occupations qu'il suyt, plus convenables, plus tranquilles, et selon son cœur !

L'aysance donc et l'indigence despendent de l'opinion d'un chascun ; et non plus la richesse que la gloire, que la santé, n'ont qu'autant de beauté, et de plaisir, que leur en preste celuy qui les possede. Chascun est bien ou mal, selon qu'il s'en treuve : non de qui on le croid, mais qui le croid de soy, est content ; et en cela seul la creance se donne essence et verité. La fortune ne nous faict ny bien ny mal ; elle nous en offre seulement la matiere et la semence : laquelle nostre ame, plus puissante qu'elle, tourne et applique comme il luy plaist ; seule cause et maistresse de sa condition heureuse ou malheureuse[1]. Les

[1] N'envions point à une sorte de gens leurs grandes richesses : ils les ont à un titre onéreux et qui ne nous accommoderait point.

accessions externes prennent saveur et couleur de l'interne constitution : comme les accoustrements eschauffent, non de leur chaleur, mais de la nostre, laquelle ils sont propres à couver et nourrir ; qui en abrieroit un corps froid, il en tireroit mesme service pour la froideur : ainsi se conserve la neige et la glace. Certes tout en la maniere qu'à un faineant l'estude sert de torment ; à un yvrongne, l'abstinence du vin ; la frugalité est supplice aux luxurieux ; et l'exercice, gehenne à un homme delicat et oysif : ainsin est il du reste. Les choses ne sont pas si douloureuses ny difficiles d'elles mesmes ; mais nostre foiblesse et lascheté les faict telles. Pour iuger des choses grandes et haultes, il fault une ame de mesme ; aultrement nous leur attribuons le vice qui est le nostre : un aviron droict semble courbe en l'eau ; il n'importe pas seulement qu'on veoye la chose, mais comment on la veoid[1].

Or sus, pourquoy, de tant de discours qui persuadent diversement les hommes de mespriser la mort et de porter la douleur, n'en trouvons nous quelqu'un qui face pour nous? et de tant d'especes d'imaginations qui l'ont persuadé à aultruy, que chascun n'en applique il à soy une, le plus selon son humeur? S'il ne peult digerer la drogue forte et abstersive pour desraciner le mal, au moins qu'il la prenne lenitive pour le soulager. *Opinio est quædam*

Ils ont mis leur repos, leur santé, leur honneur et leur conscience pour les avoir : cela est trop cher, et il n'y a rien à gagner à un tel marché. LA BRUYÈRE.

[1] Depuis ces mots, *Certes, tout en la manière*, etc., Montaigne traduit SÉNÈQUE, *Epist.* 81. COSTE.

effeminata ac levis, nec in dolore magis, quam eadem in voluptate : qua quum liquescimus, fluimusque mollitia, apis aculeum sine clamore ferre non possumus... Totum in eo est, ut tibi imperes[1]. Au demourant, on n'eschappe pas à la philosophie, pour faire valoir oultre mesure l'aspreté des douleurs et l'humaine foiblesse; car on la contrainct de se reiecter à ses invincibles repliques : « S'il est mauvais de vivre en necessité, au moins de vivre en necessité il n'est aucune necessité[2] : » « Nul n'est mal longtemps, qu'à sa faulte. » Qui n'a le cœur de souffrir ny la mort ny la vie; qui ne veult ny resister ni fuyr : que luy feroit-on[3]?

CHAPITRE XLI.

DE NE COMMUNIQUER SA GLOIRE.

De toutes les resveries du monde, la plus receue et plus universelle est le soing de la reputation et de la gloire, que nous espousons iusques à quitter les richesses, le repos, la vie et la santé, qui sont biens effectuels et substantiaux, pour suyvre cette vaine

[1] Il y a dans la douleur, aussi bien que dans le plaisir, quelque chose d'énervant qui nous fait fondre et couler de mollesse, à tel point que nous ne pouvons supporter sans crier la piqûre d'une abeille... Tout consiste à savoir se commander à soi-même. Cic., *Tusc. quæst.*, II, 22.

[2] Sénèque, *Epist.* 12.

[3] Var. Nul n'est mal longtemps qu'à sa coulpe : *Nemo nisi culpa sua diu dolet.* Qui n'a le courage de vivre, ny le courage de mourir, à quoi est-il bon? *Exemplaire de Bordeaux.*

image et cette simple voix qui n'a ny corps ny prinse :

La fama, ch' invaghisce a un dolce suono
Voi superbi mortali, e par sì bella,
È un' eco, un sogno, anzi del sogno un' ombra
Ch' ad ogni vento si dilegua e sgombra[1];

et des humeurs desraisonnables des hommes, il semble que les philosophes mesmes se desfacent plus tard et plus envy de cette cy que de nulle aultre : c'est la plus revesche et opiniastre ; *quia etiam bene proficientes animos tentare non cessat*[2]. Il n'en est gueres de laquelle la raison accuse si clairement la vanité ; mais elle a ses racines si vifves en nous, que ie ne sçais si iamais aulcun s'en est peu nettement descharger. Aprez que vous avez tout dict et tout creu pour la desadvouer, elle produict contre vostre discours une inclination si intestine, que vous avez peu[3] que tenir à l'encontre : car, comme dict Cicero[4], ceulx mesmes qui la combattent, encores veulent ils que les livres qu'ils en escrivent portent au front leur nom, et se veulent rendre glorieux de ce qu'ils ont mesprisé la gloire. Toutes aultres choses tumbent en commerce : nous prestons nos biens et nos vies au besoing de nos

[1] La renommée, qui, par la douceur de sa voix, enchante les superbes mortels, et paraît si ravissante, n'est qu'un écho, un songe, ou plutôt l'ombre d'un songe qui se dissipe et s'évanouit en un moment. TASSO, *Gerus.*, cant. XIV, st. 63.

[2] Parce qu'elle ne cesse de tenter ceux mêmes qui ont fait des progrès dans la vertu. S. AUGUST., *de Civit. Dei*, V, 14.

[3] *Que vous avez peu de moyens de tenir à l'encontre*. E. JOHANNEAU.

[4] Dans le plaidoyer *pour Archias*, c. 11.

amis; mais de communiquer son honneur, et d'estrener aultruy de sa gloire, il ne se veoid gueres.

Catulus Luctatius, en la guerre contre les Cimbres, ayant faict touts ses efforts pour arrester ses soldats qui fuyoient devant les ennemis, se meit luy mesme entre les fuyards, et contrefeit le couard, à fin qu'ils semblassent plustost suyvre leur capitaine que fuyr l'ennemy [1] : c'estoit abandonner sa reputation pour couvrir la honte d'aultruy. Quand Charles cinquiesme passa en Provence l'an mil cinq cent trente sept, on tient que Antoine de Leve, veoyant l'empereur resolu de ce voyage, et l'estimant luy estre merveilleusement glorieux, opinoit toutesfois le contraire et le desconseilloit, à cette fin que toute la gloire et honneur de ce conseil en feust attribué à son maistre, et qu'il feust dict son bon advis et sa prevoyance avoir esté telle que, contre l'opinion de touts, il eut mis à fin une si belle entreprinse : qui estoit l'honorer à ses despens. Les ambassadeurs thraciens, consolants Archileonide, mere de Brasidas, de la mort de son fils, et le hault louants iusques à dire qu'il n'avoit point laissé son pareil, elle refusa cette louange privee et particuliere, pour la rendre au public : « Ne me dictes pas cela, repliqua elle; ie sçais que la ville de Sparte a plusieurs citoyens plus grands et plus vaillants qu'il n'estoit [2] » En la bataille de Crecy, le prince de Gales, encores fort ieune, avoit l'avant garde à conduire; le principal effort de la rencontre

[1] PLUTARQUE, *Vie de Marius*, c. 8.

[2] ID., *Apophthegmes des Lacédémoniens*, à l'article *Brasidas*.

feut en cet endroict : les seigneurs qui l'accompagnoient, se trouvants en dur party d'armes, manderent au roy Edouard de s'approcher pour les secourir. Il s'enquit de l'estat de son fils ; et luy ayant esté respondu qu'il estoit vivant et à cheval : « Ie lui ferois, dict il, tort de luy aller maintenant desrober l'honneur de la victoire de ce combat qu'il a si longtemps soustenu ; quelque hasard qu'il y ayt, elle sera toute sienne ; » et n'y voulut aller ny envoyer, sçachant, s'il y feust allé, qu'on eust dict que tout estoit perdu sans son secours, et qu'on luy eust attribué l'advantage de cet exploict. *Semper enim quod postremum adiectum est, id rem totam videtur traxisse* [1]. Plusieurs estimoient à Rome, et se disoit communement, que les principaulx beaux faits de Scipion estoient en partie deus à Lælius, qui toutesfois alla tousiours promouvant et secondant la grandeur et gloire de Scipion, sans aulcun soing de la sienne [2] Et Theopompus, roy de Sparte, à celuy qui luy disoit que la chose publicque demeuroit sur ses pieds, pour autant qu'il sçavoit bien commander : « C'est plustost, dict il, parce que le peuple sçait bien obeir [3]. »

Comme les femmes qui succedoient aux pairies avoient, nonobstant leur sexe, droict d'assister et opiner aux causes qui appartiennent à la iurisdiction des pairs : aussi les pairs ecclesiastiques, nonobstant

[1] Car ceux qui arrivent les derniers au combat semblent seuls avoir décidé la victoire. TIT. LIV., XXVII, 45.

[2] PLUTARQUE, *Instructions pour ceux qui manient affaires d'État*, c. 7.

[3] ID., *Apophthegmes des Lacédémoniens*, à l'article *Theopompus*.

eur profession, estoient tenus d'assister nos roys en leurs guerres, non seulement de leurs amis et serviteurs, mais de leur personne. Aussi l'evesque de Beauvais, se trouvant avecques Philippe Auguste en la battaille de Bouvines, participoit bien fort courageusement à l'effect; mais il luy sembloit ne debvoir toucher au fruict et gloire de cet exercice sanglant et violent. Il mena de sa main plusieurs des ennemis à raison, ce iour là; et les donnoit au premier gentilhomme qu'il trouvoit, à esgosiller ou prendre prisonniers, luy en resignant toute l'execution : et le feit ainsi de Guillaume, comte de Salsberi, à messire Iehan de Nesle. D'une pareille subtilité de conscience à cette aultre[1], il vouloit bien assommer, mais non pas blecer, et pourtant ne combattoit que de masse. Quelqu'un, en mes iours, estant reproché par le roy d'avoir mis les mains sur un presbtre, le nioit fort et ferme : c'estoit qu'il l'avoit battu et foulé aux pieds.

CHAPITRE XLII.

DE L'INEQUALITÉ QUI EST ENTRE NOUS.

Plutarque dict, en quelque lieu [2], qu'il ne treuve point si grande distance de beste à beste, comme il treuve d'homme à homme. Il parle de la suffisance

[1] C'est-à-dire *par une subtilité de conscience pareille à cette autre dont je viens de parler, cet évêque voulait bien assommer*, etc.

[2] Dans le traité intitulé : *Que les bêtes brutes usent de la raison*, vers la fin.

de l'ame et qualitez internes. A la vérité, ie treuve si loing d'Epaminondas, comme ie l'imagine, iusques à tel que ie cognois, ie dis capable de sens commun, que i'encherirois volontiers sur Plutarque; et dirois, qu'il y a plus de distance de tel à tel homme, qu'il n'y a de tel homme à telle beste;

> Hem! vir viro quid præstat[1]?

et qu'il y a autant de degrez d'esprits, qu'il y a d'icy au ciel de brasses, et autant innumerables. Mais, à propos de l'estimation des hommes, c'est merveille que, sauf nous, aulcune chose ne s'estime que par ses propres qualitez : nous louons un cheval de ce qu'il est vigoureux et adroict,

> Volucrem
> Sic laudamus equum, facili cui plurima palma
> Fervet, et exsultat rauco victoria circo[2],

non de son harnois; un levrier, de sa vitesse, non de son collier; un oyseau [3], de son aile, non de ses longes et sonnettes : pourquoy de mesme n'estimons nous un homme par ce qui est sien? Il a un grand train, un beau palais, tant de credit, tant de rente : tout cela est autour de luy, non en luy. Vous n'achetez pas un chat en poche : si vous marchandez un cheval [4], vous luy ostez ses bardes, vous le voyez

[1] Ah! qu'un homme peut être supérieur à un autre homme! TÉRENCE, *Eunuque*, acte II, sc. 3, v. 1.

[2] Ainsi nous louons le cheval rapide dont plusieurs triomphes ont excité l'ardeur, et que la victoire fait bondir au milieu du cirque qui résonne sous ses pas. JUV., VIII, 57.

[3] *Un oiseau de fauconnerie.*

[4] SÉNÈQUE, *Epist.* 80.

nud et à descouvert; ou s'il est couvert, comme on les presentoit anciennement aux princes à vendre, c'est par les parties moins necessaires, à fin que vous ne vous amusiez pas à la beauté de son poil ou largeur de sa croupe, et que vous vous arrestiez principalement à considerer les iambes, les yeulx et le pied, qui sont les membres les plus utiles :

Regibus hic mos est : ubi equos mercantur, opertos
Inspiciunt; ne, si facies, ut sæpe, decora
Molli fulta pede est, emptorem inducat hiantem,
Quod pulchræ clunes, breve quod caput, ardua cervix [1] :

pourquoy estimant un homme, l'estimez vous tout enveloppé et empacqueté? Il ne nous faict montre que des parties qui ne sont aulcunement siennes, et nous cache celles par lesquelles seules on peut vrayement iuger de son estimation. C'est le prix de l'espee que vous cherchez, non de la gaine : vous n'en donnerez à l'adventure pas un quatrain [2], si vous l'avez despouillee. Il le fault iuger par luy mesme, non par ses atours; et, comme dict tresplaisamment un ancien [3] : « Sçavez vous pourquoy vous l'estimez grand? vous y comptez la haulteur de ses patins. » La base n'est pas de la statue. Mesurez le sans ses eschasses : qu'il mette à part ses richesses et honneurs; qu'il se presente en chemise. A il le corps propre à ses fonc-

[1] Voici l'habitude des rois : lorsqu'ils achètent des chevaux, ils les regardent couverts, de peur que si la tête est belle et les jambes mauvaises, l'acheteur, ébloui, ne soit trompé, parce que les reins sont irréprochables, la tête courte, l'encolure relevée. HOR., *Sat.*, I, 2, 86.

[2] Ancienne monnaie de la valeur d'un liard.

[3] SÉNÈQUE, *Epist.* 76.

tions, sain et alaigre? Quelle ame a il? est elle belle, capable et heureusement pourveue de toutes ses pieces? est elle riche du sien, ou de l'aultruy? la fortune n'y a elle que veoir? Si les yeulx ouverts elle attend les espees traictes, s'il ne luy chault par où luy sorte la vie, par la bouche ou par le gosier; si elle est rassise, equable et contente: c'est ce qu'il fault veoir, et iuger par là les extremes differences qui sont entre nous. Est il

Sapiens, sibique imperiosus;
Quem neque pauperies, neque mors, neque vincula terrent;
Responsare cupidinibus, contemnere honores
Fortis; et in se ipso totus teres atque rotundus,
Externi ne quid valeat per læve morari;
In quem manca ruit semper fortuna[1]?

un tel homme est cinq cents brasses au dessus des royaumes et des duchez; il est luy mesme à soy son empire:

Sapiens... pol! ipse fingit fortunam sibi[2]:

que lui reste il à desirer?

Nonne videmus,
Nil aliud sibi naturam latrare, nisi ut, quoi
Corpore seiunctus dolor absit, mente fruatur
Iucundo sensu, cura semotu' metuque[3]?

[1] Sage et maître de lui-même, il n'est effrayé ni par la pauvreté, ni par la mort, ni par les fers; quand il faut résister aux passions, mépriser les honneurs, il est fort, renfermé en lui-même, rond et uni, de sorte qu'aucune aspérité extérieure ne peut l'arrêter, et la fortune, dont le bras est vaincu, s'acharne en vain contre lui. Hor., *Sat.*, II, 7, 83.

[2] Le sage, j'en jure par Pollux, est l'artisan de son propre bonheur. Plaute, *Trinummus*, acte II, sc. 2, v. 84.

[3] Ne vois-tu pas que la nature ne demande rien autre chose,

Comparez luy la tourbe de nos hommes, stupide, basse, servile, instable, et continuellement flottante en l'orage des passions diverses qui la poulsent et repoulsent, pendante toute d'aultruy; il y a plus d'esloingnement que du ciel à la terre : et toutesfois l'aveuglement de nostre usage est tel, que nous en faisons peu ou point d'estat; là où, si nous considerons un paysan et un roy, un noble et un vilain, un magistrat et un homme privé, un riche et un pauvre, il se presente soubdain à nos yeulx une extreme disparité, qui ne sont differents, par maniere de dire, qu'en leurs chausses.

En Thrace, le roy estoit distingué de son peuple, d'une plaisante maniere et bien rencherie : il avoit une religion à part, un dieu tout à luy, qu'il n'appartenoit à ses subiects d'adorer, c'estoit Mercure; et luy, desdaignoit les leurs, Mars, Bacchus, Diane. Ce ne sont pourtant que peinctures, qui ne font aulcune dissemblance essentielle : car, comme les ioueurs de comedie, vous les veoyez sur l'eschafaud faire une mine de duc et d'empereur; mais tantost aprez les voylà devenus valets et crocheteurs miserables, qui est leur naïfve et originelle condition : aussi l'empereur, duquel la pompe vous esblouit en public,

> Scilicet et grandes viridi cum luce smaragdi
> Auro includuntur, teriturque thalassina vestis
> Assidue, et Veneris sudorem exercita potat[1] :

sinon que la douleur s'éloigne du corps, qu'il jouisse d'un esprit sain, que les sens s'égayent, que les soucis et la crainte soient chassés au loin. LUCRÈCE, II, 16.

[1] Parce qu'il porte, enfermées dans l'or, de grandes émeraudes aux reflets verts, et qu'il traine habituellement un habit de la cou-

voyez le derriere le rideau; ce n'est rien qu'un homme commun, et, à l'adventure, plus vil que le moindre de ses subiects : *ille beatus introrsum est; istius bracteata felicitas est*[1] ; là couardise, l'irresolution, l'ambition, le despit et l'envie, l'agitent comme un aultre ;

> Non enim gazæ, neque consularis
> Summovet lictor miseros tumultus
> Mentis, et curas laqueata circum
> Tecta volantes[2] :

et le soing et la crainte le tiennent à la gorge au milieu de ses armees.

> Re veraque metus hominum, curæque sequaces
> Nec metuunt sonitus armorum, nec fera tela;
> Audacterque inter reges, rerumque potentes
> Versantur, neque fulgorem reverentur ab auro[3].

La fiebvre, la migraine et la goutte l'espargnent elles non plus que nous? Quand la vieillesse luy sera sur les espaules, les archers de sa garde l'en deschargeront ils? quand la frayeur de la mort le transira, se rasseurera il par l'assistance des gentilshommes de sa chambre? quand il sera en ialousie et caprice, nos

sur des flots, trempé de la sueur de ses orgies. LUCRÈCE, IV, 1123.

[1] Le bonheur du sage est en lui-même; le bonheur de l'autre n'est que superficiel. SÉNÈQUE, *Epist.* 115.

[2] Les trésors entassés, les faisceaux consulaires ne peuvent chasser les cruelles agitations de l'esprit, ni les soucis qui voltigent sous les lambris dorés. HOR., *Od.*, II, 16, 9.

[3] Les craintes de l'homme et les soucis qui le suivent partout ne s'effrayent ni du bruit des armes ni des dards cruels; ils rôdent fièrement parmi les rois et les puissants de la terre, sans respecter la splendeur de l'or. LUCRÈCE, II, 47.

bonnettades[1] le remettront elles? Ce ciel de lict, tout enflé d'or et de perles, n'a aulcune vertu à rappaiser les tranchees d'une verte cholique.

> Nec calidæ citius decedunt corpore febres,
> Textilibus si in picturis, ostroque rubenti
> Iactaris, quam si plebeia in veste cubandum est[2].

Les flatteurs du grand Alexandre luy faisoyent accroire qu'il estoit fils de Iupiter : un iour estant blecé, regardant escouler le sang de sa playe, « Eh bien! qu'en dictes vous? dict il; est ce pas icy un sang vermeil et purement humain? il n'est pas de la trempe de celuy qu'Homere faict escouler de la playe des dieux[3]. » Hermodorus le poëte avoit faict des vers en l'honneur d'Antigonus, où il l'appelloit fils du soleil : et luy, au contraire : « Celuy, dict il, qui vuide ma chaize percee, sçait bien qu'il n'en est rien[4]. » C'est un homme pour touts potages : et si de soy mesme c'est un homme mal nay, l'empire de l'univers ne le sçauroit rabiller.

> Puellæ
> Hunc rapiant; quidquid calcaverit hic, rosa fiat[5] :

quoy pour cela si c'est une ame grossiere et stupide? La volupté mesme et le bonheur ne se perçoivent point sans vigueur et sans esprit.

[1] *Nos salutations à coups de bonnet.* E. JOHANNEAU.

[2] La fièvre ne vous quittera pas plus tôt, si vous êtes étendu sur la pourpre ou sur des tapis tissus à grands frais, que si vous êtes couché sur un lit plébéien. LUCRÈCE, II, 34.

[3] PLUTARQUE, *Apophthegmes*, à l'article *Alexandre*.

[4] ID., *ibid.*, à l'article *Antigonus*.

[5] Que les jeunes filles l'enlèvent; que tout ce que ses pas auront touché se change en rose. PERSE, *Sat.*, II, 38.

Hæc perinde sunt, ut illius animus, qui ea possidet:
Qui uti scit, ei bona; illi, qui non utitur recte, mala [1].

Les biens de la fortune, touts tels qu'ils sont, encores faut il avoir le sentiment propre à les savourer. C'est le iouïr, non le posseder, qui nous rend heureux.

Non domus et fundus, non æris acervus, et auri,
Ægroto domini deduxit corpore febres,
Non animo curas. Valeat possessor oportet,
Qui comportatis rebus bene cogitat uti:
Qui cupit, aut metuit, iuva illum sic domus, aut res,
Ut lippum pictæ tabulæ, fomenta podagram [2].

Il est un sot, son goust est mousse et hebesté; il n'en iouït non plus qu'un morfondu de la doulceur du vin grec, ou qu'un cheval, de la richesse du harnois duquel on l'a paré : tout ainsi, comme Platon dict [3], que la santé, la beauté, la force, les richesses, et tout ce qui s'appelle bien, est equalement mal à l'iniuste, comme bien au iuste; et le mal au rebours. Et puis, où le corps et l'ame sont en mauvais estat, à quoy faire ces commoditez externes? veu

[1] Toutes ces choses sont telles que les fait le caractère de celui qui les possède: bonnes pour celui qui sait en user; mauvaises pour celui qui en use mal. TÉRENCE *Heautont.*, acte I, sc. 3, v. 21.

[2] Ce palais, ces terres, ces monceaux d'argent et d'or ne chassent ni la fièvre du corps, ni les soucis de l'âme de celui qui les possède. Il faut se bien porter, quand on veut jouir de la fortune qu'on a faite. Les palais et les trésors ne réjouissent pas plus le riche, quand il désire ou quand il craint, que les tableaux ne servent à des yeux que blesse la lumière, ou les cataplasmes à un goutteux. HOR., *Epist.*, I, 2, 47.

[3] *Lois*, II, p. 579.

que la moindre picqueure d'espingle, et passion de l'ame, est suffisante à nous oster le plaisir de la monarchie du monde. A la premiere strette [1] que luy donne la goutte, il a beau estre Sire et Maiesté,

> Totus et argento conflatus, totus et auro [2],

perd il pas le souvenir de ses palais et de ses grandeurs? s'il est en cholere, sa principaulté le garde elle de rougir, de paslir, de grincer les dents comme un fol? Or, si c'est un habile homme et bien nay, la royauté adiouste peu à son bonheur;

> Si ventri bene, si lateri est, pedibusque tuis, nil
> Divitiæ poterunt regales addere maius [3];

il veoid que ce n'est que biffe [4] et piperie. Ouy, à l'adventure, il sera de l'advis du roy Seleucus, « Que qui sçauroit le poids d'un sceptre, ne daigneroit l'amasser quand il le trouveroit à terre [5] : » il le disoit pour les grandes et penibles charges qui touchent un bon roy. Certes, ce n'est pas peu de chose que d'avoir à regler aultruy, puisqu'à regler nous mesmes il se presente tant de difficultez. Quant au commander, qui semble estre si doulx, considerant l'imbecillité du iugement humain, et la difficulté du choix ez choses nouvelles et doubteuses, ie suis fort

[1] *Étreinte.*

[2] Tout couvert d'argent, tout brillant d'or. TIBULLE, I, 2, 70.

[3] Si vous avez un bon estomac, la poitrine saine et de bonnes jambes, les rois n'ont rien de plus précieux à vous donner. HOR., *Epist.*, I, 2, 5.

[4] *Trompeuse apparence.*

[5] PLUTARQUE, *Si l'homme sage doit se mêler des affaires d'État*, c. 12.

de cet advis, qu'il est bien plus aisé et plus plaisant de suyvre que de guider; et que c'est un grand seiour d'esprit de n'avoir à tenir qu'une voye tracee, et à respondre que de soy :

> Ut satius multo iam sit parere quietum,
> Quam regere imperio res velle[1].

Ioinct que Cyrus disoit qu'il n'appartenoit de commander à homme qui ne vaille mieulx que ceulx à qui il commande. Mais le roy Hieron, en Xenophon[2], dict davantage : Qu'en la iouïssance des voluptez mesmes, ils sont de pire condition que les privez; d'autant que l'aysance et la facilité leur oste l'aigredoulce poincte que nous y trouvons.

> Pinguis amor, nimiumque potens, in tædia nobis
> Vertitur, et, stomacho dulcis ut esca, nocet[3].

Pensons nous que les enfants de chœur prennent grand plaisir à la musique? la satieté la leur rend plustost ennuyeuse. Les festins, les danses, les masquarades, les tournois, resiouïssent ceulx qui ne les veoyent pas souvent et qui ont desiré de les veoir; mais à qui en faict ordinaire, le goust en devient fade et malplaisant; ny les dames ne chatouillent celuy qui en iouït à cœur saoul : qui ne se donne loisir d'avoir soif, ne sçauroit prendre plaisir à boire: les farces des bateleurs nous reiouïssent; mais aux

[1] Il vaut bien mieux obéir tranquillement que de prendre le fardeau des affaires publiques. LUCRÈCE, V, 1126.

[2] Dans le traité intitulé *Hieron*, ou *de la Condition des Rois*.

[3] L'amour rassasié et tout-puissant tourne au dégoût, et déplait comme un mets fade déplaît à l'estomac. OVIDE, *Amor.*, II, 19, 25.

ioueurs elles servent de corvee. Et qu'il soit ainsi, ce sont delices aux princes, c'est leur feste, de se pouvoir quelquesfois travestir et desmettre à la façon de vivre basse et populaire :

> Plerumque gratæ principibus vices,
> Mundæque parvo sub lare pauperum
> Cœnæ, sine aulæis et ostro,
> Sollicitam explicuere frontem [1].

Il n'est rien si empeschant, si degousté, que l'abondance. Quel appetit ne se rebuteroit à veoir trois cents femmes à sa mercy, comme les a le grand Seigneur en son serrail? Et quel appetit et visage de chasse s'estoit reservé celuy de ses ancestres, qui n'alloit iamais aux champs à moins de sept mille faulconniers? et oultre cela, ie crois que ce lustre de grandeur apporte non legieres incommoditez à la iouïssance des plaisirs plus doulx; ils sont trop esclairez et trop en butte : et ie ne sçais comment on requiert plus d'eulx de cacher et couvrir leur faulte; car ce qui est à nous indiscrétion, à eulx le peuple iuge que ce soit tyrannie, mespris et desdaing des loix : et oultre l'inclination au vice, il semble qu'ils adioustent encore le plaisir de gourmander et soubmettre à leurs pieds les observances publicques. De vray, Platon, en son Gorgias, definit tyran celuy qui a licence en une cité de faire tout ce qui luy plaist : et souvent, à cette cause, la montre et publication de leur vice blece plus que le vice mesme.

[1] Le changement plaît aux grands : une table propre, sans tapis, sans pourpre, un repas frugal sous le toit du pauvre, leur a souvent déridé le front. Hor., *Od.*, III, 29, 13.

Chascun craint à estre espié et contrerooollé : ils le sont iusques à leurs contenances et à leurs pensees, tout le peuple estimant avoir droict et interest d'en iuger ; oultre ce que les taches s'agrandissent selon l'eminence et clarté du lieu où elles sont assises, et qu'un seing et une verrue au front paroissent plus que ne faict ailleurs une balafre. Voilà pourquoy les poëtes feignent les amours de Iupiter conduictes soubs aultre visage que le sien ; et de tant de prac-tiques amoureuses qu'ils luy attribuent, il n'en est qu'une seule, ce me semble, où il se treuve en sa grandeur et maiesté.

Mais revenons à Hieron : il recite aussi combien il sent d'incommoditez en sa royauté, pour ne pouvoir aller et voyager en liberté, estant comme prisonnier dans les limites de son païs ; et qu'en toutes ses actions il se treuve enveloppé d'une fascheuse presse. De vray, à veoir les nostres touts seuls à table, assiegez de tant de parleurs et regardants incogneus, i'en ay eu souvent plus de pitié que d'envie. Le roy Alphonse disoit que les asnes estoient en cela de meilleure condition que les roys ; leurs maistres les laissent paistre à leur ayse : là où les rois ne peuvent pas obtenir cela de leurs serviteurs. Et ne m'est iamais tumbé en fantasie que ce feust quelque notable commodité, à la vie d'un homme d'entendement, d'avoir une vingtaine de contrerool-leurs à sa chaize percee ; ny que les services d'un homme qui a dix mille livres de rentes, ou qui a prins Casal ou deffendu Siene, luy soyent plus commodes et acceptables que d'un bon valet et bien experimenté. Les advantages principesques sont quasi advantages imaginaires ; chasque degré de fortune a quelque image de principaulté ; Cæsar appelle roytelets touts les seigneurs ayants iustice en France de son temps [1]. De vray, sauf le nom de Sire, on va bien avant avecques nos roys. Et veoyez, aux provinces esloingnees de la court, nommons Bretaigne pour exemple, le train, les subiects, les officiers, les occupations, le service et cerimonie d'un seigneur retiré et casanier, nourry entre ses valets ; et veoyez aussi le vol de son imagination, il n'est rien plus royal : il oyt parler de son maistre une fois l'an, comme du roi de Perse, et ne le recognoist que par quelque vieux cousinage que son secretaire tient en registre. A la verité, nos loix sont libres assez ; et le poids de la souveraineté ne touche un gentilhomme françois à peine deux fois en sa vie. La subiection essentielle et effectuelle ne regarde, d'entre nous, que ceulx qui s'y convient, et qui aiment à s'honnorer et enrichir par tel service : car qui se veult tapir en son foyer, et sçait conduire sa maison sans querelle et sans procez, il est aussi libre que le duc de Venise. *Paucos servitus, plures servitutem tenent* [2].

Mais sur tout Hieron faict cas de quoy il se veoid privé de toute amitié et société mutuelle, en laquelle

[1] Ici Montaigne se trompe. Il n'y avait, au temps de César, aucun seigneur justicier ; mais on comprend cette erreur quand on se reporte au seizième siècle, époque à laquelle la chronologie fabuleuse des rois de la Gaule faisait autorité en histoire.

[2] Peu d'hommes sont enchaînés à la servitude ; un grand nombre s'y enchaînent. SÉNÈQUE, *Epist.* 22.

consiste le plus parfaict et doulx fruict de la vie humaine. Car quel tesmoignage d'affection et de bonne volonté puis ie tirer de celuy qui me doibt, veuille il ou non, tout ce qu'il peult? Puis ie faire estat de son humble parler et courtoise reverence, veu qu'il n'est pas en luy de me la refuser? L'honneur que nous recevons de ceulx qui nous craignent, ce n'est pas honneur; ces respects se doibvent à la royauté, non à moy.

> Maximum hoc regni bonum est,
> Quod facta domini cogitur populus sui
> Quam ferre, tam laudare [1].

Veois ie pas que le meschant, le bon roy, celuy qu'on hait, celuy qu'on aime, autant en a l'un que l'aultre? De mesmes apparences, de mesme cerimonie estoit servy mon predecesseur, et le sera mon successeur. Si mes subiects ne m'offensent pas, ce n'est tesmoignage d'aulcune bonne affection : pourquoy le prendrois ie en cette part là, puisqu'ils ne pourroient quand ils vouldroient? Nul ne me suyt pour l'amitié qui soit entre luy et moy; car il ne s'y sçauroit couldre amitié où il y a si peu de relation et de correspondance : ma haulteur m'a mis hors du commerce des hommes; il y a trop de disparité et de disproportion. Ils me suyvent par contenance et par coustume, ou, plustost que moy, ma fortune, pour en accroistre la leur. Tout ce qu'ils me dient et font, ce n'est que fard, leur liberté estant bridee de toutes parts par la

[1] Le plus grand avantage de la royauté, c'est que les peuples sont obligés non-seulement de souffrir, mais de louer les actions de leurs maîtres. SÉNÈQUE, *Thyest.*, acte II, sc. 1, v. 30.

grande puissance que i'ay sur eulx : ie ne veois rien autour de moy, que couvert et masqué.

Ses courtisans louoient un iour Iulian l'empereur de faire bonne iustice : « Je m'enorgueillirois volontiers, dict il, de ces louanges, si elles venoient de personnes qui osassent accuser ou meslouer mes actions contraires, quand elles y seroient[1]. » Toutes les vrayes commoditez qu'ont les princes leur sont communes avecques les hommes de moyenne fortune (c'est à faire aux dieux de monter des chevaulx aislez, et se paistre d'ambrosie) : ils n'ont point d'aultre sommeil et d'aultre appetit que le nostre; leur acier n'est pas de meilleure trempe que celuy de quoy nous nous armons; leur couronne ne les couvre ny du soleil ny de la pluie.

Diocletian, qui en portoit une si reveree et si fortunee, la resigna, pour se retirer au plaisir d'une vie privee; et quelque temps aprez, la necessité des affaires publicques requerant qu'il reveinst en prendre la charge, il respondit à ceulx qui l'en prioient : « Vous n'entreprendriez pas de me persuader cela, si vous aviez veu le bel ordre des arbres que i'ay moy mesme plantez chez moy, et les beaux melons que i'y ai semez[2]. »

A l'advis d'Anacharsis[3], le plus heureux estat d'une police seroit où, toutes aultres choses estants equales, la precedence se mesureroit à la vertu, et le rebut au vice.

[1] Ammien Marcellin, XXII, 10.

[2] Aurél. Victor, à l'article *Dioclétien*.

[3] Plutarque, *Banquet des sept sages*, c. 13.

Quand le roy Pyrrhus entreprenoit de passer en Italie, Cineas, son sage conseiller, luy voulant faire sentir la vanité de son ambition : « Eh bien ! sire, luy demanda il, à quelle fin dressez vous cette grande entreprinse ? » « Pour me faire maistre de l'Italie, » respondit il soubdain. « Et puis, suyvit Cineas, cela faict ? » « Ie passeray, dict l'aultre, en Gaule et en Espaigne. » « Et aprez ? » « Ie m'en iray subiuguer l'Afrique ; et enfin, quand i'auray mis le monde en ma subiection, ie me reposeray et vivray content et à mon ayse. » « Pour dieu ! sire, rechargea lors Cineas, dictes moy à quoy il tient que vous ne soyez dez à présent, si vous voulez, en cet estat ? pourquoy ne vous logez vous dez cette heure où vous dictes aspirer, et vous espargnez tant de travail et de hazard, que vous iectez entre deux [1] ? »

> Nimirum, quia non bene norat, quæ esset habendi
> Finis, et omnino quod crescat vera voluptas [2].

Ie m'en vais clorre ce pas par un verset ancien que ie treuve singulierement beau à ce propos : *Mores cuique sui fingunt fortunam* [3].

[1] PLUTARQUE, *Vie de Pyrrhus*, c. 7.

[2] C'est qu'il ne connaissait pas les bornes qu'on doit mettre à ses désirs ; c'est qu'il ignorait jusqu'où va le plaisir véritable. LUCRÈCE, V, 1431.

[3] Chacun se fait à soi-même sa destinée. CORN. NÉP., *Vie d'Atticus*, c. 11.

CHAPITRE XLIII.

DES LOIS SUMPTUAIRES.

La façon de quoy nos loix essayent à regler les folles et vaines despenses des tables et vestements, semble estre contraire à sa fin. Le vray moyen, ce seroit d'engendrer aux hommes le mespris de l'or et de la soye, comme de choses vaines et inutiles; et nous leur augmentons l'honneur et le prix, qui est une bien inepte façon pour en desgouster les hommes. Car dire ainsi, qu'il n'y aura que les princes qui mangent du turbot, et qui puissent porter du velours et de la tresse d'or, et l'interdire au peuple, qu'est ce aultre chose que mettre en credit ces choses là, et faire croistre l'envie à chascun d'en user? Que les roys quittent hardiment ces marques de grandeur; ils en ont assez d'aultres: tels excez sont plus excusables à tout aultre qu'à un prince. Par l'exemple de plusieurs nations, nous pouvons apprendre assez de meilleures façons de nous distinguer exterieurement, et nos degrez[1] (ce que i'estime à la verité estre bien requis en un estat), sans nourrir pour cet effect cette corruption et incommodité si apparente. C'est merveille comme la coustume en ces choses indifferentes plante ayseement et soubdain le pied de son auctorité. A peine feusmes nous un an, pour le deuil du roy Henry second, à porter du drap à la court, il est certain que desia à l'opinion d'un chascun les soyes estoyent venues à telle vilité,

[1] *Nous, et le rang que nous occupons.*

que si vous en veoyiez quelqu'un vestu, vous en faisiez incontinent quelque homme de ville; elles estoient demeurees en partage aux medecins et aux chirurgiens : et quoiqu'un chascun feust à peu prez vestu de mesme, si y avoit il d'ailleurs assez de distinctions apparentes des qualitez des hommes. Combien soubdainement viennent en honneur parmy nos armees les pourpoincts crasseux de chamois et de toile; et la polisseure et richesse des vestements, à reproche et à mespris! Que les roys commencent à quitter ces despenses, ce sera faict en un mois, sans edict et sans ordonnance : nous irons touts aprez. La loy debvoit dire, au rebours, que le cramoisy et l'orfevrerie est deffendue à toute espece de gents, sauf aux basteleurs et aux courtisanes.

De pareille invention corrigea Zeleucus les mœurs corrompues des Locriens [1]. Ses ordonnances estoient telles : « Que la femme de condition libre ne puisse mener aprez elle plus d'une chambriere, sinon lorsqu'elle sera yvre; ny ne puisse sortir hors la ville, de nuict, ny porter ioyaux d'or à l'entour de sa personne, ny robbe enrichie de broderie, si elle n'est publicque et putain : Que, sauf les ruffiens, à homme ne loise porter en son doigt anneau d'or, ny robbe delicate, comme sont celles des draps tissus en la ville de Milet. » Et ainsi, par ces exceptions honteuses, il divertissoit ingenieusement ses citoyens des superfluitez et delices pernicieuses : c'estoit une tresutile maniere d'attirer, par honneur et ambition, les hommes à leur debvoir et à l'obeïssance.

[1] DIODORE DE SICILE, XII, 20.

Nos roys peuvent tout en telles reformations externes; leur inclination y sert de loy : *Quidquid principes faciunt, præcipere videntur*[1] : le reste de la France prend pour regle la regle de la court. Qu'ils se desplaisent de cette vilaine chausseure qui montre si à descouvert nos membres occultes ; ce lourd grossissement de pourpoincts, qui nous faict touts aultres que nous ne sommes, si incommode à s'armer; ces longues tresses de poil, effeminees; cet usage de baiser ce que nous presentons à nos compaignons, et nos mains en les saluant, cerimonie deue aultresfois aux seuls princes; et qu'un gentilhomme se treuve en lieu de respect sans espee à son costé, tout esbraillé et destaché, comme s'il venoit de la garderobbe; et que, contre la forme de nos peres et la particuliere liberté de la noblesse de ce royaume, nous nous tenons descouverts bien loing autour d'eulx, en quelque lieu qu'ils soyent; et, comme autour d'eulx, autour de cent aultres, tant nous avons de tiercelets et quartelets de roys; et ainsi d'aultres pareilles introductions nouvelles et vicieuses : elles se verront incontinent esvanouïes et descriees. Ce sont erreurs superficielles, mais pourtant de mauvais pronostique; et sommes advertis que le massif se desment quand nous veoyons fendiller l'enduict et la crouste de nos parois.

Platon, en ses loïx[2], n'estime peste au monde plus dommageable à sa cité, que de laisser prendre liberté

[1] Tout ce que les princes font, il semble qu'ils le commandent. QUINTILIEN, *Déclam*. 3.

[2] Liv. VII.

à la ieunesse de changer, en accoustrements, en gestes, en danses, en exercices et en chansons, d'une forme à une aultre ; remuant son iugement tantost en cette assiette, tantost en cette là ; courant aprez les nouvelletez, honorant leurs inventeurs : par où les mœurs se corrompent, et toutes anciennes institutions viennent à desdaing et à mespris. En toutes choses, sauf simplement aux mauvaises, la mutation est à craindre ; la mutation des saisons, des vents, des vivres, des humeurs. Et nulles loix ne sont en leur vray credit, que celles ausquelles Dieu a donné quelque ancienne duree, de mode que personne ne sçache leur naissance, ny qu'elles ayent jamais esté aultres.

CHAPITRE XLIV.

DU DORMIR.

La raison nous ordonne bien d'aller tousiours mesme chemin, mais non toutesfois mesme train : et, ores que [1] le sage ne doibve donner aux passions humaines de se fourvoyer de la droicte carriere, il peult bien, sans interest de son debvoir, leur quitter aussi cela, d'en haster ou retarder son pas, et ne se planter comme un colosse immobile et impassible. Quand la vertu mesme seroit incarnee, ie crois que le pouls luy battroit plus fort, allant à l'assault qu'allant disner : voire il est necessaire qu'elle s'eschauffe et s'esmeuve. A cette cause, i'ai remarqué pour chose

[1] *Quoique le sage ne doive pas permettre aux*, etc.

rare, de veoir quelquesfois les grands personnages, aux haultes entreprinses et importants affaires, se tenir si entiers en leur assiette, que de n'en accourcir pas seulement leur sommeil. Alexandre le Grand, le iour assigné à cette furieuse battaille contre Darius, dormit si profondement et si haulte matinee, que Parmenion feut contrainct d'entrer en sa chambre, et, approchant de son lict, l'appeller deux ou trois fois par son nom pour l'esveiller, le temps d'aller au combat le pressant. L'empereur Othon ayant resolu de se tuer, cette mesme nuict, aprez avoir mis ordre à ses affaires domestiques, partagé son argent à ses serviteurs, et affilé le tranchant d'une espee de quoy il se vouloit donner, n'attendant plus qu'à sçavoir si chascun de ses amis s'estoit retiré en seureté, se print si profondement à dormir, que ses valets de chambre l'entendoient ronfler. La mort de cet empereur a beaucoup de choses pareilles à celle du grand Caton, et mesme cecy : car Caton estant prest à se desfaire, ce pendant qu'il attendoit qu'on luy apportast nouvelles si les senateurs qu'il faisoit retirer s'estoient eslargis du port d'Utique, se meit si fort à dormir qu'on l'oyoit souffler, de la chambre voisine ; et celuy qu'il avoit envoyé vers le port l'ayant esveillé pour luy dire que la tormente empeschoit les senateurs de faire voile à leur ayse, il y en renvoya encores un aultre, et se r'enfonçant dans le lict, se remeit encores à sommeiller iusques à ce que ce dernier l'asseura de leur partement[1]. Encores avons nous de quoy le comparer au faict d'Alexandre, en

[1] PLUTARQUE, *Vie de Caton d'Utique*, c. 19.

ce grand et dangereux orage qui le menaceoit par la sedition du tribun Metellus, voulant publier le decret du rappel de Pompeius dans la ville avecques son armee, lors de l'esmotion de Catilina; auquel decret Caton seul resistoit, et en avoient eu Metellus et luy de grosses paroles et grandes menaces au senat; mais c'estoit au lendemain, en la place, qu'il falloit venir à l'execution, où Metellus, oultre la faveur du peuple et de Cæsar, conspirant lors aux advantages de Pompeius, se debvoit trouver accompaigné de force esclaves estrangiers et escrimeurs à oultrance, et Caton, fortifié de sa seule constance; de sorte que ses parents, ses domestiques et beaucoup de gents de bien en estoient en grand soulcy, et en y eut qui passerent la nuict ensemble sans vouloir reposer, ny boire, ny manger, pour le dangier qu'ils luy veoyoient preparé; mesme sa femme et ses sœurs ne faisoient que pleurer et se tormenter en sa maison : là où luy, au contraire, reconfortoit tout le monde; et, aprez avoir souppé comme de coustume, s'en alla coucher, et dormir de fort profond sommeil iusques au matin, que l'un de ses compaignons au tribunat le veint esveiller pour aller à l'escarmouche. La cognoissance que nous avons de la grandeur de courage de cet homme, par le reste de sa vie, nous peult faire iuger, en toute seureté, que cecy luy partoit d'une ame si loing eslevee au dessus de tels accidents, qu'il n'en daignoit entrer en cervelle, non plus que d'accidents ordinaires.

En la battaille navale que Augustus gaigna contre Sextus Pompeius en Sicile, sur le poinct d'aller au combat, il se trouva pressé d'un si profond sommeil, qu'il fallut que ses amis l'esveillassent pour donner le signe de la battaille : cela donna occasion à M. Antonius de luy reprocher, depuis, qu'il n'avoit pas eu le cœur seulement de regarder les yeulx ouverts l'ordonnance de son armee, et de n'avoir osé se presenter aux soldats, iusques à ce qu'Agrippa luy veinst annoncer la nouvelle de la victoire qu'il avoit eu sur ses ennemis. Mais quant au ieune Marius, qui feit encore pis, car le iour de sa derniere iournee contre Sylla, aprez avoir ordonné son armee et donné le mot et signe de la battaille, il se coucha dessoubs un arbre à l'ombre pour se reposer, et s'endormit si serré qu'à peine se peut il esveiller de la route et fuitte de ses gents, n'ayant rien veu du combat; ils disent que ce feut pour estre si extremement aggravé de travail et de faulte de dormir, que nature n'en pouvoit plus. Et à ce propos, les medecins adviseront si le dormir est si necessaire, que nostre vie en despende : car nous trouvons bien qu'on feit mourir le roy Perseus de Macedoine prisonnier à Rome, luy empeschant le sommeil ; mais Pline en allegue qui ont vescu long temps sans dormir. Chez Herodote, il y a des nations ausquelles les hommes dorment et veillent par demy annees. Et ceulx qui escrivent la vie du sage Epimenides, disent qu'il dormit cinquante sept ans de suitte.

FIN DU TOME PREMIER.

TABLE DES MATIÈRES

CONTENUES

DANS CE VOLUME.

LIVRE PREMIER.

FIN DE LA TABLE DU PREMIER VOLUME.

www.ingramcontent.com/pod-product-compliance
Lightning Source LLC
LaVergne TN
LVHW010526100826
845148LV00001B/105